项目管理

——PRINCE2+PMBOK

（第2版）

黎 亮　肖庆钊　宋 瑾◎编著

清华大学出版社
北京

内 容 简 介

项目管理是管理学中实用性和可操作性最强的一门学科，它包括了计划、监控、组织、过程、风险管理等多个方面。本书以 PMBOK 为基础，以 PRINCE2 为框架，全面介绍了近年来项目管理的新理论、新模式，对两大体系进行了深入的比较。除了项目管理本身的理论，本书还讲述了当前比较流行的项目融资模式，并提供了六种可量化的项目评估方法模型。本书特别关注管理的具体手段和方法，所介绍的 PRINCE2 方法经过裁修可以适应从简到繁、从小到大的各种项目，具有实用性。为了达到方法和理论的"易学懂"和"能实用"，书中包括了大量的管理实用方法和技巧，借鉴了许多真实的案例。

本书既适合于普通高等院校项目管理课程的理论教学，也适合于在一线的管理人员和项目管理咨询公司使用。

本书封面贴有清华大学出版社防伪标签，无标签者不得销售。
版权所有，侵权必究。举报：010-62782989，beiqinquan@tup.tsinghua.edu.cn。

图书在版编目（CIP）数据

项目管理：PRINCE2+PMBOK／黎亮，肖庆钊，宋瑾编著．—2 版．—北京：清华大学出版社，2022.1
21 世纪经济管理类创新教材
ISBN 978-7-302-60035-0

Ⅰ．①项… Ⅱ．①黎… ②肖… ③宋… Ⅲ．①项目管理—高等学校—教材 Ⅳ．①F224.5

中国版本图书馆 CIP 数据核字（2022）第 006484 号

责任编辑：杜春杰
封面设计：刘　超
版式设计：文森时代
责任校对：马军令
责任印制：沈　露

出版发行：清华大学出版社
　　　网　　址：http://www.tup.com.cn，http://www.wqbook.com
　　　地　　址：北京清华大学学研大厦 A 座　　邮　编：100084
　　　社 总 机：010-83470000　　　　　　　　邮　购：010-62786544
　　　投稿与读者服务：010-62776969，c-service@tup.tsinghua.edu.cn
　　　质量反馈：010-62772015，zhiliang@tup.tsinghua.edu.cn
印 装 者：三河市金元印装有限公司
经　　销：全国新华书店
开　　本：185mm×260mm　　　印　张：20.25　　　字　数：490 千字
版　　次：2015 年 4 月第 1 版　　2022 年 3 月第 2 版　　印　次：2022 年 3 月第 1 次印刷
定　　价：69.80 元

产品编号：091547-01

前言

第2版

信息时代项目开发的一个重要特点就是越来越难，特别是在高科技工业领域。在科学技术层出不穷的年代，有计算机 AI（人工智能）等的帮助，人类解决问题的能力本应越来越强，但新的项目也越来越复杂。新问题的复杂度往往呈指数级上升，远远超过技术的发展。Robert J. Stevens 指出，第二次世界大战期间造发动机、造飞机、造核弹、造雷达等都能够在 3 年零 8 个月内完成，如今系统日益复杂，这点时间连初始设计都可能完不成。先进的 F-22 战斗机和 F-35 战斗机的研发时间长达 20 年左右。1984 年，诺尔曼·拉夫·奥古斯丁（Norman Ralph Augustine）观察到战斗机的成本呈指数级增长，而国防预算只是线性增长，这也被称为"奥古斯丁定律"。几十年过去了，这个定律的准确性已被验证。根据这个定律外推，到 2054 年，美国全部的国防预算只够购买一架战斗机。人类虽然有计算机等的帮助，但真正发挥关键作用的是人脑，人脑达不到指数级的进化。面对日益复杂的项目，工程技术人员吃够了苦头，那么就真的没有办法了吗？

技术跟不上复杂项目，可以用管理方式来弥补。在 2017 版的 PRINCE2 中新加入了软件开发的敏捷模式。由于软件的不确定性很强，所以软件业是最早吃复杂项目苦头的行业，不过也是最有应对复杂项目经验的行业。软件工程这门学科就是因要对付不确定性强的项目而产生的。英国的软件工程师最先在此基础上创立了 PRINCE2 体系，成为当今解决复杂项目的不二法宝。对于工程项目的研发，最近一版的美国国防部《国家国防战略》指出，目前以严格的彻底性和最大限度地减少风险为中心的官僚主义做法，已被证明反应越来越迟钝。报告指出，将优先考虑交付速度、持续的适应和频繁的模块化的升级……采用快速迭代的采办方法。报告提出的方向也正是软件工程和项目管理 PRINCE2 体系的核心要点。美国国防部和国会在几年前终于意识到，国防工业的模式已落后软件工业 20 年，目前正在奋力追赶。美国国会倡导在所有适用的项目中采用模块化系统开发方法。模块、敏捷开发等软件词语已成了项目研发报告中的高频词。

  在项目管理中，PRINCE2 体系的作用越来越明显，因为它是专门为复杂项目创立的。几年前，作者就把 PRINCE2 设定为本书的重要内容。那时，PRINCE2 找不到中文书籍，作者参阅了十几本原版书籍，结合一些论文和工程实践，撰写了本书第 1 版。本书第 1 版发行量虽然不大，但好在给读者带来了新意，也获得了很好的网评。在这几年的教学中，该书得到了广大师生的进一步认可，作者甚为欣慰。与前几年不同，PRINCE2 体系目前正进入先进工业领域和大企业，业界接受度很高，正日益成为项目管理的模板。这也正是作者再版此书的原动力。

  同第 1 版相比，第 2 版根据项目管理最新的发展增减了一些内容。对信息化时代项目的特点和开发方式进行了更多阐述。在本书中增加了一个 F-35 战斗机研发项目的案例，此案例约有几万字。第 1 章叙述了这个有记载以来史上最昂贵的项目，在以后各章中分析了该项目的各个侧面。F-35 战斗机项目可以说是以 PMBOK 开头，而以 PRINCE2 结束的一个项目。对 PMBOK 和 PRINCE2 的比较分布在各章中，一直是本书的重点和特点。第 2 章～第 5 章为任务管理，即传统的科学管理法，是基础篇。第 6 章和第 7 章为人员管理，包括了 PRINCE2 的重要理念。第 8 章～第 12 章为过程管理。第 13 章～第 15 章为运行管理。第 16 章和第 17 章为原则和手段与管理模式的裁修。第 18 章～第 20 章为采购、融资和评价模型。通过对本书的阅读，读者除了能够学习 PMBOK 和 PRINCE2 等知识外，也能够体会到项目管理的发展趋势。

前言

第1版

近年来项目管理的应用在国内外都非常流行，社会上出现了大量的项目管理咨询公司，企、事业单位中也出现了项目管理热。项目管理究竟有什么特征呢？项目管理既是一门科学又是一门艺术，它是管理学的一部分，但又同普通的管理学有明显的区别。首先，项目管理是管理学的基础，它包括了管理学大部分课程的内容，如组织方法、沟通技巧、计划制订、监控实施等。通过对项目管理的学习能够真正体会到什么是管理，而不像其他一些管理课程仅仅从管理的某一个角度去谈论管理，以至于形成对于管理认识的一叶障目。其次，项目管理是管理学中实践性最强、可操作性最强的一门学科。通过项目管理的学习，你完全可以把项目管理的知识用到你的工作或者学习生活中。最后，项目虽然属于管理学科，但它本身却带有强烈的工程性质，项目管理强调的是如何去实现设定的管理目标。不同于某些管理学科关注于宏观理论与规划，项目管理更关注具体的手段和方法。可以说，项目管理学科是管理学与工程学的交叉学科。

中国数千年前就有了举世闻名的伟大工程，如长城、京杭大运河和都江堰水利工程，但现代项目管理理论进入中国却仅有20余年。从1950年至今，西方社会相对稳定，在这期间项目管理的理论和实践取得了巨大的成就。而此期间，中国的管理水平却处于粗放状态。从1980年到2015年，中国的社会经济发生了天翻地覆的变化，对现代项目管理方式的需求越来越迫切。与国际接轨，应标国际项目，创业者争取国际风险投资基金支持，则是现代项目管理理论在中国生根发芽的催化剂。PMBOK和PRINCE2均是西方的项目管理理论。管理属软科学范畴，理论能否发挥作用，效果能否达到预期，很大程度上取决于项目所处的社会环境，以及项目管理团队对项目管理理论的认识程度。PMBOK在建筑业有一些成功运用，PRINCE2近年来刚进入中国，政府和大企业的部分项目正在借鉴其优秀的管理经验，但对其他领域的渗透还很有限。本书将结合

PRINCE2 和 PMBOK，尝试提示中国可能出现的问题并给出解决建议。在本书中，PRINCE2 和 PMBOK 互为补充，不属相互替代关系。同目前市面上的其他项目管理类的书籍相比，本书所涵盖的知识点更加广泛，包括了项目的论证、融资、计划、组织、监控、文档管理、过程管理和量化评估。

本书的目的就在于把西方的项目管理理论和中国的实践相结合。理论上，理论和实践应该是一回事，但实践中，理论和实践却总是两回事。这一点许多一线工作人员心照不宣。项目管理的书籍虽然很多，但并不尽如人意。其主要原因在于项目管理的作者往往都是深居简出的学者，而项目管理是一门实践性很强的、偏向工程的学科，于是项目管理的书籍多转述别人的理论、多凭想象来举例，而缺乏具体操作的经验。例如，国内的管理书籍中都强调规划要"自上而下"，而本书作者在国外学习时却发现许多书籍中都强调要"自下而上"。项目管理到底应该怎么做？相信你在阅读完本书后也会有自己的见解。本书的一个特点就是理论与实际工作相结合；本书的案例和表格很多都出自于公司的真实文档，既有小公司，也有超大机构，其中上市公司多达 10 余家。

项目管理注重手段和方法，本书所提的管理手段不仅能够在工作中灵活使用，而且本书中的许多方法还可以用于读者的学习和生活中。如果看完本书，你在工作上有了进步，知道如何计划、组织、监控、协调你的工作和你的团队，那么本书的主要目的也就达到了。除了在工作上给你提供帮助，本书的知识也可以用在你的社交和学习中。

项目管理的基本术语都来自于国外两大体系的翻译，而目前市面上有关项目管理的书籍对于其中的英文术语的翻译不尽相同，往往会给读者造成不必要的误会。如"quality"一词，有的书上使用"品质"，有的书上使用"质量"。由于在工程中，"质量"往往是"重量"的近义词，所以不少工程领域的学生反映使用"质量"一词容易造成误会，故在本书中一律使用"品质管理"而非"质量管理"。许多书籍中不仅同一英文术语会翻译成不同的中文，有时不同的英文术语也可能翻译成同一中文。为了彻底解决不同书籍中翻译不一致的问题，本书中，项目管理专业术语和重要词语后面都加上了其英文原文，如变更专员（change authority）。这样做不仅能够解决用词误会，使意思更加准确，还能够给一些有志于在项目管理理论上进一步深造的读者提供便利，他们可以使用这些原文术语非常容易地检索到国外的有关最新文献。

本书的写作得到了研究生院和教务处的大力支持，电子科技大学经济与管理学院的陆力、陈光宇、夏远强、候伦、雷鸣、冯薇、李晓初、管安桂、张徽燕等专家、教授向本书提出了指导性的意见。段磊、陈晨、兰芳等参与了本书的编写、绘图、校阅工作。在此对他们的辛勤工作表示衷心的感谢。本书共 20 章，本书的几位主要作者对每章的内容都有所贡献。第 3 章、第 5 章、第 6 章、第 7 章、第 11 章、第 12 章、第 14 章、第 15 章、第 17 章由肖庆钊编写，第 9 章、第 18 章、第 19 章由宋瑾编写，第 1 章、第 2 章、第 4 章、第 8 章、第 10 章、第 13 章、第 16 章、第 20 章由黎亮编写。黎亮统筹全书并负责定稿。

由于作者水平有限，本书中的不足和错误在所难免，欢迎读者不吝赐教。

作者

目录

第1章 项目管理概论 1
- 1.1 项目管理的含义 1
- 1.2 哪些工作需要项目化 3
- 1.3 PMBOK 体系 6
- 1.4 PRINCE2 体系 7
- 1.5 项目管理两大体系的区别 9
- 1.6 引导案例 11

第2章 范围管理 23
- 2.1 项目管理铁三角 23
- 2.2 需求的收集 23
- 2.3 范围管理流程 27
- 2.4 工作分解结构 30
- 2.5 管理职责分配 33

第3章 时间管理 35
- 3.1 项目进度 35
- 3.2 项目活动 36
  - 3.2.1 活动排序 37
  - 3.2.2 估算活动资源 39
  - 3.2.3 估算活动时间 40
  - 3.2.4 编制进度计划 41
- 3.3 关键路径法 41
- 3.4 关键链项目管理法 43
- 3.5 进度计划控制 46

第4章 成本管理 48
- 4.1 成本管理的内容 48
- 4.2 资源规划 49
- 4.3 成本估算 50
- 4.4 预算制定 52
- 4.5 成本控制 54
- 4.6 成本估算的偏差 56

第 5 章　品质管理 ... 58
5.1　品质标准 ... 58
5.2　品质管理流程 ... 60
5.3　品质监理 ... 64
5.4　PRINCE2 品质计划 ... 65
5.4.1　客户的品质期待 ... 66
5.4.2　确定项目的验收标准 ... 67
5.4.3　项目产品总体描述 ... 67
5.4.4　品质管理策略 ... 68
5.4.5　产品描述 ... 68
5.4.6　品质登记 ... 69
5.5　PRINCE2 品质控制 ... 70
5.5.1　品质方法 ... 71
5.5.2　品质记录 ... 72
5.5.3　记录的批准 ... 72
5.5.4　记录的接收 ... 73

第 6 章　团队建设和干系人管理 ... 74
6.1　团队的概念 ... 74
6.2　项目团队的特点 ... 75
6.3　组建项目团队 ... 77
6.4　建设项目团队 ... 78
6.5　管理项目团队 ... 81
6.6　开展团队活动 ... 82
6.7　激励团队 ... 82
6.8　管理多目标和多观念的项目 ... 84
6.9　项目干系人 ... 84
6.10　识别干系人 ... 87
6.11　规划干系人管理 ... 90
6.12　管理干系人参与 ... 94
6.13　调控干系人参与 ... 95

第 7 章　组织结构 ... 96
7.1　项目组织的内涵 ... 97
7.2　PMBOK 的组织结构 ... 98
7.2.1　职能式组织 ... 98
7.2.2　项目式组织 ... 99
7.2.3　矩阵式组织 ... 100
7.2.4　混合式组织 ... 101

    7.3　PRINCE2 的组织结构 102
        7.3.1　角色和职责 102
        7.3.2　潜在利益冲突 104
        7.3.3　组织的层级 105
        7.3.4　组织的结构 106
        7.3.5　二元管理 110

第 8 章　计划与变更 113
    8.1　计划的内容 113
    8.2　计划的层次 115
    8.3　计划编制方法 117
        8.3.1　编制计划的基本原则 117
        8.3.2　计划的设计 118
        8.3.3　项目产物的界定及分析 119
        8.3.4　计划的编制 122
    8.4　问题与变更 123
    8.5　变更管理的文档 126
    8.6　问题和变更的控制流程 126

第 9 章　项目论证 130
    9.1　项目论证的定义 130
    9.2　项目论证的作用 130
    9.3　项目论证的编制 133
    9.4　项目论证的审核和更新 134
    9.5　项目的收益确认 135
    9.6　项目论证的内容 135
        9.6.1　立项原因 136
        9.6.2　商务择优 136
        9.6.3　正面预期 136
        9.6.4　负面预期 137
        9.6.5　时间表 137
        9.6.6　费用 137
        9.6.7　投资评审 138
        9.6.8　主要风险 139
    9.7　项目论证中的经济因素考虑 140

第 10 章　筹备与启动 142
    10.1　项目的准备期 142
    10.2　筹备过程 142
    10.3　启动过程 144

10.4　项目开发模型的选择 147
10.5　项目的正式启动 150

第 11 章　项目收尾 153
11.1　收尾的目的 153
11.2　收尾的流程 153
11.3　收尾的挑战 155
11.4　收尾的要点 156
11.5　经验教训的学习 158

第 12 章　管理的主要过程 160
12.1　过程的定义 160
12.2　PMBOK 与 PRINCE2 的过程比较 161
12.3　敏捷开发模式 165
12.4　阶段内控制 167
12.5　交付物管理 169
12.6　阶段边界管理 170
12.7　项目指导 172

第 13 章　沟通与过程文档 175
13.1　沟通的定义 175
13.2　沟通的内容 175
13.3　沟通方式 176
13.4　沟通媒介 179
13.5　沟通技巧 180
13.6　沟通管理 180
13.7　主要过程文档 183

第 14 章　项目监控 188
14.1　监控的定义 188
14.2　监控的内容 188
14.3　收集资料的过程和方法 190
14.4　状态的分析和评估 192
14.5　决策方案的选择 193
14.6　PRINCE2 的监控模式 195
14.7　阶段的数量和长短 196
14.8　PRINCE2 中监控所用的文档 197

第 15 章　风险管理 199
15.1　项目的本质 199
15.2　风险的含义 201

	15.3	风险管理的原则和流程	202
	15.4	识别方法	204
	15.5	评估模型	208
	15.6	应对策略	211
	15.7	计划实施	215
	15.8	风险沟通	216
	15.9	风险偏好	216

第 16 章　原则和手段 ... 218

- 16.1　项目管理的任务 ... 218
- 16.2　项目管理者常遇到的挑战 ... 219
- 16.3　项目管理需要的能力 ... 220
- 16.4　项目管理的基本原则 ... 222
  - 16.4.1　持续关注可行性 ... 222
  - 16.4.2　从经验中学习 ... 226
  - 16.4.3　定义角色和职责 ... 228
  - 16.4.4　分阶段管理 ... 228
  - 16.4.5　例外管理 ... 229
  - 16.4.6　关注交付物 ... 229
  - 16.4.7　裁修以适应项目环境 ... 230
- 16.5　项目管理工作的内容 ... 230
- 16.6　项目成功的判断标准 ... 232

第 17 章　管理模式的裁修 ... 235

- 17.1　裁修方法 ... 235
  - 17.1.1　采用 PRINCE2 原则 ... 236
  - 17.1.2　修订 PRINCE2 要素 ... 236
  - 17.1.3　采用组织的词汇和语言 ... 236
  - 17.1.4　产品描述文件修订 ... 236
  - 17.1.5　角色调整 ... 236
  - 17.1.6　过程调整 ... 237
- 17.2　项目群的管理 ... 237
- 17.3　项目规模与管理模式 ... 240
- 17.4　商业环境下的项目管理 ... 241
- 17.5　多组织管理的项目 ... 241
- 17.6　不同类型项目的管理 ... 243
  - 17.6.1　生命周期模式下的项目 ... 243
  - 17.6.2　演化类的项目 ... 243
  - 17.6.3　可行性研究类项目 ... 244

17.7 实施裁修 ... 245

第18章 采购管理 ... 248
18.1 采购的内容 ... 248
18.2 采购的规划 ... 251
18.3 采购的实施 ... 254
18.4 采购的管理 ... 256
18.5 采购的收尾 ... 257

第19章 项目融资 ... 258
19.1 项目融资的含义 ... 259
19.2 狭义的项目融资 ... 260
 19.2.1 狭义项目融资的内涵 ... 261
 19.2.2 无追索权与有限追索权的项目融资 ... 261
 19.2.3 狭义项目融资与传统融资的区别 ... 262
 19.2.4 狭义项目融资的时间期限 ... 263
 19.2.5 狭义项目融资的参与方 ... 263
19.3 资金结构 ... 264
 19.3.1 股权式 ... 264
 19.3.2 债权式 ... 266
 19.3.3 兼具股性与债性的夹层融资 ... 267
 19.3.4 资产负债率与负债权益比率 ... 267
19.4 财务分析 ... 268
 19.4.1 资金成本 ... 268
 19.4.2 项目的借款额度与借款利率测算 ... 269
 19.4.3 项目的盈利预期分析 ... 270
19.5 资产支持证券化 ... 273
19.6 融资模式的比较 ... 274

第20章 项目评估常用方法 ... 278
20.1 数据的无量纲化 ... 278
 20.1.1 直线型无量纲化方法 ... 278
 20.1.2 折线型无量纲化方法 ... 280
 20.1.3 曲线型无量纲化方法 ... 281
 20.1.4 无量纲化方法的比较分析与选择标准 ... 282
20.2 层次分析法 ... 282
 20.2.1 层次分析法的步骤 ... 283
 20.2.2 层次分析法权重向量的计算方法 ... 287
 20.2.3 应用举例 ... 288
 20.2.4 层次分析法的特点及注意事项 ... 291

20.3 熵值法 292
20.3.1 熵值法的基本原理 292
20.3.2 熵值法的计算方法及步骤 292
20.3.3 应用实例 293
20.3.4 熵值法的特点 295
20.4 模糊综合评价法 295
20.4.1 模糊数学的产生与发展 295
20.4.2 模糊综合评价法的基本原理 296
20.4.3 模糊综合评价法的主要步骤和有关概念 296
20.4.4 应用举例 298
20.4.5 模糊综合评价法的特点 299
20.5 灰色关联分析法 300
20.5.1 灰色系统理论的产生与发展 300
20.5.2 灰色关联分析法的基本原理 300
20.5.3 灰色关联分析法的主要步骤和有关概念 301
20.5.4 应用举例 302
20.5.5 灰色关联分析法的特点 303
20.6 净现值法 304
20.6.1 净现值法的概念 304
20.6.2 净现值的特点及使用时应注意的问题 304
20.6.3 应用举例 305
20.7 TOPSIS 法 306
20.7.1 TOPSIS 法的基本思路 306
20.7.2 TOPSIS 法的计算方法和步骤 307
20.7.3 应用举例 307
20.7.4 TOPSIS 法的特点 308

参考文献 309

第 1 章 项目管理概论

1.1 项目管理的含义

项目管理就是为了完成特定目标而进行的一系列活动。项目管理与普通的运营管理（operations management）不同，项目管理往往带有强烈的约束性和目标性，如在一定的时间范围内，在一定的资源前提下，在一定的人员规模上，必须按质按量完成某一任务。不同项目的约束性不同，有的可能侧重于成本，有的可能侧重于时间（如武汉火神山医院），有的可能侧重于质量（如客机），有的项目其目标可能有较大的弹性，不尽相同。项目各有特点，往往没有一套完整的经验可资借鉴，它是一次性的；项目的结果往往与惩罚或奖励挂钩，并可能对项目相关的组织和个人产生很大影响，因此做项目是有风险的，风险是项目的本质特征。

工作的项目管理化是当前社会的一种趋势和标志。现代项目管理有两大体系，这两大体系已遍布全球。1969 年美国的项目管理协会（Project Management Institute，PMI）的成立标志着项目管理开始大量运用于生产实践。PMI 的发起人很多来自于建筑行业和航天行业，这也为 PMI 早期标准的制定打上了明显的"建筑行业"烙印。PMI 制定的这套标准被称为 a guide to the project management body of knowledge（《项目管理知识体系指南》，PMBOK），被美国国家标准协会（American National Standards Institute）所收录。与 PMBOK 体系相比较的另外一个体系是 PRINCE2 体系。PRINCE2 发源于英国的中央计算机与通信局（Central Computer and Telecommunications Agency），是其在 1989 年制定的一套 IT 项目开发管理方法，这套方法后来被英国政府规定为信息系统的项目管理标准，叫作受控环境下的项目管理（projects in controlled environments，PRINCE2）。1996 年 PRINCE2 被正式作为通用项目管理体系发布。目前英国商务部（Office of Government Commerce）在牵头协调制定该体系，并在西欧和澳洲广泛使用。该体系同 PMBOK 相比带有明显的"IT 行业"烙印。

按照 Cynefin 框架，可把项目分为以下五种。

（1）简单——目标清楚、手段清楚、时间不长、范围不大。项目的解决方式为感知—归类—响应。

（2）繁杂（complicated）——项目虽然事先有些不清楚的地方，但可以确定的是，只要通过增加人、财、物的投入，通过专家的分析、分解，就应该能够完全弄清楚。这类项目一般可层层分解为多个部分，所有的子部分之和就是项目的大小。项目的解决方式为感知—分析—响应。

（3）复杂（complex）——项目具有不清楚的地方，以后能否弄清楚、清楚到什么程度也存在某些不确定性。项目比各个子部分简单相加之和要大。项目的解决方式为试探—感知—响应。

（4）混沌（chaotic）——找不到完全适合的模式。项目的大小与各个子部分之和没有确定的关系。此类项目只能够通过干中学、学中干的方式来慢慢适应，即实践出真知。

（5）失序（disorder）——完全弄不清楚，太复杂了，这种项目太难而没有必要去做。

项目的复杂度不同，其管理方式有很大的差别。PMBOK 最适合繁杂项目，对于简单项目也有一定的效果。PRINCE2 最适合复杂项目，对混沌项目也有一定的效果。项目复杂的原因可分为以下两种。

- 结构性复杂——项目涉及的因素很多，因素之间的关系很复杂。
- 动态性复杂——项目在演化过程中存在诸多不确定性，包括多样性、突发性、模糊性等。

哈佛博士 Elliott Jaques 按照时间大致划分了项目的复杂度：3 个月以下为 1 级，3～12 个月为 2 级，1～2 年为 3 级，2～5 年为 4 级，5～10 年为 5 级，10～20 年为 6 级，20～50 年为 7 级。

项目管理作为工作的手段，要使用一套严格的过程和方法。早期的管理学习主要来自于口耳相传、师徒帮带，缺乏科学性。作为一门正式的学科，它的奠基人可以归功于六位大人物，分别是亨利·法约尔（Henri Fayol）、亨利·甘特（Henry Gantt）、弗雷德里克·温斯洛·泰勒（Frederick Winslow Taylor）三大工程师和卡尔·马克思（Karl Marx）、马克斯·韦伯（Max Weber）、爱米尔·涂尔干（Émile Durkheim）三大社会学家。法约尔干一行爱一行，作为矿井工程师在井下干了几十年。但在公司濒临倒闭时，法约尔被迫干起了管理工作，一举使公司扭亏为盈。法约尔根据自己的成功经验总结出了管理的五个主要职能，即计划、组织、控制、指挥和协调。这些就是项目管理的基本框架。机械工程师甘特发明了著名的甘特图，为计划和控制的工程化提供了具体的技术支撑。号称现代管理之父的泰勒因眼疾从哈佛大学退学后，从学徒工干起，在工厂一步一个脚印，后来因为发明高速钢而致富。泰勒有钱之后总结了工厂工作的经验，写出了著名的"科学管理法"。泰勒对其"科学管理法"充满信心，霸气地称："工人罢工将被我的科学管理法彻底砸碎。"然而在兵工厂的实践中，"科学管理法"却引来了大罢工，进而引起了美国国会的讨论。国会在 20 世纪 30 年代认定"科学管理法"把人变成机器，理应废止。法约尔、甘特、泰勒三大工程师的目的是把难以度量的管理方法进行规范化、标准化和量化，把管理变成一门工程。在管理问题工程化之后，一方面项目管理得到了实质性的发展，产生了 PMBOK 的原型。但另一方面，管理问题工程化也带来了大量的问题。无论是工程技术还是管理方法，其实施者都是人，如果不能够以人为本的话，无法从根本上解决问题，于是马克思、韦伯、涂尔干三大社会学家的理论被加入了项目管理中。伟大的革命导师马克思率先提出了由经济地位引发的阶级斗争。德国教授韦伯进一步提出了人的经济地位和社会地位的二维结构，对人的认识创建了多维指标。涂尔干则在此基础上提出了社会分工是构建和谐社会的主要手段。涂尔干的理论演化成了管理中的角色理论并发扬光大，如明茨伯格等管理学大师提出的团队角色等，在 PRINCE2 体系中尤为明显。

项目管理的目的就是在不确定的环境中，运用项目中的有限资源来完成任务，从而达到事先确定的目标。项目管理的这一特点使得项目管理不仅要面对风险，而且也具有相当的难度。但也正是这种难度促进了项目管理理论的发展，正如历史学家阿诺德·约瑟夫·汤因比（Arnold J. Toynbee）所说，人类文明是由一些极端的困难造就的。20 世纪冷战时期美国军工厂的研发人员多在没有太多限制的情况下开发新武器，新武器成功后国防部按照成本加上一定利润的方式向军工厂付款。冷战后情况完全改变，新武器的研发事先要确立验收目标，确定研发时限，规划好研发成本，并经过国防部严格审批后才能开始。因此，美国军工厂的管理也被迫从日常管理型改为项目管理型。项目管理为管理带来了空前的难度，人们开始精确地计算承担一个项目的投入产出比，连同风险因素也被考虑进去。过去的管理大多不需要太多的量化和精确的计算，但项目管理改变了一切。为了适应这种"项目化"，项目管理理论也相应有了较大的发展。

项目管理通过驾驭众多确定性不强的因素来按时达到一个确定的目标，这是一个典型的系统工程（system engineering）。美国航空航天局（National Aeronautics and Space Administration, NASA）认为项目管理与系统工程密不可分。从概念上讲，系统是指多个组成元素以及它们之间的相互作用。典型的系统包括各种元素，如硬件、软件、人员、设施、政策、文档，以及控制它们的流程，等等。NASA 认为系统工程涉及系统的设计、实现、操作、技术管理以及报废等，是一项有方法、有技巧、有过程的工作。项目管理是使用包括计划、监督、指导等方式来为实现客户、干系人（stakeholder）的需求和目标进行的一系列活动，这些活动有具体的成本、时间、品质等的约束。NASA 在其系统工程手册中写道："系统工程和项目控制是项目管理中的同等重要且密不可分的两大要素。系统工程从技术的角度为项目管理提供支持，项目控制则从程序、成本、进度等管理角度来为项目管理提供支持"。图 1-1 是 NASA 关于项目管理中的系统工程。

如上所述，项目管理是个复杂的系统工程，它涉及两大组成部分，一是社会文化角度的为人处世的方法，二是工程技术角度的解决问题的本领，两者相互作用，密不可分，如图 1-2 所示。一方面，社会文化加上工程技术使得项目管理涉及面较广；另一方面，工程技术又使得项目管理的可操作性在管理领域内最强。通过对项目管理知识的学习，你会得到许多有用的方法和技能，可以在你的工作和学习中起到立竿见影的效用。

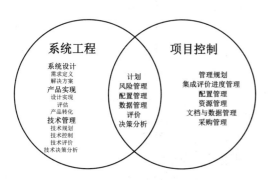

图 1-1　NASA 关于项目管理中的系统工程

图 1-2　项目管理的两大组成部分

1.2　哪些工作需要项目化

项目管理既是一门学科，也是一项工程，它具有自身的特点。与普通的运营管理相比，有相当多的不同之处。首先，项目往往有严格的时间限制，它是临时的。由于时间和环境的不同，以及用户需求的差异，一个项目与另一个项目一定有所不同，这就是项目的唯一性，一个项目及其管理方法不能够完全复制到另一个项目。普通的运营管理每天（每周、每月）的工作内容基本相同或相似，结果也基本相同或相似，其考察的是如何精准地重复。由于项目的相对"短期"性，人们在项目管理中往往采用一些适合于短期性的行为和方式。你所做的工作是否适合于项目管理，要看你工作的具体情况。一个企业如果以追求稳定为主，则运营管理不失为一种好的方式；如果追求功能上的创新，则可以考虑使用PRINCE2方式的项目管理；如果追求效率上的提升，则可以考虑使用PMBOK方式的项目管理。

项目管理的另一个特点是多个干系人的介入，特别是组织之外的干系人的介入。干系人可能来自不同的领域，各自带着不同的目的。干系人是那些能够影响项目的人，也是被项目所影响的人，由于被项目所影响，他们往往会反过来干涉项目以达到自己的目的。对项目管理来说，最重要的干系人则往往是发起人，发起人能够策划一个项目，必然具有相当的能量。一个项目往往会同多个干系人打交道，不同的干系人对项目的影响力不同，兴趣点不同，发生作用的时间不同。因此，同他们打交道往往要耗费相当多的精力和资源。相比较日常管理则要简单得多，因为其主要工作只同本部门打交道，并且工作性质和内容相对单一。日常管理只要得到你的上级主管认可就行。一般来说，上级主管会给你提供一个相对稳定的工作环境，而且一个上级主管的需求往往少于多个干系人相互冲突的需求。

不确定性是项目管理最重要的一个特征。项目管理通过协调各个干系人，调动各种资源，在满足所有约束条件的情况下，完成事先确定的目标。如果在项目执行期间内部或外部环境发生了变化，或发现了以前未曾想到的问题，项目负责人要完成任务并不容易，特别是还不能够突破时间、质量、范围、成本等的约束。因此项目管理的过程及其结果或多或少都存在着一些不确定性，这种不确定性就形成了项目风险。从本质上讲，承担项目就是承担风险。甲方与乙方签订项目合同，甲方提供资金和资源，乙方负责完成项目；甲方通过支付报酬来把风险转移到乙方，乙方则通过承担风险来获得报酬。如果资金充足，但在某一事物上的时间、精力、兴趣、能力、风险意愿等有限，则可以把该事物打包成项目，并作为甲方发布项目。反之，若需要资金，而在该项目上有足够的时间、能力，有控制风险的信心，则可以作为乙方承担该项目。如果社会上人与人的差别较大，有许多人需要转移风险，也有许多人愿意承担风险，项目制的工作就会增加。一般情况下，时间越长，不确定性越强，风险也就越高，相应的报酬自然也就越高。如银行的存款，时间越长利率越高，这里风险与金钱几乎成正比。一家公司之所以能够立足于社会，很大程度上是因为它在某个领域比其他公司或个人具有更高的风险控制能力。当甲方在发布一个项目时，它付出的不仅仅是资源、资金，在某种意义上，也是放弃了对某些风险的控制权。反之，乙方则通过项目的获得拿到了这些风险的控制权。

从图1-2我们可以看出，项目管理需要多种多样的技能。一部分技能是属于科学范畴的方法（science），另一部分技能是属于人文范畴的方法（art）。从事项目管理的人既需要懂得工程技术的方法，又需要懂得人际交往的技巧。因此，实际上项目管理者在许多组织中对应于中层管理人员的角色。

一个组织机构是否采用项目管理，在什么样的范围和程度上采用项目管理，应该根据项目的上述特征来考虑。表1-1列举了项目管理和普通运营管理的主要区别。除从项目的基本特征来考察外，Obeng提出了另外一种项目分类的方法，如图1-3所示。图中有两个标志程度的坐标轴，一个反映项目的目标是否清晰准确，另一个反映项目管理人员对于项目的开发过程和开发工具是否掌握。根据两个坐标轴的分类，可以把项目分成迷雾型（fog）、探索型（quest）、按部就班型（painting by numbers）、电影型（movie）。不同的类型可使用项目管理的程度和模式不同。

表1-1　项目管理和普通运营管理的主要区别

项目管理（project management）	普通运营管理（routine operations）
临时的（limited life span）	持续的（continuous）
唯一的（unique）	反复的（repetitive）
多方干系人（multiple stakeholders）	职能部门（department）
发起人（sponsor）	监管者（supervisor）
资源需求可变的（variable demand for resources）	稳定的（stable）
不确定的（uncertainty）	稳定的（stable）
技能多样性（variety of resource skills）	专门的技能（limited, specialized skill set）

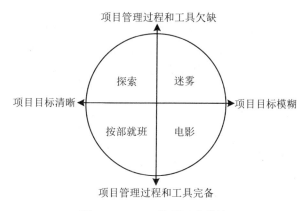

图1-3　Obeng的项目分类法

在图1-3中，迷雾型的项目目标不清晰，解决手段和方法不清楚。纯学术研究或根本性的创新属于这一类型。电影型的项目目标不清晰，但解决手段和方法很清楚。影片制作、普通应用程序的编码属于这一类型。探索型的项目目标清晰，解决工具和手段不清楚。产品研发、业务改进属于这一类型，大多数企业都面临着这样的问题。按部就班型的项目目标很清晰，解决手段和工具很清楚。建筑施工属于这一类型，同以往项目高度相似的新项目也属于这一类型。对于迷雾型的项目，只能摸着石头过河，走一步看一步。现有的项目管理技术和过程不一定能够完全适合。对于电影型的项目，大家清楚怎么做，故不需要去过多地详细计划和设计，而主要关注如何更好地"找米下锅"。在项目管理中使用偏向人文（art）的方法要多于科技（science）的方法。对于探索型的项目，在项目的启动和定义阶段要多花工夫，避免一开始就拘泥于设计细节。这类项目往往没有捷径，操作上不能太急，要循序渐进，项目管理中的各种方法都可能要去尝试。通常还需要向先进的组织或重要的干系人学习，重视从外部大力引进。对于按部就班型的项目，虽然很大且涉及面广，但通过仔细规划其时间和成本等是可以预先确定的。其挑战来自于认真地分析工作流，设计并细致地完成进度和财务等指标。这类项目往往会大量使用项目管理技术中的时间控制、财务计算等硬技术。虽然可以用这四种类型来划分项目，但有些项目特性不一定很突出，例如，处于几个象限的交汇处。随着时间的推移，一个项目可能会从一种类型转化成另一种类型。例如，项目开始时是迷雾型；经过研究后许多问题都有了答案，项目变成了探索型；再经过研发，当具体的设计方案出台后，项目变成了按部就班型，只等工厂建设好就能够进行生产。因此，在一个组织中，究竟在什么时间段上、在多大范围内、在多深的程度上采用项目管理制，要根据其自身的情况来定。虽然项目管理模式不一定适合任何情况，但本书中的许多具体方法和技巧对一般意义上的管理都适用。

项目管理体系是为了规范管理行为而提出的一系列过程、方法和工具，体系作为标准具有相当的完备性，包括了项目管理中可能遇到的各种普遍情况。项目管理的两大体系 PMBOK 和 PRINCE2 从各自的角度描述了管理中涉及的方方面面。

1.3　PMBOK 体系

图 1-4 描述了美国的 PMBOK 体系。在该体系中过程（process）分为五个部分，分别是启动（initiating）、计划（planning）、执行（executing）、监控（monitoring and controlling）和收尾（closing）。该体系还包括 10 个知识领域（knowledge area）来支撑过程的执行，分别是范围（scope）管理、时间（time）管理、成本（cost）管理、质量（quality）管理、人力资源（human resource）管理、沟通（communications）管理、风险（risk）管理、采购（procurement）管理、干系人（stakeholder）管理和整合（integration）管理。

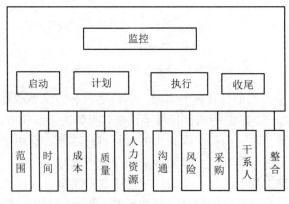

图 1-4　PMBOK 体系

PMBOK 体系非常注意项目计划的完备性，为了实现完备性提出了一系列的工具和方法。计划一旦完成，要尽量少去修改，若实在需要修改，也必须通过一套变更流程并获得授权。站在 PMBOK 的角度，项目生命周期的主体是瀑布型的，可以用甘特图进行规划，如图 1-5 所示。瀑布模型为毕业于加州理工学院的温斯顿·沃克·罗伊斯（Winston Walker Royce）所创。在瀑布模型中，强调从整体到细节严格区分各个阶段的工作。按照 Obeng

的项目分类法，PMBOK 非常适合按部就班型的项目，但对另外三类项目则难以把控。

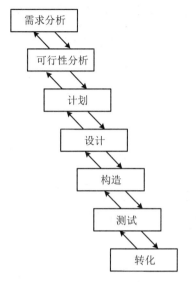

图 1-5　温斯顿·沃克·罗伊斯的瀑布模型

1.4　PRINCE2 体系

在 20 世纪 60 年代，软件危机开始出现，并持续了多年，人们发现许多项目在开发中间和开发之后往往会出现先前预料不到的问题和困难。项目开发过程中会不断发现新问题，处理这些新问题需要额外的时间和新增的资源，这使得人力、物力、时间的实际使用情况相距甚远。情况总是在变，人们的计划似乎总是不对！原有的瀑布开发模式和与之对应的 PMBOK 对此无能为力。直到 20 世纪 80 年代出现了面向对象的技术和分阶段式的开发模式之后，软件危机才得以逐渐解决。在面向对象的技术中，强调从重要到次要，而不是从整体到细节。一般来说，重要的部分会被分离出来，并优先开发。

案例

美国银行于 1982 年进入信托商业领域，并规划发展信托软件系统。计划原本预算 2 千万美元，开发时间 9 个月。在项目执行中实际投入了 6 千万美元，开发了 36 个月。最终却因为系统不稳定而不得不放弃，并因此失去了 6 亿美元的信托生意商机。

在这个例子中，美国银行事先找专家做过评估，但这个评估显然是不可靠的。但如果在执行过程中，根据项目发展的情况继续不断地做评估，新的评估可能会推翻原来的评估，美国银行可能有机会提前终止项目，至少不会失去 6 亿美元的生意。

美国软件工程师巴里·勃姆（Barry Boehm）在 1988 年的文章《一种螺旋式的软件开发与强化模型》中讲到了螺旋模型，提出了分阶段的计划和分阶段的实施，在每一阶段结束时要总结和评价阶段成果，根据最新的评估和当前的环境来重新进行计划，即"计划跟着变化走"，如图 1-6 所示。阶段有多种划分方法，大的阶段内部可能包括若干小的阶段。

评估也分大评估和小评估，大评估可以推翻整个计划，小评估则仅仅引起计划的小范围调整。在图1-6中，重要的核心内容放在内圈，先开发，先评估。

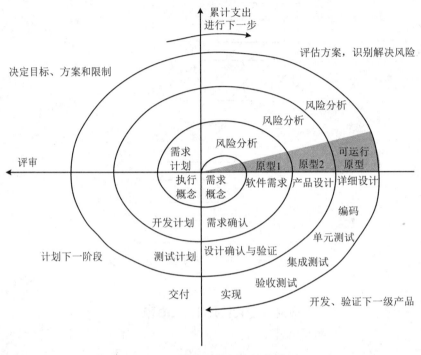

图1-6 巴里·勃姆的螺旋模型

案例

美国军方的未来作战系统（future combat systems，FCS）是一个按照螺旋式方法开发的项目。2003年主要承包商在完成先期演示后，美国国防采购委员会批准项目从概念与技术开发阶段转入系统研制与演示（system development and demonstration，SDD）阶段，SDD预期8年，大致分为4个周期，每个周期为2年。项目经费预算曾多次增加，2003年预算为914亿美元，2006年预算为1610亿美元。由于关键技术不成熟，原计划的研制进度又极为苛刻，并且遇到了因为伊拉克战争而造成的经费短缺，《2005财年国防授权法案》将项目的进度推迟4年。在2007年的项目调整中，美国陆军将原先的4个周期改为3个，即分3次向部队输出阶段性成果。2009年奥巴马政府宣布更多的军费将用于反恐，而不是对付俄国或中国这样的大国，FCS项目被取消，至此陆军共投入140亿美元。作为FCS的延续，FCS的成果将被转移到另一个项目——陆军旅战斗队现代化（Army brigade combat team modernization）。

从这个例子中可以看出螺旋模式的好处。首先，各个阶段的成果可以被利用，而不像有些工程要么全部做完，要么形成烂尾工程被全面放弃。其次，在项目开发过程中可以根据最新情况的变化进行项目调整，情况变化可能来自开发本身遇到的困难，也可能来自外部政策或经费的变化。尽管美军FCS项目和美国银行信托软件系统项目最终都被放弃，但FCS项目的结局却似乎好得多。基于分阶段的模式，产生了项目管理的新思路。在PRINCE2

体系中，计划总是跟着变化走。按照 PRINCE2 的思想，不需要像 PMBOK 那样对整个项目都做出详细的计划，当前阶段的任务可以做出详细的计划，但后续阶段的任务只做出粗略的规划。在多数情况下，项目计划前细后粗，越是后续阶段越少做规划。

图 1-7 描述了欧洲的 PRINCE2 体系。在该体系中过程（process）分为七个部分，分别是筹备（starting up a project）、启动（initiating a project）、阶段内控制（controlling a stage）、阶段边界管理（managing a stage boundary）、交付物管理（managing product delivery）、收尾（closing a project）和指导（directing a project）。该体系还包括七个要素（theme）来支撑过程的执行，分别是项目论证（business case）、组织（organization）、品质（quality）、计划（plans）、风险（risk）、变更（change）、过程监控（progress）。在 PRINCE2 中的计划不是像 PMBOK 那样作为一个独立的过程，而是作为一个要素贯穿于整个项目过程链中。同样，PRINCE2 中的过程监控也是作为一个要素贯穿于所有项目的进程中，而 PMBOK 中的监控过程是独立的，主要是为了发现计划与实际执行之间的差异，若有差异则采取必要的措施。

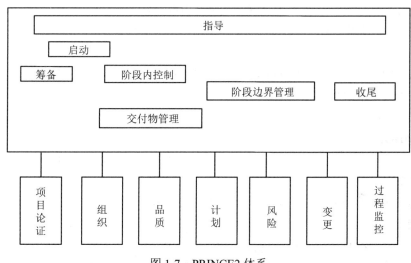

图 1-7　PRINCE2 体系

1.5　项目管理两大体系的区别

PRINCE2 体系和 PMBOK 体系既有区别，又有共同之处。如同数码照相机中的照相和摄像功能，PMBOK 从静态的角度看项目，能够很好地把握细节；而 PRINCE2 则从动态的角度看项目，能够很好地掌控全局。PRINCE2 强调了项目立项及建设的原因，以及项目各个阶段可能需要完成的任务，对于与项目环境不符的内容，项目管理团队可将其拿掉。PRINCE2 很少回答如何做的问题，而 PMBOK 给出了一些"如何做"的答案。PRINCE2 并不直接去定义工作（job）或做事，而是强调角色（role）或做人。不同的角色会从不同的角度和层次来看问题、做事情，并对项目实施不同的影响。PMBOK 提供了很好的具体工具和技术，但 PRINCE2 则站在宏观的高度来提供管理方法。PRINCE2 中的阶段（stage）

不同于 PMBOK 中的阶段（phase），它是一种灵活的、可裁修的、动态的过程。通过可裁修的阶段划分，PRINCE2 能够适合于绝大多数项目种类。PRINCE2 的阶段还可分为技术阶段和管理阶段。不像 PMBOK 为所有的项目设置同样的开发模式，PRINCE2 的项目裁修可以对项目管理的模式进行调整，无论是小项目还是项目群，无论是商业项目还是非商业项目，都可适用。为了实现阶段式的管理，PRINCE2 把管理分成了多个层次，项目经理（project manager）不再像 PMBOK 中拥有那么多的责任和权力。PMBOK 是以项目经理为核心的一元化管理，而 PRINCE2 则是项目总裁和项目经理为主体的二元化管理。与管理分层一样，控制也被分为多个层次：容忍范围内控制（tolerance control）、应急范围内控制（contingency control）和变更控制（change control）。面向交付物做计划（product-based planning）是 PRINCE2 的一个重要特点，而在 PMBOK 中做计划被当成一种通用的管理能力。PRINCE2 认为交付物的生命周期包括概念认识（conception）、可行性研究（feasibility）、实现（implementation or realization）、运营（operation）和终结（termination），但它更关注于交付物的实现，并且不包括 PMBOK 中的采购管理。PRINCE2 非常重视项目文档，把文档看成阶段过程的重要结果。对于人的管理和沟通，PMBOK 主要通过个人行为和技巧来完成，而 PRINCE2 则更多强调通过组织结构的方式来完成。简而言之，PMBOK 与 PRINCE2 最重要的区别有以下两点。

- PMBOK 强调全面，而 PRINCE2 强调重点，根据重要程度来划分阶段，根据项目具体情况来裁修管理模式。
- PMBOK 是用户需求驱动的，而 PRINCE2 则是公司或组织价值所驱动的。因此 PMBOK 中发起人和重要的干系人是决定项目的关键，而 PRINCE2 中公司组织的高层是决定项目的关键，这也是 PRINCE2 把项目论证作为项目管理要素之一的主要原因。

由于两大体系的取向不同，其采用的应对方法也就不同，其针对的项目类型也不同。对于技术成熟、资源（包括人力）绝对可掌握的项目，使用 PMBOK 带来的效率最高。对于技术成熟、资源没有完全掌握的项目，应该使用 PRINCE2 的组织架构来招揽聚合资源。对于技术不成熟、资源完全可掌握的项目，应该使用 PRINCE2 的过程管理来分阶段逐步实施。对于技术不成熟、资源没有完全掌握的项目，可使用 PRINCE2 的模式裁修来逐步探索。图 1-8 描述了两大体系的适用场合。由于项目是发展的，项目的开发方式可能会发生变化。例如，一开始使用模式裁修来探索，当技术困难解决后，可以变为 PRINCE2 组织架构模式；而当资源得到充分掌握后，则可再变为 PMBOK 模式。某些项目可能存在于图中二维的边界，则可考虑混合各种模式。

表 1-2 是 PMBOK 与 PRINCE2 的大致比较，有关两大体系进一步的更多的关系，本书将在后面的章节中详细介绍。本书将以 PRINCE2 体系为框架，系统地讲解 PRINCE2 的全部内容，但同时也包括 PMBOK 中的所有内容。两大体系将作为对立统一的模式，贯穿于本书的各个部分。总之，PRINCE2 像把粗壮的大刀，能够从宏观上拿下复杂度大的问题，但使用代价高。而 PMBOK 则像把精致的外科手术刀，能够从微观上精细地解决具体问题。对简单项目可采用 PMBOK 模式，对复杂项目可采用 PRINCE2 模式，两者可混合交替使用。

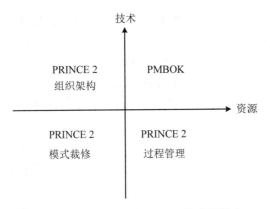

图 1-8　PMBOK 和 PRINCE2 的应用场合

表 1-2　PMBOK 与 PRINCE2 的大致比较

	PMBOK	PRINCE2
目标	满足决策者的需求，贯彻决策者的意志	满足多方的需求，反映多方的意志
特点	强调对资源的绝对把控	可通过对利益的分享程度来调控对资源的掌控
	全局调整优化	全局和局部配合调整优化
	为保障计划实施，屏蔽外部一切干扰，内部思想高度统一	为保障目标的实现，动态协调内外部，多角度思考问题
	微观管理	宏观管理
优势	谋效率（解决好不好的问题）——好比油门	谋功能（解决有没有的问题）——好比方向盘
缺点	缺乏灵活性	管理难度大

1.6　引导案例

本书将以一个真实而复杂的案例贯穿全书各个章节。这个案例就是备受争议的 F-35 战斗机项目，通过这个案例读者可以领略到现代项目管理的主题。

1. F-35 战斗机项目

对于现代项目管理来说，F-35 战斗机项目是项目管理史上的一个里程碑，被称为有史以来最昂贵的现代工业工程项目。有多个发达国家参与其中，项目执行过程高度透明。该项目到目前为止历时二十几年，在研发过程中毁誉参半、分歧很大，对是否继续下去也争吵不断，实属罕见。然而正是这种争论使得人们对项目管理的本质有了更透彻的理解，对项目管理科学未来的发展方向有了更清晰的认识，信息化对项目管理的作用被提到了新高度。

F-35 战斗机项目与其他项目相比，其最大特点就是透明性。项目大多由某个特定的组织来主导，外界难以理解项目内部的真相；这些项目完成后，由某些利益相关人出来发布报道。这就存在着严重的倾向性和诱导性。其宣布者往往从某个片面的立场出发，拟定自己的判断标准，来说明项目的情况。案例编写就像小姑娘的辫子——想怎么梳就怎么梳。

所以，现有教科书中的项目案例基本上都是一边倒的情况，就像电影情节一样，好人总是高大上，坏人从头到尾都坏。读者想要从这些教科书中了解真实的项目情况几乎不可能。F-35战斗机项目有十几个国家参与，项目过程具有高度的透明性。本书中作者所用的资料来自F-35战斗机生产商洛克希德·马丁公司的官网、美国国防部、国会听证会、美国一些军事网站、各知名媒体、美国名校和研究机构。从这些资料可以看出人们站在不同立场对此项目进行了大量的激烈的争论，从不同角度展示了该项目的特点及优缺点。该项目的艰难程度在资料中被展现得淋漓尽致：洛克希德·马丁公司同国防部之间的尖锐矛盾，重要干系人对这个项目的爱与恨，相关人员的无奈，公众对项目的矛盾看法，关键人物在决策时的游移不定，甚至反反复复。从这些公开发布的资料中，读者可从多个角度看似还原出一个客观真实的项目。F-35战斗机项目案例与其他教科书中一边倒的项目案例相比，无论是从学术价值还是从实践价值的角度看都具有巨大的优势。F-35战斗机项目本身是个复杂的项目，想要通过以往项目管理中简单的方法去理解显然是不合适的。读者通过本书的各章的理论学习，可以对该项目有深入的认识，进而加深对项目管理的理解和直觉感悟。另外，读者也将领略到当今项目与项目管理的发展趋势。

2. F-35战斗机项目简介

飞机制造是最为复杂的工业工程，其中飞机发动机被称为"工业的皇冠"，飞机制造代表着一个国家的顶级工业水平。F-35战斗机项目的最初目标是要成规模地制造出一款具有多用途的战斗机，既能够对空作战，也能够对地作战，且物美价廉。到目前为止项目已过去了二十多年了，仍然存在一定的不稳定性。其耗资巨大且进度多次延期，复杂程度远超预计。不过，在F-35战斗机成型后，也创造了多个世界第一，包括：

（1）Pratt & Whitney公司为F-35战斗机专门定制开发的F135发动机，无论是推力还是推重比都是全球的绝对第一，把其他国家远远甩在后面。其寿命也很长，数倍于俄国发动机，被称为人类有史以来最强悍的发动机！公司宣称该发动机"在可靠性、可维护性和燃油经济方面，将继续保持无与伦比的竞争优势"。

（2）F-35战斗机的飞行员头盔，可360°地透视，不需要调转机头。

（3）先进的数据链系统，可以使多架在不同空间位置的飞机共享信息，仿佛是处于同一架飞机上。例如，一架飞机可以引导另一架飞机发射导弹，F-35战斗机的数据链系统甚至可以引导地面导弹炮火进行攻击。这也为今后的无人机战争提供了模板。

（4）F-35战斗机属于最新的5代机，其隐身性和电子作战能力都超过了老冠军F-22战斗机。

（5）F-35战斗机的制造平台与以前的战斗机平台相比，有了革命性的突破。

F-35战斗机项目曾遇到过许多困难，项目多次被质疑，甚至被讨论是否应该取消，多年来激烈的争论就从来没断过。作为一个项目，它到底算成功了，还是失败了？亲爱的读者，当你读完本书各章的理论后，你一定会有答案。

3. 项目的由来

冷战时期，美国生产了两款战斗机，即F-15重型战斗机和F-16轻型战斗机，高低搭配得非常成功。F-15 战斗机由于缺乏对手，基本上只用于威慑作用。F-16 战斗机则在几十年大量的实战中战功卓著而鲜有败绩，被称为最成功的战机。1991 年洛克希德·马丁公司获得了美国国防部的 F-22 重型战斗机的研发合同，用以取代 F-15 战斗机。1997 年 F-22 战斗机首飞，2005 年初步形成战斗能力。F-22 战斗机出世后性能卓越，多项指标绝对第一，比 F-15 战斗机还要强大。美国国防部认为 F-22 战斗机缺乏对手，不太用得上，而价格又太贵。能否制造一款轻型战机，价廉、多用途且能够同 F-22 战斗机高低搭配呢？F-15 战斗机和 F-16 战斗机就是成功的案例，是否可以复制呢？官员们普遍认为可以，于是新型的多用途廉价战机的研发被提上日程。经过几番斟酌，选择了洛克希德·马丁公司和波音公司的原型机。国防部设立了专门的项目，制定了项目章程，同两家公司签订了项目合同。2001 年洛克希德·马丁公司的 X-35 同波音公司的 X-32 进行了大比试，双方均达到要求，但军方认为 X-35 风险较小。最终花落 X-35 原型机，国防部独选洛克希德·马丁公司。2006 年美国空军正式将 X-35 原型机命名为 F-35 战斗机。为了给自己减负，国防部拉来了多个盟国，让它们一起出资、一起购买，名曰"联合开发"。因此，项目的框架是多个甲方对一个乙方。尽管这些盟国的话语权不大，但它们也有一定程度的参与，并且有知情权和建议权。国防部告诉盟国，此项目是一损俱损、一荣俱荣，请大家积极献计献策。

2001 年项目的里程碑计划是在 2010 年能够至少生产出一个具备实战能力的 F-35 战斗机中队，2011 年生产 190 架（预计成本 260 亿美元），到 2012 年战斗机将完全具备作战能力，且生产线进入全速生产，2013 年生产 424 架（预计成本 490 亿美元），总共将生产 2852 架。但后来生产数量和交付时间都处在不断的调整中。

洛克希德·马丁公司中选似乎有一定的道理。F135 发动机原型最初就诞生于洛克希德·马丁公司的臭鼬工厂，基于 F-22 战斗机发动机的技术。洛克希德·马丁公司宣称 F-35 战斗机将是自己 F-22 战斗机的缩减版，把双发动机改为单发动机，砍掉超音速巡航与超机动能力，仅仅增加对地攻击能力。理论上应该有道理！公司负责人曾对《纽约时报》说，F-35 战斗机就是冲着简单来的，简单而价廉。怎么才能做到多用途、简单而价廉呢？国防部的理由是，在技术上以 F-22 战斗机为参照；功能上把空军、海军和海军陆战队的需求三合一。即不用为空军、海军和海军陆战队分别设计制造飞机，把三个制造平台合而为一，可大幅度节省成本。三合一是可行的，例如，可以制造同一个发动机适合三大军种的飞机；另外，各军种飞机的电子系统也差别不大，等等。洛克希德·马丁公司的 F-35 战斗机项目经理对记者说，三个军种的飞机其基本系统可有 98% 的共同性，在基本系统的基础上进行改造就可制造出适合空军的 F-35A 型、适合海军陆战队的 F-35B 型、适合海军的 F-35C 型；通用性将会带来简单和廉价。最初三大军种有不同看法，但国防部本着省钱的目的，拒绝了三个军种，要求大家加强执行力。洛克希德·马丁公司因把三个军种的飞机都独揽腰包，也非常乐意。

F-35 战斗机采用边生产边研制的模式，在前期以研制为主，而只进行少量的生产，到了成熟期则以生产为主，加上少量的研制。前期的少量生产是为了验证设计的正确性，后期的生产则真正会供应一线部队需要的战机。这种模式是美国军工常用的一种模式，生产飞机的速度同技术成熟的程度成比例。

F-35 战斗机项目最初的曾用名有 Joint Advanced Strike Technology Program 和 Joint

Strike Fighter Program，名称的变化说明了业主方对项目的理解是随着时间在变化的。目前，F-35 战斗机被称为 Lightning II，即闪电 2 型。

4. 项目的主要参与方

在美国，武器生产商是非国有公司，对它们的监管主要由国防部的下属单位来完成。军方作为建设单位会对项目派出项目执行官（program executive officer，PEO）来全权负责，这个 PEO 看起来像军代表，不过其责权远大于军代表。PEO 是军方派驻的项目负责人，按照美国国防部文件《5000.02》，PEO 对采办过程中的风险、进度、成本、可用性、执行情况等进行综合评判，然后提出一整套方针和目标。PEO 在采办过程中一直监管着武器生产商。PEO 之下可以有项目经理（program manager）或执行董事（executive director）等职位。PEO 办公室的办事人员的岗位可能属于军职，也可能属于文职，但 PEO 属于军职。在 F-35 战斗机项目预备早期，越战老飞行员 George K. Muellner 空军中将在 1994 年最先担任项目 PEO。Muellner 在本科期间学习航空工程，后获得了 3 个不同大学的硕士学位，共在空军干了 31 年。另一位越战老飞行员 Craig E. Steidle 海军少将在 1996 年出任 PEO，同时，B-2 轰炸机的首席工程师 Fred Schwartz 担任政府方工程师。1997 年改由空军女中将 Leslie F. Kenne 担任 PEO。1999 年海军陆战队中将 Michael A. Hough 接任 PEO，他曾对记者说，过去多用途飞机研发超时超资的情况，绝不会在 F-35 战斗机项目上发生。三大军种轮流担任 PEO 是想汇总和平衡各自的需求。在前期阶段，大家对于 F-35 战斗机项目的蓝图充满希望，但项目的细节并不清晰。多用途意味着需求比较复杂，项目可能的风险也难以判断。

武器生产商洛克希德·马丁公司的主营业务分别来自四大部门：航空事业部、导弹与火控事业部、运转与任务系统事业部、航天事业部。洛克希德·马丁公司对 F-35 战斗机项目高度重视，成立了 F-35 战斗机项目部，隶属于公司航空事业部。洛克希德·马丁公司很大，生产过大量优秀的产品，包括 U-2 高空侦察机、SR-71 高速侦察机、C-130 运输机、猎户座宇宙飞船、三叉戟导弹、大力神洲际导弹、爱国者-3、萨德导弹防御系统等。F-35 战斗机项目部的负责人被称为 F-35 项目执行总裁兼总经理（executive vice president and general manager of F-35 program，EVM），航空事业部的负责人被称为航空执行副总裁（executive vice president of aeronautics，EVP）。EVP 是洛克希德·马丁公司对重要部门负责人的称呼，EVM 则是公司对重要项目负责人的称呼，EVM 可能比某些事业部的老总还要显赫。2000 年项目首任 EVM 为 Tom Burbage，航空工程专业毕业，进入航空工业前曾是海军上尉，飞行时间超过 3000 小时。Burbage 最值得骄傲的是他曾担任过 F-22 战斗机项目的 EVM，经验丰富。Burbage 担纲 F-35 战斗机项目应该游刃有余。2001 年 Burbage 在接受采访时，信心满满地说：他将大幅度削减成本，成本控制将是本项目重要的一部分。不过项目的发展情况同他的展望似乎不太吻合，技术不过关、成本大增、进度经常性地拖后等现象越来越多。2004 年洛克希德·马丁公司采用了双人负责制，Bob Elrod 负责项目对内事务，而 Tom Burbage 则只负责项目对外事务。之后，项目进展仍然不顺。

2005 年项目被迫再次调整，Daniel J. Crowley 出任项目 EVM，公司对 Crowley 给予了高度的期望。Crowley 德州大学机械工程专业毕业，读过斯坦福大学的管理硕士，在洛克希德·马丁公司干了 20 年。Crowley 还曾是大名鼎鼎的臭鼬工厂（Skunk Works）的负责人，臭鼬工厂是洛克希德·马丁公司的预研究中心，以秘密研究计划为主，其中的项目享有高度的自治权。臭鼬项目的团队组成的原则是少而精，宁缺毋滥，团队一般不超过30人。在臭鼬工厂著名的"14条规定"的保护下，臭鼬项目的研发人员可以不受各种规矩的限制，享有极大的自由。洛克希德·马丁公司向来把臭鼬工厂看作创新中心，目前中国的一些知名企业也开始采用类似模式。

F-35战斗机项目很大，洛克希德·马丁公司收入的1/4来自该项目。实际上甲乙双方对该项目都是认真的，投入也都很大。洛克希德·马丁公司在项目开发中使用的是"双螺旋法"，即飞行员要学习技术，而技术员要学习飞行，鼓励各岗位员工相互学习。双螺旋法中的项目流程是结构化的和可裁修的。洛克希德·马丁公司认为双螺旋法是创新之源，该方法曾被美国陆军驻伊拉克部队认可并采纳。军方也特别重视此项目，设置了 executive director 职位作为 PEO 的助手来监管项目，executive director 任职者作为文职官员，其工作范围很广，涵盖设计、开发、测试、场地等，监督着2500名分住各地的项目团队成员。例如，在2013—2016年担任该职务的是海军文职人员 Steffanie Easter。Easter 女士本科时学化工，硕士时学工程管理，曾多次获得海军和国家级突出工作表彰。Easter 在进入 F-35 战斗机项目之前，参与过许多重要的军工项目，成绩斐然，是一位"军工先进"。2016—2018年担任该职务的是 Todd C. Mellon。Mellon 是航空航天专业出身，2010 年曾获得过总统特别奖。2019 年 Tanya M. Skeen 担任该职务。Skeen 女士是航空工程专业出身，在普渡大学时就因为成绩优异而获得过奖励，后又获得过空军、海军和国防部的多次表彰。

能够进入 F-35 战斗机项目的人一般都有优秀的履历，不是等闲之辈。在社会上 F-35 战斗机项目似乎是一个标签，人们都以拥有这个标签为荣。

5. 项目的主要进展情况

2001—2004 年，空军少将 John L. Hudson 担任 PEO

Hudson 对刚刚展开的项目的总体评价还不错："到目前为止都很好。"不过面对 *Air Force* 杂志，他也提到了自己的担心："飞机的超重问题和软件问题。"他认为设计是很好的，但软件问题恐怕会日益严重。也就是说，在这期间问题还没有大规模地爆发，各方感觉良好，但也没有找到根治问题的方法。毕竟有大牌项目经理、有 F-22 战斗机项目的原班人马，Hudson 认为应该没有不可克服的问题。

2004—2006 年，海军少将 Steven L. Enewold 担任 PEO

Enewold 强烈质疑项目是否能够按照预计的时间完成任务，他不无担忧地说："技术非常不稳定。"在此期间问题已经大面积爆发了：已生产出的样机不断地返工，任务跟不上既定的计划，成本无法控制。速度越快，返工越多，损失越大。对 Enewold 来说，客观现实战胜了主观愿景，他对外界提到，现阶段的事情都没做好，很难想象下一步的情况会多糟。对于上述"责难"，洛克希德·马丁公司很不情愿地让昔日的大牌人物 Burbage 退居二线，在航空事业部工作的 Crowley 则知难而上担任 EVM。在 Crowley 的领导下，2006 年 12 月，F-35 战斗机总算完成了首飞。公司发布了相关消息，称世界上最先进的飞机改写了多项纪录。尽管首飞成功，但问题仍然一大堆，飞机不具备任何作战功能。Crowley 说飞机仍然需要大量的测试。

2006—2009 年，空军中将 Charles R. Davis 担任 PEO

  Davis 在两年前就已经出任了项目的 PEO 副职，对项目应该很熟悉。在此期间项目的问题已沸沸扬扬闹到了国会讨论，国防部也加强了对项目的管理。国会很关心项目进度和成本，派员调查，有人甚至私下放风说要削减经费。在这种情况下，PEO 对项目的态度将是非常关键的，PEO 可以说是项目的衣食父母。Davis 坦诚对来自于国会的压力感到十分担心。对于项目的问题，Davis 并不否认，但他却从另一个角度来解释。Davis 认为制造三合一的多用途战机，困难会很大，另外，单一采购 F135 发动机的做法也恐怕不妥。言外之意，Davis 似乎认为国防部当初想省钱的观念是错误的。采购三合一的战机、单一采购 F135 发动机都是国防部自上而下的决策，Davis 的说法似乎已经"犯上"了。Davis 的观点是，虽然存在诸多困难，但自己对项目的未来还是有信心的，坚决反对国会削减 F-35 战斗机项目开支的说法。在美国政府问责局（government accountability office，GAO）于 2007 年发布的报告中，可以看出项目的许多里程碑都被延期至少一年以上了，不知道是否还会再延期。但 GAO 仍然建议国防部不要催进度，特别是飞机的生产进度，因为生产得越多，将来返工得越多。软件开发被 GAO 列为首要的担心事项。

2009—2010 年，海军陆战队少将 David R. Heinz 担任 PEO

  Heinz 从海军学院毕业，从事飞机工程多年，拥有人工智能硕士学位，曾担任过大名鼎鼎的 C-130 运输机项目的 PEO。Heinz 对项目的进展情况非常失望，特别是 F135 发动机质量管理造成了 24% 的成本增长，他认为项目需要再多花费 50 亿美元并推迟两年。不过在经费开支上 Heinz 对项目并不吝啬，按他的说法是因为他喜欢这个项目。在一次记者采访中，Heinz 开玩笑地说："我是给足了项目的钱的，洛克希德·马丁公司真应该感谢我对公司财务的巨大贡献。"2010 年五角大楼报告说，F-35 战斗机项目比计划超支了 50%。

  2010 年 2 月，国防部部长罗伯特·盖茨（Robert Gates）带着一身的严寒到了洛克希德·马丁公司总部沃斯堡，这是国防部部长盖茨第 31 次造访沃斯堡。现场情况好像比盖茨想象得还要严酷：测试工作已拖延了半年，测试飞机只造了 1/3，软件开发延长了一年仍差距很大，下一步会达到什么效果无法预测。盖茨说，看来 F-35 战斗机项目的问题比我们实际上知道的要严重得多得多！事实上，在历任 PEO 的劝说下，国防部对项目已经很宽宏大量了。为此，五角大楼的官员们一次又一次地被迫修改计划。一年前，国防部部长盖茨为了保住 F-35 战斗机项目，力排众议关掉了 F-22 战斗机最后的生产线。盖茨认为，两年来 F-35 战斗机项目进展甚微，主要的指标和任务均没有完成，辜负了他的厚望。盖茨扣罚了洛克希德·马丁公司 6.14 亿美元的工程款。对于国防部部长的"刁难"，洛克希德·马丁公司拒不认错，还进行了面对面的硬顶。公司在致辞中说："我们尊重国防部部长的观点，我们知道他的期望，我们清楚项目的里程碑在哪里……我们行进在正确的轨道上，我们一定能获得成功。"话虽然温和，但外柔内刚，有店大欺客之嫌。对于洛克希德·马丁公司，五角大楼忍无可忍，连续数周要求其对 F-35 战斗机项目进行重组。洛克希德·马丁公司拒不改组，盖茨只好把怒气喷向军方的 PEO。盖茨宣布解除 Heinz 将军 PEO 职务，并勒令其退役。国防部和洛克希德·马丁公司的关系此时已形同水火。

  离开了军界后，Heinz 进入了商海，仍在军工企业打拼。在一次访谈中，他兴奋地告诉记者，他的儿子的申请被批准了，他马上就要被编入 F-35 战斗机队！Heinz 的儿子同他一样，都曾飞过 F-18 舰载机，又都进入了 F-35 战斗机项目，真是前赴后继、子承父业。Heinz 说，F-35 战斗机项目是他们父子俩共同的骄傲。

Heinz 被去职后，人们普遍认为洛克希德·马丁公司的项目负责人 Crowley 也会被去职。洛克希德·马丁公司老总 Robert J. Stevens 同 Heinz 一样都在海军陆战队干过，在所有的公开场合，Stevens 都表示力挺 Crowley，要他继续负责项目。这位 CEO 说："我了解他和他的才能，我对他的工作能力有绝对的信心！"话虽然这么说，但在国防部的强大压力之下，几个月后洛克希德·马丁公司只得宣布 Crowley 将就任航空事业部的 COO（首席运营官），而现任 F-22 战斗机项目 EVM 的 Larry A. Lawson 将就任 F-35 战斗机项目的 EVM。Lawson 是电子工程师出身，拥有许多信号处理方向的专利，他还学习过哈佛大学和麻省理工学院的管理课程。不久，Crowley 负气出走，到其他军工企业就职。2016 年 Crowley 成了 Triumph Group 公司的一把手，这家万人大公司从事的也是航空业务。Crowley 虽然离开了洛克希德·马丁公司，但在 Crowley 的个人简介中，F-35 战斗机项目总是放在最显眼的位置。

2010—2012 年，海军中将 David J. Venlet 担任 PEO

海军老飞行员 Venlet 在履职后，来自各个方面的压力都很大。国防部部长盖茨让 Venlet 评估一下，看看需要做出什么大改变。同历任 PEO 不同，Venlet 这次要做的不是规划做什么、怎么做，而是判断还做不做、项目还能不能干下去。Venlet 请来了技术专家，并在他办公室的四面墙上挂满了各种图表。大家分析，目前返工率高居不下，造得越多，亏得越多。Stevens 则指责政府的僵化无能，他说："第二次世界大战期间我们造发动机、造飞机、造核弹、造雷达等都能够在 3 年零 8 个月内完成，如今系统日益复杂先进，这点时间连个初始设计可能都完不成。返工率高的原因是你们不断地催进度，要我们去造本不该在现阶段造的飞机。"Venlet 拜访了各军种的大佬，认真听取意见。F-35 战斗机是个多用途机，是个"四不像"，很多需求都不能够很好地满足，这是事实。但 F-35 战斗机作为第 5 代战斗机，它的优点也很明显，多个硬指标也很棒。F-35 战斗机就像一个偏科的学生，大佬们对它又爱又恨。再者，各军种现有的军机机龄都很长了，也的确需要新型飞机。

Venlet 回答国会议员们："F-35 战斗机将是下一代的骨干机，当前项目已经变得更加现实了，尽管还有风险，但我坚信洛克希德·马丁公司能够吸取教训。"Venlet 还说，"感谢盟国在项目困难时刻仍给予的支持。"在国会，Venlet 更要求对项目追加拨款。他说，"不能光提要求，你们的要求是需要用资源来落实的。"国防部部长盖茨向国会申请了额外的 30 亿美元用于测试工作，并宣布给 F-35 战斗机项目再延期 13 个月。在关键时刻这位 PEO 挽救了项目。2012 年 1 月，Larry A. Lawson 作为 F-35 战斗机项目的 EVM 升任公司航空事业部 EVP，一年后 Lawson 退休。55 岁的 Lawson 退休也许是一种无奈。接替 Lawson 项目 EVM 的是比他小一岁的副手 Orlando P. Carvalho，同时被任命的还有 Lorraine M. Martin 作为项目副职 EVM。新任命的这两个人都属于异类，因为在这类职务上的大多数人都是学航空工程出身的，而他们俩却都不是。Carvalho 是学数学的，后又读过 MBA。Martin 是学计算机的，曾是空军技术部门做软件的女军官，后又到洛克希德·马丁公司干了多年。征召他俩主导项目工作无疑是想他山之石可以攻玉，洛克希德·马丁公司真可谓是用心良苦。

Venlet 指出，国防部下达了 2017 年要交出 365 架飞机的命令，而事实上这指标显然定得太高了。在大规模测试之前,为什么非要造那么多?Venlet 告诉 *AOL Defense*,生产速度必须减慢!负责军方采购工作的国防部部长助理 Frank Kendall 是西点军校的优等生,勤奋好学,还在加州理工大学拿了航空硕士学位,之后又获得了 MBA 和法律博士学位。Kendall 站出来支持 Venlet,在 2011 年他写道:"显然我们过去的算计都是错的。我们太相信以前的模式、模型、仿真等,带给了我们错误的预期。实际的项目不能跟着不实际的计划走,计划太乐观了会造成工作总是无法完成。"Kendall 说,"我们不得不为我们的行为付出代价,因为我们的采购模式错了!"空军参谋长 Norton A. Schwartz 上将认为,在 20 世纪 90 年代制订的所谓"政府消肿"计划,使得军工采办机构的许多懂系统工程的人才流失,也是造成了现在这种局面的一个因素。

2012—2017 年,空军中将 Christopher Carl Bogdan 担任 PEO

Bogdan 曾担任过 B-2 轰炸机测试飞行员,对相关工作很有经验。在他任职之初,双方怨气都很大。国防部认为花了钱却没有得到想要的东西。洛克希德·马丁公司则认为:我努力了、认真了,投入的确颇大,却没有被认可。换成其他公司肯定会做得更差,因为没有我有积淀、没有我有优势。我这个全球排名第一的军工厂已经尽到了最大的努力。其实国防部急着催进度也可以理解,尽管修订后的新计划已经延后了,澳大利亚将按该计划于 2014 年提货,但如今来看可能性渺茫。

项目能够得以延续,的确也不容易,在以后的日子里,洛克希德·马丁公司发誓要奋力一搏。洛克希德·马丁公司项目整合负责人 Steve O. Bryan 说:"我们正在突破瓶颈,公司再次新招了 200 名软件工程师,修建了 1.5 亿美元的设施;在飞机设计和软件开发上我们过于乐观了,在系统的复杂性上我们理解得不够!"不过,到了 2013 年 7 月,洛克希德·马丁公司仍然不能够保证 F-35 战斗机的 860 万行软件代码能完成基本功能,更谈不上性能、可靠性等。另外,飞机后勤和维护平台额外还有 1600 万行代码需要处理,基本上是力不从心了。尽管洛克希德·马丁公司对外宣称软件开发正常进行、86%的代码正在测试中,但五角大楼的武器测试官 Michael Gilmore 博士在国会作证时指出,F-35B 型的代码测试不超过 2%。说的和做的差距甚大,仍然没有一架样机具备实战能力。一些盟国已开始不耐烦了,扬言要准备考虑其他飞机,如 F-15 战斗机、F-18 战斗机等。*The Economist* 发出警告,这种情况有可能造成恶性循环。因为,订单量的减少必然造成单架成本的上升,而单架价格的上升会赶走潜在的客户,造成订单量进一步下降,最后进入"死亡螺旋"。实际上,根据 2012 年 GAO 的报告可知,F-35 战斗机的单架成本比 2001 年的估价高了 93%。国防部的计划采购数量也降到了 2457 架。Bloomberg 在 2017 年发表的 Paul Barrett 署名的文章中指出,当初认为三大军种的飞机至少有 70%的共同性,然而到目前为止发现不会超过 25%,在实际的设计和实施中只达到了 20%,规模效应无从谈起,廉价的基础根本就不成立。

祸不单行,奥巴马政府制定了新政策,政府的补贴恐大幅下降,F-35 战斗机的成本恐被大幅度压缩。洛克希德·马丁公司发布预警,其利润可能在未来 5 年中遭受严重困难。2013 年参议院国防委员会要求砍掉不必要的战斗机项目,风传 F-35 战斗机项目有可能被国防部终止。同年,有顶级智库之称的兰德公司发表研究报告,称:F-35 战斗机项目的三合一平台的构造是错误的,历史上就没有成功的先例。风雨飘摇中的 F-35 战斗机项目再次面临下马的危机。

洛克希德·马丁公司开始解雇部分 F-35 战斗机生产线上的工人，也间接向政府示威。不过在同时，洛克希德·马丁公司针对国会动用了其强大的游说组织，许多退役老将军也出来为项目站台。共和党头号重量级议员 John McCain、民主党头号重量级议员 Bernie Sanders 都曾反对过 F-35 战斗机项目，不过，之后他们又都表示支持该项目。无疑，这得益于洛克希德·马丁公司的沟通工作。参议院国防委员会主席 McCain 是海军老飞行员，越战中曾被击落过。McCain 在被老战友劝说后，表示坚决支持 F-35 战斗机项目。就这样，项目总算再次渡过了危机。按照军方的报告，F-35 战斗机项目问题严重，其 1 号技术风险是软件风险，国会专门就 F-35 战斗机的软件开发工作进行了调研和论证。国防部不愿看到奥巴马政府的新预算对洛克希德·马丁公司的关键软件开发造成可能的伤害，宣称将尽力维持局面。F-22 战斗机的生产线被关闭，虽然曾给 F-35 战斗机项目带来生机，但实际上 F-35 战斗机所承担的压力更大了，因为这意味着它将被用来在某些场合顶替 F-22 战斗机。而现在，它自身的基本能力都不能过关，赋予它更多的期望是否恰当？

Bogdan 认为现在必须彻底改变了！他首先动用了他周围的各种关系来缓解国防部和洛克希德·马丁公司之间的艰难局面。用他的话来说就是，这是他平生从未见过的甲方、乙方之间的坚冰，这块坚冰必须被打破。毕竟相互理解、相互信任才是项目团队的基础。最后，在他的持续努力下，坚冰开始融化。Bogdan 与洛克希德·马丁公司进行了艰难的谈判，意在达成新的协议。过去国防部同洛克希德·马丁公司签订的 F-35 战斗机项目是 12 年的合同，合同框架是成本加价，即在实际成本的基础上再根据项目情况加上一定的利润。这种模式在军工业广泛存在，许多合同都是这种模式或其变种。这种模式的特征是以计划为主导，为了完成指令性计划可以不计成本。因此，计划带来的风险都理应由制订计划的甲方承担，乙方的责任应较小。这也正是洛克希德·马丁觉得委屈的原因！——你给了我一个完不成的任务，却想让我负责。在现行模式的保护下，我不需要负责。建筑行业中以工程量清单来定总价的合同也属于这种模式。Bogdan 制定的新合同以总价包干为主框架。在新模式下，甲、乙双方共同制订计划，乙方能够根据总承包价格来调整自己的投入。总价包干可以把甲、乙双方的风险控制在事先锁定的范围内。这类合同通常都不会太大，执行时间也不会太长，大的任务一般会分解成一系列的合同来完成。这样做无疑加大了管理的工作量，不过 IT 类的项目大多采用这种模式，而其中的工程量清单往往难以事先计划出来。因为 IT 项目不确定性强，所以为了控制风险，常常会根据前面的合同执行情况来动态制定后面的合同。甲、乙双方共担风险往往还意味着乙方会得到更多的控制权。洛克希德·马丁公司一开始对 Bogdan 提出的新采购模式很不适应，但最后还是接受了。作为回报，Bogdan 承诺将向国防部和盟国建议更多的采购量。Bogdan 新的采购模式进一步促进了洛克希德·马丁公司的管理方法的革新。

历任 PEO 对 F-35 战斗机项目软件开发问题都很担心。Bogdan 刚上任时对项目软件的评价是：恐怖。Bogdan 说，这样的软件会直接收了飞行员的命！不过，Bogdan 对软件代码数量的庞大也表示惊讶。项目的软件开发被分成了几大阶段：Block 1、Block 2、Block 3。每个版本理论上都能够完整地进行工作。其中，Block 1 为基本版，只能用于训练；Block 2 将具备基本作战能力；Block 3 将具备完全作战能力。后来又加入了 Block 4，加入了增强的特征。项目的软件开发同硬件开发一样都存在着严重的赶工现象，可靠性很差，并且不断地返工。Bogdan 履职后坚决地制止了软件赶工现象，上一个版本测试不过关，绝不允许进入下一个环节。他的原则是不求版本高，但求能使用。Bogdan 的这种做法完全符合软件工程开发原则，但这还仅仅处于软件工程的初级层次。

实际上洛克希德·马丁公司也在不断改变中，2013 年，刚刚上任一年的项目负责人 Orlando Carvalho 升任航空事业部 EVP，50 岁的项目副职 Lorraine Martin 接棒项目 EVM。给人的感觉是 F-35 战斗机项目已经成了航空事业部最主要、最重要的任务，整个航空事业部都在围着 F-35 战斗机项目转。Martin 女士毕业于波士顿大学计算机专业，不属于传统的航空工程人员，由她来主刀，给人的感觉是洛克希德·马丁公司要向软件这块顽疾发起猛攻，洛克希德·马丁公司的确也是拼了。

经过了几年的苦战，到了 2015 年，洛克希德·马丁公司宣布 F-35 战斗机项目迎来了最大的里程碑式的成果，因为几十架 F-35 战斗机经测试具备了初始作战能力，尽管比原计划延迟了 6 年多。2016 年 F-35 战斗机开始批量出口，虽然还存在各类问题，洛克希德·马丁公司总算可以松口气了，举行了庆祝仪式。海军陆战队中将 Robert Schmidle 说，F-35 战斗机的信息化程度非常高，能够以 10 倍的速度发现对方。F-35 战斗机队的 Matt Johnston 少校说，F-35 战斗机同以前的飞机相比完全是两回事，它是革命性的突破。2015 年 11 月，Martin 被调到运转与任务系统事业部担任副总，接替她的是 Jeff Babione。Babione 是航空工程出身，担任过 F-22 战斗机项目的 EVM 兼首席工程师，属于传统的飞机研制项目领导人。Martin 的离开似乎意味着软件问题已经基本上得到了解决，项目的主要工作由软件重新回归到了航空。Bogdan 评价说，项目目前进展还不错，F-35 战斗机值得购买！

不久项目再次拉起了警报，新当选的总统特朗普在推特上猛批项目花费太大、工期太长、完全失控，强烈质疑其存在的必要性。特朗普以强硬著称，他接连召见了项目 PEO 和洛克希德·马丁公司老总，要他们交代清楚。但会见之后，特朗普对项目不再反对了。Bogdan 告诉特朗普，社会上许多关于 F-35 战斗机项目的流言都是不真实的或片面的，特朗普认可了项目并批拨了 6 亿美元的见面礼。F-35 战斗机项目再次过关。就这样，F-35 战斗机项目一路都在艰辛中行进。

2017—2019 年，海军少将 Mathias W. Winter 担任 PEO

Winter 是位拥有计算机科学硕士学位的舰载机飞行员，他从 Bogdan 手中接过了一个正常运行的项目。在 2017 年的红旗军演中，F-35 战斗机的成绩是战损比为 20∶1，51 次投弹 49 次精确命中，成绩喜人。据认为下一步，F-35 战斗机上的核心电子系统将用来替换 F-22 战斗机的老系统，使 F-22 焕发生机。最后一架战斗机的 Block3F 软件包于 2018 年 12 月完成交付，而第一架战斗机的 Block 4 阶段升级计划于 2019 年 4 月进行。Block 4 阶段的升级包括 53 个新功能，分别对应未来 6 年，以 6 个月为单位的交付周期直至 2024 年。每 6 个月而不是每两年的更新周期，标志着军工从传统的"瀑布式"收购到敏捷、快速的持续交付模式的文化变迁。这种新的模式更类似于商业产品周期，在商业产品周期中，快速、迭代的软件更新已经成了常态。这种模式称为持续发展与交付的远程计划（continuous capability development and delivery，C2D2）。这也恰是现代软件工程提倡的模式。

项目有成效并不意味着项目就没有问题了。*Defense News* 在 2019 年 7 月指出，又新发现了 13 个 1 类严重缺陷。不过在采访中，Winter 告知这些问题要么已经完全解决了，要么已经被减低到第 2 类缺陷的程度，还剩 2 个将作为下一阶段软件工作的目标。也就是说，项目处在持续改善中，在不断地进步。2018 年 F-35 战斗机的整体任务能力率为 54%，而 2019 年下线的 Block3F 型 F-35 战斗机的任务能力率则超过了 80%。Winter 说，我们现在可以采用一种更敏捷、更确定、更灵活的代码验证—测试—交付节奏，这种节奏是基于作战人员对我们的指导，基于他们需要的能力以及应对威胁的时间来制定的，这就是 C2D2 的基本原理。

2018 年国防部发布文告：鉴于 F-35 战斗机快要进入量产阶段，军方需要更多的直接控制，以达到资源的最优配置。为此将派出多名校级军官进驻 PEO 办公室，以后将负责项目的营运和采购。同年，毕业于加州理工大学航空工程专业的 Gregory M. Ulmer 接替了 Babione 成为项目的 EVM，Babione 则调职去负责臭鼬工厂。这项任命同当年 Dan Crowley 的任命刚好相反。也许当年 Crowley 是为了给项目带来臭鼬工厂的新思维，而现在 Babione 则是把 C2D2 等新模式带给臭鼬工厂。

2019 年至现在，空军中将 Eric T. Fick 担任 PEO

Fick 拥有包括航空学硕士在内的 3 个硕士学生，曾是项目 PEO 副职。Fick 对项目的评价是：项目并不完美，但它的确非常强大！在 2019 年之后，缺陷虽然还在不断地被发现，但总体情况越来越好。成本也一直不断降低中，例如第 14 批次的飞机成本比第 11 批次的工厂机成本下降了大约 13%，说明这几年项目发展得还不错。2018—2019 年，以色列使用 F-35 战斗机成功地进行了几次战斗，效果都很好，直接肯定了 F-35 战斗机项目的成绩。*Military Watch* 认为 F-35 战斗机的 Block 4 战斗机的性能将远胜 Block 3 型，携带量、航程都大增，计算机性能增加 25 倍。国防部并不愿意马上提高采购量。2021 年空军参谋长 Charles Quinton Brown Jr 上将透露，空军不将更多的 F-35 战斗机列入其资金不足的优先事项清单的原因是，它更愿意等待更先进的 Block 4 版本的 F-35 战斗机。国会要求 F-35 战斗机安装新型的自适应变循环发动机（AETP），不过 2021 年 9 月，Pratt & Whitney 公司的高管 Jennifer Latka 在接受 *Air Force* 采访时认为，AETP 技术仅适用于空军和海军的 F35A/C，无法用于海军陆战队的 F-35B。F-35 战斗机项目三合一平台的结构性问题再次显现。

2021 年 Gregory M. Ulmer 升任公司航空事业部 EVP，由 Bridget Lauderdale 女士接棒项目 EVM。洛克希德·马丁公司的股票（纽交所 LMT）价格在 2000 年为 70 美元左右，在 2020 年已经升到 380 美元左右。

Fick 对记者说，F-35 战斗机是个非常复杂的项目，原来的组织结构不适合该项目：内部模式很难被改变，外部需求也很难被理解。在新的组织中，责权的实施必须考虑到项目可能的结果，因此决策权下沉了，那些项目的带头人能够真正发挥职责作用了。Fick 认为 C2D2 过程是一种渐进的软件和硬件加入方法，使项目的适应性大增。2020 年国会议员在评审项目后写道："C2D2 是未来应对挑战的关键能力。"

6. F-35 战斗机项目的使命完成了吗

F-35 战斗机项目的问题现在算彻底解决了吗？恐怕言之尚早！对于这个项目，一直存在激烈的争论，除项目本身的原因，高度公开透明也是一个重要原因。大多数情况下，项目越保密就越没有争论。从这个意义上讲，它为项目管理理论的发展提供了一个很好的很完备的案例。F-35 战斗机项目在最初时，是国防部一厢情愿地自上而下制订的计划。按照兰德公司的说法，国防部当初的方案是完全错误的。但当意识到这种情况时，项目已产生了大量的投入，无论是经济层面还是社会层面都难以交代。实际上也正是在项目陷入困境时，兰德公司才发出了研究报告，此时项目已开展了 10 余年，无异于事后诸葛亮。尽管项目的顶层设计有严重的问题，洛克希德·马丁公司还是硬顶着把项目吃了下来。虽然产品不完美，虽然过程很艰难，但不管怎么说，产品基本上还是拿了出来，这不得不承认洛克希德·马丁公司的能力。打个比喻，这好像是一个天生残疾的选手却顽强地要去拼冠军。F-35 战斗机项目被网络攻击、被罚款、管理层被逼离职等，一切都没有拦住洛克希德·马丁公司的决心和信心。为了完成国防部的"无理"要求，洛克希德·马丁公司对自己进行了几乎脱胎换骨的改造，生产工具、生产平台、生产人员、生产技术、管理模式都与以前不一样。兰德公司的报告说，多军种多用途飞机从来就没有成功的先例。但 F-35 战斗机项目挣扎到现在仍然没有被认定为失败，实属不易。

对于严重的超支，洛克希德·马丁公司说可以通过技术革新的方式来逐渐降低成本，另外，若增大采购量也有助于降低单架成本。为了摊薄 F-35 战斗机的费用，2016 年 PEO 办公室曾宣布战斗机的使用年限将从原来的 2064 年推到 2070 年，但工期严重超时的问题是解决不了了。F-35 战斗机设计二十多年前，其目标不过是实力不强的二流对手，但在 F-35 战斗机成批列装时，外部环境已发生了很大的变化。国防部的最新假想敌是强国，F-35 战斗机这种多用途战机恐难胜任。据波音公司宣布，为空军研制的最新款 F-15EX 战斗机已于 2021 年 2 月首飞成功，F-15EX 战斗机给 F-35 战斗机带来了新的压力。F-15 战斗机本是老掉牙的机种，1975 年就开始服役，没有隐身功能，但它的初始设计目标是针对强国，符合当前国防部的需求。据说 F-15EX 新型战斗机最大的亮点在于它的软件采用了开放式任务管理系统，适合智能化时代，实际上 F-15EX 战斗机吸取了很多 F-35 战斗机的教训。按照计划，2024 年第 173 联队将会成为首支正式装备 F-15EX 战斗机的部队。F-15EX 战斗机还不是最大的威胁，*The Bulletin* 指出更新的 6 代战斗机的研发已经开始了。据说，美军正在评估削减 F-35 战斗机购买数量，理由是随着新型战机的出现，美军需要向新型战斗机过渡。美军考虑将原计划采购的 1763 架 F-35A 战斗机削减到最多 800 架，以便为"下一代空中优势"（NGAD）计划腾出余量。F-35 战斗机项目曾多次遇到危机，但每次都能够化险为夷，项目被保了下来，但以后呢？F-35 战斗机这个历尽千辛万苦才走到现在的项目还能够再干几年？

第 2 章 范围管理

2.1 项目管理铁三角

范围管理是所有项目管理活动的基础,它定义了项目要完成的目标,哪些要做,哪些不做,哪些可以少做,哪些要重点做。在传统的项目管理中,范围管理、时间管理和成本管理构成了项目管理内容的主体,称为项目管理铁三角,如图 2-1 所示。

项目范围是对项目结果或目标所做的定义,规定了向客户提供的产品或服务。项目范围包括两层含义:一是可交付成果的范围;二是为了交付最终成果所要进行的工作范围。首先,项目范围要尽可能明确地定义满足最终用户需求的可交付成果,避免模棱两可;其次,项目范围要能全面地体现客户的需求。项目范围管理指定义和控制成功完成项目目标所需的全部工作。作为项目管理的一部分,项目范围管理的主要作用在于确保项目目标的顺利达成,满足客户的需求,定义项目中到底包括哪些工作。项目管理的基础是项目范围管理,有效的范围管理是项目在预定的进度、品质和成本条件下成功实施的保障。项目范围的设定及管理反映了项目业主的期望、项目实施方对项目的理解。项目范围管理是进行项目时间管理、成本管理及风险管理等管理活动的前提。

图 2-1 项目管理铁三角

本章将介绍项目管理中最核心的方法之一——工作分解结构法(Work Breakdown Structure,WBS)。本章的需求收集和范围分解的方法来自于 NASA 的系统开发流程。在本章最后将介绍把任务与人员进行关联的职责分配矩阵。

2.2 需求的收集

范围管理包括两个部分,即需求管理和工作分解,需求管理是前提。需求是对产品完成的情况及具备品质的期望。需求包括产品需求和项目需求,产品需求主要围绕技术、安全、性能等展开,而项目需求主要围绕商业需求、项目管理需求以及交付需求展开。需求采集的宗旨是定义、记录并管理项目干系人的要求。成功把握并管理项目干系人的产品需求和项目需求,对于项目的成功开展是至关重要的。同时也要认识到,在一个项目中往往会存在不同的项目干系人,这一点在大型复杂的项目中尤为明显。干系人的需求存在交集,更多时候会存在分歧和矛盾,为了识别并管理不同需求,项目经理以及项目团队成员需要掌握科学的收集需求的工具和技术。

如果你不是在做正确的事情，那么无论你把事情做得多好都没有意义。因此，恰当地识别和定量分析真实需求，事实上比计划和执行项目还重要。真实需求是指需要解决的根本问题。确定你的项目的真实需求，有时很棘手，干系人出于各种考虑不能够甚至不愿意说出表面需求下的真实意图，但理解真实需求却是极其重要的。因为很多时候，对你作为一个项目经理的评价，是基于你解决根本问题的能力。解决根本问题等同于满足真实需求。除非你知道真实需求是什么，否则你就无法肯定你将能够满足它。当然，当你寻求理解客户的真实需求是什么时，有些人会感觉受到威胁和被冒犯，因为它会被视为对前期参与此事的人的判断力的质疑。

知识拓展

德尔菲法（delphi method）是兰德公司于20世纪60年代为了避免在集体讨论中存在的屈从于权威或盲目服从于多数的缺陷而提出的一种调查方法。群体思维削弱了群体的批判精神和创造力，损害了决策的质量。为了保证群体决策的创造性，被征询意见的专家匿名发表意见，专家之间不可互相讨论，不发生横向联系，从而避免专家意见向少数影响大的专家意见趋同。调查组通过匿名方式对选定专家组进行多轮意见征询。调查组对每一轮的专家意见进行汇总整理，并将整理过的材料再寄给每位专家，供专家们分析判断，专家们在此基础上提出新的论证意见。如此多次反复（通常3~4轮），意见逐步趋于一致，得到一个比较一致的并且可靠性较大的结论或方案。

知识拓展

头脑风暴法（brain storming）是奥斯本（Alex F. Osborn）于1938年提出的，其用于减轻成员中的群体抑制力、激发设想，并且增强众人的总体创造力。参与者围在一起，随意将脑中与研讨主题有关的见解提出来，然后再将大家的见解重新分类整理。在整个过程中，无论提出的意见和见解多么可笑、荒谬，其他人都不得打断和批评，从而产生很多的新观点和问题解决方法。它有四项基本规则，分别是追求数量、禁止批评、提倡独特的想法、综合并改善设想。

在项目管理中，需求是定义范围、进行工作分解结构的基础，同时范围审核、范围控制也都要在需求的基础上进行。项目一旦开始着手进行，就应该详细地收集、分析并且记录项目干系人的需求，以便以后进行测量。需求收集可以使用的工具和技术比较多，常用的有填表调查、访谈、焦点小组会议以及群体创新技术等。

1. **填表调查**

填表调查作为一种正式的交流方法，往往可以得到一些面对面不容易获得的信息。另外，如果格式恰当，收集到的信息会具有很好的数据结构，便于统计分析。但要使填表人认真如实地填表是对填表调查法的一个挑战。表2-1为某项目用地现场踏勘情况表。

2. **访谈**

作为一种正式或非正式的交流方法，访谈在收集需求过程中经常会被用到。访谈通常采用"一对一"的形式，也可以采用"多对多"的形式。典型的做法是向被访问者提出预先设计好的或者即兴的问题，并记录下他们的回答。还可以通过电子邮件、电话、视频等形式来开展访谈。通过访谈，特别是访谈有经验的专家、关键干系人，可以获得对项目可交付成果特性和功能的认知。

表 2-1　某项目用地现场踏勘情况表

项目名称			
踏勘时间		踏勘部门	
行政区划		所属区块	
地形地貌		预计开工日期	
拟征用地情况			
拟共用地情况			
拟临时用地情况			
拟构筑物拆迁描述			
社（组）耕地面积、在册户籍人口			
拟征用地地理位置			
其他情况			
备注			

3. 焦点小组会议

焦点小组会议是把选定的项目专家、项目干系人集中在一起，由一位专业主持者引导大家进行互动式讨论，最终汇总出对于产品、服务或者成果的期望与要求。

4. 群体创新技术

群体创新技术是指通过组织一些群体性的活动来识别产品和项目需求。比较常用的群体创新技术有头脑风暴法、德尔菲法等。一旦识别到真实的需求，就需要对它进行拓展和完全量化。你应当把你对真实需求精心考虑的结果放入客户需求文件。大型复杂项目由于涉及的干系人人数多、需求多元复杂，更应该记录并完善需求收集结果，除了常用的需求文件，还有需求管理计划，用于指导项目团队在项目生命周期中记录和管理干系人需求。项目需求文件的参考格式如下。

- 问题（或机会）的描述：发现的缺乏或不足，可发掘的机会，如何被发现的。
- 问题的影响：因为这个问题或因为这个机会没抓住，将会遇到哪些形式的困难。
- 问题会影响谁：哪个干系人、部门或组织会受影响。
- 忽略这个问题（或机会）的影响：如果需求不被满足，哪些事将会发生，这也被称为不作为风险。
- 所渴求的结果：如果项目成功，将产生什么变化。
- 与希望中的结果相联系的价值或利益：经济利益和非经济利益，非经济利益有时也被称为无形价值。

- **战略定位**：执行这个项目，与公司的主流定位或组织战略是否相容。
- **不确定性和未知点**：也被称为行动风险，任何未知、不确定性或威胁将在这里被确定。
- **关键假设**：假设通常用来代替信息不全，它们代表了期望的价值或条件，可能不是特别清楚。
- **约束条件**：约束条件限制了可采用哪种解决方案。约束条件可以有多种形式，包括时间、资金、资源、技术或程序约束等。
- **环境考量**：项目有可能超过项目预定边界而造成的影响或效果，可包括商务、市场、制造和技术等。
- **背景和支撑技术**：所有信息或研究。它可包括历史资料、支撑性研究结果、试验结果、统计资料、市场形势分析、标杆资料、样品试验结果等。

为了确保需求文件中所批准的需求都在项目收尾时实现，还需要建立需求跟踪矩阵，识别出需求和需求源之间的联系，为后续项目范围变更提供框架。在需求的基础上进行分析，结合公司的业务，可以编制出项目范围说明书。

项目范围说明书是项目的基线，它在项目干系人和项目团队成员之间建立起关于可交付对象和项目要求的共同理解，在项目范围说明书中列出的条件会作为项目是否成功完成的判断标准。项目范围说明书没有硬性的规范要求，一般来说，要阐述立项的宗旨，对项目的可交付成果的性质和特点进行描述，确定衡量项目成功的可量化的标准。此外，在项目范围说明书中要设定一个防线，划清项目工作范围以外的责任，以避免在项目收尾后引起不必要的纷争。项目范围说明书要保持清楚准确，确保关键的项目干系人和项目团队成员不会产生不同的理解。表 2-2 为×机场某项目的项目范围说明书。

表 2-2 ×机场某项目的项目范围说明书

项目名称：×机场 S 信息系统	
项目委托人	×机场
目的	实现对旅客出港流程的全过程监控
目标	在 180 个工作日内完成机房建设、综合布线、设备的安装施工、应用软件开发调试及试运行
制约因素	在机场隔离区内施工，施工时段及区域需根据机场现场生产情况安排
预算	700 万元
需要使用的资源	项目委托人需提供： 1. 候机楼相关区域的弱电桥架管网资料 2. 候机楼内相关区域的电源配置资料 3. 对在隔离区内的施工提供帮助及协调 4. 按合同约定支付有关款项
应交付成果	1. 完成系统新增机房建设，按机房建设标准配备 UPS（不间断电源）、空调，进行机房装修。接地电阻<1Ω 2. 完成系统所需综合布线工作，提供线路图纸、点位分布图 3. 完成监控子系统建设，在机场内所有值机柜台、安检通道安装监控设备并进行录像，录像保存 15 天。枪式摄像机 130 套，球形摄像机 20 套，拾音器 105 套

续表

项目名称：×机场 S 信息系统	
项目委托人	×机场
应交付成果	4. 完成 SA（安防自动化）系统主机及网络设备、前端设备安装调试。系统服务器 5 台，网络交换机 12 台，系统工作站 38 台 5. 完成 SA 信息系统应用软件开发。应用软件应包括但不限于以下功能：后台管理、托运行李管理、随身行李管理、验证台管理、登机口比对、追逃信息管理、综合查询及与其他系统的应用接口。系统响应时间应<2s。系统对所有操作保存日志以供审计 6. 系统支持 7×24 h 工作 7. 系统在质保期内年故障时间小于 3 h，平均恢复时间小于 1 h
项目阶段及里程碑	1 月 1 日前完成合同签订 1 月 30 日前完成系统深化设计 2 月 15 日前进行设备采购 4 月 10 日前完成线路敷设及设备到货，进场验收 5 月 1 日前初步完成软件开发，进入系统测试 5 月 20 日前完成设备安装及调试 6 月 1 日进行系统联调 6 月 15 日进行系统试运行 7 月 30 日完成项目资料、培训、项目验收
项目主要风险	项目在候机楼内进行施工，施工进度受现场条件制约 系统涉及大量与现有系统的接口开发，源系统的开发商配合程度将影响项目进度

2.3 范围管理流程

范围是否合理，要经过审核和批准。范围审核过程需要对形成项目范围的各种要素进行审核，主要包括项目的宗旨和目标、项目的各种假设和约束条件、项目的收益指标以及范围的三重约束（时间、成本和品质）。那么，项目范围的审核应该由谁来执行呢？在一个项目中，最重要的项目干系人是客户、项目发起人以及项目团队。客户要对项目的工作成果进行审核，做出是否满意的判断，客户最关心的是项目能否按时、按质、以尽可能低的成本完成目标。在项目实施过程中要定期或不定期地审核项目的范围状态，检验实际工作是否偏离了预先确定的项目范围，如果发生了偏差，是否需要进行范围变更。控制范围过程需要与其他控制（如品质控制、进度控制等）过程整合在一起。图 2-2 为项目范围管理流程。

需求收集可能需要反复多遍，并反复权衡。项目的范围认定工作的核心是双方的需求探索：对方究竟想要什么，我方能否满足；对方能够给我方什么，我方是否想要。需求探索并不是一件容易的事。按照弗洛伊德的理论：人的意识决定行为，潜意识又决定意识。通过表面的行为可以窥探其意识，但要感触到潜意识层面并不容易。人们对自己的内心尚不能够完全看透，要理解别人的意图、理解别人的想法更困难。挖掘对方的需求和期望时，往往会遇到各种障碍。人们的语言和行为可能难以判断，因为其存在模糊性、矛盾性、多样性、多变性、隐藏性，缺乏系统性。

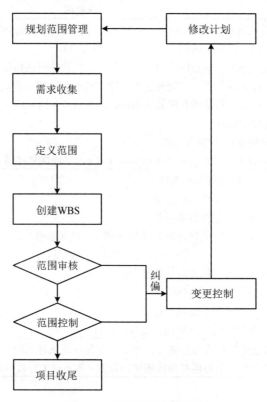

图 2-2　项目范围管理流程

案例

　　F-35 战斗机项目上，国防部的需求本身存在严重问题，廉价和多功能是相互矛盾的。做工程的都知道，制造一把有针对性的扳手不难，但若想制造一把"万能扳手"一定会很难，成本一定高，效果一定差。国防部把空军、海军和海军陆战队的需求揉在一起，是否可行？空军强调速度和载荷，海军陆战队强调短距离起降，海军强调低速下的性能。三种不同的需求是否能够兼容？例如，为了保持垂直起降，最大起飞重量就要有所限制，这直接影响了载油量和载弹量。为了获得垂直起降的能力，在驾驶舱后面悬挂了一个大型风扇，不仅占据了空间，更占据了重量。为了能够在狭小的航母上转身，F-35 战斗机的机身要短。但同样的重量和体积下，短机身的飞机就必须宽胖，F-35 战斗机比现役的各种战斗机明显粗短，所以 F-35 战斗机有"肥电"之称。"肥电"显然极不符合空军的要求。有猜测说，在项目之初，空军一直盼望项目失败以便能够订购更多的 F-22 战斗机，直到国防部关闭了 F-22 战斗机生产线，空军才断了此念头。一开始，三大军种都反对三合一的机型，但国防部坚持。海军继续强烈反对，仍然被国防部驳回。相对来说，只有海军陆战队的支持度稍高。洛克希德·马丁公司最初希望用技术创新来兼容不同的需求，然而在实践中发现是异想天开。为追求通用性，F-35 战斗机的机身只能整体变大变粗。为在航母上起降，F-35 战斗机需要额外的结构加强，这进一步增加了机身的结构重量，造成飞机变重；为了克服重量的问题，增加部件，飞机更宽更重，陷入恶性循环。F-35战斗机被做成了四不像，三大军种的要求均无法满足，且成本高昂。顶级智库兰德公司在2013年发布的报告中指出，从历史经验来看，多军种联合研制的多用途军用飞机项目就从来没有成功过，而且还总是成本高昂。兰德公司断定如果当初为三个军种各建造一个生产平台，这三个平台的总成本一定会显著小于现在的联合大平台。所以，需求中存在的多样性、矛盾性、模糊性是项目范围管理中首先要解决的。

F-35战斗机项目还反映出需求方和供应方思维方式的严重不一致，国防部要的是"廉价"，但洛克希德·马丁公司却总想提供"第一"。给人的感觉是学生对老师的问题答非所问。造一个廉价的飞机对洛克希德·马丁公司这样的顶级军工公司来说有什么好处呢？从利益上和名声上似乎看不到什么突出的好处。最大的好处就是洛克希德·马丁公司想通过F-35战斗机项目来彻底改造自己的传统制造平台，或许能够有所得。洛克希德·马丁公司这样想也许是正确的，它也的确这么做了。从洛克希德·马丁公司公布的新员工招聘计划来看，绝大部分是IT工程师，其中软件工程师占多数。软件的比重日益剧增，以至于目前洛克希德·马丁公司的软件代码量已超过了作为IT老大的微软公司，据称新平台、新模式、新方法是洛克希德·马丁公司革命性的突破。洛克希德·马丁公司打造全新的制造平台固然是件好事，但IT工业的规律同传统制造行业差距很大，改造并不容易，特别是用传统的管理方式去完成IT工作可能适得其反。本书所讲的Leavitt模型就能够很好地说明此问题。

从另一个层面上看，洛克希德·马丁公司是当今世界的第一大军火商，其技术也一直是最先进的，洛克希德·马丁公司从来就没有以廉价为目标。诺尔曼·拉夫·奥古斯丁（Norman Ralph Augustine）是公司老一辈的CEO，曾获"IEEE Founders"勋章，他著名的格言有："如果不允许犯错误，就不可能有创新。"洛克希德·马丁公司的员工长期都有一种自豪感、使命感，创造第一是他们的组织文化。即使是洛克希德·马丁公司高层也不敢，也不愿去打击这种自信心和文化，而会反过来支持。洛克希德·马丁公司长期鼓励创造第一的行为，对厉行节约的行为并不感兴趣，这一点从洛克希德·马丁公司发布的各种文告中可以清楚地看到。洛克希德·马丁公司对员工公布的使命（mission）是：解决世界上最具有挑战性的难题。国防部当初并没有要求F-35战斗机项目去创造任何第一，但国防部考虑过洛克希德·马丁公司的员工们的想法吗？国防部显然忽略了员工个人要求"上进"的想法。员工们也许并不甘心于国防部的命令，如果仅仅去打造一个廉价的二流战斗机，他们的价值体现在哪里？二流战斗机会给他们带来什么好处？他们总想在工作过程中制造机会，开创第一，这突出表现在F-22项目的工具被员工放弃，而纷纷采用信息化程度高的新工具。但这样做客观上同国防部的要求背道而驰！这样做自然也导致了学习成本和时间成本的增加，另外还造成了国防部和洛克希德·马丁公司之间的矛盾和不信任。

总之，F-35战斗机项目组给出了国防部不想要的结果，而反过来讲，国防部在当初似乎也给了F-35战斗机项目组不想要的任务。也许一开始这个项目就不应该给洛克希德·马丁公司，而应该给一个二流的公司。这个二流的公司一定会不折不扣地执行国防部的任务。不过国防部要求F-35战斗机以洛克希德·马丁公司的F-22战斗机为原型机，客观上造成这个项目只能够给洛克希德·马丁公司。所以，国防部也有难处，这也造成了项目一开始就走上了错误的道路。方向错了，速度没有意义。选择错了，再努力也白搭。

从这里我们看到了大量矛盾的需求，做项目时必须对需求有所取舍、有所平衡。在平衡时，注意把握好宏观与微观、长远与当前、个人与集体、自身与客户的关系。项目管理中需求探索讲究的是理解客户的真正需求、理解项目的根本目的。约翰·扎科曼（John Zachman）给出了一个矩阵来说明为什么不同的人在不同的时间会有不同的想法，这就是著名的Zachman框架，其刻画了人在不同视角下的看法差异（view model）（见表2-3）。

表 2-3　Zachman 框架视图模型

	做什么	怎么做	谁来做	何时做	何处做	为何做
目标范围						
业务模型						
系统模型						
技术模型						
具体展现						
功效评价						

目标范围反映了规划者想达到的目的；业务模型指向了拥有者对应的业务；系统模型是设计者站在宏观角度的构建方针；技术模型是工程师站在微观角度的实施方法；具体展现则对应一线集成人员的操作成效；功效评价是运营者对成品的体验。Zachman 框架说明不同的人站在不同的角度来考虑问题时，肯定会有不同的看法。这也是探索需求难的一个主要原因。

例如，在构建信息系统时，从不同的角度可以产生不同的需求目标。

- 使用角度——功能、性能、环境、界面。
- 质量角度——有效性、高效性、灵活性、安全性、互操作性、可靠性、健壮性、易用性。
- 来自开发者的角度——可维护、可移植、可重用、可测试、可理解。
- 在需求分析和整理时应当注意方方面面的平衡，包括宏观与微观、当前与长远、个人与集体、自身与客户等。

2.4　工作分解结构

需求收集完成后，下一步就是整理并归纳需求，把需求变成具体的工作内容。项目范围说明书对项目可交付成果进行了详尽的描述，然而在实际工作中往往以较小的更易于管理的形式展开。根据项目的规模大小、复杂程度以及行业特点等不同，项目结构可以按照可交付成果、工作过程等进行分解，分解成相互联系、相互影响的项目单元。WBS 就是一个面向可交付对象的层次结构，其定义了项目工作。工作分解结构每下降一个层次就意味着对项目工作做了更为详尽的定义。

构造 WBS 常用的工具和技术是分解，在实际工作中常用的是树形结构，这点类似于组织结构的框架图。分解工作要做到由粗及细、由大到小。同一层次的项目单元应做到按照同一原则进行分解,应该注意的是,一个项目单元不能同时属于两个或两个以上的父单元。图 2-3 所示为 NASA 系统的产品分解结构。图中上半部分是把需求变为某系统,下半部分对系统进行分解,先功能分解,再性能分解,层层下分。

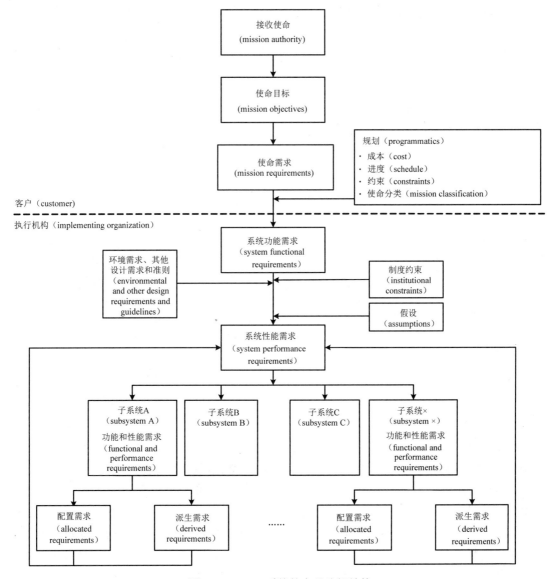

图 2-3 NASA 系统的产品分解结构

按照此图的流程进行层层分解,将得到一个可被认可的可独立完成的部件。NASA 的工作分解中最大的单位是系统(system),系统经过层层分解,最小的单位是零件(part)。从系统到零件中间经历了 6 层:system、segment、element、subsystem、assembly、subassembly、part。图 2-3 只列出了功能和性能需求,在实际工作中可能有更多的考虑,包括更多的指标,例如:

- 使用角度：功能、性能、环境、界面。
- 质量角度：有效、高效、灵活、安全、互操作性、可靠、健壮、易用。
- 来自开发者的角度：维护、移植、重用、测试、理解。

在项目开发中，一般是先有产品分解结构，再以此为根据，形成工作分解结构。图 2-4 为 NASA 系统开发的工作分解流程。

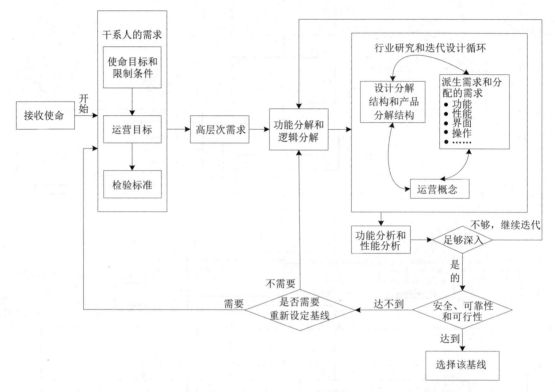

图 2-4 NASA 系统开发的工作分解流程

一般 WBS 的最高层（即第一层）是项目本身，这一层后面跟随的是更多的可交付对象，可交付对象后面跟随的是相关活动，以此类推。WBS 的最底层是项目工作包（work package），工作包是指可以很容易地分配给一人、一组人的任务。每一个工作包（或称工作单元）都是项目的一个具体行为目标的任务，其包括了至少五个方面的要素：工作过程或内容、任务的承担者、前驱工作、完成工作所需的时间和完成工作所需的资源。每个工作包可以包括若干活动（activity），每个活动可以再被分成若干任务（task）。图 2-5 为某项目的工作包。

WBS 的每一项工作都被准确而唯一地设定了一个编码，这些编码的全体称为编码系统。编码系统同项目工作分解结构本身一样重要。它不仅是分辨工作的跟踪码，也是标注逻辑关系的依据码。在项目规划和各后续阶段，项目工作包的查找、变更、费用计算、进度安排、资源安排、品质要求等各个方面都要参照这个编码系统。不完整的编码系统或不合适的编排将带来很多问题。图 2-6 为某机场某项目的工作分解结构图。

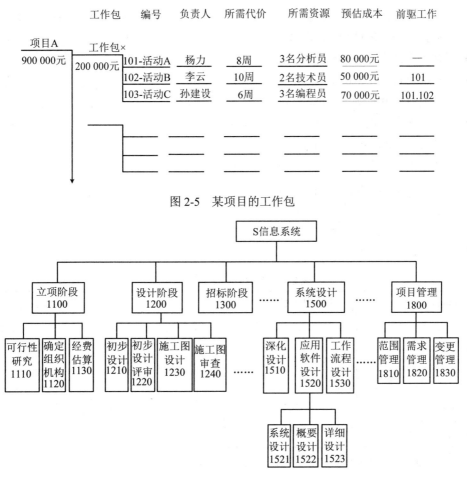

图 2-5 某项目的工作包

图 2-6 某机场某项目的工作分解结构图

许多列在 WBS 中的任务只是概况，WBS 中所列出的任务需要有更为详细的支持性文件来进行解释，以确保所有人对同一任务有相同的理解，为此需要一个词典。WBS 词典是在创建 WBS 的过程中产生的，是用于对 WBS 进行解释的支持性文件。WBS 词典主要包括工作描述、账户编号标志号、进度里程碑清单、成本估算、品质要求、验收标准等信息。WBS、WBS 词典和批准通过的项目范围说明书形成了范围基准，对项目的可交付成果进行评价正是基于这一范围基线的。

2.5 管理职责分配

项目范围管理的职责分工是对工作界面和权限的表述，通过职责分配矩阵（responsibility assignment matrix，RAM）来反映工作或活动与项目团队成员之间的联系。表 2-4 为某项目的职责分配矩阵。在大型复杂的项目中，职责分配矩阵可以划分为多个层级。高层次的 RAM 界定项目团队中各小组分别负责 WBS 中哪部分工作，而较低层次的 RAM 为小组内成员界定角色、职责和权限。职责分配矩阵可以全面地反映与每项工作相关的所有人员以及与每人相关的所有活动。RAM 中有许多角色：

- 直接责任人（responsible，R）
- 上级负责人（accountable，A）
- 必须被告知的人（must be notified，N）
- 必须被咨询的人（must be consulted，C）
- 参与人（participant，P）
- 文档审阅人（document reviewer，D）
- 输入请求人（input requested，I）
- 批准人（approval required，A）
- 支援人（support，S）
- 把关人（gate reviewer，G）

表 2-4 某项目的职责分配矩阵

WBS 内活动	项目团队成员职责				其他干系人职责		
	张×	王×	李×	余×	陈×	刘×	郑×
活动 A	C		R				
活动 B		R		C	A		G
活动 C	R		S		C		
活动 D		S	R			N	N
活动 E	R			S			
活动 F		C		R		N	

注：表格主体部分的大写字母代表上面所述的各个角色，如 R 为直接责任人，N 为必须被告知的人。

第3章 时间管理

3.1 项目进度

　　项目最重要的特征之一就是时间约束性。项目往往有严格的时间限制和要求，这决定了时间管理在项目管理中的特殊性和重要性。时间具有无法储蓄、无法替代、不可再生和无供给弹性等特点，这些特点成就了时间的稀有性。因此，在项目管理过程中必须强化"第一时间"完成任务的观念。项目经理应当利用各种行之有效的工具和方法来合理规划进度安排以及控制项目进度，同时采取各种不同的手段来强化项目团队成员的"第一时间"观念，增强成员的责任感和紧迫感。本章将介绍项目时间管理流程中的各个环节，着重讲述活动的估算和实践中常用的关键路径法和关键链项目管理法。

　　项目时间管理是指项目管理者为获得项目的可交付成果，根据工期和实际进度，高效运用系统的理论和方法，完成项目规划、实施和控制等过程的系统管理方法。项目时间管理有时也称作项目进度管理，它是在项目的目标和项目范围确定后所进行的一种管理活动，主要包括编制进度计划和进行项目进度控制等内容。为了确保项目按时完成，在项目时间管理过程中，通常需要调整任务的工序和工期，做好工期的计划和管控工作，合理分配项目所拥有的资源。图3-1描述了项目时间管理流程。

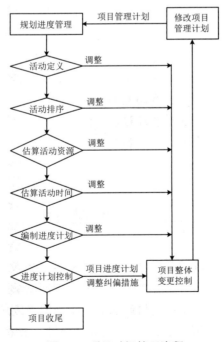

图3-1　项目时间管理流程

项目进度计划是指将每项活动的起止日期具体化的进度计划。确定了项目的具体起止日期后，还需要将项目目标转化为更为具体而有序的各项活动，识别和记录各项活动的逻辑关系，并对每项活动的起止时间做出安排，估算完成每项活动所需的资源。项目进度计划可以是概括的，也可以是详细的，可以用列表形式或者图形方式表示，在实际实施中以图形方式表示较为常见。常用的项目进度计划图形有里程碑图、横道图、项目进度网络图。不同类型的项目进度计划编制可能存在差异，但大体如图 3-2 所示。

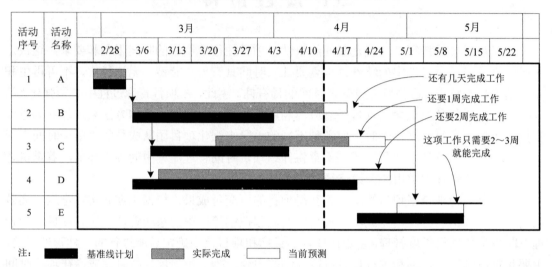

图 3-2 项目进度计划

规划进度管理过程产生项目的进度管理计划，进度管理计划是项目管理计划的组成部分，根据项目本身的特点和需求，进度管理计划可简可繁。进度管理计划经常会被项目经理忽视，然而进度管理计划在协助项目经理有效管控进度过程中是非常必要的，项目经理需要提前编制好进度管理计划。进度管理计划包括以下内容。

（1）记录项目时间管理所需完成的各个过程以及工具与技术。
（2）建立监控过程中用来衡量进度偏差的进度基准。
（3）确立项目绩效衡量的方法以便及时识别偏差。
（4）规划进度偏差的管理方式。
（5）确立进度变更控制的过程。

3.2 项目活动

为使项目目标得以实现，项目管理者必须对项目以及各种可交付物的具体活动进行清晰的识别和定义，将项目工作分解为更小的、更易管理的活动（activity）或任务（task），这些小的活动应该是能够保障产生可交付产品的可实施的详细任务。创建 WBS 过程中已经识别出工作包，它处于 WBS 的最底层，是对完成可交付成果所需工作的较为具体的描述。项目工作包通常还应被进一步分解为更小的单元——活动。因而，WBS 是项目活动分解和界定的最基本的依据之一，它给出了项目工作的完整表述，并且表示出所有活动以及这些活动之间的逻辑关系。

活动定义实际上属于项目范围管理的范畴，之所以将其列入项目时间管理的过程，是因为活动定义是项目时间管理中活动排序以及计算活动持续时间的关键依据。正如确定WBS一样，活动定义也可以采用分解技术，根据范围基准中所描述的项目可交付成果、假设条件和制约因素，将项目工作包分解为一项项活动，最终整理出一份包括项目所有活动所需全部进度的活动清单，以及活动的属性描述文档。

大型复杂项目可采用滚动式规划方法，它是一种由粗及细、由远及近的规划方式，仅对短期内要完成的工作进行详细规划，而对相对远期的工作只在WBS较高层次上进行粗略规划。这种方法具有很大的灵活性，能够随着环境的变化随时做出调整，变更代价较小。由于在项目的早期阶段，因此信息的不全面性和不确定性决定了很难对工作包进行细致、全面的分解。而按阶段进行规划，就可以根据环境的变化和项目实际进展情况，定期地对所要完成的工作进行详细规划，提高了活动定义的合理性和可行性。

3.2.1 活动排序

一般来说，项目中包括的活动是有时间先后顺序的，在识别完项目活动之后，就需要对所有活动进行排序，项目活动的正确排序有利于制订合理的项目进度计划。活动排序包括对活动清单、活动属性、里程碑清单以及项目范围说明书进行分析和评审，以确定活动之间的关系。项目活动的排序可以采用手工排序，也可以利用项目管理软件进行排序，在大型复杂的项目中，使用项目管理软件可以提高活动排序工作的效率。

活动排序分为三个步骤来进行，包括活动分析、确定关系和表达顺序。活动分析主要是对项目的范围说明书、活动清单及属性、里程碑清单进行分析，这些内容与排序相关。此外，还要考虑项目的约束条件，如项目期限和质量的约束、预算约束等。对项目的任何判断和决策都不同程度地建立在某些假设前提上，活动排序也不例外。

确定活动之间的依赖关系是活动排序中重要的一个环节，项目活动之间的依赖关系直接影响项目活动的排序。例如，一些活动是否可以同时执行，某项活动是否必须在另一项活动结束后才能开始，是否可以重叠执行。在对项目活动进行排序时，需要用到以下三种依赖关系。

（1）强制依赖（mandatory dependencies）关系。强制依赖关系是合同所要求或者工作本身的内在特性所决定的依赖关系。强制依赖关系是客观存在的，是不以人的意志为转移的，因而又被称为硬关系。例如，在研发新产品时，只有在所需材料具备时才能进行生产。

（2）任意依赖（discretionary dependencies）关系。任意依赖关系是一种软逻辑，项目团队应该对任意依赖关系进行全面记录，因为它可能会限制后续的进度安排。在对活动进行排序时，项目团队应该基于具体应用领域的最佳实践来确定任意依赖关系。

（3）外部依赖（external dependencies）关系。外部依赖关系是项目活动和非项目活动之间的关系，又叫作第三方依存关系。室外建筑活动的开展往往会受天气因素的影响，天气状况应该作为一个外部依赖加入进来，因为天气的好坏将影响项目的进度。

活动依赖关系确定之后，接下来就可以对活动进行排序了，即对各种活动之间的逻辑关系进行表达。最常用的表达方法是网络图表达方法，网络图表达方法比较常用的两类有前导图法和箭线图法。

前导图法（precedence diagramming method，PDM）是目前大多数项目管理软件所使用的程序，又叫作单代号网络图。前导图用方框或者矩阵来表示项目活动，用箭线连接活动，箭线表示活动之间的依存关系，项目的活动信息写在方框内。同一箭线中，箭头所指的活动为紧后活动，箭尾所发出的活动为紧前活动。紧前活动是紧后活动的直接先驱（immediate predecessor），它们之间存在着严格的前后逻辑关系。PDM 包括以下四种依赖关系。

- 结束到开始（finish to start）：这是最常用的依赖关系，表示紧后活动的开始依赖于紧前活动的结束，如图 3-3（a）所示，项目管理教科书一般都使用此关系。
- 结束到结束（finish to finish）：表示紧后活动的结束依赖于紧前活动的结束，如图 3-3（b）所示。
- 开始到开始（start to start）：表示紧后活动的开始依赖于紧前活动的开始，如图 3-3（c）所示。
- 开始到结束（start to finish）：表示紧后活动的结束依赖于紧前活动的开始，如图 3-3（d）所示。

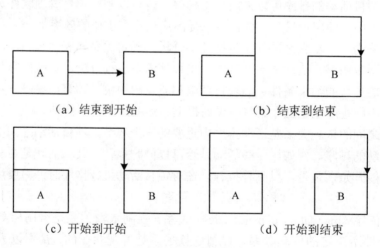

图 3-3　依赖关系

图 3-4 为一个 PDM 例子。

箭线图法（arrow diagramming method，ADM）把项目的活动信息放在箭线上，再用节点把它们连接起来，又称作双代号网路图。这种方法看起来与 PDM 相反，活动在箭线上而不在节点上，如图 3-5 所示。

第 3 章 时间管理

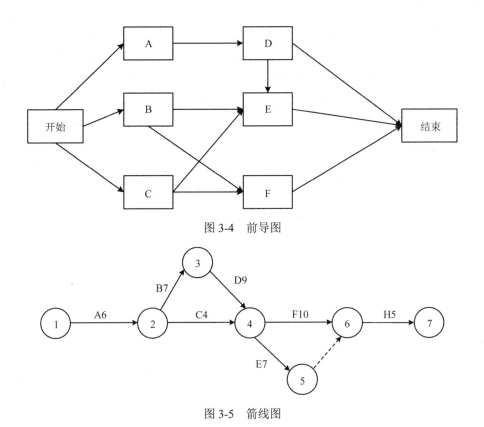

图 3-4 前导图

图 3-5 箭线图

3.2.2 估算活动资源

项目在实施过程中往往会受到资源的限制和约束，例如，组织中是否有合适的人员来执行任务？是否有足够的资金来启动和执行工作？外包一些工作是否会更加合理？资源何时能够使用？在估计活动持续时间之前，需要先估算好需要为每项活动分配的资源的种类和数量。大多数进度活动都会有若干个可选的实施方案，通过备选方案识别选择出满意的方案。在估算过程中如果无法以可行的方式对活动资源进行估算，应该将活动进一步细分，然后把活动每一部分的资源需求进行汇总。在估算活动资源时，项目管理软件有助于规划、组织和管控项目的可用资源，利用合适的项目管理软件可以确定资源的可用性以及各种资源日历，从而可以优化资源管理。

案例

从 F-35 战斗机项目的例子来看，大量事前的时间计划是没有完成的，特别是在项目初期很严重，也就是说，做时间计划并不是一件容易的事情。对于时间管理一般有宏观和微观两个层次，时间管理一章主要从微观角度讨论时间管理的方法，而过程管理一章主要从宏观角度讨论时间管理的方法。微观的时间管理是指在对任务情况很了解并有较大把握的情况下进行时间规划，主要是以基于传统的甘特图为基础的规划。宏观的时间管理是指在对任务情况了解不够或在把握不太大的情况下进行时间规划，主要是以基于阶段划分为基础的规划。

时间管理中最基本的工作就是定出近期的任务完成时间，比较计划时间和实际完成时间，从而找出问题。图 3-6 所示是 GAO 在 2018 年 6 月对 F-35 战斗机项目测试任务完成情况的报告。从图 3-6 中可以看出，开发测试拖延了 6 个月，大致将在第 3 季度完成。初始作战能力测试的开展时间从第 2 季度推后到第 4 季度，比原计划晚了 7~8 个月。初始作战能力测试的结束时间从 2019 年第 2 季度后推 7~8 个月。其中的虚线表示预估的时间段，即估计 7~8 个月，但并不一定准确。

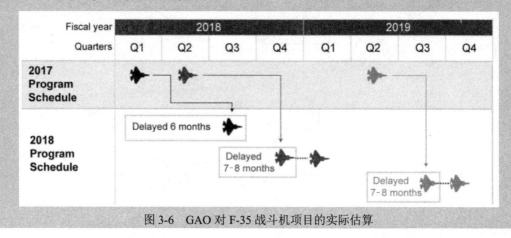

图 3-6　GAO 对 F-35 战斗机项目的实际估算

3.2.3　估算活动时间

在估算出活动的资源需求后，接下来需要对活动的持续时间进行估算。活动的持续时间包括活动的实际进行时间加上为获得外部信息或者等待资源等消耗的时间。持续时间与工作量不同，工作量是指完成任务所需的工作日或者工作时。估算活动时间是根据现有项目范围和资源信息，对完成项目的各项活动所需的时间做出尽可能准确的估算，估算活动时间为制订进度计划提供了依据。使用不同的资源完成活动的时间可能不同。

在项目的早期阶段，由于项目信息不够详细，可以使用类比估算来估算项目活动的持续时间，类比估算综合运用专家判断和以往类似项目的经验，自上而下地估算未来项目的持续时间。参数估算是一种数学模型，使用参数或者项目特征来预测项目活动持续时间。参数估算的准确性取决于参数模型的成熟度和数据的可靠性。当项目活动具有高度不确定性时，比较适用的估算技术是三点估算，三点估算包括最乐观时间估计、最悲观时间估计以及最可能时间估计。计划评审技术（program evaluation and review technique，PERT）就是用三点估算法进行估计的方法。

$$\text{PERT值} = \frac{\text{最可能时间} \times 4 + \text{最乐观时间} \times 1 + \text{最悲观时间} \times 1}{6}$$

上述的 PERT 值的计算建立在正态分布的前提下，如图 3-7（a）所示。正态分布下的最可能时间、最乐观时间、最悲观时间的权值分别为 4、1、1，根据具体情况也可能为 6、1、1 等。若不是正态分布，而是偏右，如图 3-7（b）所示，则最可能时间、最乐观时间、最悲观时间的权值分别可能为 2、1、3 等。同样，若不是正态分布，而是偏左，如图 3-7（c）所示，则最可能时间、最乐观时间、最悲观时间的权值分别可能为 2、3、1 等。

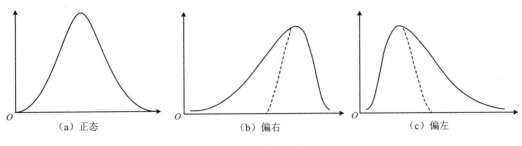

图 3-7 形状的偏度

3.2.4 编制进度计划

编制进度计划（schedule development）就是在项目目标和进度的约束下，综合分析活动顺序、活动估算时间、资源需求，最终确定所有活动的开始时间和结束时间，确定相应的里程碑。进度计划的编制往往需要进行反复的迭代，可能需要审查和修正活动资源估算和活动时间估算。

用网络图表达方法得出的排序结果和活动持续时间估算结果是进度计划编制的主要依据，此外，项目的资源需求以及在排序和估算活动持续时间时所形成的组织过程资产，为项目进度计划的编制奠定了基石。

编制项目进度计划可以采用多种技术，比较常用的有数学分析方法和进度压缩。常用的数学分析方法有关键路径法（critical path method，CPM）和关键链项目管理法（critical chain project management，CCPM）。这些方法都可以使用计算机软件来自动完成计算，不建议读者自己手工计算。

3.3 关键路径法

> **知识拓展**
>
> 关键路径（critical path）是指活动的序列，该序列具有最长的总工期并决定了整个项目的最短完成时间。关键路径的工期决定了整个项目的工期。关键路径上的任何活动的延迟都将直接影响项目的预期完成时间（在关键路径上没有浮动时间）。一个项目可以有多个并行的关键路径。一条总工期比关键路径的总工期略少的并行路径被称为次关键路径。基于关键路径的关键路径法最早由杜邦公司在1940—1943年实行，直接导致了曼哈顿计划的成功。
>
> 如图3-8所示，项目工作中有4个必须完成的活动，分为两条平行的工作路径：AB和CD。AB需耗时11天，CD需耗时9天，所以AB为关键路径。
>
>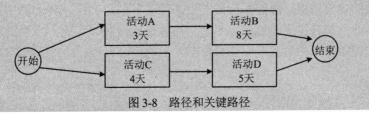
>
> 图 3-8 路径和关键路径

关键路径法不考虑任何资源限制，组成关键路径的活动称为关键活动。关键路径法的通常做法如下。

- 将项目中的各项活动按照时间顺序从项目起点到终点进行排列。
- 用有方向的箭线将这些活动连接成一个有方向的网络图。
- 沿着网络图进行顺推，计算出各个活动的最早开始时间和最早完成时间；置最后一个节点的最晚完成时间为其最早完成时间。
- 沿着网络图进行逆推，计算出各个活动的最晚开始时间和最晚完成时间。
- 找出总浮动时间（总浮动时间=最晚开始时间-最早开始时间=最晚完成时间-最早完成时间）为零的路径，即关键路径。

对于有许多活动的大型项目，关键路径的计算非常烦琐，人们一般都使用软件进行计算。相关软件很多，常见方式是使用微软的 Project 软件来自动完成。图 3-9 为某项目的关键路径图，可以分析得到该项目的关键路径为 A-B-F-G。

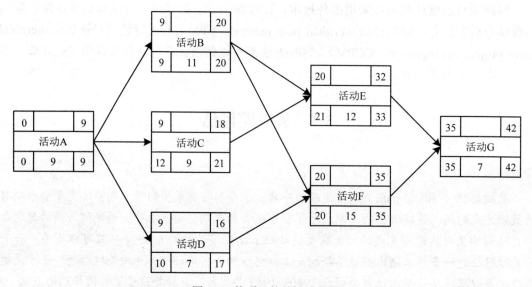

图 3-9　某项目的关键路径图

识别关键路径并压缩关键路径，是项目时间管理的核心工作之一，在项目进展中，为保证工期所做的调整措施一般都是围绕关键路径展开的。关键路径上的拖延会造成项目的整体延期，而非关键路径上拖延一点不会对总体造成威胁。因此，理性的项目经理往往会选择牺牲非关键路径上的资源来保证关键路径上的资源供给。

3.4 关键链项目管理法

关键链项目管理法（CCPM）是 1997 年以色列物理学家艾利·高德拉特（Eliyahu M. Goldratt）在约束理论（theory of constraint）的基础上提出来的一种项目进度管理的方法，被认为是比关键路径法（CPM）和计划评审技术（PERT）更为先进科学的方法。关键链项目管理法提出两个重要观点：观点一，人的因素会对项目进度产生影响。所有的工作都是由人来完成的，人的心理因素和工作习惯对项目有着直接的影响。观点二，项目进度只是受一部分而不是受所有资源的影响。高德拉特认为导致项目延误有三大行为模式，分别是学生综合征、帕金森定律和不良多任务安排。

知识拓展

学生综合征（student syndrome）：每个人在给出其任务所需时间时，都不希望自己被看成不可靠的人，所以他们给的时间远超过工作所需，以防备不确定性。图 3-10 为完成任务的时间概率密度函数，在 t_1 时刻有 50% 的把握完成，在 t_2 时刻有 90% 的把握完成。由于不确定性的存在，要保证 100% 地完成任务，可能需要极长的时间（概率密度曲线缓慢地下降）。因此，在估计时间时，没有必要总是把所有不稳定因素都考虑在内，没有必要总做最坏的打算。在实际工作中可以把 t_1 时刻作为期望完成时间，把 t_2 时刻作为安全完成时间，把 t_2-t_1 看作安全缓冲时间。

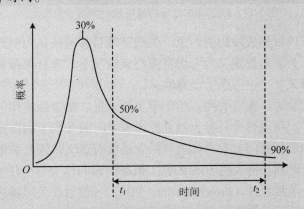

图 3-10 完成某任务的时间概率密度函数

帕金森定律（parkinson's law）：如果这次以较短时间完成工作，提早交出成果的话，下次就会被要求在本次记录的周期内完工。因此，即使成员能提早完成指派的工作，也宁可加上一些不需要的额外的检查，将工作拖延到最终期限。

不良多任务安排（bad multitask）：团队成员同时接到多重任务，部门主管的局部最佳化观念占了上风，可用来执行项目的资源却极为有限。成员忙于任务之间的转换，而转换又消耗了大量的时间和精力，如此一来，所有项目的总时间会大幅增长。

学生综合征和帕金森定律使我们认识到项目的时间是可能提前的；不良多任务安排使我们认识到在某一段时间任务的安排要尽量简化，如果并行任务过多，可考虑将它们串行化。

按照 CCPM 理论，对每个任务活动的时间估算不考虑其"绝对安全"的时间，而只考虑其最可能的时间，如图 3-11 所示。在路径上把各个活动的最可能的预计时间加在一起，就构成了整个路径的最可能完成的预计时间。在路径上的所有节点中，有的活动的实际完成时间可能会超过预计时间，而有的活动的实际完成时间可能会少于预计时间，两者相抵之后，整个路径的完成时间同预计时间有差距，但不会太大。为了估计这个差距，CCPM 设置了一个项目缓冲时间。缓冲时间大小表示了管理者对项目执行环境不确定性大小的估计。缓冲时间大小的计算应综合考虑项目网络的复杂性、所需资源的使用程度、人的行为因素和影响项目执行的外部不确定性因素等情况。

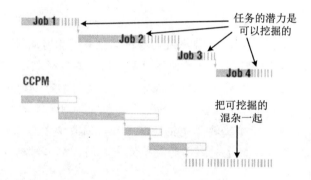

图 3-11　CCPM 中任务的最可能时间与安全时间

（1）找出对实现项目构成障碍的约束。关键链项目管理法认为制约项目进度的是关键链，而非关键路径。关键链被定义为考虑资源约束情况下，项目中最长的一条路径，它既考虑了活动间的逻辑关系，也考虑了资源约束。

（2）挖掘约束的潜力，充分利用。由于学生综合征、帕金森定律的存在，过度估计的安全时间被浪费掉了，所以单个任务上独立安排安全时间（为了确保自己拟订的计划能按期完成而预留出来的额外时间）对总体项目的完成没有意义，因此关键链项目管理法提出取消单个任务的安全时间，把大约 50% 的完工概率的时间作为单个任务的估计时间，而在项目的最后设置一个项目缓冲（project buffer，PB），一般放在关键链后。这样就将单个任务的安全时间变成了项目的安全时间，保证项目的完工概率。当关键路径上发生资源切换时，如果资源没有及时到位，项目便会发生延误，针对这一点，关键链项目管理法引入了资源缓冲（resource buffer，RB），一般放在关键链前。在多任务中，我们必须保护所有任务中卡住情况最多或负担最沉重的那个资源，因为它关乎项目的整体表现。与项目缓冲不同，资源缓冲本质上是一种警示信号，用来提醒项目经理保证资源及时到位。

（3）其他各个因素服从、服务于约束，使得约束资源可最大程度地发挥作用。当非关键路径进入关键路径时，常常会因为汇入工作的延误而影响关键路径的进度。为了使馈入路径（merging path）的延误不影响关键路径任务的执行，关键链项目管理法在汇入处设置了输入缓冲（feeding buffer，FB），又叫作接驳缓冲，一般放在非关键链后，用来吸收、缓冲馈入路径延时带来的影响，保证关键路径的顺利进行。

图 3-12 描述了某医院建设的项目进度网络图，图中 FB 为接驳缓冲，PB 为项目缓冲。FB 的目的是防止非关键链成为关键链，在 FB 的保障下，非关键链上的活动开展得越晚越好。

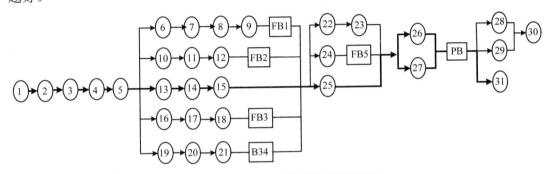

图 3-12　某医院建设的项目进度网络图

（4）提升约束资源的能力。在项目内部，消除多任务的切换，使项目人员全力关注于手头的工作。

关键链项目管理法的使用步骤如下。

（1）利用传统进度制定方法做出项目网络计划图，找出项目的关键路径。

（2）识别项目的瓶颈资源，找出资源冲突，对网络计划进行调整，确定项目的关键链。

（3）对各工序估计时间进行削减，取消各工序的安全时间。

（4）在关键链后设置项目缓冲区，将延误控制在预期的范围内。确定项目缓冲区时间常用的是 50%法，即采用关键链上各工序安全时间的一半作为缓冲时间。其计算公式为

$$\Delta T = \frac{1}{2}\sum_{i=1}^{n}\Delta t_i \text{（剪贴法，即 C\&P）或 } \Delta T = \sqrt{\sum_{i=1}^{n}(\Delta t_i)^2} \text{（根方差法，即 RSE）}$$

其中，Δt_i 表示各工序的保护时间。

（5）在工序链汇入处设置汇入缓冲区，防止非关键链工序给关键链工序带来延误。

（6）设置资源缓冲，保证关键链上的资源及时到位。

（7）监督缓冲区的变化，及时采取纠正措施，防止项目工期的延误。

在编制项目进度计划中，从进度网络分析中将会得到一种特殊版本的项目进度计划，该进度计划在项目团队认可和批准之后，成为进度基准。进度基准是项目管理计划的一部分。对于 PB 缓冲区的使用，高德拉特认为要密切关注。把缓冲区分为红、黄、绿三个部分，如图 3-13 所示。

当处于图中绿色区域时，说明项目进展顺利，无须介入。

当处于图中黄色区域时，说明项目进展一般，可能会有潜在问题，应该加强监控，留意和分析其发展方向。

当处于图中红色区域时，说明项目进展吃紧，应全面分析项目情况，动手采取预防和纠正措施。

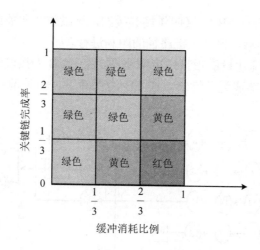

图 3-13　缓冲区的管理分类

3.5　进度计划控制

随着项目的进行，特别是在项目的中后期，项目进度问题成为冲突的主要来源。在项目计划的实施过程中，项目的实际进度往往会出现人为或非人为的偏差，随着项目信息的渐进明细，项目进度计划也可能需要进行变更以适应现实情况的发展。因而，项目时间管理中监控工作的重点就是对项目进度计划的实施进行控制。项目进度计划控制是指为确保项目目标的顺利实现，在既定的工期内，将项目的实际进展情况与项目进度计划进行比较和分析，确定是否存在进度偏差，分析偏差产生的原因和对进度的影响，当偏差发生时对实际偏差进行管理。进度计划控制的原理有以下几种。

（1）动态控制原理。随着项目的进行，项目进度计划控制是一个不断进行的动态过程，也是一个不断循环的过程。

（2）系统性原理。项目进度是一个系统，包括了项目计划系统、项目进度计划组织系统、项目进度实施控制系统，进度计划控制以项目计划和项目进度计划为依据开展。

（3）信息反馈原理。进度计划的控制信息需要及时地层层反馈给主控制人，主控制人整理统计接收到的各方面的信息，经过分析做出决策，从而及时调整项目的进度。

（4）弹性原理。由于项目进度影响因素众多，不确定性大，进度计划编制人员在编制项目进度计划时往往会留有余地，使项目进度计划有一定的弹性。在实施进度计划控制时，可以利用这些弹性缩短剩余计划工期，达到预期的计划目标。

（5）封闭循环原理。在项目进度计划控制中，计划、实施计划、检查、分析比较、确定调整措施、修改原计划等一系列例行活动形成了一个封闭的循环系统。

（6）网络计划技术原理。在实施进度计划控制中，利用网络计划技术对收集到的实际进度信息进行比较分析，从而优化项目工期。

规划、实施和控制是项目管理最重要的三个阶段，但是时间管理中不存在实施阶段。一般来说，项目时间管理计划阶段的结果就是控制阶段的依据。进度计划控制需要将计划阶段所得到的进度基准与实际工作绩效信息进行比较和分析，以判断进度偏差的大小。通过分析进度偏差，审查进度绩效报告，可能会对进度基准以及项目管理计划的其他组成部分提出变更请求，进度变更请求需要提交给项目整体变更控制过程进行处理。

在进度控制中，采取纠偏措施意味着纠正实际进度和进度计划之间的偏差，通常采用的纠偏措施有赶工和快速跟进。赶工是指通过增加资源等方式，加快关键路径上的活动。赶工只适用于那些通过增加资源就能缩短持续时间的活动，赶工可能导致风险或成本的增加。快速跟进是指把正常情况下按顺序执行的活动或阶段并行执行，只适用于能够通过并行活动来缩短工期的情况，快速跟进可能造成返工和风险增加。无论是赶工还是快速跟进，只有在关键路径上实施才有意义。针对一些不太复杂的项目，确实可以通过赶工来完成，不过复杂项目的赶工可能会带来极高的风险。

第4章 成本管理

4.1 成本管理的内容

成本是为了进行某项生产经营活动产生的全部费用，一般来说，成本可以是为了生产某种产品而消耗的原材料、燃料，也可以是机器的折旧费用，还可以是为了生产支付给工人的工资。企业的生产经营活动不仅包括生产行为，也包括销售行为，为了方便成本的管理，一般可以把成本分为几类。成本按照是否计入产品成本的方式来分，可分为直接成本（direct cost）与间接成本（indirect cost）。直接成本是指直接用于生产过程的各项费用，间接成本是指不与生产过程直接发生关系、服务于生产过程的各项费用。成本按照产量与总成本的关系可分为固定成本（fixed cost）与可变成本（variable cost）。固定成本是指不随产品产量的变化而变动的各项成本费用，可变成本是指在总成本中随产量的变化而成比例变动的成本项目。成本管理是 PMBOK 中的一个领域，在 PRINCE2 中并没有直接的对应。PRINCE2 的成本管理体现在多个方面，在持续的项目论证中有，在持续的计划中有，在阶段控制中有。本章中将介绍项目成本管理过程的各个环节，成本的 WBS 是成本管理的基础，本章将重点讲述成本管理中的挣值管理。

在完成一个项目的过程中，不可避免会消耗各种资源（人力、物力和财力），所费资源的货币表现就是成本。在项目管理过程中，会产生各种各样的成本，有些成本是直接产生的，如人工费、材料费、设施费用、差旅费等；有些费用是间接产生的，如附加福利、各项管理费用。项目往往是有成本限制和约束的，一个项目的费用不可能是取之不尽、用之不竭的，这就要求项目管理者进行有效的成本管控。

项目成本管理是指根据项目的总体目标和项目的具体要求，为保证项目实际发生的费用在预算范围内所进行的成本绩效基准编制、项目成本控制等方面的管理活动。成本管理是项目管理的几大要素之一，是项目管理的重要组成部分。

项目成本管理是项目成果的关键，贯穿于项目生命周期各阶段。在筹备阶段，要对项目的经济性做出评价，从而做出是否正式立项的决策。在组织和准备阶段，需要进行成本估算并做出预算。在执行阶段，要对项目成本进行监控和审查。可以说，项目成本管理贯穿于整个项目的生命周期。项目成本管理遵循一定的流程，不同的项目由于项目性质、行业特点、组织等方面的差异，往往在成本管理流程方面有不同的特点，但是，总体来说，是符合图 4-1 所示的流程的。

在项目管理过程中，不是成本越低越好。人们往往认为降低成本总能带来更多的利益，然而，一味地降低成本往往不能保证项目可交付成果的质量，最终会影响可交付成果的验收。项目的成本管理应当在项目成本与项目质量中找到最佳的平衡点。PRINCE2 项目聚焦于产品的定义和交付,特别是其品质需求。产品决定了成本。因此,在进行项目成本管理过程中要遵循以下原则。

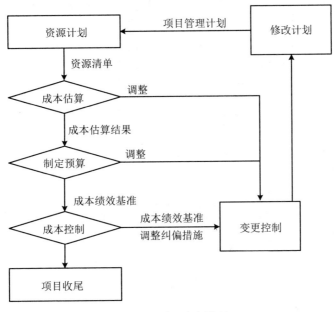

图 4-1 项目成本管理

(1)坚持主动管理。由于项目是一次性的、不可重复的、不可逆的,所以在制订项目的计划时就应当做好项目成本估算、预算,在项目执行过程中要做好项目成本控制,在项目收尾阶段要做好项目决算。

(2)坚持全员参与的原则。成本是影响项目顺利进行的三大要素之一,项目团队领导不仅要重视成本管控,还要激发全员参与,充分发挥项目团队成员的作用。

(3)坚持责、权、利三位一体的原则。责、权、利统一不仅能调动成员的积极性,还能使各项成本管理的措施落到实处。

(4)坚持成本管控科学化的原则。无论是成本估算还是成本控制,都要运用科学合理的方法、技术和工具来管理成本,做到因地制宜。

4.2 资源规划

项目资源是一个项目必须投入的资源的总和。一个项目往往不会只消耗一种资源,特别是大型或复杂的项目,在执行过程中会消耗各种各样的资源,如人力资源、材料资源、设备资源、现金等。项目资源计划是成本估算的前提,只有在编制项目资源计划时制订准确、详尽的计划,项目预算才能切实可行。有些资源在使用过程中具有不可替代性和稀缺性,有些资源是可以持续使用的资源,有些资源则是消耗性资源,有些资源往往会有使用时间限制,这些都会给项目实施带来不同程度的风险。因此,需要结合多种因素对项目所具有的资源进行综合分析,制订出项目资源计划,平衡并协调各类资源和各项活动的关系。

项目资源计划是指在分析和识别项目所需资源的基础上，确定项目所需投入的资源种类、数量以及投入时间等，从而制定出科学合理的项目资源需求说明书的项目成本管理活动。通过制订项目资源计划可以获得资源清单，罗列出项目中所需要的有形资源和无形资源。资源清单描述了项目需要什么资源、从哪里得到资源、什么时候需要资源以及如何使用资源等问题。拟订资源清单时，要综合考虑项目的全面资源需求，包括项目的范围说明书、项目进度计划和项目质量计划。

项目资源计划的编制方法有很多，常用的有专家判断法、德尔菲法、资料统计法和资源平衡法。专家判断法是制定项目资源规划最常用的方法。通常专家判断法包括对专家的挑选与甄别、对问题的描述、对专家意见的采集、选定方案、实施管理几个步骤。德尔菲法采用的是匿名发表意见的方式，经过几轮征询，使专家小组的预测意见趋于集中，最后做出符合市场未来发展趋势的预测结论。专家之间不发生横向联系，专家只与调查人员沟通，以反复地填写问卷，搜集项目可行的办法。德尔菲法的优点是避免了同行的相互影响。资料统计法是参考以往类似项目的历史信息，结合现有项目的特点确定项目资源计划的一种方法。资源平衡法是一种进度网络分析技术，通过把核心和稀缺资源尽可能地分配给关键路径上的任务，使得项目的各类资源得到充分、高效的利用。

4.3 成本估算

成本估算是指根据项目资源计划所确定的资源需求以及市场上各类资源的价格信息，对完成项目所要进行的所有活动所需的资源费用进行估算。成本估算是项目管理的重要组成部分，是判断一个项目是否具备可行性的重要因素。对项目进行成本估算有助于确定这个项目是否值得去完成。成本估算可以作为项目成本控制的基础。一般的成本控制可以对实际费用发生情况进行对比，计算偏差，并按照偏差大小采取行动。成本估算可以作为项目融资方的重要参考，用来判断项目未来的回报。

成本估算属于计划的内容，一般情况下，成本估算工作都是分阶段分层次做不同精度的估算。随着项目的渐进与信息的完备，逐步获得细化和提高。在项目初期，不确定性最大，只能进行粗略的成本估计。当项目的各项细节逐渐确定下来后，可以进行比较精确的估算。

成本估算可以使用类比估算、参数估算、三点估算以及自下而上的估算等技术。类比估算、参数估算和三点估算技术在第3章中已介绍过，这里不再重复介绍。自下而上的估算技术涉及估算每一项活动的成本，然后把这些成本加起来得到一个总体项目成本。在成本估算过程中，可能会用到卖方投标分析。卖方投标分析是指根据合格卖方的投标情况来分析项目成本。这种方法需要项目团队开展额外的成本估算，以审查项目可交付成果的价格。

成本估算主要是为了得到项目的活动成本预算，要对所有活动所要使用的全部资源进行量化估算，如直接人工费用、设备费用、资料费用、各项管理费用以及一些特殊的成本。此外，成本估算需要用支持性文件记录下成本估算的方式，即估算依据。估算依据包括估算编制方式说明、全部假设条件、各种已知约束条件以及估算区间的说明。

案例

为了提高公司产品生产的质量与速度,某公司决定安装一台机床,总成本为150万元。

第一步,分摊预算总成本。由于总成本已定,可以利用自上而下法,在项目总成本的基础之上,按比例分摊各个阶段的成本,如图4-2所示。

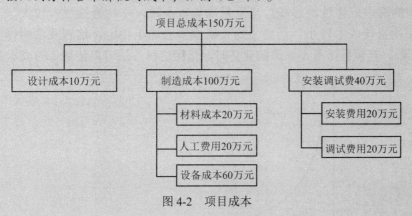

图 4-2　项目成本

第二步,制定项目累计预算成本。如表4-1所示。

表 4-1　项目累计预算成本

		周					
		1	2	3	4	5	6	7
设计成本/万元	10		10					
制造成本/万元	100			40	20	40		
安装调试费/万元	40						20	20
合计			10	40	20	40	20	20
累计			10	50	70	110	130	150

第三步,画出时间—成本累计曲线。根据表4-1绘制,如图4-3所示。

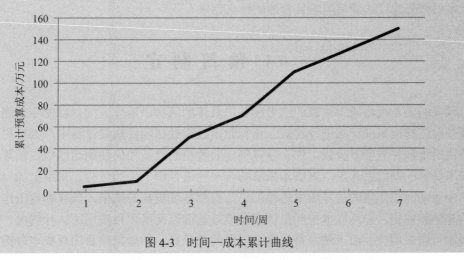

图 4-3　时间—成本累计曲线

由于项目成本受到多种因素的影响,所以成本估算在投入使用之前,必须对其进行适当的处理和调整。相应的项目成本调整方法有学习曲线和项目计划资源优化两种方法。

学习曲线又叫作经验曲线，就是"熟能生巧"。美国空军的人员发现随着飞机生产数量的增加，生产单架飞机的时间越来越短。美国人 Theodore Paul Wright 在1936年发表的研究中指出，如果人们重复进行同一项工作，工作效率会逐步提高，完成单位工作的成本随着重复次数的增多规律性地递减。当重复次数较少时，平均直接成本较大，当重复次数较多时，平均直接成本较小，最终平均直接成本会趋于稳定，这种现象叫作学习效应，如图4-4所示。若项目涉及不熟悉的业务时，运用这种方法可以使估算的成本更加精确。

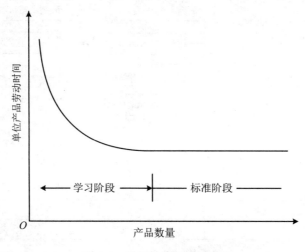

图 4-4　学习效应与学习曲线

项目资源计划优化通过调整网络计划，在保证进度和节约费用的同时，使得资源得到最合理的利用。随着项目活动的开展以及内外环境的变化，先前制订的项目资源计划可能会不合理，造成资源在时间上的分配不均衡，或者出现资源供不应求的现象。出现这些情况时，可以运用项目资源计划优化的方法对项目资源计划进行修订。对于项目资源计划优化，本书强烈建议读者使用项目管理软件来完成。

4.4　预算制定

预算制定是指将成本估算的结果在各项具体的活动上进行分配，以便今后测量项目实际绩效时能够同基准计划进行比较。预算制定过程处在项目规划过程中，如果说成本估算要解决的是项目需要多少钱，那么预算制定要解决的就是如何使用这些钱。预算制定工作在成本估算的基础上开展，对成本估算的合理性进行进一步的分析，采用更加合理的方法将单个活动或工作包的估算成本进行汇总，得到精度更高的结果。预算制定工作是成本控制的基础和前提，它为成本控制提供成本绩效基准以衡量项目费用的执行情况。项目预算的编制可以采用自上而下法，首先确定项目的总预算，然后把项目的总成本分摊。而自下而上法是首先确定项目的各项明细，再汇总形成总成本。图 4-5 为某项目工作包中各个活动的成本。

第4章 成本管理

WBS 活动成本小计			内部员工	原料	合同工	工具租金	设备租金
项目A 900 000元	工作包× 200 000元	101-活动A 83 000元	70 000元	10 000元	0元	3000元	0元
		102-活动B 44 000 元	30 000元	4000元	8000元	2000元	0元
		103-活动C 73 000元	52 000元	2000元	15 000元	2000元	2000元

图 4-5　某项目工作包中各个活动的成本

成本基线是项目从开始到结束的整个生命周期内的成本累计，主要用于检测项目费用的执行情况。预算制定所得到的文档叫作成本绩效基准，它描述了项目实施过程中累计预算成本与项目进度的对应关系，用于测量、监督和控制项目的总体成本绩效。成本绩效基准是每个时间段的预算之和，由于项目成本在开始时期缓慢增长，在达到一定阶段后增长速度到达峰值，随着项目结束逐渐停止增长，所以通常用 S 曲线（S-Curve）来表示，如图 4-6 所示。

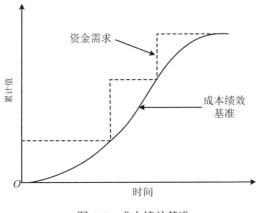

图 4-6　成本绩效基准

案例

成本管理中的最基本的做法就是根据要做的工作来预估相应的成本，基于时间段制订成本支出的计划，然后在实践中监控实际支出和计划支出的关系，从而为管理提供依据。图 4-7 是 GAO 在 2007 年 3 月对 F-35 战斗机项目的一个评价，其中早在 1996 年时，预计 2007 年能够交货，2010 年形成初始战斗能力，预计采购 2988 架，但采购成本无法预计。到了 2001 年时，预计 2008 年能够交货，大约 2010—2012 年能形成初始战斗能力，预计采购 2866 架，预计采购成本 2330 亿美元。到了 2005 年时，预计 2009 年能够交货，大约 2012—2015 年能形成初始战斗能力，预计采购 2458 架，预计采购成本 2765 亿美元。成本中的可变成本增长明显，不是个好兆头。最初 F-35 战斗机项目的合同主框架是以成本来定预算的，随着成本的不断攀升，国防部的压力越来越大。可变成本的上升给人的感觉是进入了一个无底洞，所以在后期 Bogdan 将军提出了以预算限成本的合同框架。

	November 1996 (program start)	October 2001 (system development start)	December 2003ᵃ (rebaseline)	December 2005ᵃ (latest available data)
Expected Quantities				
Development quantities	10	14	14	15
Procurement quantities (U.S. only)	2,978	2,852	2,443	2,443
Total Quantities	2,988	2,866	2,457	2,458
Cost Estimates (Then Year $ in billions)				
Development	$24.8	$34.4	$44.8	$44.5
Procurement	Not available	196.6	199.8	231.7
Other	Not available	2.0	0.2	0.2
Total Program Acquisition	Not available	$233.0	$244.8	$276.5ᵇ
Unit Cost Estimates (Then Year $ in millions)				
Program acquisition	Not available	$81	$100	$112
Average procurement	Not available	69	82	95
Estimated Delivery Dates				
First operational aircraft delivery	2007	2008	2009	2009
Initial operational capability	2010	2010-2012	2012-2013	2012-2015ᶜ

图 4-7　2007 年 F-35 战斗机项目的成本分析

4.5　成本控制

　　成本控制是指在整个项目的实施过程中，监督项目状态以更新项目预算，管理成本基准变更以达到控制成本的过程。具体来说，成本控制就是定期对费用的计划值和实际值进行比较分析，审查是否出现成本偏差。如果发生偏差，分析产生偏差的原因以及对项目可能造成的影响，并及时采取纠偏措施，确保项目朝着对控制方有利的方向发展。

　　成本控制并不是孤立进行的，往往需要将成本与项目的范围、时间、质量等其他方面进行综合控制。一味追求降低成本，可能要以牺牲项目的质量、工程延期为代价，因此，不能过分强调成本控制而忽视了其他方面的控制。成本控制的作用主要有以下几点。

- 有利于项目团队及早发现成本偏差，避免带来更大的损失。
- 有利于项目团队发现更加经济合理的项目建设方法，提高项目的经济效益，提高项目干系人的满意度。
- 有利于提高项目团队成本管理的能力，为以后的项目管理提供经验教训。

　　挣值管理（earned value management，EVM）是一种基于综合基准的项目管理技术，综合考虑项目成本、进度与范围来测量项目期间的绩效。EVM 计算并检测三个主要指标，即计划价值（planned value，PV）、挣值（earned value，EV）、实际成本（actual cost，AC）。PV 是为某工作分配的经批准的预算，即某时刻计划工作价值，它是衡量的基准。EV 是某时刻已完成工作的价值，EV 越大说明项目工作完成得越多，正常情况下，EV 越大越好，但它有上限，即完工预算（budget at completion，BAC）。BAC 是项目工作、WBS 组成部分或进度活动的所有预算之和，即项目的总计划价值。AC 是实际发生并记录在案的成本。AC 没有上限，在活动实施过程中所产生的所有成本都应当计算在内。一般项目实施中希望 EV 的发生越早越好，而 AC 的发生越晚越好。若 EV 值大于相应活动或 WBS 组成部分的 PV 预算值，则说明工作进度提前了；反之，若 EV 值小于 PV 值，则说明工作进度延后了。

为了能够比较计算,PV、EV、AC 的计算口径必须保持一致。

实际绩效和基准之间的偏差指标有两种度量方式:第一种使用进度偏差(schedule variance,SV)和成本偏差(cost variance,CV);第二种使用进度指标指数(schedule performance index,SPI)和成本指标指数(cost performance index,CPI)。进度偏差(SV)和成本偏差(CV)是经常使用的两种偏差。进度偏差和进度指标指数的计算公式为

$$SV = EV - PV, \quad SPI = \frac{EV}{PV}$$

成本偏差和成本指标指数的计算公式为

$$CV = EV - AC, \quad CPI = \frac{EV}{AC}$$

案例分析

某铺路工程总铺路里程为 10 km,计划用 100 天完成,每天 100 m,预算单价为 90 元/m,该铺路工程预算总费用为 900 000 元。开工后第 41 天早晨上班前,业主项目管理人员前去测量,取得了两个数据,已完成铺路里程为 3.2 km,支付给承包单位的工程进度款已累计达到 400 000 元。该项目的挣值分析如下:

EV = 3200 × 90 = 288 000(元)
PV = 100 × 40 × 90 = 360 000(元)
AC = 400 000(元)
CV = EV-AC = 288 000-400 000 = -112 000(元)
SV = EV-PV = 288 000-360 000 = -72 000(元)
CPI = $\frac{EV}{AC}$ = 288 000/400 000 = 0.72
SPI = $\frac{EV}{PV}$ = 288 000/360 000 = 0.8

由于 CPI 和 SPI 均小于 1,业主项目管理人员应该给该项目提出警告。该项目的挣值分析如图 4-8 所示。

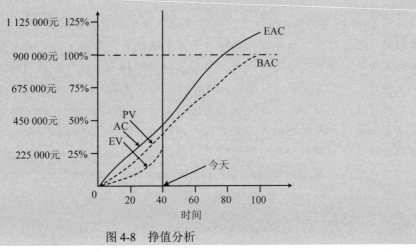

图 4-8　挣值分析

当要计算全部工作的完工偏差时,要用到完工预算(BAC)和完工估算(estimate at completion,EAC)两个数据,BAC 是指项目的计划总价值,EAC 是指完成整个项目所需的预测总成本。

项目的完工偏差 VAC = BAC - EAC

另一个重要的指标是完工绩效指数(to complete performance index,TCPI),其计算公式为

$$TCPI = \frac{BAC - EV}{BAC - AC}$$

其中,分母表示预算内未花完的资金,分子表示项目未完成的工作量。TCPI 指标表示在项目未来的活动中,平均每一元钱要完成的工作量。

在项目的实际实施中需要对原项目成本绩效基准进行修改,项目成本一直处在不断更新的状态。项目成本变更控制系统是一种通过建立一套项目成本变动控制体系来对项目成本进行跟踪控制的方法。整个过程从提出成本变更请求开始,到批准变更请求,一直到最终完成项目成本变更。

4.6 成本估算的偏差

从图 4-8 可以看出,在"今天"之前,PV、EV、AC 都是实实在在的、已经发生的和可测量的,而在"今天"之后,这些数值则都是预估的。预估的方法是多种多样的,有专家估计、经验估计、推算估计等,预估的方法因行业和项目的不同而不同。在成本管理中,美国国防部允许成本估算有偏差,生产性质项目的成本偏差在 5%以内,半生产性质项目的成本偏差在 10%以内,研发制造项目的成本偏差在 15%以内。例如,对于研发项目,可以预留 15%的备用金(management reserve)。也就是说,其前提条件是估算可以精准到 15%范围内。这对短项目或简单项目也许是合适的,但复杂项目就难以估算了。

案例

生于 1935 年的诺尔曼·拉夫·奥古拉丁毕业于普林斯顿大学航空工程专业,当过首席工程师、项目经理、陆军部长助理,还曾担任过洛克希德·马丁公司的 CEO。他很早就注意到战斗机的单位成本随着年代的推移呈指数级增长。几十年的时光证明了他当年的预测的正确性,如图 4-9 所示。那么,奥古拉丁定理背后的依据是什么?

在得克萨斯州的航空航天研究系统的 system architecture virtual integration 项目(SAVI)发布了一篇飞机与软件的关系分析报告"Exponential Growth of System Complexity",从中可以看出飞机的软件代码量随时间呈指数级增长,如图 4-10 所示。

麻省理工学院发表的一篇文章"challenges in the better, faster, cheaper era of aeronautical design, engineering and manufacturing"指出,同硬件相比,软件的成本越来越高,如图 4-11 所示。

图 4-9　战斗机的成本与年代的关系

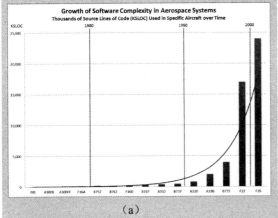
（a）

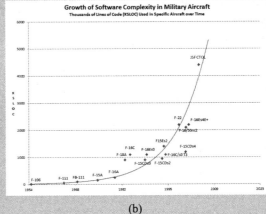
（b）

图 4-10　软件的代码量与航空系统/相应的年代

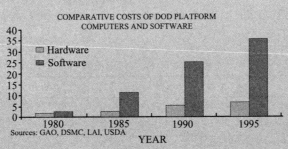

图 4-11　硬件与软件的成本趋势

从上面的分析可知，软件系统本身越来越大，软件所占飞机系统的比重也越来越大。而软件系统的复杂度多随代码量的增加而呈指数级增长。这就是近年来飞机系统复杂度越来越高、成本也迅猛上升的原因。若按照成本加价的方法，财政资金可以预见将无力支付现代飞机的成本。所以，按照总价固定的模式才能够有效地控制风险，即在开发复杂项目时，应该本着有多少钱办多少事的原则。

第 5 章 品 质 管 理

5.1 品 质 标 准

品质指物品的特征、品性、本质,也可指商品或服务的水准、质量。国际标准化组织(International Organization for Standardization)在《品质管理与品质保障术语》中对品质的定义是:"品质是反映实体(产品、过程或活动等)满足明确的或隐含的需要的能力、特性总和。"品质要求一件产品、某个人、流程、服务或系统所具备的能力,其总体特征、固有的或经努力达到的特性,与期待或满意状态、需求或规格相符。品质管理的本质是要通过塑造产品的特性满足干系人的愿望,或适合于一定顾客的要求。因此品质管理既具有一套规划、评估、解决问题的硬方法,也带有强烈的软技巧。品质成本包括预防成本、鉴定成本、内在成本、外在成本等,通过品质管理活动,虽然增加了预防性支出,但是可以减少检测等鉴定费用和相关失效改善之外的支出,即产品于设计阶段将可靠度设计植入是必要的,且有利于企业经营。本章将讲述品质标准和品质管理流程,包括品质、职责、流程、术语。

常用的品质标准有很多,常用的国际通用标准有 ISO、CMM;国家标准有中国的 GB、美国的 ANSI、日本的 JIS;行业标准的认证机构有美国的食品与药品管理局(FDA)、国际电气和电子工程师协会(IEEE)、美国国防部(DoD)等。其中对普通企业影响最大的是 ISO 和 CMM。虽然这些标准主要是针对机构的,而不是针对项目的,但项目中的品质管理同它们也有密切的联系。除了这些著名的标准,各机构往往还有自己的标准(standard)、规范(code)、规程(specification)、规则(rule)、术语(term)、定义(definition)等。表 5-1 为某 IT 公司的质量手册。

知识拓展

表 5-1 某 IT 公司的质量手册

序 号	主 题 名 称	ISO 9001:2000 标准条款	页码
1	颁布令		1
2	任命书		2
3	目录		3
4	发放控制		4
5	修改控制		5
6	手册说明		6
7	公司简介		7
8	质量方针、目标及目标分解	5.3 5.4.1	8
9	公司组织机构图	5.5	10
10	质量管理体系职能分配表	5.5	11

续表

序　号	主　题　名　称	ISO 9001：2000 标准条款	页码
11	质量管理体系	4.1　4.2	12
12	文件控制程序	4.2.3	14
13	记录控制程序	4.2.4	18
14	管理职责	5.1　5.2　5.3　5.4　5.5　5.6	19
15	管理评审控制程序	5.6	24
16	资源管理	6.0	26
17	人力资源控制程序	6.2	28
18	基础设施和工作环境控制程序	6.3	30
19	产品实现	7.0	33
20	与顾客有关的过程控制程序	7.2	35
21	设计和开发控制程序	7.3	38
22	采购控制程序	7.4	42
23	生产和服务提供控制程序	7.5	45
24	监视和测量装置控制程序	7.6	48
25	测量、分析和改进	8.0	50
26	顾客满意度测量程序	8.2.1	53
27	内部审核控制程序	8.2.2	55
28	过程和产品的监视和测量控制程序	8.2.4	58
29	不合格品控制程序	8.3	61
30	数据分析控制程序	8.4	63
31	纠正措施控制程序	8.5.2	65
32	预防措施控制程序	8.5.3	67
附录 1	产品实现过程图		69
附录 2	工艺流程图		70
附录 3	作业文件清单		71
附录 4	记录清单		72
附录 5	法律法规及标准		74

知识拓展

　　能力成熟度模型（capability maturity mode，CMMl）由卡内基·梅隆大学开发。CMM 是一种用于评价软件承包能力以改善软件质量的方法，侧重于软件开发过程的管理及工程能力的提高与评估。CMM 分为五个等级：一级为初始级；二级为可重复级；三级为已定义级；四级为管理级，五级为优化级。初始级过程不可预测，难以控制，企业一般不具备稳定的软件开发环境，通常遇到问题时就放弃计划而只专注于编程和测试。可重复级过程可控，能重复以往的项目，并基于以往的项目经验来计划新项目。可重复级是极其重要的一级，其核心是大量的记录。已定义级过程实现标准化，有关软件工程和管理工程的特定文件将被制定出来。管理级过程能够实现定量化管理和控制，企业对产品及过程建立起定量化的质量目标，同时在过程中加入规定的连续的度量。优化级过程中整个企业将专注于过程的不断优化，采取主动措施去找出过程的弱点和长处，避免损失。CMM 的初始作者瓦特·汉弗莱（Watt Humphrey）大量借鉴许多全面品质管理（TQM）与菲利浦·克劳士比（Philip Crosby）的品质管理成熟度矩阵的方法。CMM 最早在用来协助美国国防部等政府单位进行重要软件外包作业时，作为分析软件厂商开发能力，以及评选合格软件承包商的工具。从 1995 年起，该模型逐渐向各个其他领域扩展，出现了软件采购（SA-CMM）、系统工程（SE-CMM）、集成产品开发（IPD-CMM），以及人力资源管理（people-CMM）等。能力成熟度模型集成（capability maturity model integration，CMMI）近年来已经被高度一般化，"软件"这个词现在已不再出现在 CMMI 的定义中了。

PRINCE2 认为品质管理的核心是"聚集于项目产品"原则。它明确而又通俗地解释了项目将制造什么（范围）、项目产品的评估标准（品质）。不理解这点，项目就可能暴露出重大风险，如项目产品交接时出现争议、返工、不可控的变更、用户不满意等，这将弱化甚至否定项目论证。只有明确了项目将制造什么，并为之建立了品质标准，确定了品质管理的步骤，并将其纳入项目计划，项目的全部开支和所需时间的估算才有前提。遗漏或低估品质管理活动，可能导致项目延误、超支或项目产品品质低劣。品质要素所强调的品质方法和品质职责不仅包括项目产品的描述、开发和批准，也包括对项目的管理。品质要素同样包括在项目建设期间实施持续改善，例如，寻找更有效率的方法，管理项目和项目产品。品质管理要求总结和吸取经验教训，同样是一条实现持续改善的途径。

5.2 品质管理流程

项目品质管理是指为确保项目质量目标的实现，最大限度地提升客户满意度，通过制定项目质量标准，持续进行质量保证、质量控制和质量改进的管理过程。现代项目管理认为，项目品质管理中要运用全面品质管理的思想，不仅要在项目的整个生命周期实施品质管理，还要按照全员参与的模式来开展品质管理。项目品质管理的工作贯穿项目的全过程，从项目启动、规划、实施、监控一直到项目的收尾，项目品质管理要特别强调对工作品质的管理，项目工作的品质是产品品质和服务品质的保障。

1. 品质规划

品质规划（quality planning）是指确定项目应该达到的品质标准，并用书面形式描述项目达到这些品质标准的工作计划安排。品质规划是项目品质管理的基础，项目团队应该事先收集并理解项目干系人的品质要求，特别是最终要验收客户的品质要求，然后制订详细的计划来满足这些要求。项目品质管理通过规划品质，可以控制和杜绝因品质问题而出现的返工、拒收的消极后果，最终顺利达到项目的品质要求。

品质规划的工作不仅仅依照品质方面的方针来开展。实际上，项目品质与成本、范围、时间、风险等相互作用、相互影响。项目团队可能为了降低成本不惜以品质下降为代价；为了能按时提供可交付成果进行不合理的加班，可能会导致产品或服务品质的缺陷。作为项目品质管理的基础，品质规划过程需要且必须考虑项目品质以外的因素。品质规划过程的主要结果是品质管理计划，还应制定相应的品质测量指标、品质核对表以及过程改进计划。

> **案例**
>
> 某企业的总体质量目标如下。
> 1. 投标方案中标率为10%，施工图设计中标率为20%。
> 2. 优秀设计获奖力争每年3项。
> 3. 工期履约率为100%。
> 4. 施工图审查两次通过率为100%。
> 5. 由于公司原因引发的顾客不满意占比小于5%。
>
> 该企业的项目品质体系模板为：
>
> | | | |
> |---|---|---|
> | 第1章 | ××项目部概况 | 2 |
> | 第2章 | ××项目部管理目标和管理方针 | 3 |
> | 2.1 | 管理方针 | 3 |
> | 2.2 | 管理目标 | 3 |
> | 2.3 | 对管理方针、目标的贯彻、执行 | 4 |
> | 第3章 | 组织机构及职责、权限 | 5 |
> | 3.1 | 组织机构 | 5 |
> | 3.2 | 质量保证系统 | 6 |
> | 3.3 | 环境、职业健康安全管理保证系统 | 7 |
> | 3.4 | 职能分配及目标分解 | 8 |
> | 第4章 | 各级各类人员的职责及权限 | 13 |
> | 4.1 | 项目部领导的职责和权限 | 13 |
> | 4.2 | 项目部各职能部门负责人的职责和权限 | 16 |
> | 4.3 | 需要独立行使职权的人员和其他重要执行人员的职责和权限 | 22 |

品质管理计划是说明项目团队如何执行组织的品质政策的文件，它是项目管理计划的子计划。ISO 9000中规定品质管理计划应描述项目的品质管理体系，即实施品质管理所需的组织结构、责任、程序、过程和资源。根据项目的具体需要，品质管理计划可以是详细的，也可以是概括的，还可以是正式的或非正式的。PRINCE2的品质计划包括以下几个方面的内容。

- 解析客户的品质期待。
- 确定项目的验收标准。
- 将客户的品质期待和项目的验收标准纳入"项目产品总体描述文件"中。
- 构建品质管理策略。
- 清晰的"产品描述文件"应包括品质标准、允许的品质偏差（容忍度）、品质方法和品质职责。
- 建立品质记录。

品质测量指标详细描述了项目和产品的属性，如何在品质控制过程中对其进行测量，以及测量指标允许出现的浮动范围。品质核对表用来规范例行的任务，用结构化的方式具体列出用来核实一系列步骤执行效果的工作内容。过程改进计划详细说明进行工作分析的各个步骤,以便识别品质管理过程中的增值活动。

品质规划的工具和技术有很多种,常用的有成本—收益分析、品质标杆法、控制图等。成本—收益分析又叫作经济品质法,这种方法要求在制订品质管理计划时考虑项目品质的经济性,通过成本和收益之间的差值来编制能够保证项目收益超过成本的品质管理计划,保证项目实施的经济性。品质标杆法是指以其他项目的品质管理计划为依据,通过比较分析,制订适合本项目的品质管理计划。控制图用来确定一项工作在执行中品质是否是稳定的,它可以检测各种类型的输出变量。

2. 品质控制

品质控制是指在项目实施过程中,监督项目品质,分析判断其是否符合相关的品质标准,若产生偏差,分析偏差产生的原因及其影响,制订并采取相应的纠偏措施来消除或减少品质偏差导致的损失,确保项目品质得到持续不断的改进。图 5-1 为品质规划与品质控制的关系。项目品质控制的主要任务包括以下几项。

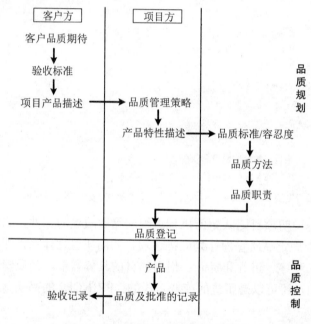

图 5-1　品质规划与品质控制的关系

- 及时发现项目实施过程中出现的品质问题,避免或者减少因品质问题带来的损失。
- 提高项目可交付成果顺利验收的概率,保证项目的顺利完成。
- 出现的情况以及处理过程作为经验教训记录下来,为组织未来的项目品质管理提供经验,提高组织的项目品质管理水平。

3. 品质保证

品质保证是指为使人们确信某一产品、服务或者结果能够满足品质要求,在品质体系中根据需要实施的全部有计划、有系统的活动。在项目管理中,品质保证不仅要取信于项目的客户,也要使组织的管理者确信组织内各部门的人员能够对品质进行有效的控制。实施品质保证可以提供品质改进措施，提高项目的效率和效果，还可以使项目的利益相关者从该项目中获得额外的利益。图 5-2 为某公司施工质量保证措施中的纠正和预防程序。

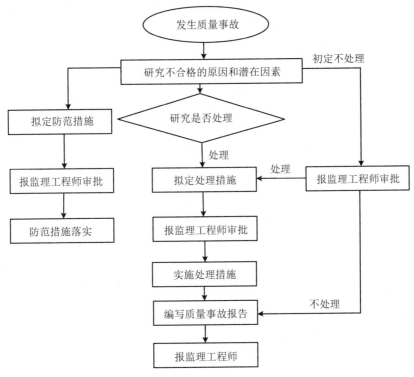

图 5-2　某公司施工质量保证措施中的纠正和预防程序

　　品质保证与品质控制不同，两者均是品质管理活动的一部分，都以满足品质要求为目的。品质控制是品质保证的基础，侧重于如何确保实现品质目标，是一种过程性、纠错性和把控性的品质管理活动；而品质保证则侧重于为满足品质要求提供对方信服的证据，是一种预防性、保障性的品质管理活动。在项目开展的实际工作和活动中，两者有交叉和重叠的部分。由于品质控制和品质保证相互交叉重叠，品质控制的结果往往是控制和保证的综合结果，这也是项目品质管理工作的综合结果。品质控制测量结果是品质控制的结果，同时也是品质保证的依据，它是对品质控制活动结果的书面记录。通过品质控制可以确定变更或者可交付成果的正确性，确定可交付成果的正确性是实施品质管理的最终结果。

　　品质保证的依据除了有品质规划工作产生的品质管理计划和过程改进计划，还需要获得相关工作绩效信息，如项目可交付成果的状态、已产生的成本、项目的其他进展情况等。品质控制产生的测量结果也为品质保证提供支持。品质保证不仅可以使用品质规划和品质控制的工具和技术，还可以使用预先规划和过程分析等技术。预先规划是指在做品质规划时，预先提出针对项目中可能出现的品质问题的纠正措施。预先规划应正确规定品质保证范围和等级，防止出现达不到全面品质管理要求的情况。过程分析是指根据过程改进计划中的信息来识别需要改进的方面。

　　品质保证过程中可能需要对组织的品质政策、过程效率等方面进行变更，可以提出变更请求，提交给整体变更控制系统进行审查。品质保证过程中可能需要更新的文件有项目管理计划、品质审计报告、过程文档等。品质规划和品质保证过程的所有输出结果都将会作为新的组织过程资产输入项目的品质控制系统中，其中品质管理计划和品质测量指标是品质控制系统的尺度，项目可交付成果是品质控制的对象，其效果和功能需要在品质控制系统中进行审核验证。对于品质保证过程中产生的变更请求，需要输入品质控制系统中进行验证，只有经批准的变更请求才可以实施。

品质管理中著名的石川七大基本品质工具包括因果图（鱼骨图）、控制图、流程图、直方图、帕累托图、趋势图、散点图。因果图可以直观地显示各种因素与潜在问题或者结果之间的内在联系；控制图用来确定一项工作在执行中品质是否是稳定的，它可以检测各种类型的输出变量；流程图可以有效发现某个或者某些失效的环节，识别出潜在的问题和改进机会；直方图用条形图来直观地显示特定情况的发生次数；帕累托图按照频率排序导致缺陷的原因，可以使项目团队有重点地采取纠偏措施；趋势图用线形图反映某种变化的发展规律和趋势；散点图可以表示两个变量之间的关系。

项目品质管理遵循一定的流程，不同的项目由于项目性质、行业特点、组织等方面的差异，往往在品质管理流程方面有不同的特点，但是总体来说是符合图 5-3 流程的。

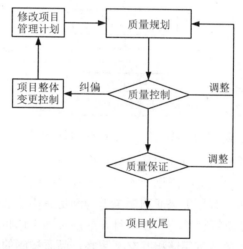

图 5-3　项目品质管理流程

5.3　品　质　监　理

为了保证项目品质，可在项目管理团队中设置独立的品质监理（quality assurance）。品质监理负责检查项目的方向，项目管理与项目属性是否相符、是否符合公司相关管理标准和制度。品质监理独立检查品质计划和品质控制、组织及流程是否到位。但品质保证由公司层面负责，品质计划和控制的执行由项目管理团队完成。品质监理为项目干系人提供证据以判断项目是否能够充分满足品质需求。品质监理的活动包含以下两层意思。

- 是机构中的一项职能，着力于建立和维护品质管理系统。
- 是评审项目的组织、流程或项目产品的活动，评估品质需求是否得到了满足。

尽管品质计划和品质控制由项目团队完成，但品质监理都要求独立于项目管理团队。品质监理不应与项目监理相混淆。项目监理对项目委员会负责，监督项目实施的各个方面，即其职责包括在项目管理团队内。项目监理独立于项目经理，但不同于品质监理独立于项目。项目监理与品质监理存在部分重叠，如表 5-2 所示。

表 5-2 项目监理与品质监理的关系

	项 目 监 理	品 质 监 理
工作	替项目干系人监督项目建设是否正常和有序	替公司监督项目建设是否适当，是否符合公司高层制定的标准
区别	1. 独立于项目经理、项目助理、团队经理和项目团队 2. 由项目委员会管辖，属于项目内人士	1. 由项目外的人士执行 2. 对公司的高层负责，属于项目外人士
项目	项目监理作为公司下派的人员，可被项目委员会用于本项目的监理体制中，参与项目监理的工作	品质监理可将项目监理的工作评估视为项目建设是否适当的一个指标

5.4 PRINCE2 品质计划

品质计划是品质工作的前提。如果计划不完善，参与项目的人员可能会在各个方面出现各种不同意见，如解决方案的覆盖范围，一个圆满的结果应由哪些方面构成，应当采用哪种方法，工作需要做到哪种程度，应由哪些人参与，参与人员应担当什么样的角色。PRINCE2 中的不同角色，在品质管理中承担着不同的职责，如表 5-3 所示。品质计划至少要达到以下目标。

表 5-3 PRINCE2 品质计划中各方的职责

角 色	职 责
机构	提供完整的公司品质管理系统文件 提供品质担保
项目总裁	批准项目交付物的描述 批准品质管理策略 确认项目产出物的交接
客户代表	提供客户关于品质的期待和接收标准 确定项目产品描述 批准品质管理策略 批准关键产品的描述 为客户的品质管理工作和产品核准的实施提供资源 项目产出物的接收
供应商代表	批准用于项目产品开发的品质管理方法、技术和工具 为与供应相关的品质工作的实施提供资源 批准品质管理策略 对关键的特种产品，批准其产品描述

续表

角色	职责
项目经理	把客户的品质期待和接收标准记录在文件中 与客户共同编制项目产品描述 编制品质管理策略 编制和维护产品描述 确保在工作包内和产品描述中的品质控制措施得到团队经理的执行
团队经理	按产品描述完成产品的制造 按产品的关注点完成品质控制 编制品质记录 向项目经理报告产品品质的状况
项目监理	对于品质管理策略，向项目经理提出建议 协助项目委员会和项目经理评估产品描述 给项目经理推荐合适的品质评审人员 向项目委员会报告，确保品质管理策略的实施，保证项目管理和品质流程是恰当的
项目支持	为品质控制提供支持 维护品质记录 在品质管理流程中协助团队经理和团队成员

- 项目委员会认可：包括对品质的总体期望、与产品相关的品质标准、将达到的品质目标及评估方法、项目产品的验收标准。
- 有效地沟通：以毫无疑义的方式在合同中载明，让所有的项目干系人对项目将达到的品质目标取得一致的理解。
- 控制的基准：为项目的品质控制设立一套基准，如允许偏差，以及一套确保产品满足品质目标的保险措施。

5.4.1 客户的品质期待

客户的品质期待即项目产品品质期待。在项目筹备流程中，它们需要被确认并获得项目各方的一致认可。对项目产品品质的期待，需要与客户讨论确定，并将结论写入项目产品总体描述中。为避免被误读或对项目品质需求的设想不够精确，客户的品质期待应该包括以下几个方面。

- 项目产品的关键品质需求。对关键品质的需求将左右其他解决方案的选择，这将对项目的时间、成本、范围、风险、收益等产生影响。
- 达到特定的品质需求需要采用的标准和流程，包括采用客户或供应商的品质管理体系的程度。
- 评估项目产品是否符合品质需求的方法。

例如，在遥远的山村，对水泵的品质期待是"终生"不出故障；但赛车对油泵的期待是越轻越好，只要能够在一场比赛中正常工作即可。

客户对品质的期待通常需要采用众多不同的概念来表达，以期使对基本品质需求的理解趋于一致。在此基础上，需要制定详细的、具体的、精确的验收标准。客户对品质的期待应当尽早固定下来，它们将用来确定项目产品所能允许的品质偏差（容忍度）。在每个管理阶段结束时，如果有任何外部因素改变了客户对品质的期待，都应该对它重新进行评审。

5.4.2 确定项目的验收标准

确定验收方法是极其重要的，它回答了这几个问题：我们如何证实项目产品是否完成？产品在何时完成？产品是否能够被客户接收。项目的验收标准由全部产品中可测量的且客户需要的属性清单构成，这份清单应能够被关键干系人所接受。它可能包括可支持性、可维护性、外观、主要功能、开发成本、运行成本、容量、易用性、可靠性、安全性、精确性以及其他性能表现等。当一个项目达到了所有验收标准时，项目就满足了所有强制性要求，并达到了收尾的条件。验收标准需要进行优先级的排序，因为有些标准存在冲突，需要折中，如高品质、早日完工及低成本，这三者常常无法同时满足，为了实现其他两项，某一项必须做出牺牲。

> **知识拓展**
>
> MuSCoW 是一种确定验收标准优先级的概念。每项验收标准都可以分为必须、应当、可以、当前不宜这四个等级（must have, should have, could have or won't have）。所有归于"必须"和"应当"类型的验收标准，都应达到。

在项目筹备期间，客户和供应商应就验收标准达成一致，并记录在项目产品总体描述的文件中。对项目产品的充分理解在这个阶段是特别重要的。随后，在项目启动阶段，需要对验收标准进行细化，并在每个阶段结束时进行评审；每次对验收标准的改动，都需要事先取得一致。在项目产品总体描述文件定稿后，验收标准要按照变更管理的流程进行管理，仅项目委员会有权批准验收标准变更。在制定验收标准时，应该制定一些指标来判断收益是否最终实现。

例如，若客户对品质的期待是水泵"终生"不出故障，验收标准的焦点是如何通过测量来证明水泵可"终生"不出故障，这就需要定义出一个明确的年限，它可能需要采纳与耐久性相关的某些工业标准。

5.4.3 项目产品总体描述

在项目筹备期间，需要编制项目产品总体描述（project product description）文件，项目产品总体描述是针对项目产品整体而言的。作为项目启动的一部分，在编制项目计划时，需要对项目产品总体描述进一步细化。在项目阶段管理期间，需要检查项目产品总体描述。项目产品总体描述文件也应纳入变更管理的控制目标。在项目收尾时，可参照项目产品总体描述文件，验证项目的交付是否符合预期，交付物是否都已经达到了接收标准。项目产品总体描述包括以下几个方面。

- 产品的总体目标。
- 产品的组成。
- 客户对品质的期待。

- 验收的标准、方法和职责。
- 项目层面所能允许的品质偏差。

批准了的项目产品总体描述是项目概要的一部分，并以此为基础来选择完成项目产品的方法。项目产品总体描述文件确定了客户对项目输出的期待、解决方案、供应商用于制造项目产品的方法。

5.4.4 品质管理策略

品质管理的目的绝不是为品质而品质，项目管理中的品质管理一定要为具体的项目服务，不同的项目其品质管理要体现出不同项目的特点。项目管理中的品质管理具有动态性、系统性、不可逆性和复杂性。品质管理的作用有两个：对内，为项目的控制服务，主要是对过程进行把控；对外，为项目的验收服务，主要是让干系人对结果满意。对内是为了让产出符合计划值，对外是为了让产出符合干系人的期望。这里干系人包括客户，但不仅仅是客户。符合计划值的目的也是为了最终符合干系人的期望，所以品质管理的策划必须以人为本，以让人满意为根本目的。

在项目启动时，需要准备品质管理策略，并获得项目委员会批准。它可被视为针对客户对品质的期待和验收标准而做出的项目管理团队的项目方法建议书。品质管理策略描述了品质管理系统如何参与到项目中，哪些品质标准、流程、技术和工具将在项目中使用。如果所用到的模板和标准需要调整，那么品质管理策略中应当概述如何调整，以供项目管理委员会批准。品质管理策略需要规定，根据特定的项目需求，品质计划和品质控制的范围调整应由哪个层级批准和执行。它应当概述品质监理活动的安排，包括根据相关政策需要做出的独立评审。它还要明确有关品质的关键职责，包括项目监理的方法摘要。如果在公司层面已经建立了项目的品质管理系统，则仅需编写针对本项目特点的品质管理的措施。在整个项目建设期内都要实施（从属于变更管理的）品质管理策略。

5.4.5 产品描述

在制订详细的项目计划时，应当编制包括所有项目产品的产品描述（product descriptions）文件。产品描述不能存在替代方案，它是产品开发、评审和批准的基础和前提。产品描述文件包括大量的细节判断，其基本目标是提供可靠且合适的控制措施，充分保证客户对产品品质的期待得到满足。产品描述在阶段计划中完成。

产品描述文件中的"目的"部分，应当载明谁需要这个项目产品，他们为何需要它，它将被用来做什么。另外还需要对品质进行细化，如品质标准，允许的品质偏差，所需的品质方法、品质技能和品质职责。这些确定了项目建设、评审过程中的品质控制方法。产品描述不能写得太复杂，能够支持计划、开发、品质及验收方法即可。如果项目产品描述太复杂，可能导致项目品质成本增加（如对研发人员不必要的约束）。但不完整和不够精确的产品描述也会导致在验收项目产品时出现争议，因为交付物可能与客户的期待不匹配。产品描述可以参阅一些支撑性文件，如适用标准或专业化的设计文件。

编制一份完善的项目产品描述所需时间取决于多种因素，如项目的重要程度、复杂程度及项目产品的独特性，有多少干系人将评审和批准项目产品，公司是否已经有一套项目产品描述的标准模板。建议采用一些项目产品描述的标准模板，以实现项目管理的一致性和充分利用现有经验。

1. 品质标准

产品必须满足品质特性，以及采用品质检测方法。品质标准应当足够详细和清晰，使产品评审时能够毫无疑义地证实产品是否满足需求。

2. 允许的品质偏差

一个产品的允许的品质偏差设定，可在品质标准中确定一个可接受的数值范围。如在 100 min±5 min 内温度控制在 1~5℃。品质中往往包含多个特性，而这些特性又往往具有互斥性，提高某些特性必然降低另一些特性。品质标准各要素就这样相互关联，它将对随后的计划流程产生影响。

3. 品质方法

在项目产品开发期间，品质方法部分常被细化为可执行的品质活动，用于评审和项目完成时的验收。若品质方法具有特殊内容，也需要做出详细说明。基本的品质方法不外乎两种，即过程控制和评价检测。

4. 品质职责

产品的品质职责应当明确地分配给三个部分，即制造商、评审方和验收方。评审方应独立于制造商，并以产品描述文件为依据。验收方是有权认定产品是否完成的个人或团体，如项目委员会。

5.4.6　品质登记

品质登记是品质管理计划及其执行的日志，如创作、评审、检查、测试、中试、验收和审核等。它在项目启动时开始创建，作为一项产品及品质控制措施被确定下来。在整个项目建设期间，需要保持对它的维护和更新。作为对项目进程中品质活动的记录，品质登记应保持更新以便即时反映品质活动的实际结果，并进行即时总结。品质登记为审核和监理提供关键信息，可以此为据，把计划和品质活动的实际表现相对比。

品质登记的信息量可大可小，根据流程分析所需的品质量化指标而定。一种参考格式如品质活动序号、产品序号、产品名、品质方法、开发者、评审者、批准者、相应时间、结果等。

案例

F-35 战斗机项目长期为质量问题所困扰。图 5-4 是 GAO 在 2019 年对 F-35 战斗机项目所做的一个评价，其数据来自对 5 个机场的统计。从图中可以看出，按照质量规划，至少能够完成一项战斗任务的 F-35 战斗机数量应该不低于 75%，能够完成所有战斗任务的 F-35

战斗机数量应该不低于 60%。然而统计的结果却只达到了 59.5%和 31.6%，可以说差距很大。GAO 把责任归咎于项目的后勤保障系统还不够完善。

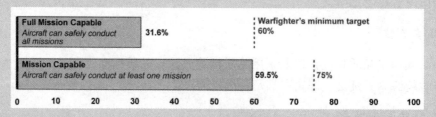

图 5-4　F-35 战斗机能战率抽查

图 5-5 是 GAO 在 2007 年对 F-35 战斗机项目所做的一个评价，可以看出 8 大关键指标中，7 项已完成，只有 Interoperability 还未完成。不过，所有的指标都还未经飞行测试。

Key performance parameter	Status		Confirmed through flight testing	
	Meeting	Not meeting	Yes	No
Combat radius	●			●
CV Recovery	●			●
STOVL Performance	●			●
Interoperability		●		●
Radio frequency signature	●			●
Mission reliability	●			●
Sortie Generation Rate	●			●
Logistics footprint	●			●

图 5-5　F-35 战斗机项目任务完成情况

5.5　PRINCE2 品质控制

品质控制就是根据品质管理策略和产品描述确定的职责和方法来执行、监督和记录项目进行的过程。常见的品质控制方法有两种：在线检测法和事后评价法。在进行品质检查时，应该做以下考虑。

（1）合理配备团队成员。在项目产品的设计阶段，有时需要工艺、品质管理人员的共同参与。工艺人员确定结构的可加工性、相对于普通加工工艺产品偏离设计值的允许范围是否合理、是否有精度控制的替代措施，品质管理人员确定该要素是否方便检验和进行品质控制。

（2）必要的工具。需要为设计人员配备产品的设计手册。设计手册至少应包括该产品各主要要素的经验值、关键要素的实验数据、取值与性能的关联程度分析、方案选择的优缺点分析等。

（3）标准的运用与项目产品的特殊特性。可以运用的标准有企业标准、行业标准、国家标准和国际标准，有强制性标准和参考性标准。需要分析标准的编制年代、背景等。项目产品一般都具备各自的特殊特性，这些特殊特性对标准的选用有何影响，都需要讨论后决定。

（4）初级产品的检验与试验。由众多产品（零件）组成的项目产品除完成各项检验外，还应对关键零部件单独进行实验。这种实验很多由供应商完成。有时供应商的基本业务属运作范畴,缺乏项目所需的实验设备,这时通常需要另找单位实验。如果产品独特和超前,有时需要专门设计实验设备。

品质管理的目的是更好地为项目服务,品质标准或品质控制不宜太宽,也不宜太严。太宽会使得项目失控,无法满足客户要求,从而导致项目失败;太严会增加项目成本,同样使项目难以为继。另外,如果产出总是通过不了品质检测,无疑会给客户带来心理上的阴影,可能影响客户的最终满意度。品质管理的根本目的是要让干系人满意,因此在设计标准和实施控制时,都要以"干系人满意"为最终目标。这就可能涉及项目范围、项目时间和项目成本的综合考虑和调整,如图5-6所示。

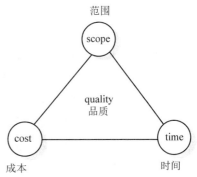

图 5-6　品质管理与铁三角

5.5.1 品质方法

缺陷发现得越晚,纠正缺陷的开支越大。在早期的设计文件中纠正缺陷,是相对容易且成本很低的;当产品已经完成,在测试时发现并纠正缺陷,难度和成本就会显著增加;在产品已经投入使用后才发现缺陷,纠正的成本更高。在设计和开发过程中进行有效的品质管理,是能把成本降到最低的控制方法。

> **案例**
> 如果项目产品是由数百个甚至数千个零部件组成的复杂系统,各零件相互配合和影响,出现故障时,判断具体是哪个零件的缺陷存在困难。在整合后判断故障难,而在整合前通过各个小部件的排查要容易得多。故障未及时发现和排除,相关零件受到损坏,破坏了原始表面形状和精度,则查找故障的难度更大。某些项目产品(如汽车)在设计时存在缺陷未能及时发现,在使用中出现故障时,有缺陷的产品可能已经被生产了数万件、数十万件,分布的区域可能遍及几大洲,对缺陷的纠正费用(含赔偿)可能成为天文数字。假设许多产品在设计阶段发现缺陷并修正,代价为1,在实现阶段是5~10,到了测试阶段是25~100,在使用阶段则是125~1000,有些甚至会高过这个比例。

1. 在线检测法

产品在开发时,"品质"已经融入其中。在线检测法可能涉及一些专业方法和技术的运用,包括标准化流程控制、自动化、专题论证、统计和咨询等,或对每道开发流程都进行品质检验,直到项目建设结束。

2. 事后评价法

事后评价法是对已完成的产品的完整性及与目标的相符性进行评估的方法。可选用测试和审查两种方法评价产品品质。如果品质标准真实客观且可量化,则称为测试。如果需要一些主观判断，则称为品质审查。品质审查是一次系统化、结构化的评审，以产品为导向，需要有计划、有组织、有记录地进行。系统且灵活的品质审查可用于以下几种情况。

- 在产品开发的中途进行。可以是正式的（已列入品质计划），也可以是非正式的。
- 作为产品完成和批准上线的标志。
- 仅仅检验某次测试的结果。

当需要判断产品与目标的相符性时，特别适合采用品质审查技术。这项技术可用于项目内的品质控制，由独立的专家执行，作为品质监理工作的一部分。在品质监理活动中，同行审查和把关审查也可采用这种通用的检测方式。项目管理团队的控制功能实施系统的品质审查，还可收获团队建设的边际收益。系统化的品质审查技术多种多样，有些针对某些特定的工业门类或特定类型的产品。PRINCE2 允许使用这些技术，但 PRINCE2 也提供了一套品质评审技术，作为对 PRINCE2 项目产品描述的补充。

5.5.2 品质记录

记录的作用在于确证列入计划的品质活动都已经被执行。品质记录为项目经理和项目委员会提供了以下保证。

- 产品已经结束（以及相关工作已经结束）。
- 产品达到了相关品质标准并符合既定目标（或存有品质缺陷及纠正措施的记载）。
- 议定的过程可被查询到。
- 项目批准者及产品重要干系人满意。
- 执行了预定的评审工作，并完成了相关报告。

品质记录中应包括品质审核文件的相关内容，如测试计划、瑕疵的细节、统计情况、纠正措施、产品检验未能覆盖的部分以及任何与品质相关的报告（如审计）。这些报告由项目助理汇总并编入品质记录后，相关产品才算完成。项目建设期间和项目收尾时，品质记录提供了一个极具价值的信息资源，可据此吸取项目的经验教训。品质度量的方法、缺陷的类型和趋势等可被用于经验教训的总结和流程改进。

> **案例**
>
> 不同的项目有不同的质量要求。核电站的设备装运过程需要 4 个来自不同部门的人员同时分别进行记录。在核电站曾经有工人完成了拧螺栓的小任务，但没有及时记录下拧螺栓的操作及其圈数，被检查出"记录质量不合格"，导致整个班组人员全部被开除。

5.5.3 记录的批准

品质记录的目的在于提供证据，以证明每件产品满足了产品描述中所记述的需求。记录的格式及构成取决于批准的层级、客户/供应商的关系，以及公司的相关品质管理系统等因素。记录中可包括一个短会、一封电子邮件、一封信、某份文件上的一个签名，或一个证书。

5.5.4 记录的接收

在整个项目建设期内，产品会陆续获批；当阶段结束时，所有权会转至客户。但在项目收尾阶段，应检查是否所有的产品都获得了批准，为审计及完成合同所准备的记录是否完善。PRINCE2 采用"接收"（acceptance）这个词描述了项目产品的最终被批准。接收需要多个干系人参与，包括项目产品的用户及其维护者。在项目建设期间，两类干系人都应参与品质审核和产品批准。若接收属让步接收（即解决方案存在缺陷，或未能充分满足性能标准），应有项目委员会签字的相关协议。让步接收（concession）往往可能会有必要推荐后续的改进办法，或对产品中令人担心的问题提出补救措施。

第 6 章　团队建设和干系人管理

6.1　团队的概念

管理的主要对象是人,管理工作主要就是同人打交道。项目管理最重要的两类人是团队成员和相关干系人。团队成员属于内部干系人。这两类人都有一个共同特点,就是"临时性",团队成员和相关干系人的临时性是由项目的临时性决定的。在项目过程中,只要把这两类人组织好、管理好,项目就成功了大部分。简单地把人集合在一起,不能叫作组织或管理,因为这达不到协同优势(positive synergy)。

案例

拿破仑名言:1个马木留克兵比2个法国兵还强,100个马木留克兵的战斗力相当于150个法国兵,但300个法国兵却能打败300个马木留克兵,而1500个马木留克兵总会输给1000个法国兵。(*Memoirs relative to Egypt: written in that country during the campaigns of General Bonaparte*)

在许多管理学的书籍中都提到了拿破仑回忆录中的这句名言。中东地区的马木留克部队大多由世界上体格最强壮的高加索人组成,曾经围歼过不可一世的蒙古骑兵,也屡次打败过装备精良的欧洲十字军。马木留克兵虽然个人素质超强,但协同能力却不如拿破仑的法国军队。组织管理的目的就是要达到1+1＞2的效果,但如果人员组织不好就会出现1+1＜2的恶果。"一个和尚挑水喝,两个和尚抬水喝,三个和尚没水喝"说的也是这个道理。

西密歇根大学传播学院教授彼得·诺思豪斯(Peter G. Northouse)认为,团队是指相互依赖的一帮人,他们为着共同的目标努力并相互合作。团队成员通过相互帮助能够获得比单个人行动更大的收益。表6-1 说明了团队和一群人的简单组合的区别。

表 6-1　团队和群的区别

群(group)	团队(team)
强有力的领导人	共享领导角色
个人的能力	个人与相互之间配合的能力
个人产出	个人产出和集体产出
开会是为了提高效率	开会是为了解决问题,有时开诚布公的集体研讨不一定有立竿见影的产出
讨论、决策、授权是连贯的	谈论不一定产生决策
与上级的目标一致	有自己的小目标
通过其对外部的影响(如财务)来衡量其效率	通过其集体配合的产出来衡量效率

案例

臭鼬工厂是洛克希德·马丁公司为了技术创新而专门成立的部门。臭鼬工厂曾创造了大量的新技术，在20世纪60年代研究的SR-71侦察机至今仍保持速度最快的纪录，在20世纪70年代首创隐形战斗机，等等。为了避免机构庞大带来的问题，臭鼬工厂一贯奉行"强而小"的原则。在臭鼬工厂的14条规定中有这样的话："与项目有关的人的总数应该严格控制，使用少而优秀的人。"比尔·简森（Bill Jensen）在 Simplicity 一书中说："组织的规章和流程往往把员工拖进程序的泥沼，来回往复地从事着很多毫无创造力的事务性工作；而研发人员大多喜欢实实在在地做事情、做东西。"在臭鼬工厂的官网上有句话叫"不怕失败"，这也反过来说明臭鼬工厂的项目往往具有高度的不确定性。针对这种情况，臭鼬工厂要求团队的每个成员能力出众，能够迎接挑战。所以，臭鼬工厂给了团员足够的空间，团队高度自由，团员之间可以充分了解。当然，这样的团队不可能太大，否则既难以沟通又难以管控。如果施以严格的规章，固然可以降低管理难度，从而增加团队人数，但个人的创造性肯定会被抑制。

本章将介绍项目团队的特点，讲述团队建设的具体方法。对于项目干系人，将讲述识别、分析、分类、管理的方法。

6.2 项目团队的特点

项目团队的组建一般开始于项目的筹备期间。筹备期的主要工作就是制定选人规则，选好了人，后面的阶段就自然会有正确的人去做正确的事。项目团队是为完成项目目标而临时组建起来协同工作的队伍。项目团队具有很强的目的性，它是为完成特定项目而设立的专门组织。项目团队同时具有临时性，这是因为项目具有临时性，项目团队随着项目的收尾和完工要被解散，团队成员回到自身所在职能部门或者从事新的项目。项目团队强调团队协作和团队精神，项目团队包括项目经理和项目团队成员，不同的项目团队具有不同的团队结构和团队风貌。

项目团队组建属于人力资源管理的一部分，如图 6-1 所示。人力资源管理包括组织结构分析与设计、职务分析、人员招募与配备、员工培训与激励、员工绩效考核、薪酬体系、职业生涯规划等。人力资源管理规划是识别和记录项目角色、职权、职责和所需技能，编制人员配备管理计划的过程。人力资源管理规划应该确定项目管理中需要的角色，并为角色分配相应的职责和职权，确定角色之间的从属关系，并以书面的形式记录下来。

罗伯特·格雷厄姆（Robert J. Graham）认为领导一个项目不同于领导一个部门。项目是独特的，全新的，由此产生的结果是，最终产品和产品的制造过程永远不可能事先就完全详细地描述出来。项目领导者生活在一个不持续的、不确定的环境中，致力于协调一个团队。团队成员可能并不习惯彼此共同工作，他们常常各自拥有不同的技能、背景、偏好、工作习惯、价值观和道德伦理。项目领导者必须与来自多种团体的人共同工作，使他们联合起来，成为一个有效的工作团队。项目团队常常跨越组织界限，包括了来自多个部门或多个集团的人员。项目的成功需要这些人共同合作，而获取这种合作常常是一个挑战。项目领导者必须有从那些他不直接控制的其他人那里获得合作的技巧。在今天的组织环境中，良好的人际关系对项目成功是至关重要的。领导者需要领导一个由不同性格的人构成的团队，在临时的和不确定的环境内工作，从那些他不能直接控制的人那里获得合作，这项工作是艰难的。项目经理的位置所涉及的最为困难的方面之一是，在大多数组织里，项目经理对团队成员没有直接控制或正式权威这个事实。这是与领导一个部门间的根本差异，部门经理通常可施加正式控制，一般上下级间的等级关系是清晰的。项目领导者缺乏官方权威，必须依靠影响力和说服力去获得合作。对于项目经理的角色，这个领域的技能是不可或缺的。

虽然大多数项目是独一无二的，但是很多项目在不同程度上具有相似性。以往类似项目的组织结构资料、组织机构和职位描述文件以及组织的标准流程和政策会作为组织过程资产保留下来，在进行人力资源规划时，可以利用以往项目的组织过程资产来加快组织规划的运行，这种方法叫作样板法。在实际操作中，很多项目都会运用这种方法。在人力资源管理规划过程中，有效运用组织理论可以缩短编制人力资源计划的时间，降低成本，提高人力资源计划的有效性。组织理论主要包括组织、成员、环境之间的行为方式，涉及的一般内容包括组织结构、类型（如正式和非正式组织），组织成员激励、沟通过程、群体行为和个体行为，职权与影响，组织与环境的平衡。人力资源计划描述并记录了如何安排项目的角色和职责、报告关系以及人员配备。它是项目管理计划的一部分，主要包括角色和职责、项目组织机构、人员配备管理计划。角色和职责描述了项目某部分工作负责人的角色、权限、责任以及所需技能。可以用图 6-1 来说明项目组织成员及其隶属关系。人员配备管理计划因项目的领域和规模等会有所不同，但都应该对人员招募、培训、激励政策、人员遣散等方面做出描述。

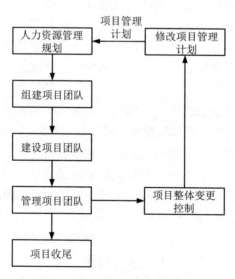

图 6-1　人力资源管理的流程

6.3 组建项目团队

组建项目团队是招募项目所需人力资源组建团队的过程。总的来说,项目团队的成员有两个来源:组织内部和外部。对于组织内部的人员,可以通过预分配或者商谈的方式进行分配。预分配是指在某些情况下预先将人员分配到项目中,如项目章程中规定的必须要分配某些特定人员。项目的人力资源投入一般在项目刚开始时较低,在项目执行阶段达到最高,随着项目接近尾声迅速回落,如图 6-2 所示。

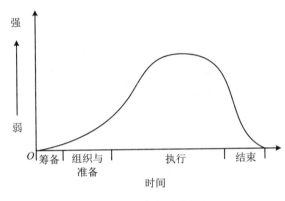

图 6-2 人力资源的投入

评判一个候选人是否适合团队,主要从以下三个方面来考虑。

(1)他是否有能力完成项目任务。这包括他的问题解决能力、人际关系能力、个人品质、与其他的团队成员是否相容、是否有时间用于此项目、是否相信项目目标并认同它、是否把参与项目看作一个重要的职责或看作对他本职工作的一种干扰。工作能力是基础。

(2)管理方能够帮助其实现期望目标。如果候选人有能力,但管理方不能够帮他实现他的目标,那么最终他也不会同管理方去合作完成项目。

(3)候选人和管理方有足够的相互信任。要让员工充分发挥能力,就必须放权,管理方必须信任候选人。同理,如果候选人不信任管理方,即使他相信管理方有能力帮他实现目标,他也不相信管理方会这么做。信任是合作的前提。

大多数项目的人员分配需要进行商谈,商谈的对象可能有职能部门经理、组织中其他项目的项目经理、外部组织(如供应商)。当组织内部的人力资源现状不能满足项目需求时,组织需要从外部招募所需的人员,招募手段包括聘用或者分包。当员工所在的地理位置相对分散,或者工作时间难以协调、人员出入不便时,可以通过组建虚拟团队来完成项目任务。虚拟团队是指为完成共同目标,将跨地区、跨组织的人员通过通信和信息技术联结起来形成团队。现代信息技术的发展使得组建虚拟团队成为可能,在高效完成项目任务的同时,也为团队成员弹性工作提供了便利。在组建项目团队的过程中,需要将项目人员的分配情况以文档的形式记录下来,这就形成了人员分配文件。资源日历记录了项目团队成员在项目上工作的时间安排,在进行时间安排时,必须很好地了解每个成员的时间,避免发生时间冲突。准确地安排时间才能编制出可靠的进度计划。一个好的高效的团队应该具有以下特征。

- 有共同的目标和追求。
- 人尽其才，物尽其用。
- 分工明确但又相互合作。
- 面对问题时考虑更多的是如何解决它。
- 允许有不同的见解。
- 鼓励创新和冒险。
- 团员个人为自己设置高标准。
- 团员具有团队意识。

团队组建之初，团队成员往往会产生不安或焦虑。这种焦虑之源通常与某些角色所需做的工作较少相关。团队成员倾向于关心的问题包括他们将得到多少个人自由、或管理的细节层次、工作的范围以及承担的职责等。在团队成员不熟悉领导风格或方法时，项目经理有必要与每个成员单独会谈，会谈的议题包括选择他们的原因、对他们的期待、他们将可能遇到的困难、他们的权限范围、项目的成功实施对他们的影响等。

6.4 建设项目团队

很多情况下，项目团队的成员之间彼此不了解，对于项目的目标和团队的工作模式与流程缺乏共识，在工作中往往会发生摩擦甚至冲突。项目经理可能以前没有和项目团队中的成员共事过，在组建起项目团队后，项目经理需要在团队建设方面多做努力，把项目团队整合起来，带领团队成员向着正确的方向高效率地努力。项目经理应该具有领导和激励的软技能，创造一个团队协作的环境，并对团队成员的工作绩效做出及时反应，为项目团队成员提供提升能力和实现自我价值的挑战和机会，带领团队成员为实现项目目标共同努力。建设项目团队是明确分工、提高团队成员的工作能力、创造团队协作以提高工作绩效的过程。

1. 团队的生命周期

按照塔克曼（Tuckman）和 Jensen 的团队发展（group development）理论，团队从形成到解散的过程可能经历以下五个阶段。

（1）形成阶段（forming）：在这个阶段，团队成员刚刚加入项目中，开始相互认识和了解。项目团队还没有形成固定的工作模式，团队成员可能会出现焦虑、怀疑、激动的情绪。团队成员需要了解信息、组织、结构、背景和领导的期望。项目经理在这一阶段的工作风格应该是安排、指挥（structuring / directing），项目经理的工作任务很重。

（2）震荡阶段（storming）：团队开始从事初步的项目工作，团队成员之间可能会因为工作方式、态度的差异等发生矛盾和冲突，项目经理布置的任务可能会遭到团队成员的抵触，项目团队中可能会出现消极、紧张的情绪。项目经理需要应对出现的各种矛盾和问题，充分运用领导、沟通等软技能来消除团队中出现的各种震荡因素，带领团队成员共同探寻和确定合适的工作模式和环境。项目经理在这一阶段的工作风格应该是引导/训练（guiding / coaching），项目经理的工作任务开始减轻。

（3）规范阶段（norming）：团队成员之间的矛盾明显减少，倾向于合作、信任、建立友谊，团队成员对项目经理的思维也开始能够理解。团队成员感觉他们是项目中他们那部分工作的主人，按既定路线展开他们的工作。项目经理在这一阶段需要鼓励团队成员参与团队建设，认真听取和采纳团队成员提出的意见和建议。项目经理在这一阶段的工作风格应该是支持/鼓励（supporting / encouraging），项目经理的工作任务进一步减轻。

（4）成熟阶段（performing）：团队的辉煌阶段。在这一阶段，团队工作有序协调，团队成员之间相互信任、相互支持，形成被团队成员遵循的团队文化，工作效率大幅提高。项目经理只需要安排基本职责，确定如何做最佳，让团队成员扮演主角。项目经理在这一阶段的工作风格应该是授权/促进（delegating / facilitating），项目经理的工作任务此时最轻。

（5）解散阶段（mourning）：团队的最后阶段。在项目快完成时，项目团队成员开始分期离开团队，回到原来的岗位或者开始新的项目。项目团队快被组织解散时，团队成员会更多地考虑以后的工作而不是现在的项目。项目经理在这一阶段的工作风格应该回到安排/指挥（structuring / directing），项目经理的工作任务再次加重。

项目团队建设需要获得团队成员的分派名单、资源日历以及人力资源计划。可以通过培训提高项目团队成员的工作能力，实施奖惩措施来规范团队成员的行为，制定基本规则来明确规定哪些行为是项目可以接受的，哪些行为是项目不能接受的。通过集中办公来消除地理距离的影响，增进团队沟通和团队成员的集体意识。在项目团队建设中也要重视"软技能"，即人际关系技能。通过了解团队成员的心理预测其行动，及时解决问题，可以促进项目成员之间的合作。随着项目团队建设活动的进行，需要对项目团队的有效性进行正式或非正式的评价。项目干系人制定团队绩效评价标准，根据标准来评价团队的工作绩效。效率高的项目团队可以提高项目绩效。作为项目团队建设的结果，员工的培训记录、绩效评估等需要进行更新。

2. 影响力的来源

一个团队能走多远，在很大程度上取决于团队领导的能力和眼光。项目能否成功，最终取决于项目经理的综合素质。在项目团队中，项目经理是日常工作的核心，不仅要制订目标，进行决策，还要对实现目标的全过程负责。项目经理凭借其领导力成为核心，但是领导力不完全表现为权力，更多地表现为对项目团队的影响力。权力和影响力之间有时没有清晰的界限，它们是使人们去信、去做的重要驱动力。弗兰奇（John R. P. French）和瑞文（Bertram Raven）认为权力来自于以下六个方面。

（1）合法权（positional power/legitimate power）：通过制度性程序获得授权，合法权的大小取决于所在职位的高低。如果项目经理自己觉得缺乏合法权，那么可以考虑从某些重要的干系人那里借用。

（2）感召权（referent power）：通过人格魅力或者道德感化来获得团队成员的忠诚。如果说合法权是由威而信，那么感召权则是由信而威。

（3）专家权（expert power）：来源于特定技能和专业知识。专家的能力往往特别能使人信服。

（4）报酬权（reward power）：给予别人好处和报酬的能力。

（5）压制权（coercive power）：通过惩罚或报复的震慑力来获得的权力。压制权是人类最原始的权力，压制权使用过度会造成负面影响，一般要慎重使用压制权。

（6）信息权（informational power）：得到和控制信息的权力。通过别人不知道的渠道或与别人不一样的见解获得了信息，你就可以通过信息的不对称而获得超额的回报。当大家不知道而你知道时，你就拥有了信息能量。拥有信息权，还可以决定谁能得到信息，谁不能得到信息，得到完整信息还是片面信息，得到准确信息还是歪曲过的信息。

如果你拥有行政权威，仅靠这点你就能够很简单地得到你想要的东西。这种情形在军事组织中很普遍，但对项目领导者很少见。在大量组织内，项目经理对团队成员和一些支持性的团体仅保有一小点间接的行政权威。拥有的行政权威的程度，通常与组织对项目经理的定义和组织的管理层对项目经理的支持程度相关。即使你感觉到你有这类经暗示的行政权威，一般情况下，你也不要频繁地使用它，因为这通常会招致怨恨。一些项目经理也会从团队成员和其他人那里获得含蓄的权威，此时起作用的是一种专家力量的现象。人们相信他们，因为他们有特定的技术、特定的管理能力、人际关系能力或知识。

报酬权和压制权是最容易让人感受到的。项目管理者想要有效地实施报酬权和压制权来使团队成员完成任务，需要有三个前提条件：团队成员从内心在乎你可能的奖励或威吓，团队成员有能力和信心完成你交给的任务，团队成员相信你事后能够履行你的诺言。但对多数的项目经理而言，其权力往往使他们的报酬权和压制权不太显著。项目经理往往需要寻求报酬权和压制权之外的权力。

案例

从洛克希德·马丁公司官网上发布的消息来看，对软件工程师的需求量最大。关于洛克希德·马丁公司的人员待遇，从纽约的人力招聘公司 Ladders 在 2021 年发布的广告来看，系统工程师、软件工程师、嵌入式软件经理、系统安全工程师、项目经理等在工薪阶层中薪资最高，其中软件工程师岗位最多。工薪阶层的最低工资约为 80k 左右，平均工资约为 110k，最高工资约为 240k，超过 160k 以上的人员很少。洛克希德·马丁公司还可根据工作类型提供灵活的上班方式。洛克希德·马丁公司对生产线上的工人主要通过分工细化和科学管理法来管理，而对研发团队则更多采用承诺机制和人文关怀的方式。

影响力可以使你与他人共同工作以制造出一个值得追求的结果，它包括感召权和专家权。项目经理通常用这种方法完成大多数事情。特别是在矩阵式组织中，影响力是一个很普通的权力，常被用于处理与你不存在工作报告关系的员工间的事务。在这种情况下，你所拥有的影响力将发挥同样的效力。

在建设项目团队过程中，项目经理要认识到管人是艺术而不是科学，不同情况的项目管理需要不同的领导风格。在项目较大时，项目经理更应该像领导者一样激励下级去实现目标（更多靠别人）；在项目较小时，项目经理更应该像管理者一样关注于计划和协调工作（更多靠自己）。

6.5 管理项目团队

团队管理是一项复杂的工作,项目经理不仅要对项目本身的情况熟悉,还要对团队成员的个性了解。只有知己知彼,才能够知人善任,充分发挥每个人的才能。按照梅雷迪思·贝尔宾(Meredith Belbin)的团队角色(team role)理论,不同的团队成员可能在团队中担当不同的角色。

- 创意者(plant):能为团队所面临的问题带来新的思想和有突破性的见解。
- 资源调查者(resource investigator):与外部多有联系,能给团队带来资源和有用的思想。
- 调节者(coordinator):使团队扬长避短,知道把适当的任务授权给适当的人,推动团队工作向前发展,协调者要确保团队资源得到最佳利用。
- 塑造者(shaper):设立目标,确定事务的轻重缓急,从而保证团队的目标清晰,方向准确。
- 观察评估者(monitor evaluator):分析问题和评估解决方案,确保决策制定得均衡和正确。
- 协调者(team worker):促使团队以和谐的方式运作,给有缺点的团队成员以支持,善于缓和矛盾,同时培养团队的士气和精神。
- 执行者(implementer):接收概念并将之转变为实际的步骤,制订计划并执行。
- 完成者(finisher):注重细节,为了确保所有工作都按计划准确完成,往往提前超额完成工作。
- 专家(specialist):给团队带来特殊的宝贵技能,他们乐意把自己的专业知识贡献出来,但对与此无关的事情并不关心。

在知己知彼的基础上,管理项目团队工作主要是观察、评价团队成员的绩效,解决问题并管理变更的过程。在管理项目团队中,可以运用的技术有观察和交谈、冲突管理、问题日志、项目绩效评估。通过观察项目团队成员在工作中的行为,通过交谈可以了解团队成员的工作态度,及时为团队成员排忧解难。项目经理能够做的最具建设性的、最有力的事情之一,就是和团队成员个体之间建立起一套相互期望的体系。这将帮助固化和清晰化人们之间的工作关系。由于我们每个人看问题的方式都不一致,团队成员间的冲突、项目经理和团队间的冲突都是不可避免的,冲突主要来源于文化价值观念的差异、利益摩擦、进度安排等。成功的冲突管理可以提高团队的工作效率,改进人员之间的关系,营造良好的组织氛围。在冲突管理中,团队领导者要正确对待冲突,要意识到冲突是正常的,并非所有的冲突对项目都是有害的,冲突处理方式要对事不对人。在项目团队管理中,应该将问题处理的过程、方法、结果用文档的形式记录下来,作为组织的资产,为后续项目的实施提供问题处理模板。通过项目绩效评估,可以发现团队成员在工作中出现的问题,及时向他们提供建设性的反馈。

6.6　开展团队活动

　　团队活动是项目团队管理的重要环节，简单地说，团队活动的目的是让人们花时间聚在一起，使他们彼此更好地了解对方。可以通过社交聚集的方式做到这一点：工作完毕后开会，组织一次社会性聚会。这样做不仅把团队成员聚到一起，也把每个人都聚到项目里来。团队成员相互拓展对彼此的认识，也共同拓展对项目的认识，团队活动的目的就达到了。除社交聚集之外，在工作场所的团队活动，可以包括使用墙上的标注做一份项目网络进度图，为项目团队会议做一份"管理章程"，庆祝重要的项目里程碑事件，等等。团队活动的一种常见方式是团队会议。在项目形成之初，项目经理可以通过团队会议来传达给团队成员完成工作所必要的信息，具体如下。

- 清晰的项目目标。
- 项目目标的价值。
- 达到目标的方式和技术路线。
- 完成工作所需要的技能。
- 完成工作所需要的工具和资源。
- 各自工作表现的反馈。
- 各自权限的范围。
- 团队中受欢迎的行为。

　　大多数的日常团队会议是定期的日程安排执行状况回顾。每次团队会议上，团队中的每个人都会学到一点关于项目及其他人对项目的贡献方面的知识。许多人把团队会议看成一种形式，其实这种形式的一个目的就是不断地提醒团队成员，他们不是在独自工作，他们可以相互依赖且必须相互依赖。

6.7　激励团队

　　认可和奖励是激励团队的主要手段。一般来讲，认可以精神层面为主，奖励以物质层面为主。单一的方法不仅是不够的，而且可能带来恶果。在认可和奖励时，一定要充分从多角度来考虑，从多角度来激发人们的积极性和创造性。激励时，既要有经济地位上的奖励，也要有社会地位上的认可；既要基于人们的理性认知，也要基于人们的感性认知；既要引导人们从现实角度看，也要引导人们从长远角度看。通过多元化的激励手段来激发更多人的积极性，对项目管理极为重要。

　　激励被视为一个内在功能。应当认识到，要创造一种气候、环境或形势，使激励在个人的内心中发生。激励就是认识个体内心业已存在的需求，找出一个办法去满足这种需求。这是理解怎样去开发一个具备高度执行能力的团队的关键点。一般情况下，物质奖励是最简单的形式，但物质奖励的尺度很难把握：低了，贡献大者可能会感到被忽视；高了，将侵蚀团队工作。只有当团队成员作为一个整体共同为成功而工作时，项目才更有可能成功。为了增强团队概念，推动团队工作，团队内部的差异不宜太大。可采用的奖励有：给予表扬，给予公开的表彰，给予称心的工作安排，给予弹性的工作时间，等等。社会上流行一句很有讽刺意味的话："重赏灭火英雄只会造就更多的纵火。"当有人获得了骑着白马拯救世界的美名后，团队工作就已经进入了一个负面环境。更恶劣的是，这将鼓励一些人通过削弱其队友的成就来彰显他们自己的重要性。因此，只有当奖励达到了增强团队意识，促进团队工作的效果，奖励才有意义。

实用的小建议：

1. **向人们宣讲他们的工作是有价值的**

- 花时间解释每个员工对于项目目标的完成所起到的作用和贡献。
- 在团队会议上，花时间强调每个员工对成果实现所做的贡献。
- 提高不常见的或很少被奖励的工作的曝光度。

2. **传达对员工的知识、能力和职业道德的信任**

- PRINCE2 认为应该尽量避免重复检查和微观管理。
- 对员工个人目标的安排有一定裕度，让员工自主确定如何最好地达成目标。
- 提供一定的自由度、决策权和权限，以此方式传达对员工的信任。

3. **对执行得好的，要充分认可**

- 要事先分类，确定完成到哪种程度能够代表高水平。
- 采用可见的、正向的方式，向管理层通报成就。
- 公开认可为超预期完成任务所做的努力。

4. **树形象**

- 己所不欲，勿施于人。
- 尽量为自己的团队成员争取利益。
- 任何时候都要保持诚实和正直的态度。

案例

洛克希德·马丁公司对项目领导的要求是必须具备以下四点。

（1）能够交付结果：交出客户和股东想要的东西，给他们提供有用的价值。

（2）能够面向未来：具有前向思维，设定方向并积极找到办法。

（3）能够建立有效的关系：同相关干系人建立密切关系。

（4）能够建立良好的人设：无论你是否真想，你必须在人前展现得有能耐、正直和可靠。

6.8 管理多目标和多观念的项目

许多项目团队都是由来自多个部门的员工组成的。作为一个项目经理，你的工作之一就是形成一个以项目目标为焦点的、统一的、一心一意的团队。然而，有时，基于其个人地位、技术纪律和对其职能团队的忠诚，团队成员个人可能有他们自己的目标（幕后动机）。当团队成员有多种个人目标时，可能消减团队的凝聚力，弱化团队对项目的奉献精神。如果让个体有太多自由去追求他们自己的目标，对项目目标的实现将会产生负面效果。

在团队聚到一起时，项目经理应当留意任何个人目标。例如，来自市场部门的人会片面强调对产品可靠性的优化、对终端用户的可用性和消费者的诉求；来自人力资源部门的人会为工作质量问题或员工的道德所片面驱动。这些原则表面上都很高尚，但它们必须与其他因素一起共同置于项目这个大背景内考虑。在更深层次上的个人动机，如专注于个人得失、抱负或雄心等，可能对项目经理来说形成了一个有挑战性的环境。必须学会辨别它们并打消任何的个人目标，使整个团队聚焦于项目的整体目标。

项目经理可能还必须管理来自项目团队外的多目标。许多项目经理必须与组织外的团体，如供应商、合同分包商和合作伙伴一起有效工作。这些团队成员经常有很狭隘的观念。把他们集合在你的项目下面，而不是他们自己的目标后面，在任何时候都极具挑战性。

在今天全球化的背景下，多目标管理可适用于文化、政治和风俗习惯等问题。人们通常认为，在团队中工作，他们获得了实现他们自己的兴趣、信仰、主张、事业等的机会。既要尊重存在于团队成员中的多样性，又不能让它使团队分心、离心。

6.9 项目干系人

项目干系人（stakeholder）是指能够影响项目决策或者结果的个人、群体或者组织，其利益会受到项目决策、活动或者结果的积极的或者消极的影响。大多数组织都有数量众多的干系人，干系人可能来自项目组织内部，如职能经理、职能部门的职员、运营部门的主管或者职员，他们可以为项目提供需要的技能或者资源。干系人也可能来自外部，如政府部门、居民、项目投资者，他们对项目的态度会在很大程度上影响项目的进展。项目成功的标志是满足或者超过项目主要干系人的需求，对项目干系人的研究和管理对于项目管理的成败具有关键性的作用。为了确保项目的成功，项目经理必须识别出所有的内部和外部的干系人，对干系人进行管理和控制，满足其需求，平衡项目干系人之间的利益。只要具备以下任何一项特征，都可认为是项目干系人。

- 由于项目的成功或失败，将得到利益或失去利益的人。
- 为项目提供资金的人。
- 为项目提供资源的人。
- 项目工作中的合作伙伴。

- 受项目过程输出影响的人。
- 受项目结果影响的人。
- 在责任链上的人。

责任链在复杂的矩阵式组织里很常见，这些组织里有大量的部门存在，并有相应的管理层。在这种组织结构里，一个项目在最终被批准前，必须先进行数次签字。每个签字批准此项目的人，都被视为对项目承担了某种责任。这些人都被视为责任链上的人。正因为如此，他们可能把他们自己视为项目干系人，如果他们感觉到有必要，他们会认为他们自己有权对项目施加影响。作为敏锐的项目经理，需对这些人给予密切关注。

项目干系人管理是指识别出与项目相关的人员、群体或者组织，分析并持续关注其期望和影响，制定合理的管理策略来有效调动干系人参与项目的过程。项目干系人对项目的影响力有强有弱，项目给干系人带来的影响既有积极的一面，也有消极的一面。此外，项目干系人之间的利益有时会出现冲突和矛盾。识别干系人及其需求，平衡各干系人之间的利益，强化干系人对项目的积极影响，削弱或者消除消极影响，这对于项目的顺利完成是至关重要的。实施项目干系人管理可以带来以下三个方面的影响。

（1）有利于平衡项目干系人之间的利益，准确把握干系人的需求，识别出影响项目成功的关键因素。

（2）有利于提高企业项目管理的沟通和协调能力，改善项目团队与关键干系人之间的关系。

（3）有利于项目干系人满意度的提高。

对于项目干系人，项目经理应当设法掌握以下关键要素。

（1）他们是谁。项目干系人可以存在于组织内任何一个部门或任何一个层级。项目经理在项目生命周期内，将不断地与项目干系人打交道，要确保知道项目干系人的名字。不要满足于仅识别到某群人（如职能部门监管者群体）为项目干系人，要弄明白每个项目干系人的个体情况。

（2）他们干系的性质。如果项目成功了，他们会获得什么？如果项目失败了，他们会失去什么？失去多少？以何种方式失去？项目的结果会影响他们的职业或个人吗？

（3）他们对项目经理有何期待。项目工作中最有价值但常被忽略的活动是花时间澄清与干系人之间的相互期待。许多人以为他们会自动知晓所有其他部分的人将做什么、如何做、将交付些什么，但无数证据表明，在项目结束时，常会有一方或双方都不满意的情况。当期待没有厘清时，其结果将是相互指责、返工、糟糕的工作关系、误解和感觉到很失望。项目经理最好与他们每个人单独会面，以找出他们的期待。因为这非常费时间，项目经理可能想限制与关键干系人的面对面会谈的时间，但必须有效率。如果他们的实际期望与项目经理认为的他们合理的期望有差异，项目经理最好尽快把这些差异处理好。

（4）项目经理对他们有何期待。此条目是上一条的反面。然而一些项目经理向管理团队的成员表达他们的期待却有困难。如果项目经理感觉到这一点，记住：表达期望并非意味着项目经理在告诉他们项目经理在做什么和计划怎样做。如果项目经理正确表达他对管理层的期待，那么它看起来应该更像描述他所需要的支持，而不是给管理层的行为"开处方"。

表 6-2 项目经理与主要干系人的相互期待

客户对项目经理的期待	项目经理对客户的期待
<ul><li>理解客户的商务活动</li><li>理解客户的侧重点（费用、时间、品质、性能等）</li><li>能够从客户的角度看待事物</li><li>实时告知客户项目进程和变更的信息</li></ul>	<ul><li>以需求而不是解决方案的概念谈论问题</li><li>尽早地、清晰地表达需求</li><li>积极地参与到需求文件的编写过程中</li><li>提供必要的信息、资料和判断以完成工作</li><li>在项目进行期间将变更降至最低</li></ul>
项目委员会对项目经理的期待	项目经理对项目委员会的期待
<ul><li>为项目的成功承担主要责任</li><li>容忍项目经理这个角色有限的授权</li><li>以简明的报告形式,让他们全盘知晓项目的状况和变更</li><li>项目某些目标已明显无法达到时,要立即提醒他们</li></ul>	<ul><li>确定对权力和自主权的限定</li><li>设置合理的、可达到的目标</li><li>向所有有关的项目经理和组织成员公开和正式地确认对项目的支持</li><li>警惕并解决不利于工作的内讧</li></ul>
职能部门管理者对项目经理的期待	项目经理对职能部门管理者的期待
<ul><li>清晰地表达对资源的需求,给资源调配留出足够时间</li><li>能够理解人们在项目以外的职责</li><li>为来自其部门的人提供适当的成长机会</li><li>通报他们关于项目状况和变更的信息</li></ul>	<ul><li>为工作提供合适的人才</li><li>通过不断重组资源避免项目中断</li><li>保证其员工的知识与时俱进</li><li>推进项目导向的思维,反对本位主义思维</li></ul>
项目总裁对项目经理的期待	项目经理对项目总裁的期待
<ul><li>用定期的项目状态报告来满足他的需求</li><li>在恰当时让他介入项目</li><li>提前让他知晓全部信息</li><li>使他不受蒙蔽</li></ul>	<ul><li>出现问题时提供支持</li><li>能够同其讨论敏感的问题,特别是高层次或组织相关的问题</li><li>作为其在上级管理层中的项目代言人</li></ul>

（5）他们的优先选择。关于项目成功和项目控制的几个方面，如时间、费用、性能和品质等，对于关键干系人来说哪个方面是最重要的。正如先前提到的，要去理解关键干系人的选择。

对项目干系人，项目经理知道得越多就越有机会去发展和保持一个与他们之间强烈的和互惠的关系。培养与干系人的良好关系，在项目开始时，给项目经理的帮助是他不可想象的。另外，要注意沟通的方式。例如，考虑对于某位既定的经理，他更偏好哪种沟通方式，是正式的书面沟通，还是非正式的口头沟通。换句话说，他是喜欢项目经理先打个电话给他，然后再做个备忘录，还是先写个备忘录，再打个电话给他？在有些情况下，这些并非小事。最后确定他们是朋友还是敌人。对于一个给定的干系人，会支持项目经理和他的项目，或会更倾向于暗中破坏他的努力？正常情况下，这个问题的答案与个人所担干系的属性相关。表 6-2 列出了项目经理与主要干系人的相互期待。

项目干系人管理主要包括四个方面的内容：识别干系人、规划干系人管理、管理干系人参与、调控干系人参与，如图 6-3 所示。其中，识别干系人处在项目启动阶段，规划干系人管理处在项目计划阶段，管理干系人参与处在实施阶段，调控干系人参与处在监控阶段。

第 6 章 团队建设和干系人管理

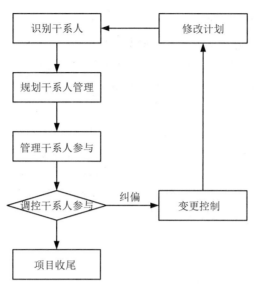

图 6-3 项目干系人管理流程

6.10 识别干系人

识别干系人是指识别出受项目影响，在项目实施过程中积极或者消极地对项目施加影响的个人、群体或者组织，并对他们的影响力、利益、参与情况进行记录和分析的过程。按照项目干系人的来源分，干系人包括项目组织的内部干系人和外部干系人。按照项目干系人对于项目的影响力分，干系人包括积极型干系人、消极型干系人、混合型干系人和边缘型干系人。积极型干系人主要包括项目发起人、专家顾问、项目经理、供应商等。消极型干系人主要包括周边居民、公共部门等。混合型干系人包括客户和用户、项目团队成员等，他们对项目的影响力倾向往往取决于项目的实施对其利益的影响。边缘型干系人是指那些与项目的合作能力和对项目的影响比较弱，对项目的关注度不高的人，如第三方。项目经理需要考虑文化和组织因素，识别并理解各种干系人。以下问题可能会对项目经理有所帮助。

- 干系人的利益是什么？
- 干系人为什么要关注项目？
- 在一个给定的环境中，谁是真正的决策人？
- 干系人能够对项目做出哪些方面的贡献？
- 他们的长处和短处是什么？
- 他们的权力/能量有多大，来自何方？
- 他们有无隐藏的目的？
- 管理层的哪个人能把事情办妥？哪个人只能吹吹风？
- 哪种结果将获得正面的评价和奖励？
- 为何两个部门会相互敌视？

- 我怎么做事才能避免麻烦？
- 哪种行为和态度在当前环境中显得更有价值？

理解了这些问题后，意味着知道在出现麻烦时可以找谁；知道在一定程度的风险下能够担当责任的边界；知道谁会支持你、谁不会支持你；知道应与哪些关键人物保持信息的沟通。

项目干系人的影响力、项目风险和不确定性在项目的初始阶段最大，随着项目生命周期的推进逐渐降低，如图6-4所示。这是因为在项目的初始阶段，项目团队要和项目干系人进行大量的沟通，确定干系人的需求，干系人的影响力较大，随着项目各项工作渐渐明晰，项目干系人的影响力逐渐减弱。在项目的初始阶段，各项准备工作尚未到位，随着项目管理计划的编制以及各项准则、指南的制定，项目风险和不确定性逐渐降低，项目越往前发展，不确定程度越小。

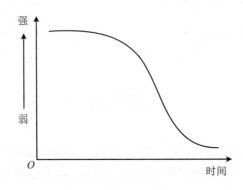

图6-4　项目干系人的影响力、风险和不确定性程度

在项目启动阶段，需要收集大量关于项目干系人信息的资料来进行分析，识别出对项目施加影响或者受项目影响的人员和组织。项目章程中记录了受项目影响和需要参加到项目的各方面的人员和组织。项目往往需要与外部组织签订各种类型的合同，采购文件可以提供供应商方面的信息。项目组织的文化和组织结构、政府政策或者行业标准等事业环境因素会影响干系人识别。组织的经验教训数据库和干系人登记册等为识别干系人提供了参考，有利于加快识别进度。识别干系人过程的步骤如下。

（1）根据项目章程以及采购文件等信息，初步识别出和项目有关联的人员或者组织，要尽可能全面地记录下干系人的需求、影响力、利益以及所在部门等信息。初步识别过程要尽可能详尽地确定所有的项目干系人。

（2）根据每位干系人对项目的影响力以及利益，将干系人进行分类。分类的目的是方便有的放矢，针对不同类别的干系人采取不同的管理策略。不同的干系人在项目中的影响力和意义显然是不同的，项目团队如果对待所有干系人一视同仁，没有偏重，那么项目的利益很难达到均衡，甚至会影响最终可交付成果的验收。

（3）预测干系人对项目中出现的不同问题可能做出的反应，以便规划管理干系人的策略。

干系人分析的主要目的是识别干系人的利益、期望和影响，并把这些信息和项目联系起来,确定在项目实施过程中对不同的干系人施加不同的影响。表 6-3 列出了某项目的干系人影响矩阵,其中干系人的类型可包括决策者、直接影响者、间接影响者、旁观者。对项目的态度可包括正面(+)、负面(−)、中立(N)、不确定(?)等。制定干系人影响矩阵是项目管理中不可缺少的一环。

表 6-3 某项目的干系人影响矩阵

姓　名	角　色	上　级	类　型	态　度	接 洽 人	备　注
张山	产品经理	王伍	间接影响者	−	钱力	
李仕	用户	刘大	直接影响者	+	汪义	
……						

干系人分析通常从以下六个方面出发。
- 干系人权力/能量的大小。
- 项目对干系人利益影响的大小。
- 干系人可能对项目产生影响的程度。
- 干系人可能对项目直接作用的大小。
- 项目对于干系人的紧急程度。
- 干系人干预项目的合法性程度。

这六个方面的各种组合,可以产生多种分类模型来对干系人进行分析。如图 6-5 所示,对于那些能够对项目产生很大作用的干系人,如果其与项目有很大的利益关系,则要重点对待;若其与项目利益关系不大,则只要令其放心即可。对于那些对项目产生不了多大作用,而又与项目利益关系不太大的干系人,仅仅观察即可。图 6-5 只画了两个维度,每个维度也只画了两个层次。在具体工作中,可适当增加(许多干系人分析采用 3×3 的方格),对于不同方格中的干系人采用不同的管理手段。越靠右上的干系人越要重视。

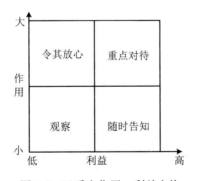

图 6-5 干系人作用—利益方格

干系人识别工作的主要结果是产生干系人登记册。干系人登记册需要记录已识别的干系人的所有详细信息,包括干系人的基本信息(姓名、职位、所在部门、角色、联系方式)、干系人类别、需求和期望、利益和影响力。

案例

PRINCE2 认为项目总裁和项目经理是两个极为重要的内部干系人,一个相当于董事长，另一个相当于总经理。F-35 战斗机项目中 Bogdan 找准了方向，但还需要一个能够在此方向上落地的人，于是洛克希德·马丁公司选择了学计算机出身的前空军女军官 Martin。其实在复杂项目中最先"吃螃蟹"的就是软件项目，为此还诞生了一门专治复杂软件项目的学科：软件工程。F-35 战斗机项目的问题惊动了国会，而几十年前美军的软件项目系统性的失败惊动了北约。Martin "主刀"后的 F-35 战斗机项目基本上采用了软件工程的开发模式，取得了显著的成效。Martin 调岗离任时，F-35 战斗机已形成了战斗能力。按照新任 PEO 的说法，C2D2 是解决问题的关键。其实 C2D2 就是软件工程中讲的敏捷开发模型。软件工程并不难，关键是要找到了解并能够使用它的人。所以，项目总裁和项目经理是项目内部的核心干系人。

6.11 规划干系人管理

规划干系人管理是指基于对项目干系人的需求、利益以及其对项目成功的潜在影响，制定出合理的管理策略，以调动项目干系人积极参与整个项目的生命周期。干系人管理是建立在项目沟通之上的，但是干系人管理不仅仅是沟通管理，要比管理项目团队的范畴更广。规划干系人管理可以为项目管理带来如下益处。

- 有效调动干系人参与项目，强化干系人对项目的积极影响，减弱甚至消除其对项目的消极影响。
- 管理干系人的需求，保证项目实施的最后可交付成果符合项目干系人的需求。项目干系人的需求往往是多维的，如何理解并协调干系人之间的需求，需要制定完善的规划干系人管理策略。
- 改善干系人之间的关系，促进项目人员之间的沟通。

规划干系人管理阶段的任务是制订干系人管理计划，干系人管理计划是项目管理计划的一部分，它记录了关键干系人在项目中所需的参与状况，如何进行干系人变更以及变更的影响和范围，干系人所需了解的项目信息，等等。干系人识别阶段产生的干系人登记册有助于对干系人在项目中的参与做出规划。同时项目管理计划中关于项目生命周期各阶段的工作规划、项目目标的描述以及项目人力资源需求和规划等信息，为制订干系人管理计划奠定了基础。

制订干系人管理计划应该考虑项目组织的事业环境因素，组织的文化和组织结构会影响干系人的参与程度以及它们之间的关系，进而会影响干系人管理的方式。有效利用组织保存下来的经验教训数据量、编制干系人管理计划模板等，可以提高干系人管理计划的实用性和合理性。规划的干系人通常包括以下几类。

1. 项目主办人

一般来说，项目赞助人或发起人不是组织内的一个特定职位，它是项目里的一个角色。通常项目赞助人是一个上层管理层的代表，其个人卷入了这个项目。在很多情况下，此人对项目的结果担当着很强烈的干系。当你面临的麻烦、问题和形势超出了你的影响范围时，有项目赞助人就特别有价值。换句话说，当你没有这层关系或影响力来让事件发生时，他能够帮助你。项目赞助人可以为项目的审批和决策创造条件，帮助安排资源，在你管理项目时，提出建议和指导。一个好的项目赞助人还可以帮你克服环境和组织障碍。对于一个项目，项目赞助人可能是一个很有价值的资产，特别是你工作在一个矩阵式的环境里，你的项目又大又复杂时，如果没有正式确认项目赞助人，那就必须去找一个。例如，找出某位对你的项目的成功或失败担当着相对较高的干系的管理层成员，邀请他担任项目赞助人。如果他有疑问，要准备好对这个角色的描述和你对这个角色的期望。只要总体上他希望你成功，很多时候你将发现他还是愿意担当这样的角色的。当然，需要确保你的赞助人知晓你的项目的所有信息。在PRINCE2的组织设计中，项目总裁通常来自高层，可以充当主办人。但若项目总裁力不能及，则一定要找一个强有力的支持人。

2. 上层管理者

组织内的高级管理层可能会直接涉足你的项目，也可能不，但他们是最终的干系人。如果组织内的项目都遭遇到让人灰心的失败，浪费了大量的金钱或其他资源，却很少或没有商务效果会怎样？上层管理者会被认为不称职。如果你被安排到一个重要的或曝光度高的项目内，上层管理者可能想扮演一个更加积极的角色来帮助你和你的项目。不过希望他们的介入不会导致不必要的干预或微观管理——这往往是项目经理最怕的事。

3. 项目核心团队

如果项目很大，会有很多人在项目内工作。然而很多时候，直接和有效协助项目经理的是一个相对较小的团体——核心团队。核心团队的建设可能有多种方式。在大多数矩阵式组织中，需要多个部门或工作组去完成某个项目。在这种项目环境中，核心团队常常由每一个参与部门派一名代表组成。理想状态下，此人将承担协调由他所在部门承担的工作的责任。这种单点负责制减少了项目经理必须保持的联系数量，你总是能够知道该与谁联系，你将大幅减少甚至消除伴随双重职责而来的相互指责。在不适宜采用轮廓鲜明的部门模式时，核心团队的角色常与要完成的工作紧密相关。当一个重要的工作单元被识别出来时，精明的项目经理将寻找负责这个工作的最佳人选，以使这项工作的完成更有效和更有效率。

4. 内部客户

客户通常是指你为之服务的人。内部客户一般是公司内的某人，其有特定需求，这个需求将通过你的项目获得满足。内部客户也可能为项目付费，以获得商务影响或获得项目交付物。更重要的是你的项目是否成功，往往得通过内部干系人是否感到满意来判断。即使你达到了经书面描述的项目目标，并实现了项目的有效运作，如果某位内部干系人对你的项目形成了一个不友好的意见，那么你的形象仍会受到损害。另外，多数关键决策者是内部干系人。

5. 职能管理者（资源提供者）

在矩阵式组织中，通常项目经理从其他部门"借"资源（员工）。控制资源的经理是一类特殊的干系人。当他们的人在你的项目内工作时，这些人代表的是自己的部门，而不是项目本身。项目经理希望通过这种联系培养出一种与职能管理者之间的良好关系。不幸的是，这一点不一定总能做到。但从深层次考虑，应该保持与资源提供者的长期关系，如果关系友好，你就可能获得更好的资源，符合长远的最大利益。

6. 顶头上司/项目总裁

几乎所有的项目经理都向某人汇报工作。即使你的顶头上司没有经常直接干涉你的项目，他仍然是一个重要干系人。如果你的项目很差劲，将反映他也很差劲，因为是他安排你担任项目经理的。更重要的是，你作为一个项目经理，属于他的代理。大多数组织的领导层都被视为更高层的代理。所以，你的老板对于你和你的项目担当着重大干系。你也就需要承担某些责任，其中一个最大的职责是让你的老板在任何时候都知晓项目的全部信息，他不能因缺乏应当知道的某些关键信息而感到意外或蒙受打击。

7. 支持性团队

在你的组织内有多个团队，如律师、会计、资料管理员和办公室文员，根据你的项目的特定需要，通常更多地扮演支持性角色，而非核心角色。这可能导致一个困难的决策：应当把支持性团队作为日常核心团队的一部分吗？这很难回答。在核心团队里有一个支持性团体的代表参加日常团队会议，将提高团队凝聚力，提升集体智慧。然而，如果他们的角色不是持续地、经常性地涉足项目，这些代表可能会感觉你在浪费他们的时间。对这个问题，在项目初期，项目经理应当找到每个人分别讨论一下。如果他们的参与程度让双方都觉得很舒适，那么无论其重要性如何，他们的贡献都将会更大。

8. 外部顾客

在项目中，对外部顾客需求的落实，典型地以合同的形式描述。所以，项目经理一般对客户有一个很清晰的概念。对外部顾客，经常遇到的最大挑战是让他们以清晰、确定的方式表达其需求。尽管对内部顾客，不清晰的目标也同样是一个问题，但对外部顾客干系更大，因为涉及合同，有时还涉及一个固定金额的合同费用。另外，有些外部顾客还持有这样的态度：因为他们在为项目买单，他们就有权改变思路。这在哲理上是对还是错，姑且不予讨论，重要的是这种观念会使你的工作变得非常困难。所以，需要提高警惕并采取预防措施。

9. 用户

当开发或制造的某种产品将在市场上公开销售并卖给外面的消费者时，用户这个团体就是外部顾客的一个特例。可以把用户想象成潜在的干系人。大多数情况下，他们不会意识到他们是干系人，因为在那些产品投放市场以前，他们可能不会意识到你的项目及其产品。可以找一个替代干系人，问一些如用户是否喜欢、偏好及选择等问题。公司里的市场部也许可以担当起替代用户这个角色，所以，涉及用户团体的项目，常常有必要与市场部保持很强的联系。

10. 供应商

几乎所有项目所需的材料都必须从外面的公司获取。但获得高品质、可靠的供应商可能是困难的，这就是许多公司采纳优选供应商程序的原因之一。根据规律，这些程序用于与高品质的供应商建立起一种长期的、低成本的关系。然而不幸的是，倾向于选择哪家供应商，常常取决于成本而非质量。你不要简单地以为采用了优选的供应商就万事大吉了，事实上，对于任何一种供应商关系或协议，你都应当永不满足。项目经理常犯的一个错误是，以为有了合同、购货订单或说明书，就不需要对供应商给予更多关注了。你对供应商的监管和控制程度，应当与对在你的项目内工作的其他人或其他团体的监管和控制程度一样。

11. 承包人和顾问

与你的项目内的其他干系人相比，承包人和顾问也许会感到所担干系较少。他们担当干系的程度很少会超出他们的工作范围和人们对他们的印象。总体上，保护他们的形象对他们的生存是极其重要的。他们不会做有损于其形象的事——即使那样做对于你的项目更有利；他们都是很现实的人！另外，当考虑向不熟悉的某一特定承包人或顾问购买服务时，要特别小心。交谈是廉价的，光鲜的小册子也很好印刷。如果有可能，在选择这类干系人时，尝试使用以执行为基础的标准，以及一个可验证的跟踪记录。

12. 政策法律机构

政策法律机构，如环保局、质监局等，没有人想把它们列入干系人，这些机构里的人不关心你的项目成功与否。但他们所担当的干系是确保你的行为符合规范。许多人倾向于避免同这些机构打交道，如果这样做，你可能将承担更大的风险。一般来说，你的最佳选择是与这些政策法律机构合作，因为它们开出来的罚单将远远超过你试图避开它们所能节约下来的费用。对于政策法律机构，项目经理的常见错误不是避开它们，而是忘了让它们介入。要把政策法律机构作为一个重要的合作机构放在心里，因为它们有一样东西而你没有——权力，很多权力。

13. 公司的政策与程序

作为项目经理，你被期望遵守你公司的政策与程序，这是多数组织内对项目经理不言自明的期待之一。所以，你最好能够熟悉可能影响你的项目的公司政策与程序。你不能因为纯粹的个人原因去漠视公司政策——这有损于你的形象。更多时候，当遵守政策将有碍于项目时，很多人会认为漠视公司政策是正当的。这时你要权衡，确保你的项目成功可能被视为你对组织的最高职责。

14. 公司管理信息系统

有许多组织存在许多计算机辅助管理系统，这些系统多数面向组织内部，以计算机网络为基础，以过程为导向，帮助组织的职能部门提高效率。这些管理系统包括员工管理和工资支付系统、资料管理系统、采购系统、存货跟踪系统、制造系统等，还有以时间和费用报告系统的形式出现的项目管理系统。应该理解哪些系统与你的项目相关。与公司的政策和程序一样，一般来讲，项目经理被期望能使用组织投资了很多钱建立起来的这些系统。

6.12 管理干系人参与

　　管理干系人参与是指在项目整个生命周期中对干系人的需求和利益进行协调，解决出现的冲突和问题，引导并促进干系人合理参与项目工作以提供积极影响的过程。在项目整个生命周期中，干系人会以各种角色参与到项目的实施工作中，干系人的加入会对项目的决策提供更多的建议，并且可以为项目中出现的问题提供解决方案和满足各项资源需求。

　　然而，也有可能会出现某些干系人过度参与的情况，特别是某些干系人为了个人利益利用自己的职权或者影响力来谋取私利，使项目朝着有利于自己或者自己所在部门的方向发展，严重的情况甚至会出现干系人之间的利益摩擦进化为冲突的情况，这显然不利于项目的进展。在项目实施过程中，项目管理层需要对干系人进行管理，调动干系人适时地、适度地、适情地参与到项目中，获取他们对项目的支持和持续承诺，对出现的不合理的情况及时进行干预。在领导与被领导的形势下，为与管理层保持一个健康、长期的关系，展示不同风格和适宜的反应能力是至关重要的。面对重要干系人的正面反馈时，你可以公正地、大方地分享赞誉，别太谦卑。面对重要干系人的负面反馈时，你可以请求其澄清任何你不能理解的东西，不要把火引到他人或其他环境里，不要承诺任何无法交付的东西，委婉地化解误会，确认你有意厘清任何抱怨，做事不要情绪化。

　　在管理干系人参与过程中，项目管理者要根据干系人管理计划来组织和引导干系人参与项目活动，通过协商和谈判来管理干系人的期望，确保项目目标的实现。管理干系人参与需要获取项目干系人的沟通需求、沟通信息、信息接收者等信息，沟通管理计划可以提供参考。项目实施过程中产生的变更日志详细记录了各种变更的信息，这些变更需要在管理过程中及时与相关干系人进行沟通。随着已识别的问题被解决以及新的问题被识别，项目团队需要以文档的形式记录下问题的详细信息。该过程可能会识别出项目现存的不合理的地方需要进行变更，例如，关键干系人需求的变更、干系人权限和角色的变更。一般要求项目变更以正式的形式提出，提交给项目变更组织进行审核。

案例

　　项目的干系人可能很多，他们各有分工，各有不同的作用。有的干系人是事先确定的，有的干系人则是项目开始后选入的。例如F-35战斗机项目中上千个分包商，不少是事后被选入项目的。洛克希德·马丁公司选择分包商的标准并不少，不仅看其能否完成任务，更重视其能否给项目带来价值。能否影响本区现任议员、能否拉拢退役将领或退休议员是F-35战斗机项目选择分包商或外部干系人的重要指标。对于项目已有的干系人，洛克希德·马丁公司总是尽量维护其利益，做到荣辱与共。例如，F-35战斗机项目的负责人EVM多以升迁的方式离职，即便是在项目最困难的时候。尽管某些升迁只是短暂的或有名无实的。洛克希德·马丁公司的这种做法无疑是要维护"F-35"人的光辉形象，这样做实际上也维护了自己的形象，从而维护了项目的形象。

6.13 调控干系人参与

调控干系人参与是指控制项目干系人之间的联系，调整策略和规划，以调动干系人参与的过程。干系人以某种角色参与到项目的实施中，对项目的进展施加影响，但是这种影响并非都是对项目有益的，例如，项目团队成员之间产生矛盾就会导致拖延，消极怠工；周围群众反对项目的开展，就可能会采取一些措施阻挠项目的进行。在项目实施过程中需要定期或者不定期地监控项目干系人的需求和行为，采取相关措施来维系和提升项目干系人参与的效率和效果。

要想调控干系人的参与情况，项目管理层需要收集和分析一系列的文件和信息，比较重要的有干系人管理计划、问题日志、工作绩效信息以及其他项目文件。干系人管理计划为调控工作提供了基准。问题日志记录已解决的老问题，并随着新问题的出现随时更新记录，它为项目管理者提供了调控的重点和角度。项目实施过程中产生的工作绩效信息可以说明干系人的参与程度，对其进行分析可以发现干系人管理过程中出现的不合理的地方，及时采取纠偏措施进行改进。

第 7 章 组织结构

组织是为了一定的目的而建立起来的分工协作的团体,组织是目标能否实现的决定性因素。德裔美国社会心理学创始人库尔特·勒温(Kurt Zadek Lewin)认为,组织可看成面向目标的一组过程。一般可以从三个角度考察组织:一是内部结构;二是对外功能;三是由一系列任务或行为构成的过程。如果从系统的观点来看组织,我们可以认为组织是以供应商为输入,以客户为输出,以项目团队的各种行为为加工生产过程的实体,如图 7-1 所示。项目管理就是根据被批准的项目论证,组建一个临时性组织,完成一个或多个商务产品交付的过程。项目组织是按照项目的目标以一定的形式建立起来的,汇集各部门专业人才,由项目负责人在特定时间内领导成员完成项目任务的临时机构。为实现项目的基本目标,所有项目都必须有一个明确的组织结构,以联合各方力量,有效地完成项目管理和决策。

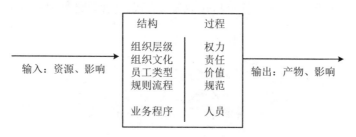

图 7-1 组织的微观定义

团队只是组织结构中的一种。牛津大学人类学教授罗宾·邓巴(Robin Dunbar)认为,人类大脑能够处理的社交人数均值为 148,95%的大脑能处理的社交人数为 100~230。也就是说,一个强大的团队其规模难以超过 300 人左右。人的交际关系以同心圆的形式分为 5、15、50、150 四层。最内层表示关系最紧密,向外则紧密程度递减。如果人数太多,则需要更严格的规矩、法律、行为规范来保持一个稳定的、黏聚的团体,但个体的创造性会被抑制更多。所以团队不宜太大,大的组织可以由多个团队来组成。团队就好比软件中的模块,由多个模块可以构成大型软件。软件工程的原则是模块内部紧内聚,模块之间松耦合。软件模块还有层次性,大模块可包含中模块,中模块可包含小模块。

> **案例**
>
> 洛克希德·马丁公司内部的 F-35 战斗机项目组织结构中,第 1 层是项目经理。第 2 层是各个功能团队,如首席工程师、质量团队、运行团队、财务团队。第 3 层是集成产品团队,如武器系统开发团队、武器系统集成团队。第 4 层是具体产品开发团队。线上的生产装配工人不属于上述团队,他们属于专门的生产线团队。第 2 层和第 3 层都向第 1 层负责。公司对生产线上的工人通过细化分工和科学管理法来进行管理,而对于团队则更多采用了承诺机制和人文关怀的方式。

本章将就项目组织的构成进行讲述。PRINCE2 通过角色分离，其组织结构比 PMBOK 完备得多。项目组织中最重要的角色是项目总裁和项目经理，在二元化的结构中，项目经理需要多方面的能力，也面临着多方面的挑战。

7.1 项目组织的内涵

项目组织是所有活动的载体和焦点，项目组织是综合性的，不仅汇集和协调不同的专业人才，还通过活动来影响组织内部和外部。项目的一次性决定了项目组织往往具有临时性，项目需要有效的指导、管理、控制和沟通。项目开始时，建立有效的项目管理团队和沟通策略，并在项目存续期内保持有效的指导、管理和沟通，是项目成功的重要因素。项目组织具有生命周期，要经历建立、发展和解散的过程，不断地更替和变化。项目组织同其他组织一样，要有良好的内外部沟通、人员配备、人事激励机制、计划战略、规章程序以及合理的组织文化。一个项目组织应当：

- 包括项目组织建设方、客户和供应商等干系人代表。
- 明确项目的指导、管理和实施的相关职责，并就各层级的义务进行清晰定义。
- 在项目存续期内，对项目角色持续评审，确保他们持续有效。
- 有一个有效的策略，使项目团队与干系人之间保持有效沟通。

知识拓展

干系人是指那些能够对项目造成影响的人。项目的成败往往也会反过来影响干系人的利益。

组织文化是组织成员在共同的组织活动中所形成的被广泛认可和遵循的基本信念和认知。大多数组织都形成了自己独特的文化和风格，其表现形式包括行为准则、群体规范、主导型价值观、思维习惯、心智模式、伦理、工作习惯等。组织文化往往是无形的、隐含的、不可触摸的，但是大多数组织都有一套核心的假设、理念和隐含的规则来规范组织成员的行为。组织文化具有凝聚作用：组织文化是一种社会黏合剂，通过适当的标准把来自各个部门或者不同领域的成员凝聚在一起，共同为项目目标的实现而奋斗。组织文化具有规范作用：由于人生阅历、教育程度或者其他经历的不同，组织中的成员在行为、态度等方面会出现分歧。组织的规章制度构成项目组织成员的硬约束，伦理和组织风气构成项目组织成员的软约束，一软一硬相互作用，使组织成员的行为趋于一致、和谐，符合项目目标的需要。组织文化具有整合作用：用组织的主导型价值观、思维习惯等整合组织的有限资源，往往可以使项目获得最大的综合效果。组织文化具有导向作用：在项目管理过程中，组织文化能够把组织成员的不同行为动机引导到项目目标上，确保项目目标的顺利实现。

组织结构是组织的全体成员为实现组织目标，在管理工作中进行分工协作，在职务范围、责任、权力方面进行设计所形成的结构体系。组织结构是支撑项目正常运转的运筹系统，项目虽然具有临时性，客观上同样需要进行组织设计、组织运行、组织更新和组织终结等活动。要使项目活动有序地进行，就需要建立合理的组织结构。传统的组织结构有多种形式，包括金字塔式的层次型、矩阵型、委员会型和生态型等。

事业环境因素（enterprise environmental factor）是指存在于组织内外部，能够影响项目成败的所有环境因素。事业环境因素是客观存在的，不以项目干系人的意志为转移。在编制项目计划之前事业环境因素就已经形成，在项目的启动、规划和执行阶段需要考虑事业环境因素的影响，事业环境因素可能提高项目管理的效果，也可能给项目管理带来消极影响。事业环境因素包罗万象，具体来说，主要包括如下两大类。

（1）内部的组织因素：主要有组织文化、结构和流程、组织的基础设施、现有人力资源状况、人事管理制度、工作授权系统、组织已有的沟通渠道、项目管理信息系统。

（2）外部的环境因素：主要有自然环境、政府或行业标准、市场行情、社会文化背景、技术发展程度以及政治氛围。

组织过程资产（organizational process assets）是指在组织实施项目或者其他活动过程中所形成的无形资产。组织过程资产可来自任意或所有参与项目的组织，用于帮助项目成功。组织过程资产是项目管理过程的一个重要输入，在项目管理中不断更新。组织过程资产主要包括如下两大类。

（1）流程与程序：指项目组织在项目管理中所形成的各种规章制度、规范标准、行为准则、指导方针等。

（2）共享知识库：用来存取信息的知识库，主要包括项目组织在项目操作过程中所形成的所有文档、积累的经验和教训以及留下的历史信息。其中，历史信息有两类：一是来自外部的历史信息，属于事业环境因素的一部分；二是来自本组织积累的历史信息，属于组织的过程资产。

一个项目组织可能在第一次编制项目管理计划时不懂得编制流程和准则，需要借助外部咨询服务机构的力量。第一次编制项目管理计划时往往会出现不同程度的瑕疵和缺陷，在指导项目实施和监控过程中需要进行多次的变更，甚至最后项目的可交付成果可能会以失败而告终，但是项目组织并不是一无所获的。第一次编制项目管理计划留下的编制模板、项目实施过程中项目管理计划的变更等都会作为以后其他项目的指南。组织过程资产的积累是一个不断循环往复的过程，在项目的规划和监控过程中对组织过程资产进行更新，更新后的组织过程资产又会作为下一轮的规划和监控过程的输入，不断地对项目施加影响。

7.2 PMBOK 的组织结构

PMBOK 将项目管理的组织结构划分为四种类型：职能式、项目式、矩阵式（包括弱矩阵式、强矩阵式、平衡式）和混合式。PMBOK 组织结构简单而易被理解。

7.2.1 职能式组织

职能式组织（functional organization）根据职能划分，各职能部门都有相应的主管进行管理，每个职能部门内部分为多个层级，每位职员具有明确的职责和分工，且只有一位上司，如图 7-2 所示。在项目管理中，各职能部门中只有部分成员参加部分工作，项目不设专门的项目经理，各职能部门主管根据项目的进度和需要进行协调。大多数机构属于此种类型的组织，如大规模量产的工厂。

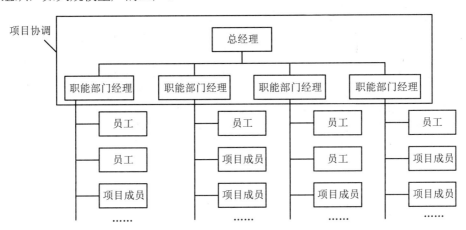

图 7-2　职能式组织结构图

职能式组织的优点：有利于同一部门的专业人员在一起交流知识和经验，促进技术创新；技术专家可同时被不同项目所使用；可保持项目的连续性。

职能式组织的缺点：责任不明确，项目成员积极性不高；各职能部门之间缺乏交流；不能保证项目所需的资源；不利于培养复合型人才。

7.2.2　项目式组织

项目式组织（projectized organization）与职能式组织相反，项目经理拥有很大的自主权和职权，对项目全权负责，如电影剧组。项目组织成员往往集中办公，形成独立完整的组织，如图 7-3 所示。项目式组织中也有部门单位，但这些部门往往作为支持性和服务性的角色存在。项目式组织的最大特点是以项目为导向，其运作机理和一个总公司的分公司无异，每一个项目都有自己的项目经理和所必需的职能部门，独立运营并以项目经理为核心。建筑工程和影视片机构往往属于此种类型的组织。项目经理在这种组织中肩负起了一切责任，包括对内管理、对外协同。项目经理要从客户那里争取利益，博取满意度；要从供应商中选择恰当的人选和原料；要从上级管理层取得更多的资源。由于项目经理责权高度集中，工作压力往往很大，在实际工作中，一些复杂项目的项目经理不得不二选一，要么以对外为主，要么以对内为主。美国曾有研究表明，以对外为主的项目经理往往比以对内为主的项目经理更容易得到职位上的提升。

项目式组织的优点：项目经理拥有足够的权威和职权，对项目全权负责；沟通途径简捷高效；能够充分发挥团队精神；快速决策；命令统一。

项目式组织的缺点：不必要的资源浪费；对项目成员的要求较高；项目结束后成员难以安排；组织规章制度执行不一致。

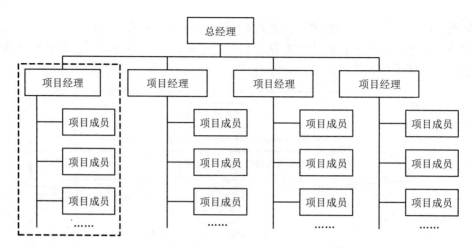

图 7-3 项目式组织结构图

注：虚线圈表示项目协调范围

7.2.3 矩阵式组织

矩阵式组织（matrix organization）能够弥补职能式组织和项目式组织的缺点，它在职能部门和项目之间找到一个恰当的平衡点，最大限度地发挥职能式组织和项目式组织的优势。矩阵式组织有三种分类，即弱矩阵式组织、强矩阵式组织和平衡式组织。

（1）弱矩阵式组织（weak matrix organization）保留了职能式组织的大部分特征，项目的各项工作由一个项目经理负责协调，但是项目经理有职无权，项目成员在各职能部门为项目服务，如图 7-4 所示。

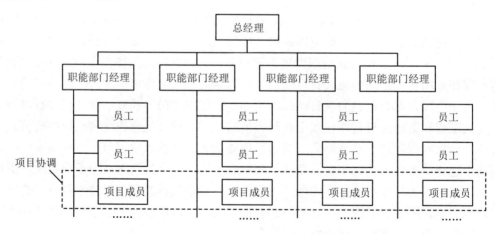

图 7-4 弱矩阵式组织结构图

（2）强矩阵式组织（strong matrix organization）具有项目式组织的许多特征，项目经理拥有主要职权，职能部门经理辅助项目经理进行协调，对项目的影响较小，如图 7-5 所示。

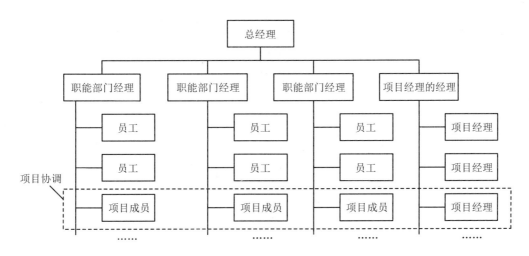

图 7-5　强矩阵式组织结构图

（3）平衡式组织（balanced matrix organization）很难维持，项目经理和职能部门经理"势均力敌"。项目经理负责监督项目的执行，职能部门经理对本部门的工作负责。在平衡式组织中，许多成员同时属于两个组织：职能部门和项目部门，如图 7-6 所示。

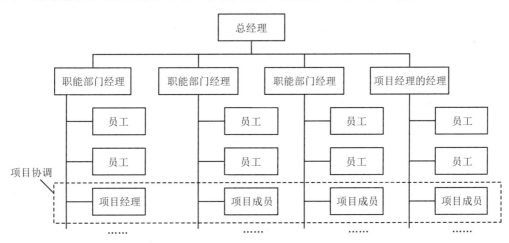

图 7-6　平衡式组织结构图

矩阵式组织的优点：保证项目是工作重点；多个项目之间分享各部门的人才资源；项目结束后成员回到原职能部门或开始新项目，减少了项目成员的归属感忧虑；反应快速灵活。

矩阵式组织的缺点：项目经理之间容易产生摩擦；项目部门与职能部门责权不清；项目成员可能有多个"顶头上司"，工作中可能会无所适从，积极性不高。

7.2.4　混合式组织

混合式组织（mixed organization）可以看作职能式组织、项目式组织和矩阵式组织的结合，在这种组织结构中，可以根据项目的不同设置一系列相对独立的职能部门，同时又要保证为完成各类项目建立起一套具有项目式组织特性的项目组织，一旦项目完结，项目组织就可解散，人员回到原有部门或者开始新的项目，如图7-7所示。

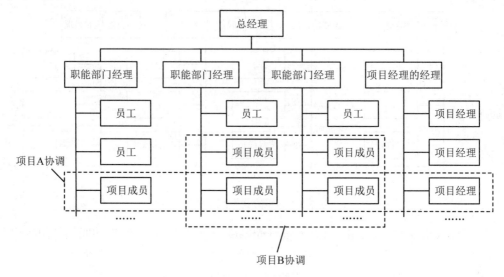

图 7-7 混合式组织结构

混合式组织使公司在建立项目组织时具有较大的灵活性，但是容易存在一定的风险，若公司的若干项目采取不同的组织方式，那么利益分配上容易产生不一致，可能会导致不必要的资源浪费和各种摩擦。

综上所述，PMBOK的组织结构均较简单。

7.3 PRINCE2 的组织结构

7.3.1 角色和职责

为了更具灵活性以满足不同环境和不同项目规模的需要，PRINCE2并不以一对一为基础，确定分配给每个人的管理工作。它定义角色，每个角色规定了一系列相关职责。根据项目需要，可以由多人担任同一个角色，也可以由一个人担任多个角色，但都必须完成所分配的职责。一个人担任多个角色时，要考虑其职责是否相互冲突，这些职责是否能够由一个人完成，工作中是否会出现瓶颈，等等。角色使得管理工作能够规范化。PRINCE2建立在客户、供应商构成的环境内，它假设有客户需要实现一个有吸引力的目标，可能愿意支付项目费用，同时有供应商提供资源和技能以达成这个目标。按照PRINCE2的原则定义的角色和职责，PRINCE2存在三个最基本的干系人，包括项目主办方、客户和供应商这三方的代表。项目要成功，必须体现这三方的利益，如图7-8所示。

（1）项目主办方：项目必须符合组织的战略，项目同样应带来经济效益。从商务的角度看，在项目开始时，应确保上述两个条件成立，且在项目进行期间均成立。项目负责人角色的定位就是监管这两项任务。

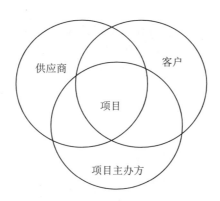

图 7-8　项目的三方利益

（2）客户：开发并细化有吸引力的项目产物特性，并确保这些特性能够通过项目实现。在项目委员会中，客户代表将在项目委员会中体现这部分干系人的利益。PRINCE2 将商务利益与项目产物的使用者做了区分，有以下三类客户。

- 项目完工后，使用项目产物以实现其利益的个人或团体。
- 将对项目产物进行运作、维护和提供支持的个人或团体。
- 将受到项目产物影响的个人或团体。

（3）供应商：提供开发项目所需要的资源及技能。在项目建设中，既可能需要内部团队，也可能同时需要外部的供应商团队。供应商代表将在项目委员会中体现这部分干系人的利益。

根据公司所处行业、公司的组织结构及具体项目的不同，项目主办方、客户和供应商三者的共同利益可能发生变化。当一个项目的供应商主要来源于组织内部时，项目主办方与供应商的共同利益可能大于外部供应商。当在商业客户、供应商的关系背景下时，"客户"常常被解释为同时代表项目主办方和用户的利益。当组织开发一款新产品推向市场时，"客户"代表了项目主办方、供应商和客户的共同利益。当本单位组织出资开发时，"客户"似乎存在于组织之外，但此时仍然需要在组织内指派代表以维护客户的利益，一般由销售/市场部门担当。

在基本的商务模式中，项目委员会有项目主办方、客户和供应商这三方利益的代表，但项目还可能会影响一系列的干系人，这些人既可能来自组织内部，也可能来自组织外部；既可能支持项目，也可能反对项目，或者对项目漠不关心。有效地管理干系人，是项目成功的关键。

案例

F-35 战斗机项目存在着，特别是在早期存在着结构性的矛盾，首先是人的矛盾。PMBOK 在组织结构上的本质是把人变成机器，绝对执行自上而下的命令，以达到最高的效率。如果不考虑人性的话，PMBOK 可以很快取得全局最优，无疑是种好方法。不过在 20 世纪 30 年代左右，美国国会曾多次批评过这种"科学管理法"，忽视了工人的创造性和主动性，没有把人当成人。F-35 战斗机项目早期的成员不少来自于 F-22 战斗机项目，他们是一群聪敏的、发奋的、自尊心和自信心都很强的人。对于这些屡创辉煌、屡创第一的人来说，他们只会被动地接受上面的指示吗？进一步讲，如果F-35战斗机项目被定位于一个"二流的、廉价的"项目，项目组成员的成就感和荣誉感如何能够得到实现？洛克希德·马丁公司的利益最大化如何实现？这同公司长期宣扬的"世上最具有挑战性"的使命不是相违背吗？

在现实中，不少成员因为曾在洛克希德·马丁公司干过先进的项目，跳槽到其他公司后都得到了极为丰厚的回报。洛克希德·马丁公司也因为创造过先进的产品，其荣誉使其在其他国家和领域（如股市等）谋得了许多利益。荣誉也能够带来利益上的回报，这就是所谓的"堤内损失堤外补"。如果F-35战斗机项目仅仅是个"二流的、廉价的"项目，这样的项目究竟能够带给员工和公司什么好处？如果好处不大，这帮人会甘心吗？这个项目发起之初，国防部就应该考虑这个问题，但国防部考虑了吗？军工行业有特殊性，面临政府的严格监管，军工企业自身对国防部的议价权并不高。但若国防部只是以上压下，则必然造成表面的和谐掩盖着内部躁动的心的局面。工程师和管理人员一样都不是圣人。工程师以自己的专业知识为武器来对付上级和用户，在工程领域广泛存在，这在科技界是公开的秘密。许多软件被一线工程师私自装上了自己个人的后门，但现实中很难监管。专业知识不对称是下级对付上级的一个重要手法，F-35战斗机项目组的成员对这点应该非常清楚。凭借自己在业界有一流的技术，他们似乎有了对付国防部的资本，他们隐约中看到了对付国防部的路径。由于信息化的发展，工程师们已不愿意再使用原来的工具。为了不断提高自己的业务能力，他们纷纷要求使用新工具、新方法，这得到了公司的鼓励。不过，新工具、新方法具有一定的风险，需要一定的学习熟练周期，但从长远来讲更符合公司利益。显然，用国防部的钱来提升自己的能力，他们不亦乐乎。

在高科技领域，特别是风险高的创新领域，有个重要的特点就是主要干系人的利益要高度融合。只有像PRINCE2提倡的利益绑定，一荣俱荣、一损俱损，成员间才会心甘情愿地相互合作、相互帮助。具有不同知识和能力的成员互补，是化解不确定性风险最有效的方式。在西方的管理学教科书中，普遍鼓励团队成员的多样性。F-35战斗机项目要成功，离不开上上下下的利益整合，如果利益没有在事前得到整合，则在项目开展中一定会出现一帮人抢夺另一帮人利益的情况。在Bogdan将军上任PEO前，国防部认为自己的利益明显被公司的一帮人抢夺了。

7.3.2 潜在利益冲突

供应商、客户与项目主办方虽然是一个利益共同体，但分别有各自不同的价值取向，也可能存在利益冲突。上游的收入是下游的成本。下游希望支付的成本越少越好，上游希望获得的收入越高越好。针对项目产物的隐性需求，上游做减法，隐性需求越少，付出的成本越少；下游做加法，隐性需求越全面，项目产物的吸引力越大，但可能导致成本越高。因立场和各自擅长的领域不同，供应商、客户和项目主办方可能存在对隐性需求理解的不一致，导致对项目产物的范围及约束条件出现争议，影响项目进展。因此，在项目筹备阶段，需要尽量全面地开发隐性需求，并在项目产物的描述中给予文字界定。在项目实施过程中，一旦发现存在未出现在项目产物描述中的特性，且有可能导致争议，则应及时沟通和讨论，并与相关组织达成书面协议。

知识拓展

隐性需求（implicit demand）是指项目产物为了满足后期使用要求，必须具备一些不言自明的特性。这些特性可能未被反映在对项目产物的描述中，但按惯例同样属于对项目产物的基本要求。

为避免打乱日常运作和减小风险，上游希望尽量采用其成熟技术和成熟工艺，下游希望实现项目产物某种特殊特性，有时需要上游在材料、结构和工艺上做出调整。这时需要妥善处理各方的责、权、利关系。在项目主办方、供应商和客户存在各自利益的潜在冲突时，项目委员会需要分别有代表参与，代表各自的利益，在发现问题时寻找各方利益的平衡点。PRINCE2 的组织原则是找到一种机制，能够达到利益的绑定，一荣俱荣，一损俱损，迫使大家相互帮助。没有 PRINCE2 机制为基础，需求分析时，人们不可能完全开诚布公，站在别人立场为别人考虑。在缺乏信任的情况下，前面所讲的各种科学方法实际上都没有意义。

7.3.3 组织的层级

如果项目负责人需要为日常的项目管理做出决定和承担责任，则其工作会过于繁忙，但想让项目成功，日常管理又是不可或缺的。PRINCE2 将项目的指导和管理分开，重点关注前者，并采用例外管理原则。项目管理的机构分四个层级，其中三个为项目管理团队，如图 7-9 所示。

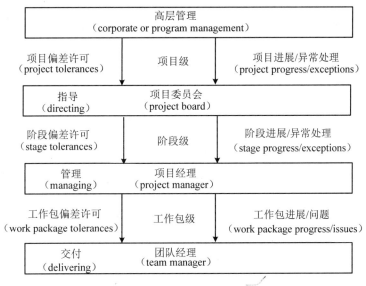

图 7-9 项目管理机构的四个管理层级

知识拓展

例外管理（exception management）最初由泰勒提出，是要求最高管理层将日常发生的例行工作拟订处理方案，使之标准化、程序化，然后授权给下级管理人员处理，而自己主要去处理那些没有或者不能规范化的例外工作，并且保留监督下级人员工作的权力的一种

> 管理制度或原则。这种制度可以节省最高管理层的时间和精力，使他们能集中精力研究和解决重大问题，同时使下属部门有权处理日常工作，提高工作效能。

（1）公司级管理。这个层级位于项目管理团队之外，但为项目的授权负责，包括确定项目总裁（executive），确定包括项目委员会在内的各管理层级的权限（这些内容通常包含在项目授权文件中）。

（2）指导。项目委员会的职责是在公司确定的范围内，负责具体项目的总体指导和管理。项目委员会为项目的成功负责，作为项目指导工作的一部分，项目委员会需要做以下工作。

- 批准项目的总体计划及资源。
- 如果偏离或预计将偏离阶段目标，对相关变更进行评审和授权。
- 组织对各阶段的验收并授权启动下一阶段。
- 与其他的干系人沟通。

（3）管理。项目经理在项目委员会给定的权限范围内，负责项目的日常管理。项目经理的基本职责是要确保项目在既定的时间、费用、品质、范围、风险、收益及项目产物的其他性能指标的前提下，完成项目建设。

（4）交付。团队经理的职责是通过管理专业团队以恰当的品质、在确定的时间和费用范围内交付项目产物。

7.3.4 组织的结构

项目管理团队是专门设计的一个临时性组织，负责管理项目到成功收尾。这个结构要求建立沟通渠道，进行决策讨论，并以职责描述为基础，对项目管理团队中全部角色的职责、目标、权限、相互关系、技能、所需知识和经验进行细化。项目团队角色分离是 PRINCE2 与 PMBOK 的重要区别之一，PMBOK 中项目经理包揽了一切工作。

如图 7-10 所示，项目总裁（executive，代表项目主办方）和客户代表（代表用户利益）有时可以合并。有时为了避免角色冲突，也可以任命第三人为项目监理（project assurance），一个人代表用户的利益，一个人代表供应商的利益，另一个人代表项目主办方的利益。要让相关人员有效工作，PRINCE2 的一些职责是不能被分享或分配的，项目经理和项目总裁需要相互独立，项目总裁不能同时担任项目经理，同时，一个项目只能有一个项目总裁和一个项目经理。项目委员会和项目经理的决策权不能下放。PRINCE2 推荐的角色描述，对于特定的项目及特定任命，可按需裁修。

项目总裁、客户代表和供应商代表共同组成了项目委员会，项目委员会的责任和权力由公司设置，并包含在项目授权文件中。项目委员会中的人员多来自于公司高层。项目委员会中的人数根据项目的大小、风险和复杂的程度可多可少，但以项目总裁为中心。对于大型项目，PRINCE2 的一个角色可能需要多人担当，如可任命多个客户代表和多个供应商代表。然而在能够代表各方利益的前提下，项目委员会的规模越小越好。对于那些会对大量用户产生影响，并影响供应商团体的项目，需要成立用户小组和供应商小组，以保持相关高层管理的广泛参与。这些小组讨论涉及客户或供应商的问题和风险，任命进入项目委员会的客户和供应商。项目委员会的职责有以下几项。

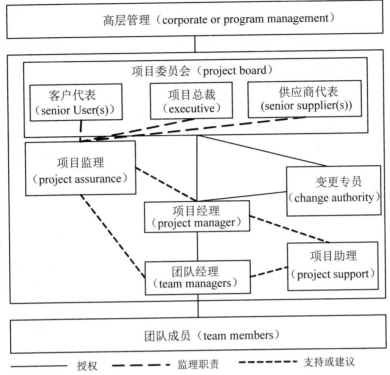

图 7-10 项目管理团队的组织结构

- 代表项目主办方、客户和供应商三方利益,对项目的成败负责。
- 为项目提供统一指导。项目委员会的一个核心职责是直接指导项目经理,所有成员对应当如何指导达成一致意见是极其重要的。
- 协调项目管理团队与公司的其他职能部门或外部组织间的工作。
- 为成功完成项目提供资源和筹措资金。
- 确保决策有效。
- 为项目经理提供可见且持续的支持。
- 确保项目团队内部及与外部干系人之间的有效沟通。

为了保证项目的顺利完成,项目委员会应当有足够的权力,能够做出相关决策,并为项目提供资源,如人员、资金、设备等。因此项目委员会的一些成员应当来自公司高层,他们有权进行项目的战略决策,并确定角色的人选。项目委员会在公司内的威信,将影响他们的项目指导能力。项目委员会的关键职责之一,是让项目委员会的工作维持在一个恰当的层面,确保项目经理有足够空间。项目委员会的成员应当避免涉足项目管理的具体细节,以及项目在专业层面的事项。项目委员会的成员不少来自公司的高级管理层,项目委员会的工作是其日常职责的附加工作。根据例外管理的原则,项目经理要定期向项目委员会汇报项目进展的信息,项目委员会只需要在项目的关键节点处做出决策。项目委员会所需沟通频次及详细程度,应以书面方式在沟通管理策略中固定下来。在项目的筹备和启动阶段，项目委员会成员可能需要更频繁的沟通和更详细的信息。当项目进入正轨后，项目委员会只需要知道项目在正常进行，沟通的频次、重点事项报告的详细程度都可以有所降低。在每个阶段的边界管理期间，需要评审阶段的报告频次和内容。

项目总裁是关键决策者和项目成功的最终责任人。项目委员会一般不采用民主的选票制。项目总裁的职责是确保项目在整个建设期内被关注，达成项目目标，交付产品，实现预期收益。项目总裁要确保项目的经济效益，确保项目建设成本的经济性，平衡项目主办方、客户和供应商的三方需求。在项目启动时，项目总裁由公司任命，其角色是一个个体而非团体，是项目责任链条上的关键节点。项目总裁负责设计项目管理团队的结构，并任命包括项目委员会成员在内的其他项目管理团队成员。整个项目建设期间，项目总裁为项目论证负责。

客户代表的职责是发掘项目产品使用者的需求，成为用户与项目管理团队之间的联络人，监督解决方案是否在项目论证的框架下，项目产物是否达到了预期的品质、功能和易用性。该角色所代表的利益方，既包括所有的项目产品用户（包括操作者和维护者），也包括需要用项目产品达到某些目的的人，以及使用项目产品以实现其收益的人。客户代表需要挖掘客户资源，监督项目产品对需求的满足程度。可能需要多人担任这个角色，以代表所有用户的利益。客户代表应该避免各用户间的需求相互对立。客户代表需要详细描述项目收益，包括作为立项基础的预期收益，说明这些收益是否能够通过项目建设真正实现，并向公司高级管理层汇报。

供应商代表的是项目产品的开发、设计、施工、制造、组装等各方的利益。该角色的职责是为供应商所交付的产品品质负责，为项目的技术集成负责。这个角色包括给项目提供资源，确保产品设计和开发的建议是合理的、可实现的。很多时候，供应商代表也代表项目结束后专门设备维护方的利益，即工程维护和支持人员。若外部供应商向客户提交产品后，改由客户维护它们以正常运转，此时应由客户代表来体现操作工和维护者的利益。由谁代表这些人的利益并不重要，重要的是从项目启动时，就应有人代表其利益。

项目监理独立于项目经理，监督项目的进展、人员的工作表现及其产出的方方面面，其行为代表项目委员会中各方的利益。项目委员会的成员有责任让项目监理的工作与他们各自的关注领域相符，如商务、客户或供应商。如果他们有足够的时间、相应的技能和知识，他们可亲自担当起项目监理的职责；或者他们可任命独立人士以执行这项任务。项目委员会同样可任命组织内的其他成员担任项目监理的角色，如任命品质管理的经理监督项目的品质。项目监理不仅是一个独立的监督者，同时也向项目经理提供支持，如对人事安排、公司标准的采用等向项目经理提出建议和意见。由于项目监理全面监察项目的各个方面，所以其角色不能与项目经理的角色相重合。

团队经理的基本职责是确保完成项目经理分配的项目产物制造任务，团队经理接受项目经理的直接领导，并向项目经理汇报工作。项目经理可兼任团队经理，也可另外任命团队经理。当项目人数较少时，团队经理这一层可能没有。项目经理另外任命团队经理，可能有许多原因，如项目的规模很大、某些项目产物的制造需要特定专业技能或知识、某些团队成员位于不同的地理位置以及董事会偏好等。项目经理应与项目委员会讨论设立团队经理的必要性，如果需要，应在项目筹备时列入计划，或在每个阶段的边界管理流程中完成对团队经理的任命。PRINCE2 把工作包分派给团队经理或团队成员。根据项目的需求,这种工作分配既可以是正式的,也可以是非正式的。工作包一般包括工作包编码、所需开支、所需资源及其他管理信息。分派时应明确应交付的产物和交付物验收标准,确定汇报的频次和方法。

当项目较小时,其变更的批准者可以是项目委员会。但当项目较复杂、变更较多时,则不能不考虑一个可以批准变更的人选。这个人选的角色就是变更专员(change authority)。当然,负责变更的人可以是变更专员,也可以是项目经理,还可以是公司高层人士。不管是谁,在项目启动过程中的配置管理策略里要做出事先的规定。例如 2 万元以内的成本变动,或 1 周内的项目进度变动,由项目经理批准。

项目管理团队的结构仅代表相关人员在项目中的角色,不反映其在线型职能部门中的职位和资历。例如,一个团队经理在组织中的地位可能高于项目经理。但在项目的背景下,团队经理需要接受项目经理的直接领导,并向项目经理汇报。团队经理同项目经理一样,可能来自客户、供应商或主办方,他们将向自己原来的上级报告情况,理解这点至关重要,这样可避免利益摩擦。PRINCE2 鼓励供应方人员担任团队经理,这样供应方就不仅仅关心完成供货合同,也关心如何提供适合的货物来完成项目。

项目委员会和项目经理最好不发生变动。但事实上对于建设周期很长的项目,项目管理团队的变动在所难免。对项目管理团队的清晰定义,对每个角色的职责的详细描述,可缓和项目管理团队变动时对项目的冲击。采用分阶段管理同样可实现项目管理团队变更的平稳过渡,某一阶段结束时就为这种人事变动提供了机会。在阶段边界管理流程中,应当评审下一阶段的项目角色。阶段收尾报告和阶段计划可帮助确保工作移交程序被执行并被有效记录。项目中各个角色的相关职责如表 7-1 所示。

表 7-1 角色的相关职责

角 色	职 责
公司/组织	任命项目总裁,可能同时任命项目经理 为项目提供信息(如沟通管理策略所定义)
项目总裁	任命项目经理(如果公司未能任命) 批准项目管理团队和管理团队的人员结构 批准沟通管理策略
客户代表	提供客户资源 确定并验证客户的需求和期待
供应商代表	提供资源供应
项目经理	编制沟通管理策略 评审和更新沟通管理策略 设计、评审和更新项目管理团队的人员构成 编制角色描述
团队经理	管理项目团队成员 指导项目的团队成员,协调干系人参与 确保沟通管理策略的适用性,确保沟通计划的执行
项目助理	为项目管理团队提供管理支持

项目可能包括采购环节，在这期间，供应商被选定以开发一些项目产物。在选定供应商之前，采购部门的高级代表可能担任项目的供应商代表的角色；在供应商选定后，项目进入实施阶段，来自于被选定的供应商的高级代表，则可能作为供应商代表进入项目的管理团队。

7.3.5 二元管理

项目经理是项目日常管理的唯一支点，在项目委员会给定的限制条件下，代表项目委员会管理项目的运行。PRINCE2 要求，项目经理只能由一人担任，且不允许由项目总裁兼任。项目经理负责 PRINCE2 项目的所有流程。根据项目的具体情况可以设置团队经理和项目助理。图 7-11 描述了项目经理的管理岗位，可以看出，项目经理应该是在具体项目的管理中最费心的人，因此也是项目管理中最值得研究的人。项目经理的权力不一定最大，但与项目的成败却关系最大。项目总裁的主要作用在于把控大方向，并在项目之间进行资源优化调配。项目经理一般都是专职人员，不在其他项目中兼任职务。而项目总裁需要统观全局，可能兼任多个外部职务，不需要对项目在细节上过分关注。

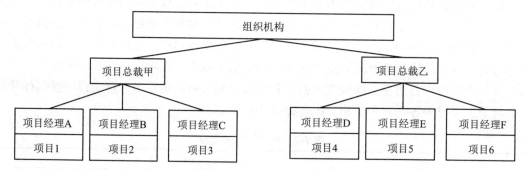

图 7-11　多项目机构的一种组织方式

项目总裁和项目经理要注意各司其职，一个相当于董事长，另一个相当于总经理。在影视业中的制片人和导演的分工，就是项目总裁和项目经理的分工。制片人负责拉赞助、找资金、拿批文、要场地、通关系等诸多事务，为剧作组扫清障碍、铺平道路。导演则在一个相对安宁的环境中领导剧作组拍好电影。导演有难处时会找制片人帮助解决，当然，制片人也会给导演提要求。一部好电影离不开制片人和导演的密切配合。制片人通过电影的票房来给各投资方回报，导演通过电影的发行来使剧作组出彩。导演希望投资越多越好，但制片人则要考虑投资方的能力范畴。导演希望拍精品，但制片人则要考虑投入产出比。也就是说，项目经理更多考虑通过项目来使自己和项目组获得成就，而项目总裁则更多考虑通过项目这个局部来为更上一层的全局增光。项目总裁是项目的保护者和决策者，但不能是日常管理者。项目经理在一个相对稳定的小环境中，率领大家完成既定的目标。二元制的好处是术业有专攻，管理者对具体技术指导的压力减小，而实施者自由度更大，专业化更强。

PRINCE2 中的项目经理同 PMBOK 中的项目经理相比完全不同。PMBOK 中的项目经理是项目的核心，其掌握项目中的一切权力，包括对内、对外，对项目完全负责。PRINCE2

中的项目经理仅仅是项目总裁（executive）的大管家，负责日常工作，落实项目总裁的意见。PRINCE2这样安排主要是从公司的全局利益出发。在PMBOK体系下，各个项目经理只对自己的项目负责，他们之间可能处于竞争状态。当某个项目需要帮助时，其他项目的项目经理从局部利益考虑可能不会伸出援助之手，因为这毕竟不是自己的项目。在PMBOK管理体系中，每个项目经理都会尽可能多地为自己的项目争夺资源，一旦资源到手会尽可能"不外露"。显然，这种项目之间的竞争关系有可能严重影响公司的全局利益。PRINCE2中情况却完全不一样，项目总裁往往来自公司的高层，在考虑问题时更多从全局出发。有时本项目的项目总裁也可能同时担任好几个其他项目的项目总裁，项目总裁会根据各个项目对公司的优先程度在项目之间合理调配资源。PRINCE2中的核心（项目总裁）相比PMBOK中的核心（项目经理），往往在公司中地位更高，对全局情况更了解，调动资源时更有话语权。在项目遇到困难需要帮助时，PRINCE2的项目总裁比PMBOK中的项目经理更有能力从整个公司内寻求到资源。

在某些情况下，项目经理有必要将部分工作分配给项目助理，项目助理的职责是实施架构管理流程。项目助理的职责可能还包括提供后勤支持或建议、指导项目管理工具的运用等。项目助理可能还同时承担项目的计划和风险管理等专业管理工作。项目助理的角色可分配给一个独立人士或小组。一些公司可能设有项目办公室，它可承担部分或全面的项目助理工作。项目监理不能兼任项目助理，以保持项目监理的独立性。

案例

在F-35战斗机项目中PEO代表军方，是需求提出方，是用户。同时PEO又代表国防部，是资源提供方，是项目的重要干系人。Heinz被撤职一事充分说明了PEO同项目成败与否的利害关系。洛克希德·马丁公司的项目负责人EVM要负责完成规定的各种任务和指标，Crowley离职一事也充分说明了EVM同项目成败与否的同害关系。实际上项目中的两个重要角色PEO与EVM就相当于PRINCE2中的项目总裁与项目经理，一个把握大方向，另一个具体落实任务。打个比喻，一个握住汽车的方向盘，另一个则踩着汽车的油门，汽车的运行情况是两者共同操作的结果。当然，两者之间也是可以相互影响的，方向对了，走上了一条康庄大道，则油门不必踩得太费劲。这是方向对油门的影响。反之，若油门不给力，就会迫使握方向盘的人不敢去挑战险路，无奈只能选择走漫长的弯路，最终可能错失良机。PEO作为项目总裁，EVM作为项目经理，两者必须密切配合，才能做好一个像F-35战斗机一样的复杂项目。

PMBOK要实现全局的优化，往往需要直接调配、强力控制和微观操作。所以PMBOK体系中要把所有因素原子化，利出一孔。项目只有一个目标，即完成既定计划的期望，一切以计划为核心。PMBOK绝不允许人员的"山头化"，项目的一切只允许围绕着一个中心，一般情况下是项目经理；而普通员工无须太多的发挥，只需听指令。这种一强多弱的局面可以有效地减少协调工作的难度，降低对强势员工的依赖。但PMBOK的总指挥一旦失灵，则整个项目会呈一盘散沙。在PMBOK下，要做好项目，必须让项目经理的意志得到充分的贯彻。一些PMBOK的管理书籍甚至主张尽可能地剥夺成员的空闲时间和精力，以便让他们心中只有项目，一门心思干项目。当然，这样做的前提是技术上完全正确、准确，各种资源都完全可以把控。由于 PMBOK 在技术和资源上都有充分的准备，可以集中火力打"歼灭战"，所以其往往有很高的效率。PMBOK 的预期结果一般都很精确，质量严格达标，做到多、快、省。系统在 PMBOK 之下，其运转的效果会达到极致。

  PRINCE2 一般用于复杂项目，其不确定性大，因而项目的目标可能要求达到次优或局部优化，或者是先保住功能的完成，性能放在下一步考虑。为了达到目的，PRINCE2 往往没有现成的路径，需要调动各个方面的积极性，在动态过程中抓住机会。所以 PRINCE2 以宏观管理为主，通过利益绑定来达成同盟。为了应对复杂艰难的情况，项目中往往需要保持"多强"的局面，这无疑增加了协调的难度。作为 PRINCE2 中的两强，项目总裁和项目经理必须通力合作才能使得项目进展顺利。多元制显然没有一元制的效率，但却是应对复杂场面的不二法门，从生物进化到人类社会的发展都可以看到这种趋势。在困难面前，当某些"强"失效时，另一些"强"还可以继续维持局部的稳定，不至于一盘散沙，甚至还可以重新调整等待机会。从系统论的角度来看，这就是高可靠性系统。从纯技术角度来讲，高可靠性系统都通过冗余的多强来保持系统的抗打击性。另外，多强还可以保持系统的多样性以适应和探索新环境，系统在不断的变化调整中可能达到新的状态，从而进入更高级别的平台。这就是 PRINCE2 的强大之处。不过 PRINCE2 的管理难度，特别是协调工作的代价不是所有人都能够承受的。所以，相对来说，PRINCE2 的人员选择和组织组建非常重要。

第 8 章 计划与变更

8.1 计划的内容

计划提出在未来一定时期内要达到的目标以及实现目标的方案途径，计划是尺度、准则、灯塔、路标，计划具有一定的强制性。计划将确定如何实现项目产品的交付，并为沟通和控制奠定基础，明确各方的责、权、利。有效的项目管理依赖有效的计划，没有计划就会缺乏控制。计划为所有项目参与人提供了以下信息。

- 需要做什么。
- 如何实现、由谁实现。
- 采用哪些专业技能、设备和资源。
- 何时应该发生哪些事件（里程碑事件）。
- 目标（时间、成本、品质、范围、风险和收益）能否实现。

归纳起来，计划可用 5W2H1E 来表达，即

what——计划的目的、内容。

who——计划的相关人员。

where——计划的实施场所。

when——计划实施的时间范围。

why——计划的缘由、前景。

how——计划的方法和运转实施。

how much——计划的预算。

Effect——预测计划实施的结果、效果。

开发及维护可靠的计划，将为判断进度提供基准；让团队成员明白，每个工作包完成所需要的前置条件，团队成员之间、团队与上游供应商之间需要完成哪些配合工作；让干系人清楚项目计划，可使项目的承诺变得有力，更能获得干系人的支持。指导性强的计划可让项目管理团队针对项目的演进过程，先在思想上进行一次预演。这种预演可能发现遗漏、重复、威胁和机会，使团队能够提前采取应对措施。计划为项目实施所需要的资源提供了保障，但在实施中 90%的情况下可能会发现计划有缺陷、不完整，因此计划多需要被变更。变更后的计划才能真正反映项目的实际需求，使得计划具有可操作性。

PMBOK 要求项目实施前，先完成计划的编制，而 PRINCE2 则要求，在项目的筹备及启动阶段，编制一份粗略的项目计划，在上一阶段结束前，为下一阶段编制详细的阶段计划。无论采用哪种项目管理标准，提前编制计划都是一项基本要求。图 8-1 列出了项目各方面的计划。项目是一次性事件，很多情况下，编制计划时无法获得所需的全部信息，实

施时可能出现时间、范围、成本和品质与预期不尽一致的情况，为使项目始终处于可控状态，则需要对项目进行变更控制。

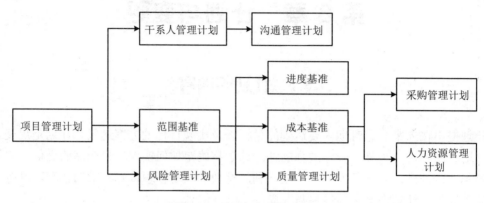

图 8-1　项目各方面的计划

每个项目都需要一套系统的方法，以识别、评估和控制变更可能导致的问题，这套方法就是变更管理。变更可能源于项目的团队成员、干系人的请求或报怨，可能源于某项不可预测事件，也可能源于计划本身考虑不周。变更管理，就是确保这些问题可能对项目的性能目标产生的影响获得恰当的管理。

在项目的实施期间，问题（issue）及变更控制（change）是一项持续性的活动，如果没有持续和有效地控制问题和变更，项目可能变得超出干系人的预计，或迅速失控。问题及变更控制，不是防止变更，而是确保每次变更发生前，让相关干系人知晓并取得共识，获得相应的批准。变更是相对于计划基准而言的，因此，建立对问题和变更的有效控制，首先需要建立一套适宜的架构管理系统，这套系统对项目的各种产品都列出了基本要求，以保证最终送交客户的是正确的版本。

与变更相对应的是配置管理（configuration management），配置管理使产品的效能、功能，以及它所要求的物理特性，在它的生命周期中都能保持稳定与一致。对在系统生命周期内从头到尾，针对硬件、软件、固件以及文件所做的变更（包括其衍生出的记录）进行记录管制。如软件配置管理对每个项目变更进行管控（版本控制），并维护不同项目之间的版本关联，以使软件在开发过程中任一时间的内容都可以被追溯，包括具有重要意义的组合。例如某一次交付给客户的软件内容。

制订计划包括计划的编制和维护，包括编制文件、绘制图表。无论哪类项目或多大规模，计划都是核心，它是项目成功的保证。如果复杂的项目缺乏有效的计划，会导致对项目的范围、品质、风险、时间、费用和收益缺乏预见，无法为达到这些目标提供最优化的资源。糟糕的项目计划会导致挫败、浪费、返工和计划的变更，因此，需要安排足够的时间以制订计划。PRINCE2 要求以产品为基础制订计划。随着项目工作的开展，变更成本逐渐加大，并且在项目接近尾声阶段达到最大，如图 8-2 所示。所以，项目开始时的计划特别重要。

很多人认为，计划就是一张日程安排表，但要使计划成为项目的基准，它还需要书面描述如何、何时、由谁（需要何种技能）、采用哪些工具、需要多少费用、在哪些前提条件下来实现特定的目标，这些目标包括项目产品、时间、费用、品质和收益。因此，计划必须包含足够的信息和细节，以保证实现目标的可行性。对于任何项目都需要随时与项目论证保持一致，同时计划也是管理信息系统的骨架。计划需要获得项目管理团队相应层级的批准和承诺。

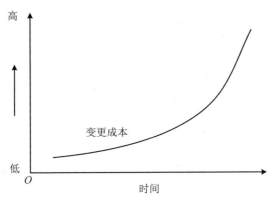

图 8-2　变更成本图

在计划时要注意各个元素的平衡，在增强一方面元素的同时，往往会削弱另一方面的元素。例如提高品质，往往会以增加时间为代价；增加功能，往往会以成本为代价。平衡是一项技巧性很高的工作，需要同各个方面、各个层次的人员相互交流。对于不同的项目，其侧重点往往不同，有些元素会强烈地制约另一些元素。例如，在许多工程中都强调"不绷紧安全的弦，就弹不出生产的调"，即在计划时要重点考虑的元素是安全第一。另外，在计划的不同阶段，考虑的重点也可能不同。在最初的几个阶段往往注重功能，在中间的若干阶段也许注重性能，在最后的几个阶段可能最关注客户体验。在做计划时，一定要通盘考虑。

本章将介绍计划和变更的方法和步骤。在计划和变更上，PRINCE2 比 PMBOK 更加完备，本章将着重讲述 PRINCE2 的方法和流程。

8.2　计划的层次

可能制订有效的精确计划的最长时限，被称为计划编制的地平线。计划的期限越长，编制计划所涉及的方方面面会变得越困难。因此，对于持续时间很长的项目，在项目的筹备阶段就编制整个项目的详细计划，既难以办到，也是不必要的。这样，就需要有不同层级、不同详细程度的计划，如图 8-3 所示。PRINCE2 推荐编制三个不同层级的计划，分别对应项目管理、阶段管理和团队管理。由于在组织层面 PMBOK 倾向于一强多弱，所以以自顶向下的集中式计划为主。PRINCE2 在应对不确定性强的项目中，组织上倾向于多强的局面，所以结合了许多自底向上的计划模式。多层次的计划是 PRINCE2 与 PMBOK 的一个重要区别。

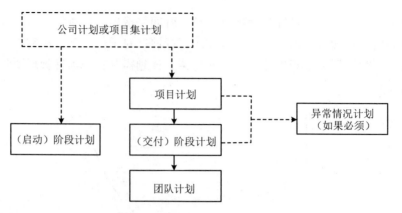

图 8-3　PRINCE2 的计划层级

项目计划应在项目启动阶段完成。启动阶段的计划应在项目筹备阶段编制，随后每一阶段的计划，应在上一阶段的阶段边界管理期间完成。应当注意的是，启动阶段计划的编制时间早于项目计划，它发源于公司对项目的授权，发源于公司规划。团队计划源于产品交付管理流程。PRINCE2 的收益评审计划包括的内容既涉及项目建设期，也涉及项目完工后，因此，它应属公司高层管理的一部分。收益评审计划包括公司、项目和阶段几个层次。

1. 项目计划

项目计划规定了如何及何时完成项目，以及费用、范围、性能和品质表现等目标，它列举了项目所需资源、主要产品及完成步骤。项目计划应与公司规划相符；它是项目委员会分阶段监控项目流程的基准；也为项目论证提供项目开支和时间范围，并识别出项目的关键控制点，如项目各阶段的划分及里程碑事件。

2. 阶段计划

每个阶段都需要阶段计划。阶段计划在内容上与项目计划相似，但每个要素都需要细化，成为每天管理工作的基础。在当前阶段结束前，制订下一阶段的阶段计划。制订阶段计划时应该注意，需要在事件临近时才做计划；与项目计划相比，阶段计划只做短期计划（克服计划编制的地平线问题）；吸取项目在已完成部分所获得的经验教训。

项目至少可分为筹备阶段、启动阶段、实施阶段和收尾阶段。其中，对于工期长的项目，可采用分阶段实施的方式，即可划分出多个实施阶段，每个阶段分别设立相对独立的阶段目标。对于工期紧的项目，相邻阶段的工作可并行。

3. 团队计划

团队计划由团队经理编制，是完成工作包的基础。团队计划是相对灵活的，团队成员的数量取决于项目的规模和复杂程度，以及所拥有的资源数量。PRINCE2 未规定团队计划的格式和组成。一个项目可能存在多个团队，每个团队可能来自于不同的组织，遵守不同的项目管理标准（可能并非 PRINCE2）。对于某些与客户或供应商密切相关联的项目，项目经理可能无法了解供应商团队管理计划的详细内容，例如涉及供应商的技术秘密或商务秘密，但团队管理计划的概要需要提供给项目经理。团队管理计划的格式，既可在工作包上添加一个日程安排表，也可采用阶段计划的类似格式。团队经理编制团队计划可与项目经理编制项目计划同时进行。

4. 例外计划

实际进展与计划的偏差超出预定范围时，相应管理层级应当采取补救措施，这就需要准备一份例外计划（修订当前计划）以取代当前计划。经批准后，例外计划成为当前工作的新基准。工作包计划的修订需要得到项目经理的批准；阶段计划的修订需要得到项目委员会的批准；如果项目计划的修订范围超出了项目委员会的权限，则相关修订需要提交公司高层批准。

例外计划的详细程度应与被取代的计划一致，它从当前已经完成的工作开始，涵盖被取代的计划的全部待完成内容。对工作包不制订例外计划。如果团队经理预见某个工作包可能超过允许的偏差范围，则应将问题升级，并通知项目经理。如果工作包的相关问题可在该阶段的允许偏差范围内解决，那么项目经理应当采取纠正措施，更新工作包的相关安排，或设立新的工作包，并将其安排给团队经理。

8.3 计划编制方法

8.3.1 编制计划的基本原则

PRINCE2 编制计划的基本原则是，先对项目产物进行分解，然后在此基础上落实制造这些产品所需要的资源、活动（activity）及活动间的相互关系，这就是以产品为基础的计划编制，这个方法被用于编制项目计划、阶段计划和团队计划。编制计划的每一步，都需要回顾最新完成的工作，如图 8-4 所示。

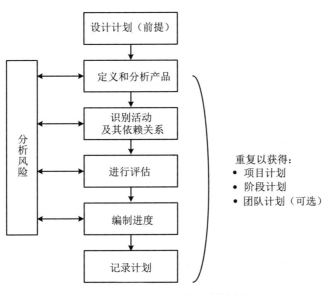

图 8-4　PRINCE2 的计划编制

在计划时，涉及许多评估，包括时间、成本等。评估是项目管理中不可缺少的一个环节，它不仅能够增加计划的准确度，也能够给人们足够的信心。完全正确、准确的评估是不可能的，但规范化的评估是管理中的必需步骤。项目管理常用的估算方法包括以下几种。

（1）自顶向下：先定出最终总数，然后按层次分解到各个细节。这种方法适合于事先对技术和资源完全把控的情况。

（2）自底向上：先统计各个细节，再加总形成计划的总盘子。这种方法适合于事先对资源完全把控的情况。

（3）差别估算：在过去老项目的基础上，加上或减去一个固定的部分。这种方法适合于两个项目有固定的差异的情况。

（4）专家估算：请专业人士来估算，如果该专业人士有相关经验的话。

（5）类推估算：在过去老项目的基础上，乘以一个缩放系数。这种方法适合于两项目呈线性关系的情况。

（6）算法估算：使用某些数学模型进行估算。算法估算往往可以带给人们心理上额外的信心。

8.3.2　计划的设计

如何向受众提交计划、如何使用这份计划、计划如何布局、需要准备什么相关报告、如何选择编制计划的工具、选择什么估算方法、如何设定计划的层级、项目将用到什么样的监督方法等，都需要事先做出决策。另外，正文及图表的运用、项目所采用的标准，也需要事先确定。

当项目属于项目集（参见第 17 章）的一部分时，上级可能为编制项目计划设定一套通用方法。这套方法可能包括标准、计划的层级和编制计划的工具，这是所有计划编制的起点。项目的特殊特征需要被重点标示出来，并取得规划层的认同。公司可能有编制计划的标准及管理助手，客户可能规定采用某套特定的工具。编制计划的工具选择，可能依赖项目的复杂程度，即在弄清楚其复杂程度后，再开始选择。计划中所用到的估算方法同样会影响计划的设计。决定采用哪种估算方法，同样是计划设计的一部分。并非必须采用计划编制工具，但如果计划需要定期更新和变更，那么使用工具可节约大量时间。好工具可验证各参数之间的关联是否正确；当计划刷新时，系统也不会崩溃。在项目组织中，不同的角色承担着不同的职责，如表 8-1 所示。

表 8-1　计划工作中不同角色承担的相关职责

角色	职责
组织高层	设置项目的允许偏差，并列入项目批准文件中
	预见项目的进程会超出原设定（项目级允许偏差）范围时，审批例外计划
	提供公司或项目集管理层的计划编制标准
项目总裁	审批项目计划
	确定每个阶段的允许偏差，审批阶段计划
	预见阶段进程会超出原设定（阶段级允许偏差）范围时，审批例外计划
	为阶段计划提供资源保证

续表

角色	职责
客户代表	从客户的角度，确保阶段计划与项目计划保持一致
	为阶段计划提供客户资源
供应商代表	从供应商的角度，确保阶段计划与项目计划保持一致
	为阶段计划提供供方资源
项目经理	完成计划的方案设计
	编制项目计划和阶段计划
	设计阶段计划
	当进程超出原设定（工作包的允许偏差）范围时，采取纠正措施
	编制例外计划，以响应公司高层或项目委员会的决定
团队经理	编制团队计划
	准备每个工作包的日程安排表
项目监理	监督项目计划的变更，判断其是否会影响商务需求或项目的商务论证
	根据已获批的允许偏差范围，监督阶段及项目的进展
项目助理	协助编制项目计划、阶段计划和团队计划
	贡献其专业技能（如使用计划编制工具）
	安排相关计划的保存和分发

案例

　　F-35战斗机项目是个万亿美元级别的大项目，其复杂程度毋庸置疑。按照兰德公司的话来说，多军种多用途战斗机从来都以失败而告终，没有例外。F-35战斗机去挑战这个"史无前例"是否可行呢？其实也不是完全没有胜算，关键看怎么管。F-35战斗机项目组从底层开发到工具等都进行了改变，同F-22战斗机差别太大。F-35战斗机使用了太多的创新，这显然不符合现代项目的开发方法。由于项目很难，所以每次的创新不能太多，否则会不可掌控。项目通过不断迭代更新，逐渐分批次加入创新才是正道。然而，PEO并没有立规矩来限制过多的创新，EVM也纵容这么做，给项目带来了空前的风险。所以，对于F-35战斗机项目的问题，PEO和EVM，特别是在前期，都负有不可推卸的责任。Bogdan将军在国防部部长助理的支持下进行了改革，把合同框架变为了总价包干。由于有总价的上限，项目组不可能去无休止地加入创新，毕竟创新是很花钱的。创新减少了，难度下降了，项目才能够真正落实，这种方式对复杂的项目来说十分重要。可以说，由于作为PEO的Bogdan找对了方向，项目才走上了正轨。

8.3.3 项目产物的界定及分析

　　PRINCE2采用的技术，被称为以项目产品为基础的计划编制技术，以识别、界定和分析项目产物，如图8-5所示。

　　以项目产品为基础的计划编制，有些步骤需要反复进行。最初版的项目产物描述，可能只有一个标题和产物的目的的说明。接下来的产品描述中，则需要尽可能详细地对产品进行阐释。项目产物分解结构的格式和报告，产品流程图可根据个人喜好确定。以项目产物为基础的计划编制有许多优势，具体如下。

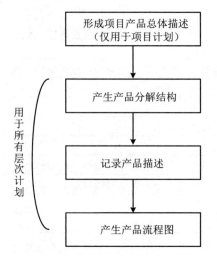

图 8-5　以项目产品为基础的计划编制技术

（1）对项目产物的持续和深入分析，对各产品间的相互关系的透彻理解，使项目产物的范围的某些关键要素不够被重视的风险下降。

（2）消除预期中模棱两可的内容。

（3）请用户参与产品需求分析，增加客户信心，避免在项目审批时产生争议。

（4）有利于沟通交流。项目产物的结构分解和产品流程图使项目范围、项目方法的讨论和分享变得简单有效。

（5）有利于厘清项目的范围边界；明确哪些产品在项目内、哪些产品在项目外，为变更控制提供了一个基础，避免了不可控的变更或"范围蠕变"。

（6）识别出哪些产品在项目外，但对项目不可缺少，可将它们分配给其他项目或组织。

（7）方便为供应商准备工作包。

（8）项目产物的制造、评审和批准等职责有条件获得清晰划分，并获得一致认可。

1. 编写项目产品总体描述

以产品为基础的计划编制，首要任务是撰写项目产品总体描述。尽管对项目产物的分析和细化是客户代表的职责，但实际上项目产品总体描述是在项目总裁和客户代表的指导和建议下，由项目经理完成的。从一开始，就应当使项目产品总体描述所涵盖的内容尽量完整。

2. 编制项目产品分解结构

先将项目产物分解为主要产品，再将主要产品进一步细分，直到每个产品都完全明确如何被制造出来。低层级的产品是高层级的产品的零部件。将项目产物分解为不同层级的产品，就是项目产物分解结构。编制项目产物分解结构时可考虑以下几点。

（1）参与项目产品分解结构编制的人员，应当代表项目的不同利益方，以及项目建设所需的不同技能。

（2）可采用头脑风暴的方式识别产品，以防止某个产品被遗漏。

（3）团队在编制项目产物分解结构时，对产物的分解方式可能出现分歧。尽管哪种分解方式都没错，但项目管理团队必须就项目产物的分解方式（以及随后的计划）达成一致。

（4）需要识别完成项目所需要的项目外产品。项目外产品可能已经存在，也可能正在被制造出来，或者正在升级，项目内的一项或多项产品，可能需要项目外的产品才能制造出来。例如，一个采购项目，可将投标人的响应视为外部产品。项目经理不考虑外部产品的制造，因为它们将由外部团体提供给项目管理团队。每个项目外产品都需要进行风险登记，明确未能获得、未能按时获得该产品，或该产品的性能不能完全满足要求时可能给项目计划造成的威胁。应考虑为外部产品编写产品描述，以减少或避免无法对外部产品提出具体的期望的情形。

（5）在采用以项目产品为基础的计划编制技术时，需要考虑一些特定产品的不同状态。如某种产品的状态可能是"拆散了的机器，被搬运的机器，或已完成组装的机器"。可将不同状态的产品视为不同的产品，每种状态都需要各自的产品描述、品质标准和品质管理方法。当需要将每种状态的产品都从一个团队交付给另一个团队时，这种方法特别有用。

（6）在提交项目产物分解结构时，可考虑对不同类型的产品采用不同的形状、格式或颜色，例如，采用矩形代表项目产物，采用椭圆或圈代表外部产品。颜色可被用来指示团队对于产品的职责，或产品将在哪个阶段被制造出来。

（7）如果项目被分为多个阶段，那么每个阶段所需要输出的产品就得被从项目产物分解结构中摘录下来，形成该阶段的产品分解结构，这就需要将产品分解得更细，会有更小的构件被添加进来。需要注意的是，对于同一产品构件，阶段计划流程图中的名称必须与项目计划中保持一致。编制阶段计划流程图时，可能需要再次修订和改善项目计划流程图，以保持项目的连续性。

（8）在某些情况下，对于产品，组织可能建有其产品描述概要的档案；对于项目，可能有编好的项目产物分解结构和产品流程图。但此时也不应当跳过PRINCE2中的以产品为基础的计划编制技术，需要采用这套技术验证现成资料的完整性。因每个项目都是独特的，本项目可能存在额外的产品需求，或品质标准方面可能有稍许差异。地理位置、团队成员及其职责可能都有改变。

3. *编写产品描述*

通过对项目产物的结构分解所获得的所有产品，都应当编写相应的产品描述。在编制产品描述时，需要考虑以下几个方面。

（1）确定了对产品的需求后，应当立即着手编写产品描述。最初，它可能只是一个骨架，仅有一个标题和少许识别出来的信息。当产品被更透彻地理解后，以及随后进行计划编制时，可对产品描述再进行提炼和补充。

（2）为该产品的制作所制订的计划是一个基准时，其产品描述也是一个基准。如果该产品随后发生了变更，其产品描述也应按变更管理程序办理。

（3）尽管编写产品描述通常是项目经理或团队经理的职责，但最好让产品专家和产品用户代表参与。为这些产品确定品质标准时，需要征求他们的意见。

（4）好的产品描述可能会被高层或组织内的其他项目再利用，此时需要为一系列的产品描述建档，需要确定建档的机制和流程。这样，项目经理可查阅档案，找寻与其项目内某产品相类似的产品描述以供借鉴。

（5）如果已经有了一份详细的产品需求说明书，如果这份产品需求说明书中包含了产品描述的内容，且符合产品描述所期待的品质标准，则可用这份产品需求说明书替代产品描述。同样，如果合适，编写产品描述时，也可引用产品需求说明书中的内容。

（6）对于小项目，仅需要编写项目产品总体描述，不需要编写产品描述。

（7）品质标准用来区分产品不可接受或可接受，应当深思熟虑。

4. 编制产品流程图

需要编制产品流程图以确定项目建设方案，以及确定各产品间的相互关系。产品流程图同样需要表达出项目内各产品与项目外产品的关系，它需要考虑项目建设所需要的活动，为其他的计划提供信息，如为编制预算和日程安排表提供信息。编写产品流程图时，应当做如下考虑。

（1）尽管应由项目经理或团队经理编写产品流程图，但最好让该产品的提供者或开发者参与其中。

（2）可以在完成项目产物分解结构后再编写产品流程图，但也可以在编写项目产物分解结构的同时，就着手进行产品流程图的编制。

（3）产品流程图中需要采用一些符号，如某项产品的开发还存疑，可以在这个产品的名称外套一个矩形框；可采用某种方式表示产品当前的开发状态，如在矩形框外加上箭头；已有产品或计划范围外的产品，则可在其名称外套一个椭圆。

（4）产品流程图上应只有一个起始点、一个结束点。这是产品流程图与产品结构分解相区别的一个特征。

8.3.4 计划的编制

完成项目产物结构分解后，需要厘清制造每个产品所需要的活动，以及各个活动间的相互关系。如果项目涉及产品的材料选择和结构设计，那么相关活动需要工艺和品质管理人员的参与，以界定工艺确定材料及结构在生产工艺方面能否实现、性价比是否合适，或品质管理人员确定重要参数的检验是否方便、品质是否可控。

需要对每项活动、每个步骤所需时间、资源及人力进行估算，在此基础上制定日程安排表，需要完成的工作包括：确定各项任务的完成顺序；评估资源能否获取；合理分配资源；避免资金和用工数量的大起大落；若多项任务需要同一种关键设备，考虑时间上的衔接；确定里程碑事件和关键控制点；计算总体资源需求和费用需求；风险分析；完成项目的日程安排表。

在本书的各个章节中，对上述事项有详细论述。

8.4 问题与变更

问题在 PRINCE2 中指计划外发生的、需要管理的事件。它可能被关注、接受质疑。问题可能引起变更请求、新建议，也可能导致项目偏离原计划。问题可能在项目的任何时候出现，可能由项目或项目产物的利益相关者引发。在表 8-2 中描述了项目进行期间需要处理的不同类型的问题。

表 8-2 问题的类型

类 型	定 义	范 例
变更请求	相对于计划基准的变更建议	客户代表可能要求一个软件系统的在线用户数由 100 人增至 200 人
偏离原规格	项目按理应该提供的某种特性，但目前无法（或预计不能）提供。它可能是由于某个产品缺失，或某个产品不能达到原设定的性能	供应商表示，他们不再为客户提供某项产品
疑难/关注	项目经理需要解决或升级报告的其他问题	团队经理表示，某位团队成员生病，导致工作包的完成时间将延期一周
		得知某供应商破产，需要另寻供应商

案例

在复杂系统中不断发现新问题是很常见的，很正常的，因为系统只有在不断的应用中才可能暴露出问题。问题的发现需要切换不同的环境、需要时间的积累、需要认识的提高。在传统思维中，一个精确的顶层设计就可以解决一切问题的模式只适合于简单系统。简单系统是指凭过去的经验、现有的技术可以完全把控的系统。F-35 战斗机项目本身很复杂，加上有大量的创新，不可能通过事前一次性的精准设计来避免或解决所有问题，所以，不断地发现问题，不断地解决问题，一定会在系统的演化过程中反复很多次。例如，2018 年曝出的 941 个未解决缺陷中，有 102 个 1 类严重问题。2021 年曝出的 871 个未解决缺陷中，有 10 个 1 类严重问题。这说明 F-35 战斗机项目在向好的方向演化，一切均在掌控之中。

这里所说的"掌控"和传统意义上的"把控"是完全不一样的。传统意义上的把控，是指能够自上而下地控制一切，可以在微观层面确定好每一颗螺丝钉，项目完成后基本上或大致与自己事先的图纸一模一样。在现代复杂项目管理中的掌控，是指项目基本能够按照自己想要的方向演进，最后能够符合自己预想的蓝图。至于最后会演化成什么具体形状，可能难以确定，项目也不可能从微观层面去预知每颗螺丝钉会安在哪里。所以，复杂项目的管理就像小孩子的培养。你给小孩子买许多钢琴书、报很多钢琴课、访不少钢琴名师、每天苦练，肯定可以有效地提高他的钢琴能力，但不能够保证他一定会成为钢琴家。当然，复杂项目的管理也并不是完全"顺其自然"。PRINCE2 不像 PMBOK 那样要去安排一切，而是特别强调关键因素。F-35 战斗机项目设立之初，国防部和洛克希德·马丁公司的一个重要想法就是，既然双发动机的 F-22 战斗机都能够成功，那么单发动机的 F-35 战斗机应该也能够拿下。洛克希德·马丁公司的隐形战斗机的研发能力是当初考虑的关键因素。虽然后来发觉 F-35 战斗机和 F-22 战斗机的差别远比想象的大，但无论如何 F-35 战斗机还是造了出来，从以色列战场上的情况来看，还是基本可用的。

在复杂项目的管理中，一般以几个关键因素为出发点，并结合当前的环境来确定项目的走向。项目最终可能达到的地方短期内可能难以预估，所以复杂项目都会分成多个阶段。每阶段都在解决问题，同时也在发现问题，发现的问题越多越好，越早越好，因为问题在前面阶段往往比在后面阶段容易解决。系统的问题在不断的发现和解决中趋于减少，系统的设计也会不断地改进。每个阶段会根据问题的情况、外部需求的变化、技术的发展来动态调整下一个阶段的目标。也就是说，PRINCE2 体制下的复杂项目管理是奔着一个大目标去的，要解决的是项目之下的根本问题。而 PMBOK 的原则是就事论事，要像模像样地把事情做得跟设计的一模一样。在迭代式的开发和生产中，问题被不断地解决，新问题同时不断地产生，但系统总体上是在进步的。一般来讲，大部分问题都会在被发现后尽快被解决掉，而少量问题会留在下一阶段的开发任务清单中。分阶段实施项目是对付复杂问题的重要手段，PRINCE2 同 PMBOK 的重大不同就是其分阶段计划和实施。变更是对已知路线的修改，在 PMBOK 中是不常见的现象。PRINCE2 中的变更则是常态化，计划跟着变化走。PRINCE2 发生大变更时间为阶段结束时或极为重大的问题发生时，一般口语中的变更是指小变更。

无论是 PRINCE2 还是 PMBOK，都要求将项目产物或工作包分解到可理解的程度。对于计划编制人员，可能对于项目的某一实施过程是未知的；但对于某个项目成员或项目小组，则该过程的实施是完全清晰的。计划完全公开透明，人、财、物及进度估算与实际一致，可大幅降低变更的发生概率。项目建设的一线成员往往对项目实施过程最清楚，请他们参与项目计划的编制，可大幅提升计划的准确程度。但相关成员会因为自身利益不愿提供真实数据，计划编制人员需要搜集行业数据，甚至到类似项目的现场搜集数据，以使相关时间、材料、人手的计划更加真实。受各种因素影响，国内大量数据不真实且相互矛盾，计划的编制者在采用这些数据时需要格外留意。国内部分项目的立项，仅是为了获得资金预算，获得资金后，经常出现投资变更，这在国内上市公司中时有发生。这种变更有利的一面是，当环境变化后，项目不再具备合理性时，及时变更可避免损失扩大，可将资源用于新出现的投资机会；不利的一面是，让投资者对企业的管理层失去信任，企业的融资渠道会受到阻碍或限制。

问题和变更管理保证所有可能影响项目已确认的基准的问题和变更能够得到处理，包括被识别、评估、批准、拒绝或延后处理。在项目启动过程中就需要建立对问题、变更和配置管理的控制措施；在阶段结束前，通过阶段边界管理过程评估或更新它们。对问题、变更和配置管理的措施包括配置管理策略、配置文件记录、产品状态记录、日志、问题登记、问题报告等。

知识拓展

在软件系统中通常有很多子系统和模块，模块之间有非常密切的关系。当更新某个模块后，可能造成该模块与其他模块之间无法正常交换数据，因此其他模块也必须相应地更新。软件配置管理系统记载了模块间的关系、各个模块的更新情况、模块修改人的签名，保存了最新的可用软件系统。当某个模块单独更新后，若其他相应模块没有更新，此时软件配置管理系统会向客户提供可运行的老版本。只有当相应模块全部更新完毕后，软件配置管理系统向客户提供的版本才会更新。当某个新模块被证明不能够发挥作用后，软件配置管理系统可以无差错地滚回到其老版本。软件配置管理系统还可以进行不同版本的代码比较等工作。在一个由多人开发、有上百个模块的软件中，没有软件配置管理系统是不可想象的。

只有在配置管理系统为产品间的相互影响和产品基准提供了充分支持的条件下，有效的问题解决和变更管理才成为可能。首先要识别需要采用哪些公司高层的制度及流程，其次再把它们整合进项目自身的配置管理策略中。配置管理应当给出问题的管理办法。在项目启动过程中，项目经理和项目委员会需要对以下事项达成一致。

- 问题的优先次序分级（如可以分为必须、应当、可以、当前不宜四个等级）。
- 问题的严重程度分级。
- 哪个级别的问题由哪个级别的管理层处理。

在确定哪个级别的问题应由哪个级别的管理层处理后，项目委员会应考虑将某个级别的问题的决策权交给某位授权负责人，由此人决定某项变更请求应当被拒绝还是被接受，某种规格性能在某种程度的偏离是否允许，是否为这些变更提供预算，这个人就是变更专员（在第 7 章有介绍）。变更需要经费，客户和供应商最好预先为变更单列一笔预算。除非预计发生变更的可能性极低，否则列这样一笔预算是合理的，这样可以避免因大量的细小变更导致频繁的变更请求。纳入变更预算后的计划可为项目整体的费用、时间提供更加现实的预期。如果变更预算由变更专员掌握，项目委员会可能需要对其进行一些限制，如：单次变更的最大额度；在阶段内不需要报告项目委员会的前提下，变更的总费用开支。变更预算应当列入相关计划中。

配置管理流程可能多种多样，但它们一般都包括以下五个核心步骤。

（1）编制计划：确定项目需要进行哪个层级的配置管理，编制在这个层级进行管理的计划。项目所需的控制层级，因项目的不同而不同。最高控制层级由项目产品的分解决定，项目产物需要逐级分解，直到分解成可独立安装、替换和改善的零件。另外，控制层级还受项目的重要性、项目产品间相互关联的复杂程度等影响。

（2）识别：分析及识别项目产品的所有零件所需要的管理层级。需要建立一套编码系统，为每个构件分配一个特定编码，确定与项目产品的从属关系。

（3）控制：批准产品、为产品设立基准、变更产品，必须先获得授权。一旦某个产品被批准，则"未获授权，既不能移动，也不能改动"。基准是一个产品或一批产品在某一个时点为某个特定目的进行的冻结（或释放）。如果某个已经设立了基准的产品被变更，必须给它的版本升级，而基准版则维持不变。基准版需要尽力达到，不能随意废弃。配置管理还包括项目管理的所有相关信息的储备和检索，确保各个构件的安全使用，对所有构件的复制版的分配，在项目的生命周期内对所有文件存档。

（4）状态记录：项目产品状态记录包含了每件产品的现状报告和历史资料。在某阶段结束时、项目结束时、检验问题及风险时，项目经理都需要项目产品状态记录。

（5）验证和审核：需要比较所有产品的实际状态和项目产品在配置管理记录中的授权状态，寻找两者之间的差异。根据配置管理策略检查管理流程的实施情况。这种评审通常在某阶段结束时或项目收尾时进行。

8.5 变更管理的文档

1. 配置管理记录

配置管理记录的目的是建立一套档案，描述其状态、版本号和改型情况，特别是各个构件之间的关系。

2. 产品状态记录

产品状态记录的目的是，在一个确定的期限内，提供各个产品的状态信息。这个期限可长可短。例如，可覆盖整个项目建设期，或一个特定的阶段，或项目的某一特定领域，甚至一个单件产品的演进历史。项目经理在确定产品的版本号时，产品状态记录特别有用。

3. 日志

日志是项目经理编写的非正式文件，用于记录问题及关注点。问题最初被反映在日志中，如果经核实，它们需要更加正式的处理，再转换为问题登记。日志也同样被用于记录需要采取的行动，或其他 PRINCE2 的档案或日志中没有记载到的事件。它就是一本项目日记。

4. 问题登记

问题登记的目的是以正式管理的形式捕捉和维护所有问题的信息，项目经理应当按期检查问题登记。

5. 问题报告

问题报告包括对问题的描述、影响评估、变更的提议、性能偏离，或者一个关注点。只有需要对问题进行正式处理时，才需要编制这类报告。

8.6 问题和变更的控制流程

PRINCE2 提供了一个通用方法，以处理变更需求、性能的偏离、关注点等，如图 8-6 所示。

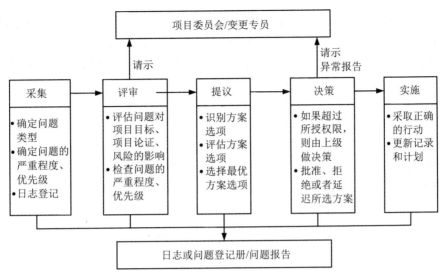

图 8-6 变更管理的过程

1. 采集

变更管理流程的第一步是进行先期分析,确定问题的类型以及是否需要对其正式管理。项目经理可能遇到很多问题,这些问题可立即处理,并不需要进行正式管理。例如,团队成员可能提出,他们的网络使用即将期满,这时,项目经理可立即采取纠正措施。把问题区分为正式管理和非正式管理,可以确保在恰当的层面对问题做出相应决策,也可以避免项目委员会被大量琐事所困,而削弱其处理影响项目的关键问题的能力,还可以减轻项目经理的管理负担,让日常事务得到及时的处理。所有被正式管理的问题,都应进入问题登记册,并拥有一个特定编码。对被正式管理的问题,若问题已被弄清楚,应当被编入问题报告。通常可让发现问题的人创建一份初始的问题报告。

2. 评审

对问题进行核实和分析,主要分析问题可能造成的影响。项目经理需要考虑是否值得做一份详细的影响分析,因为做这样的分析可能需要花费大量的时间和精力,其本身都可能导致项目进展偏离计划。影响分析应当考虑对以下事项的影响。

- 项目的目标,如时间、成本、品质和范围。
- 项目论证,特别是对收益的影响。
- 项目风险敞口,即对项目总体风险暴露度的影响。

如果项目是项目集的一部分,还要考虑整体影响,可能影响其他项目。分析问题应当避免仅考虑对客户的影响。影响分析应当覆盖三方利益:项目承建方、客户和供应商。例如,实施某项变更,需要供应商花费多少成本和精力,哪些产品必须同时变更。在完成影响分析后,问题的优先级和严重程度需要重新评估。在提出解决方案的建议前,有必要请求项目委员会指导,以确认问题的优先级或严重程度。

3. 提议

在对问题影响有了全面理解后,下一步提出采取纠正措施的建议。每个备选方案都可能影响项目的时间、成本、品质、范围、收益和风险目标。要评价这些方案的优势和劣势。在考虑风险时，应包括项目风险（在允许的偏差范围内无法完成）和运作风险（即项目产品投入运用后的潜在性能问题）。如果提议方案可能使该阶段或项目超出预定的偏离范围，则需要准备一份例外报告，与问题报告同时提交到决策层。

4. 决策

项目经理可能解决掉某些问题，无须把它们升级到项目委员会。另外一些问题可能需要升级到项目委员会（或其代理人——变更专员）进行决策。升级可以采用问题报告的形式（作为请示）或采用例外报告的形式（当采用候选方案会导致项目目标偏离预定范围时）。问题和例外升级到项目委员会后，项目委员会可能采取的响应措施如表 8-3 所示。

表 8-3　项目委员会的决策

请　求	项目委员会（或变更专员）	考　虑　因　素
变更请求	● 批准变更 ● 拒绝变更 ● 延后决策 ● 要求补充信息 ● 要求制订例外计划	如果变更请求涉及额外费用，则可能采用变更的预算内资金；增加项目预算；改变项目的范围 为变更所设的资金预算，只能是一个额外值，不能是一个范围
性能偏离	● 做出让步 ● 指示解决掉性能偏离问题 ● 延后决策 ● 要求补充信息 ● 要求制订例外计划	项目委员会可能决定接受性能偏离而非立即采取纠正措施。产品被让步接受后，在产品移交用户以前，需要修订项目产品描述
疑难/关注	● 提供指导 ● 要求制订例外计划	关注点能否通过放宽对该阶段偏差的允许范围来解决

5. 实施

项目经理可以选择采取必要的纠正措施（如更新一个工作包，或组建一个新的工作包），或者编制一个例外计划，以供项目委员会批准。无论哪种状态，项目经理都需要使用最终决策来更新问题登记册和问题报告，并通知所有的相关方。问题结束后，项目经理也需要更新问题登记册和问题报告。组织中不同的角色应承担不同的职责，如表 8-4 所示。

表 8-4　与变更相关的职责

角　色	职　责
组织高层	提供公司高层关于变更管理、问题解决方案、配置管理等的策略
项目总裁	确定变更专员和变更预算；设置问题的严重程度等级；设置变更请求和性能偏离的等级；项目经理需要建议时，给予响应和支持；特别需要关注持续的项目论证
客户代表	项目经理需要建议时，给予响应和支持；特别需要关注预期收益是否可能出现问题
供应商代表	项目经理需要建议时，给予响应和支持；特别需要关注最终解决方案的集成是否可能出现问题

续表

角　色	职　责
项目经理	管理配置管理的流程，必要时安排项目助理协助；管理问题和变更控制的流程，必要时安排项目助理协助；编制和维护问题登记册，必要时安排项目助理协助；采取纠正措施
团队经理	采取纠正措施
项目监理	对问题的核实和解决提出建议
项目助理	协助配置管理、问题及变更控制流程，维护配置记录，项目产品状态登记和管理，协助项目经理维护问题记录

第 9 章 项目论证

9.1 项目论证的定义

项目论证的目的是建立一套机制,以判断项目在当前环境下是否可取(desirable)、可行(viable)和可达(achievable)。可取是指宏观上想做,符合公司的战略。可行是指微观上可操作,技术上能够完成。可达是指效益上能够度量且值得去做。按照 PRINCE2 的原则,项目必须持续具备商务可行性。如果项目启动时具备商务可行性,而项目执行阶段其商务可行性消失,则项目需要终止或变更。在项目论证(business case)文件中应描述立项原因,而原因基于费用、风险预估和预期收益等。项目面临变更和风险时,其影响分析应聚焦于项目论证。

项目不能为了完成而完成。根据项目论证,需要判断并持续地确认项目是否仍然具备正当性。项目论证的基础是,项目是否仍然具有商务上的吸引力(费用、收益、风险的平衡),具有技术上的可行性(项目能否完成交付)以及具有效益上的可达性(项目产物可带来的现实利益)。客户代表的职责是详细分析项目收益,最终通过项目产品实现其收益。项目负责人的职责是确保项目产品满足客户要求,与公司目标相匹配,且项目产品能够实现。

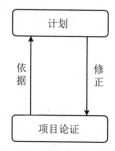

项目论证与项目计划有强烈的关系,如图 9-1 所示。两者都关注项目在未来可能的变化,但项目计划更关注内部的实现,而项目论证更关注外部的变化与内部情况的匹配。

图 9-1 项目计划与项目论证的关系

本章将介绍项目论证时所要考虑的因素、项目论证的过程和编制方法。项目论证是 PRINCE2 所包含的必备内容,而 PMBOK 并不包含它。

9.2 项目论证的作用

> **知识拓展**
>
> 项目论证(business case)或译为商务论证。在项目筹备阶段,需要阐明项目值得做且已经具备完成项目的条件。项目论证需要进行成本和收益分析。对于某些非营利性项目,收益需要包括间接收益和社会效益,要判断项目的正当性,可能需要从行业甚至国家层面分析,时间跨度上可能会考虑百年大计,涉及政府项目尤其如此。项目论证还包括大致的项目范围、可能的风险、公司战略层面的考虑、项目里程碑等。

项目论证是 PRINCE2 体系的重要特征。在 PMBOK 体系中的项目多指那些同外部签订下了固定合同的项目。这类项目只要按照合同完成，交出产品，产品性能符合之前规定好了的要求，乙方就能够得到相应的回报。至于项目完成后是否能够为甲方真正带来效益，不是乙方考虑的问题。因此，这类项目甲方承担了较大的风险。这种方式很适合一些小型建筑类项目。但在现代社会中，大量的 IT 项目存在严重的不确定性，时间的变化对项目能够产生的效益有很大的影响。另外，一些大型政府工程，如水电站、高速公路等对环境（自然、社会）等因素非常敏感，对资金要求又特别大。在这种情况下，甲方往往需要乙方共同承担可能的风险。这时，在项目建设的过程中持续不断地进行项目论证就非常必要。复杂的项目可能需要做各种分析，如可行性分析、关键原因分析、价值链分析、风险分析等。在项目启动前，必须完成项目论证；在整个项目周期内持续更新。在关键节点，如阶段性工作完成，项目委员会需要对项目论证再次正式审核，审查项目收益与筹备时预期的项目收益符合程度。审核的结果将直接影响项目未来的走向，如图 9-2 所示。

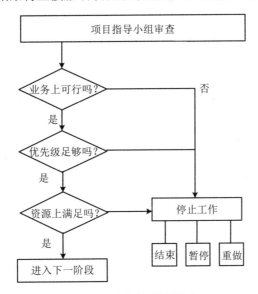

图 9-2　阶段性项目论证

项目委员会和干系人必须保证在项目存续期间始终具备必要性，它需要回答这个问题："项目是否仍然值得投资？"项目的必要性是一个长期问题，因此项目论证必须是动态的。它不仅被用于项目获取启动资金，且需要根据项目的开发、风险和收益等最新信息，对项目论证进行主动和持续性的更新。当做出投资决策时，重要的是评估能获得什么收益，何时获取，需要承担多大风险，以及所需投资规模。还应当估算出项目对于公司目标将有多大贡献。这样分析，可使项目与组织的其他项目相比较，以选择最佳投资项目。

案例

Defense One 杂志发表了一篇名为"失败为成功之母"的文章，认为政府不应该被所谓的专家所迷惑，仅有理论和技术的展示是远远不够的。从 future combat system 项目、expeditionary fighting vehicle 项目、zumwalt-class destroyers 项目和 F-35 战斗机项目可以总

结出，在进行决策时应该基于现实的数据和可操作的计划。也就是说，在规划时不要好高骛远，走一步是一步。即 PRINCE2 中的每一阶段都应该是可操控的，完成了前一个阶段后，再根据其具体的成果设计并投入下一个阶段，不允许任意跨越。阶段越小，越容易控制。洛克希德·马丁公司在早期拿到大笔政府资金后，用这些钱培养了大量的干系人，再通过这些干系人对政府施压。这样不仅维持了项目，而且项目的投入越来越大。投入越大，反过来又扶持了更多的干系人，造成项目更大，20 年来不断地循环往复，以至于项目大而不倒。*Defense One* 认为厂商只要能够在早期搞定政府，在之后的项目开发中都可以套用洛克希德·马丁公司的这种模式，使项目立于不败之地。因此，我们也可以看出 PRINCE2 倡导的阶段评价、持续论证的重要性。PRINCE2 认为在每个阶段结束时，一定要有确定的交付物或成果，没有具体的成果则无法对下一个阶段进行评估。

项目产物（output）是项目的最终交付物（可以是有形的，也可以是无形的）；项目成效（outcome）是采用项目输出物所带来的变更结果；项目收益（benefit）是可量化的改善，是项目成效给项目的一个或多个干系人带来的优势。例如，产物是新的销售系统；成效是销售订单的处理更加快捷和准确；收益是费用下降了 10%，销售订单增长了 15%，年度收益增长了 10%。

通常只有在项目结束后，项目的成效和收益才能实现。多数时候人们都把注意力集中在如何创造项目产物。因此，项目产物与项目成效、项目收益之间的联系，需要清晰地标注出来，直观地展示出它们之间的演化关系，否则，项目的初始目标就会丢失。图 9-3 描述了三者的关系。

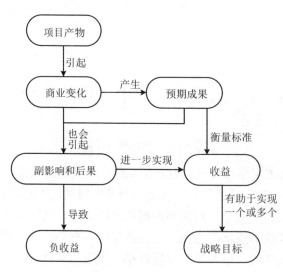

图 9-3　项目产物、项目成效和项目收益之间的关系

项目实施的原因千差万别，主要受项目环境驱动。项目的性质将决定设定哪些目标以验证项目的吸引力，以及如何证实项目产物达到了这些目标。根据项目类型，项目目标的量化指标是不一致的，如必须完成的项目、非营利型项目、延伸型项目、供/销型项目、多组织项目。

一些项目可用"投资回报"量化，但对另外一些项目，需要采用经济效益之外的指标。无论采用哪种指标，所回答的问题都是相同的：对于这个规模的投资，本项目所获收益是否比其他候选项目更有吸引力、项目是否更加可取、可行和可达？表 9-1 描述了项目论证时各相关角色的职责

表 9-1　项目论证的相关职责

角　　色	职　　责
公司高层	提供项目授权，定义项目论证的编制标准；安排客户代表测算项目产物可能获得的收益；负责项目完成后的收益评估
项目总裁	负责项目建设期内的项目论证；负责项目建设期内的收益评估计划（除非该计划由公司直接管理）；监督项目论证切实可行的编制，确保项目与公司战略相匹配，为项目找资金
客户代表	负责对收益细化，这是项目论证获批的基础；确保项目的成效是具体的；确保项目产物能够达到其成效；确保预期成效能够实现收益；评估收益时提供收益展望
供应商代表	负责可能的供应商项目论证；确保所需产品在预计的费用内交付是可行的
项目经理	根据项目总裁的安排，准备项目论证；主持可能影响项目可取、可行和可达的新问题和新风险的影响分析；每个管理阶段结束，评估和更新项目论证；项目完成后，评估和汇报项目的完成情况
项目监理	协助编制项目论证；针对外部事件和项目进度，验证和监督项目论证的执行情况；确保项目与总体规划或公司战略相匹配；根据客户的安排监督项目的财务状况；确保划算的解决方案能够得到持续的确认；监督项目计划的变更，论证其对商务需求或项目论证的影响；评估项目论证和项目计划的变更可能带来的潜在影响；验证和监督收益评审计划是否能够符合公司要求
项目助理	当拟议的或正在实施的产品变更有可能对项目论证产生影响时，项目助理应当提醒项目经理

9.3　项目论证的编制

在项目开始时编制项目论证，在整个项目周期内对项目论证持续更新，在每个关键节点，如阶段性评审时，项目委员会对项目论证进行验证，并确认项目能够带来的收益，如图 9-4 所示。对风险、问题和变更影响的评估是项目论证的重点，包括这些风险、问题和变更会在多大程度上影响项目论证中的项目必要性，会对商务目标和项目收益产生哪些影响。编制意味着获取正确的信息以利于项目决策；验证意味着评估项目是否（仍然）值得投资；更新意味着采用实际的开支和收益以及当前预计的开支和收益，对项目论证进行更新；确认意味着评估预期收益是否（将会）实现。对收益的确认，常常在项目完工后进行。

项目总裁为项目论证负责。这并非要求项目总裁亲自编写项目论证，但要求项目总裁确保项目论证的编写和批准。项目论证的编制可委派给他人，如商务分析师，或项目经理。有些情况下公司高层会提供一份经批准的项目论证，作为项目概要的一部分。无论由谁编写项目论证，他们都需要具备必要的商务技能（如预测现金流、理解平衡表等）。若不具备这样的能力，项目委员会应当考虑找相关专业部门或专业机构，协助编制项目论证。

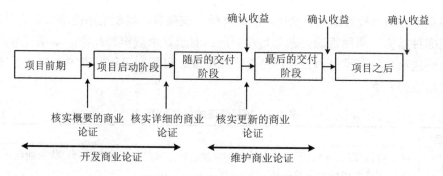

图 9-4 项目论证的编制及维护

经批准的项目论证概要,需要在项目筹备阶段编制成正式的项目论证,交项目委员会按项目指导的流程批准,以启动项目。详细的项目论证源于项目概要、项目计划以及风险登记表。要获得这些输入,同样需要项目论证,故项目论证的编制需要一个反复过程。项目的筹备有其必要性,但项目计划的细节完成前,作为项目论证概要的基础,其费用和时间是极不精确的。当能够更精确地判断项目的费用和时间时,即可确定项目的吸引力、可行性和效益是增加了还是降低了,这样可能导致项目方法的变更。项目计划可能需要反复进行改动。

9.4 项目论证的审核和更新

项目论证驱动项目正当性、项目目标和可实现收益的相关决策。为能够做出这些决策,项目论证应当被评审。

- 在项目筹备期结束时,项目委员会需要对项目论证进行评审,以便有充分的理由授权项目启动。
- 在项目启动完成时,项目委员会需要对项目论证进行评审,以授权项目实施。
- 遇到新的问题和风险时,项目经理需要对项目论证进行评审,以评估这些问题和风险所带来的影响。
- 在每个阶段结束时,项目经理需要对项目论证进行评审,以确定费用、时间、风险和收益是否需要更新。
- 在每个阶段结束时,项目委员会需要对项目论证进行评审,为项目的下一阶段及持续实施授权。
- 项目的最后阶段,项目经理需要对项目论证进行评审,以评估项目是否满足需求,项目产物所能提供的收益是否达到预期。
- 作为收益评审的一部分,公司主持项目论证的评审,以确定项目产物是否成功地实现其收益。

项目总裁的职责是向项目干系人保证项目在任何时候都具备吸引力、可行性和可达性。项目总裁不能仅仅依赖最终阶段的评估来做判断,有时还需要项目监理和专业团队协助。项目论证中的投资评价部分为项目委员会提供相关信息,以证明项目论证的合理性,使项目能够获得授权或可持续实施。

> **案例分析**
>
> 伦敦政府部门想建一个游乐设施项目，其合理性是建立在预计第一年能够吸引游客 1200 万人次之上的。游客数量决定了设施的收益，项目的平衡点为 1100 万游客。这个未经验证的预测大大高于 450 万的实际游客数量。在建设期间项目是成功的，达到了世界一流的水准，设施按期完成，实际开支与预算相差不到 5%，所有设施都达到了事先确定的接收标准。但是游客数量不足使收益大幅减少，需要政府提供的补助金由 3.99 亿英镑上涨到了 6.28 亿英镑。这是一场商务和公共关系的灾难，揭示了项目即使按期、按预算完成，但因错误的收益预测使项目的成功交付失去了价值。

9.5 项目的收益确认

确认收益的方法为，首先，识别有哪些收益（经济、社会、内部、外部）；其次，选择能可靠地证实收益的客观指标；再次，汇总其中的基准指标，最好可量化；最后，确定由谁、何时、如何汇总收益的各项指标。客户代表将收益进行细化，并向公司展示，作为项目获批的基础预期收益。不过这个预期可能超越了项目的周期，因为多数情况下，项目结束时很多收益还没实现。这就面临这样一个问题，一旦项目结束，这个"临时性组织"就会被解散，不再有资金和资源去执行这些指标考核工作。PRINCE2 采用收益评估计划来克服这个困难。收益评估计划采用很详细的项目论证，以界定评估的范围、时间和职责，这个评估基于时间和预期收益的性质。通常计划和执行对收益的评估是项目总裁的职责，但也有例外。有时项目收益评审计划可能由公司高层拟订和执行，有时某种形式的考核监督部门可能来担当组织内所有项目的收益考核职责。对于项目完成后的收益评估工作，因项目已经结束，可由项目总裁转至公司高层。

在项目的启动阶段，收益评估计划首先由项目经理编制，其目的是获得项目委员会的批准，以寻求项目授权。如果公司高层在管理或参与收益评估，项目委员会需要寻求公司级的批复。收益评估计划需要在每个阶段结束时更新，确认已经获得了哪些收益，以及暂未实现的收益；哪些将在项目的实施期间获得，哪些将在项目完成后才能获得。在项目实施期内能够被检测到的收益，项目经理应当在收尾阶段报告中汇报。作为阶段边界管理的一部分，对收益需要再确认，并对预测进行更新。项目结束后的收益评估，需要由公司安排客户代表核算，请他们提供证据，在承担了项目的费用及风险后，与项目授权时承诺的收益相比，与他们各自相关的收益是否都已经实现、实现的程度如何。项目结束后的收益评估，同样还需要评估项目产品运转时的表现，确定它们是否有副作用，为今后的项目提供经验或教训。

9.6 项目论证的内容

项目论证描述了项目的成本、收益、风险和预期的立项原因，它一般包括立项原因、商务择优、正面预期、负面预期、时间表、费用、投资评审、主要风险等。下面逐一介绍。

9.6.1 立项原因

项目论证应解释需要这个项目的原因。它应与组织背景相关，应当对项目将如何达成组织的战略和目标做出解释。项目授权时，需要对立项原因做出明确解释，如果无法做出解释，也需要一份说明。例如办公室迁址的原因，可能是当地人口结构变化，或办公室租金上涨，或公司成长而现有办公室难以容纳，或为满足新的法规要求，如设立残疾人通道，等等。

9.6.2 商务择优

对于任何一项业务，通常在商务上有三种选择：放弃不做、按最低程度做、在某种程度上做。其中，"按最低程度做"指刚好达到最低要求，这往往是一种性价比最佳的选择。可以把"不做"作为一个起点或基准，以量化其他选择所带来的改变，根据这些选择所带来的效益判断是否值得投资。如按最低程度做与不做有什么区别？对每项选择的仔细分析，会给项目委员会和关键干系人带来可观的信息，以判断哪种选择最符合组织的价值。分析也给上述问题提供了答案，对于这个程度的投入，与其他的选择相比，其收获是否更可取、可行和可达？

9.6.3 正面预期

对于选定的项目，项目论证应当列出项目产物将实现的各项收益。最好对于每项收益的当前状态进行量化，使项目完成后，新增收益可以度量。项目论证应当确定如何、何时测量改进所带来的收益。例如，办公室搬迁可获得的效益之一是，节省租赁宾馆会议室的费用，前提是新址必须有更多的会议室。效益既可以是经济效益，也可以是社会效益。无论哪种收益，都应当：与具体的项目产物和项目成效挂钩；与组织的目标和战略相匹配；具备可测量的因素；进行量化（包括偏差范围）；进行效益的分解。

明确各自的职责和收益是成功实现收益的关键之一。客户代表为他们在各自领域的收益负责，但这个责任应当分配到人，通常分配给受项目收益影响的客户。预期收益清单将影响项目产物的配置。不应当包含项目不直接生成的任何产物所产生的效益。从产物到成效再到效益，厘清这之间的路线，有助于对项目的计划和控制做出决策。这个路线图使决策建立在实现合理的预期收益的基础之上。

在可能的情况下，收益最好以有形的方式表达。客户代表或项目总裁可能确定很多无形的收益，如"员工满意度提升"等。努力让这些无形收益变成可以量化的有形收益是很有意义的。例如，"让员工更满意"可表述为减少员工流失率，或减少紧张的时间和程度，两者都可转换为资金的节省。收益的量化和偏差的设立（如销量增长 10%~15%）使收益的实现可能被度量。如果项目的收益无法被证实，就不能判断项目是否成功，或是否创造了利润，进而是否应该被启动。项目的隐含收益可能包括以下内容。

（1）间接经济效益：如项目产物与原产品共用生产线，使生产线满负荷运转，生产线的单件折旧费用下降。

（2）维持和锻炼项目团队：组织在项目任务不足时，建设一些收益较低的项目，单纯从经济效益的角度，可能是不合算的；但长期来看，为防止项目任务增加难以在短时间内找到足够多的熟练员工，项目仍然符合组织目标。

（3）社会效益：包括填补产业链关键环节的空白、带动产业集群、促进行业整体技术进步、增加就业和地方税收、有利于加强国家经济安全等。社会效益是政府项目的重要考虑因素，政府对哪些效益最重视，视行业特征和经济形势而定。参与政府项目的招标，应当请相关政策的制定者讲解项目的目的和政策的初衷，确保所做的工作处于正确的道路上。

有许多方法可验证预期收益，例如敏感性分析可用于判断项目论证是否严重依赖某种特定收益，如果真是这样，这将对项目的计划、监督和控制活动，以及风险管理产生影响，需要采取措施以保证这种特定收益。另一个方法是确定收益的三个视角：什么是我们真正的期待？在最好的情况下我们能获得什么？最坏的情况又是什么？最后这点很关键，它提示我们要去评估误差、可能的变更及风险。这样的分析通常会揭示项目的预期收益是合理的还是过于乐观，这种分析的结果也常会导致对项目决策的再评价。收益分析有时反过来会成为变动范围的基础。

测算项目的收益需要进行动态分析。项目产物价格或项目产物在后期运营时产生出来的价格，不能仅仅根据当前价格和通胀率来测算，还需要考虑该行业本身的价格走势，需要密切关注竞争组织的同类项目的投产状况。相对于行业规模体量较大的项目，要考虑项目本身对供求关系和产品价格的影响，以及竞争对手可能对此做出的反应。一旦收益明确，在收益评估计划中就应当描述相关工作内容以及对相关数据的度量。

9.6.4 负面预期

负面效益是指项目产物对干系人的负面影响。负面效益是某些活动的结果。一般来说，这种负面效益能否显现，存在着不确定因素。例如，将一个组织内的两个部门在新址上合并办公，可能带来收益（如工作协同性更佳）、费用（需要增加办公场所的面积）和负面效益（在合并期间工作效率下降）。作为评估的一部分，这些因素都需要被考虑到并最好被度量到。

9.6.5 时间表

识别项目所需的时间进度和不同时间的需求，对收益评估时确定波动范围和时间偏差很有帮助。公司需要知道，在哪些阶段会发生开支，在哪些阶段需要进行开支、收益分析，什么时候组织能够获得收益，合理的最早、最晚启动时间是什么时候，合理的最早、最晚完成时间是什么时候，等等。

9.6.6 费用

项目论证应汇总源于项目计划的费用，收集测算这些费用的依据。需要将后期的运作和维护费用涵盖在内，并说明资金来源。

9.6.7 投资评审

项目的成本包括开发成本、运行成本和维护成本等，这些成本要与项目的收益进行比较。收益和成本有多种计算方法供选择。有时采用财务方法估算某些收益是很困难和不适宜的。在某些情况下，虽然可获得很精确的资料，但仅能通过昂贵的实验、研究和统计获取。当获取很好的财务数据很困难、很昂贵或很费时时，可采用权重因子分值模型（决策矩阵）的方式。

表 9-2 显示了一个为优选汽车型号建立的决策矩阵。我们确定了对我们有价值的六个特性：价格、舒适性、式样、可操控性、可靠性和节油性。每个特性都采用 5 分制，即该特性最满意时为 5 分，完全不满意得 0 分。我们首先评估每个特性的相对重要程度，对每个特性进行赋权，权重值总和必须是 1。表中价格的权重是 0.15，舒适性的权重是 0.25。A 车的价格分是 3 分，其加权后的分是 3×0.15=0.45。A 车的舒适性分是 2 分，其加权后的分是 2×0.25=0.5。经过计算表中 C 车得分最高。

表 9-2 决策矩阵

备选车型	特性（相对权重）						总分
	价格 (0.15)	舒适性 (0.25)	式样 (0.10)	可操控性 (0.15)	可靠性 (0.20)	节油性 (0.15)	
A	3 0.45	2 0.50	3 0.30	5 0.75	4 0.80	3 0.45	3.25
B	2 0.30	4 1.00	2 0.20	4 0.60	4 0.80	3 0.45	3.35
C	3 0.45	3 0.75	4 0.40	4 0.60	4 0.80	4 0.60	3.6
D	2 0.30	3 0.75	2 0.20	5 0.75	3 0.60	3 0.45	3.05

采用权重因子分值模型有许多优点，具体如下。
- 它允许使用复合标准，所选择的特性可以包含各种财务尺度的任一组合。
- 它很容易建立和解释。
- 管理层可确定更适宜的特性和相对权重。由于在建立矩阵时有管理层介入，可能简化项目批准流程。
- 它非常适合假设性研究和敏感性分析，各种标准间的平衡很容易观察到。

采用权重因子分值模型也有一些缺点，具体如下。
- 这个过程几乎全部依赖主观度量，易受偏见、激情等影响，依赖态度和判断力。
- 其结果只包含对相对吸引眼球的特性的测量。没有对已识别出的方案从商务角度进行投资正当性的绝对性验证。
- 所有特性被认为是独立的，没有考虑各因子间的相互依赖性。

一旦一个特定的备选方案被确定下来，就应当再次验证其合理性和可行性。合理性的问题应当按财务计算方式进行验证，以最后决定是终止还是继续。可行性验证方法包括市场调研、前期试验、样件和仿真等。
- 市场研究：如果项目是把一个新产品推向市场，它必须具有市场潜力。市场研究需要询问顾客，看产品是否满足了他们主要的或潜在的能够察觉到的需求。你也可以通过考察类似产品确定你的产品如何从其他产品中脱颖而出。
- 前期试验：可以让产品在小范围内做试验，如在一个有限制的区域市场测试产品，或为关键项目可交付物建立工作模型。先期试验给你提供了一个机会，使你能够观察你的项目在现实条件下的表现。
- 样件：制造或装配部分项目交付物，让它们通过已设计好的性能实验，以验证它们是否达到了需求文件所确定的性能标准。
- 仿真：计算机技术允许对许多形式的项目建模。例如，可以对主流和潜在需求做出假设，通过分析目标客户的人口统计学资料，预测一个产品的市场潜力；可以通过数学计算和计算机仿真，确定建筑、桥梁和轮船的潜在负荷。仿真的价值在于，它们在无风险的环境里有能力识别潜在问题。

在经过良好构思和执行可行性研究后，如果其结果表明项目应该进行下去，你就可以安心地进入计划和实施阶段；如果这个结果不令人鼓舞，你就要利用这些资料重新设计项目，做另外的可行性研究；依此类推，直到你找到一个能够奏效的项目概念。

9.6.8 主要风险

风险可能使项目建设脱离正轨，为了判断项目的商务合理性，项目委员会不仅需要理解项目成本和收益，也需要落实各种风险。项目论证就包括潜在风险的汇总，重点指明影响收益和商务目标的主要风险（包括项目建设及项目交付物运作和维护）。例如，办公室搬迁的风险就包括不可预见的拆卸成本（如石棉拆卸）或商务持续性影响（如关键员工不愿意搬迁）。

实际上风险总是与收益相伴，项目的本质就是替人承担风险的过程。甲方通过合同把风险转移给乙方，乙方通过对项目风险的把控而得到相应的利益，乙方的优势就在于能够更好地控制风险并完成项目。一般来说，风险越大，规避风险的能力要求就越高，完成项目后的收益就越大。图9-5列出了在不同运作方式下，甲、乙双方的风险。

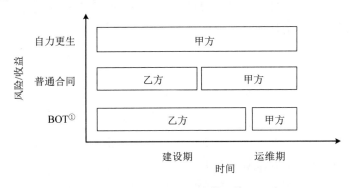

图9-5 甲、乙双方的风险

---

① BOT，即建设—运营—转让。

9.7 项目论证中的经济因素考虑

政府项目通常不以盈利为目标，更多考虑为经济上台阶创造条件，以及项目的社会效益。除政治及科研项目外，经济类项目的项目论证均以项目收益为核心。预测项目收益会受多种因素影响，需要根据项目环境选择更合适的参数，使项目论证与客观现实相吻合。

1. 产品价格预测

产品价格预测时存在三种选择：一是按当前价格；二是在当前价格的基础上，采用通货膨胀率修正；三是按产品价格多年来的变动趋势推导。第三种方式难度高，但预测与结果之间可能出现的偏差最小。对于建设期长、资本回收期长的项目，个别行业、个别阶段的产出物产品价格变动幅度极大，对项目的商务合理性影响是致命的。如IT行业的硬件，按摩尔定律，每18个月，性能会上升一倍，价格会降低50%，缩短项目建设周期，项目收益就会显著增加。IT行业极端强调项目建设速度，推崇"快中取胜"，就是这个原因。相反，从2002年到2013年，中国的房地产价格均处于快速上升阶段，在不违反国家政策的前提下，项目建设周期越长，项目收益越高，这导致了该行业的大量囤地、囤房现象。对于专业性极强的局部市场，本土企业技术上首次突破时，可能面临外资同类产品大幅降价的压力。外资的大幅降价，可能存在以下两个原因。

（1）垄断。本土企业完成同类产品开发前，合谋操纵价格，赚取垄断利润。

（2）倾销。本土企业完成同类产品开发后，按低于成本价向局部市场销售，争取在相关领域将本土企业扼杀在摇篮之中。无论哪种状况，均有违中国现行法律，若发生这种情况，建议本土企业积极组织诉讼，政法机关及时采取措施，维持公正公平的市场竞争环境。

2. 确定资金折现率

确定资金折现率时存在三种选择：一是按通胀率。二是按国债收益率，即资金的无风险回报。三是按项目的资金成本，如果项目资金大部分来源于贷款或信托资金，则按相应的利率；如果组织存在大量有利可图的项目，则可按行业平均收益率，低于此收益率的项目被淘汰。

3. 撇开沉没成本

> **知识拓展**
>
> 沉没成本是指业已发生或承诺、无法回收的成本支出，如因失误造成的不可收回的投资。沉没成本是一种历史成本，对现有决策而言是不可控成本，不会影响当前行为或未来决策。资产的流动性、通用性、兼容性越强，其沉没的部分就越少。固定资产、研究开发、专用性资产等都是容易沉没的，分工和专业化也往往与一定的沉没成本相对应。此外，资产的沉没性也具有时间性，会随着时间的推移而不断转化。以具有一定通用性的固定资产

为例，在尚未使用或折旧期限之后弃用，可能只有很少一部分会成为沉没成本，而中途弃用沉没的程度则会较高。

PRINCE2 要求在项目建设期，对项目论证更新，确保项目始终保持商务正当性，否则终止项目。考虑到项目终止后，已经投入的资金难以全部回收，无法回收的成本即沉没成本。对是否终止项目决策，应当将沉没成本剔除。无论项目是续建还是终止，这些成本都是覆水难收了。建设期长、风险高的项目，应将高投资的部分尽量延后，没十足把握不做实质性投入，在需要调整项目或终止项目时，产生的沉没成本最低。

4. 动态安排投资额

建设期长的项目，越晚发生的项目费用，资金成本越低。总成本不变，在不影响项目建设工期的前提下，将高投资的部分延后，项目的动态投资额可明显降低。项目建设期间或项目投资回收期间，资金利率可能发生变化，影响项目的商务正当性。财务与项目管理团队共同调整项目建设方案和资金筹措方案，可显著提升项目收益，对于商务正当性存疑的项目，则关系项目的生死。

第 10 章 筹备与启动

10.1 项目的准备期

项目的筹备（starting up）和启动（initiating）是项目建设的最初两个阶段，用于项目的各种准备工作。这两个阶段不会对项目进行实质性大量投入，但所有的准备工作，包括项目管理团队的建设及具体管理方法的确定，均在这两个阶段完成。"良好的开端是成功的一半"，对项目达成最终目标至关重要。在这两个阶段，项目筛选及确定项目建设方法是首要任务。对于缺乏足够商务正当性，或项目建设条件尚未完全成熟的项目，在此阶段终止或暂缓，给组织带来的损失最小。

PRINCE2 与 PMBOK 的一个重要差异在于，PMBOK 启动过程仅仅是获取项目正式授权的过程，而 PRINCE2 启动过程的重点却是项目合理性论证，PRINCE2 中，筹备之后不一定就要启动，因为其所对应的复杂项目往往风险较大。在 PMBOK 体系中，项目论证、资源获取、项目准入仅作为项目管理的输入条件的，是在项目管理范围之外。

本章将介绍项目刚开始时的两大主要过程，讲述其中主要的步骤和内容。另外，本章还将介绍常见的项目开发模式及其不同特点。

10.2 筹备过程

项目筹备是项目管理的第一个阶段，它主要进行项目的前期准备，确保以下目标的实现。
- 项目的启动具备合理性。
- 项目的启动获得必要授权。
- 有足够的信息确定项目范围。
- 为项目的建设和评估规划了多种途径可供选择。
- 执行项目启动工作的项目管理人员被任命。
- 编制项目启动阶段的计划。
- 项目范围、时间、接收标准及限制条件均是有依据的，不是凭空假设的。

项目筹备的主要步骤如图 10-1 所示，包括以下几项。
- 任命项目总裁，有条件的话同时任命项目经理。
- 总结以往项目的经验教训。
- 设计（可能任命）项目的管理团队。
- 准备项目论证概要。

- 选择项目方法，编制项目概要。
- 编制项目启动计划。

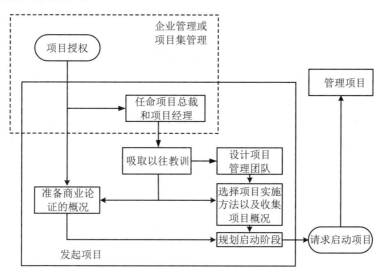

图 10-1　项目的筹备概览

案例

筹备的重点是要找到对的人，特别是项目总裁。项目总裁必须是各主要投资人所信任的，这是最基本的条件。项目总裁代表着最重要的投资方的利益，他的职责是保证主要投资人的利益最大化，而不是项目本身。当然，项目建设的初衷是通过项目来实现主要投资人的利益，因此项目论证是项目总裁的重要职责。在 F-35 战斗机项目中，三大军种，特别是空军和海军同国防部是存在矛盾的。在选择 PEO 时，国防部应考虑其是否能够代表自己的意志。PEO 作为资源提供方的监管代表，其在制订项目目标和规则时，首先应该反映出资源提供方的意愿，之后才可以实现自身进一步的想法。在 F-35 战斗机项目中的大多数 PEO 却更偏重于站在各军种的立场考虑问题，强调战斗机的功能而不是成本，直到 Bogdan 上任。Bogdan 把合同框架改成了总价包干模式，从成本出发来制定项目的新规矩，充分反映出了国防部的意志，因此获得了国防部的信任而成为担任 PEO 时间最长的军代表。

准备项目论证概要，需要项目经理和项目总裁与项目委员会成员及其他干系人充分交流。前期信息越充足，后期所浪费的时间越少。项目总裁一般先拟出一个大纲，项目经理在此基础上同客户代表、供应商代表等主要干系人商谈。商谈内容包括项目产品总体描述、检验标准、主要里程碑、主要风险、大致时间、初步阶段计划等。在筹备期间应该创建项目日常活动的日志文件、经验教训的日志文件、团队的结构和团队主要角色的职责描述。项目团队角色分离是 PRINCE2 与 PMBOK 的区别之一。在 PMBOK 中，项目经理包揽了绝大部分角色。项目概要（project brief）是筹备期间的重要产物，通过审核项目概要，项目委员会可以决定是否进入下一阶段（项目启动）的工作。PRINCE2 中的项目概要有些类似于 PMBOK 中未被授权状态下的项目章程。项目概要的内容有以下几个方面。

- 项目定义。

> 项目背景，前期努力。
> 项目目的和期望成效。
> 项目做哪些和不做哪些。
> 项目的约束和前提。
> 同项目有利益关系或受项目影响的人士。
> 项目的允许偏差（容忍度）。
> 需要与项目打交道的人或机构。

- 项目论证大纲。
- 产品总体描述。
- 项目途径。
- 项目团队结构和角色描述。

10.3 启动过程

项目启动阶段的目的是给项目建立一个牢固的基础，在项目发生大笔开支前，让组织理解为交付项目产物所需要完成的工作。若没有项目经理，则在启动时首先要任命一名项目经理。该过程的目标是确保对下列内容取得共识。

- 项目建设的原因、预期收益和相关风险。
- 项目建设的范围和项目需要交付的产品。
- 项目产品何时交付、如何交付；成本大致为多少。
- 涉及项目决策的人有哪些。
- 项目产品需要达到的品质标准。
- 如何建立及控制项目的基准指标。
- 如何对风险、问题和变更进行识别、评估和控制。
- 如何进行过程监控。
- 谁、何时需要得到何种信息，以哪种格式提供。
- 如何裁剪组织的项目管理方法以适应本项目。

案例

启动时要充分准备好项目开始后的各种资源，资源的多少取决于计划的形式。若是分阶段评估、分阶段实施，则每阶段所占用的资源并不一定很大，且不同阶段的资源差异也许较大。洛克希德·马丁在F-35战斗机项目中最初的EVM是Burbage，是当年的F-22战斗机项目的负责人，其目的很明显：把F-22战斗机项目的那套模式复制过来。但由于底层的工具发生了变化，加上三合一构想的不合理，项目无论怎么尽力都不能够达到既定要求，公司的压力很大。于是公司请来了Crowley，其来自臭鼬工厂，负责公司的创新工程。公司的意图很明显：看是否能通过非传统的新招来解决目前解决不了的问题。F-35战斗机在Crowley担纲后首飞成功，从表面上解决了问题。Burbage和Crowley都担纲项目差不多6

年，如果不是项目惨遭打击，都还会继续在任上干下去。而他们之后，F-35 战斗机项目的 EVM 担纲时间都不长，普遍为两年。不过，在正式担纲前，一般会先在副职岗位上熟悉情况，这同项目 PEO 一样，一般是先副职再正职。当国会认为软件问题已严重危及项目的生存时，公司任命了计算机科班出身的 Martin 担纲，把软件工程的模式搬入了项目开发，项目总算走上了正轨。按公司官宣的话：取得了项目有史以来最好的效果。在项目开发模式解决后，航空科班出身的 Babione 出任 EVM，表明项目的重点再次进入飞机制造领域。对于复杂的项目，其每个阶段对人、财、物的需求都可能完全不同。

值得注意的是，项目论证所涉及的事项，在这个阶段会进一步细化。如果发现项目论证所涉及的内容与预期存在显著差异，或项目环境发生变化，或有重大事项遗漏，则需要重新修订项目论证、汇总，以获得项目委员会的批准。

启动项目的过程由项目经理主导，主要步骤如图 10-2 所示，包括以下内容。

- 准备风险管理策略。
- 准备配置管理策略。
- 准备品质管理策略。
- 准备沟通管理策略。
- 建立项目控制方法。
- 创建项目计划。

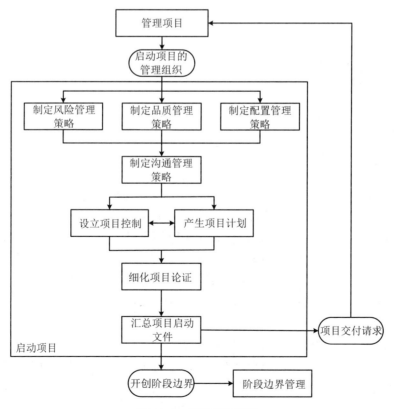

图 10-2　项目启动概览

- 细化项目论证。
- 编制项目启动文件。

上面各项策略的编制可同步进行，只有沟通管理策略延后。因其他策略都涉及沟通事项，所以最好在完成其他策略的编制后，再编制沟通策略。这些策略的编制可摘录公司的策略、标准或惯例，并满足项目产品总体描述中客户对品质的期待。在确定这些策略后，就可以建立对项目的控制文件和编制项目计划。完成这些步骤时，有些活动需要反复进行，如每项控制都需要时间和资源，需要把这部分内容列入项目计划；编制项目计划时，所识别出的项目产品和相关活动，需要列入控制方案中。上述策略和计划等内容可详见各章。

在建立了控制方案和完成项目计划的编制后，需要修补项目论证。项目产物开发所需预期时间和费用、项目的管理费用等，在此时更加清晰，有条件对项目论证中的相关内容进一步落实。项目启动流程的最后一步是编制项目启动文件。

项目启动文档（project initiation documentation）是启动阶段的重要产物，包括以下内容。

- 项目概要。
  - 项目定义。
  - 项目路径。
- 详细的项目论证。
- 项目团队结构。
- 角色描述。
- 品质管理策略。
- 配置管理策略。
- 风险管理策略。
- 沟通管理策略。
- 项目初步计划。
- 项目控制方案。
- 项目裁修方案。

在项目启动阶段，初步计划做多详细才够呢？管理层所追求的确定性和项目固有的不确定性是个根本分歧。在项目启动阶段，这个分歧是最大的。管理层追求精确的预算，但此时信息还不够齐全，无法提供精确的预算。在初步计划中，方案是相对简单的和很缺乏细节的。事实上，文件的详细程度只能反映在那个阶段对项目的认知水平。在大多数商务提案中，只能确定程序的主要部分和一些重要的里程碑事件。只能以范围的形式，而不是以具体数值的形式来确定完成日期和费用预算，如 16~19 个月花费 40 万~60 万元。在项目论证完成后，为了稳妥起见，可以再审视以下问题。

- 组织当前的开发能力和长远的战略考虑。
- 项目外包好，还是自己建设好？从成本、品质、时间等多方面进行考虑。
- 如果外包，是否存在安全问题？是否需要直接控制？是否有损公司的竞争力？
- 如果自己建设，是否有足够的员工来做这项工作？
- 这些员工是否愿做这项工作？是否在日程安排上有障碍？

10.4 项目开发模型的选择

项目在启动阶段的另一个重大议题就是开发模式的问题。对于技术成熟、资源可把控的项目，PMBOK 无疑是最好的。PMBOK 通过严密的计划、严格的监控，可以让效率达到极致，使项目的目标可以精确地完成。如果技术不成熟、资源存在某些不确定性、项目带有研发性质，则 PRINCE2 是更好的选择。PRINCE2 开发的方向是从重点到一般，一步一步把项目摸清楚。其最早的模型就是螺旋开发模型。螺旋开发模型的最大特点就是摸着石头过河，走一步看一步。当技术还不成熟时，或者说自身的能力还不够时，切记不要凭自己的主观愿望来制订长期计划。构建长期愿景、落实短期计划是针对复杂项目的正确方式。这在实体经济中体现为短周期的小批量生产。当然，对于非常成熟的项目，长周期的大批量生产是最佳方式。

在项目筹备过程中，需要明确项目的开发途径，并在项目启动过程中按照此预定途径进行计划。项目开发途径多种多样，例如，是采用内部开发还是委托第三方，是在过去某项目的基础上修补还是从头开始。其中最常用的方式是内部开发，因为不这么做就失去了本组织的特征，甚至可能为第三方做了嫁衣（尽管这样风险小）。对于一些研发方面的项目，或一些创新类的项目，往往是从头开始做。这样做虽然风险较大，但收获也大，不仅有现实的经济利益，更培养了组织的能力，抑制了竞争对手。PRINCE2 的重要特征是分阶段，通过分阶段可以降低风险，增加项目的灵活性。

> **案例**
>
> F-35 战斗机在最初计划时并不成熟，但却太早就下了大量订单，以至于飞机的质量无法跟上，更重要的是飞机的性能无法紧跟时代。对于 F-35 战斗机项目前期造成的损失，军方不得不采取补救措施。据说，美国空军可能在未来 10 年里让一些用于训练的老款 F-35 战斗机退役，转而购买最先进的 F-35 战斗机。美国空军副参谋长 Clinton Hinote 说，老版本的 F-35 战斗机可能会退役，而不是接受成本昂贵的升级，这是为了保证这款战斗机在未来的冲突中能发挥作用。陆军中校 Thomas Bull Holland 博士认为，在传统的观点中，顾客就是上帝，需求总是对的，其实不然。以客户为中心的思维有时会带来灾难性的后果。此外，Bull Holland 认为，如果项目的时间拉得太长，不确定因素的干扰会增多，如需求变了、技术变了、工具变了、人员变了等。他认为传统的瀑布开发模式已经过时，他对军方的项目管理提出了两条建议：① 任何项目至少得分两个或两个以上的阶段，多阶段的迭代模式能够兼顾稳定与创新；② 每一阶段一旦开始，不允许再加入任何新需求。

早期的分段模型如瀑布模型（waterfall）如图 10-3 所示，曾得到了广泛的关注和使用。在瀑布模型的框架内发展出的 V 模型是美军常用的开发模型之一，德国许多企业也使用 V 模型开发项目。航天、建筑类企业项目也基本采用此类模型。使用这类模型的一个前提是项目开发环境要相对稳定，即外部需求、内部人员、资源和工具等不能有大的变动，企业要为项目开发提供这样的稳定环境。德国有大量的家族企业，许多都有百年历史，且业务范畴很专一（特别是传统制造业），这为项目提供了较为稳定的内部环境。德国的社会制度又为企业提供了较为稳定的外部环境。因此，采用V模型有其正当的理由。美国的军工企业也具有半国营、半垄断的性质，其生存环境同样比较稳定，所以也可以采用V模型，如图10-4所示。

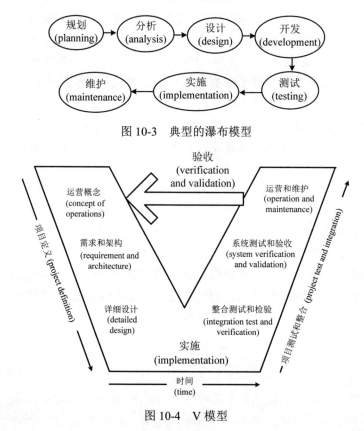

图10-3　典型的瀑布模型

图10-4　V模型

在项目环境出现大的变化的情况下，上述模型可能就不再适合。环境变化包括外部需求的变化，内部人员、工具的变化，也包括开发过程中遇到的新问题带来的变化。在创新型项目中经常会遇到意想不到的情况，而新情况可能会极大地改变项目的进展。如今的IT业是一个快速发展的行业，当然也是一个很不稳定的、高风险的、高回报的行业。IT项目就不一定适合上述的V模型。当企业不能够保证一个稳定的项目开发环境时，就不得不采用分段模型。在本书第1章中介绍的美军的螺旋开发模式就是一种分段模型。典型的分段模型是原型法（prototyping）。螺旋开发模式是一种重型分段模型，而原型法属轻型分段模型。原型法通过轮回不断地构建产品雏形，不断地评审，分段地进行项目开发。原型法在开发过程中可能会抛弃以前开发出来的一些无法再用的成果（或错误导致的结论）。更多的情况是原型法每一阶段不断地在前面的基础上增加新内容，这就是常见的迭代增量式模型（iterative and incremental development），如图10-5所示。在螺旋模型的每个轮回中，内部都是一次完整的瀑布模型，都进行了完整的计划和风险评估。在原型法的实施中，往往带有一些实验，存在多个平行方案的比较。分段模型通过分段来提供短时间内的项目稳定开发环境,在每个分段结束时进行再论证、再计划,能够较好地适应内部和外部的变化。内部、外部环境的稳定性决定了阶段的长短。在目标不是很清楚的情况下,软件开发常常使用快速开发模型(rapid application development),如图 10-6 所示。在快速开发模型中,开发者往往不太清楚客户的目标,客户由于不懂技术,也往往无法正确描述自己的期望。客户不断地提想法,开发者不断开发适应;同时,客户也对技术可达到的效果有了进一步的认识。双方不断地合作,直到开发出一个双方可接受的产品。

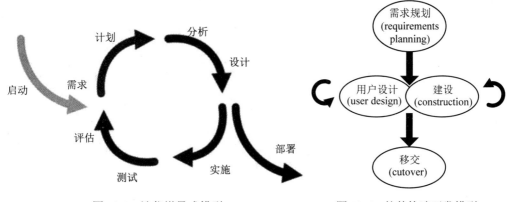

图 10-5　迭代增量式模型　　　　图 10-6　软件快速开发模型

开发模型的选用主要同项目的不确定度相关,如图 10-7 所示。究竟使用哪种项目开发模型,要根据项目和公司的具体情况来定。瀑布法以自己的技术和判断为中心,从整体到细节;原型法以用户为中心,从重要到次要。对于分析层面难度大而技术层面难度不大的系统,可用原型法;对于技术层面的困难远大于其分析层面的系统,可用瀑布法。二者经常结合使用。无论哪种开发模型都可纳入 PRINCE2 的管理模式之下。至于如何使 PRINCE2 和项目的具体情况相结合,可参看第 17 章。

图 10-7　开发模式的选择

从 20 世纪开始,项目管理日益向敏捷方式(agile)发展。敏捷方式实际上是螺旋模式的修改,在 2010 年后成了复杂项目管理的标准模式之一。各个行业均有与敏捷相关的开发模型,如敏捷软件开发、敏捷制造、敏捷学习、敏捷建设等。最早敏捷项目开发来自软件行业,因为复杂软件吃够了传统管理模式的苦头。敏捷方式同传统方式的一个重大区别是它们的驱动因素不一样,如图 10-8 所示。在传统的 PMBOK 中,从上而下计划是红线,要严格执行。而在 PRINCE2 框架下的敏捷模式,则是以任务的价值来启动的。在任务优先级的安排上,先做什么、先改什么、不做什么、增加什么、删减什么,PRINCE2 都以对项目产生的价值为依据。当然,价值的判定离不开在当前环境下的项目论证。论证要进行多次,论证的时间一般在新阶段开始前和重大事件发生时。图 10-8 的右边,成本是项目开发的红线,时间可能也是项目开发的红线,而项目的范围则本着有多少能力做多少事的原则来安排。价值驱动的敏捷方式并不回避需求的改变,因为环境在变、技术在变。为了"船小好掉头",敏捷方式的团队要求少而精。为了应对各种不确定因素,团队成员要求异质化,但都有协作精神。敏捷方式以变应变,在变的过程中可能创造出新的价值。传统的计划驱动模式的项目以计划为纲,为了避免项目在进行过程中的各种不确定性,要求事先锁死项目的资源和技术,以不变应万变,保证事先的目标价值得以实现。因为计划驱动模式使用成熟的技术,所以其不太需要高明的工程人员。因为计划驱动模式有足够的资源保障,有既定的清晰的目标,则可以尽可能多地使用人力、物力,而不需要考虑"船大要掉头"的局面。计划驱动模式强调的是对命令的执行力,执行力意味着高效率。只要有模板,计划驱动模式对于繁杂的大项目最适合。如果有技术成熟、资源(包括人力资源)可控的前提,只要计划不大改变,使用强有力的管理手段肯定能够高效率地实现既定目标。然而,复杂项目(包括很多 IT 项目)往往不具有上述前提,所以只能使用敏捷方式一类的价值驱动模式。

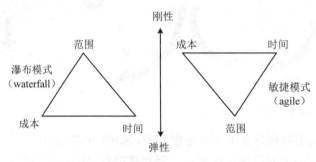

图 10-8 计划为主导与价值为主导

> **案例**
>
> 在美国,多军种多用途战斗机并没有成功的先例,F-35 战斗机项目并无模板可循。然而,国防部却一举制订了 12 年的计划,签下合同,拨下巨款,并按年度甚至按季度预订了飞机。战略与预算评估研究中心的 Todd Harrison 曾预言:F-35 战斗机项目因为太大而不能倒,也因为太大而不能成功!因为国防部已投入了 650 亿美元,花费太大,没法不努力推进。而项目要求一个平台要完成 3 架飞机的功能,任务太大,没法顺利交差。Harrison 果然言中。《纽约时报》发表了 Christopher Drew 的文章,认为病根在国防部。在 1990 年,国防部因其轻率认定三个军种的飞机可以共享 80%,认为 F-35 战斗机研制简单且成本低,但真正实施时却只发现能够达到 20%。国防部部长助理 Kendall 事后承认:"我们的采购模式错了!"所以,复杂项目是不适合使用 PMBOK 一类的以计划为导向的管理方式的。对于长时间的复杂项目,在开始部分可采用分阶段的方法,按照 PRINCE2 的模式来工作。而当项目的所有难题和重点均解决后,剩余部分则可换用 PMBOK 模式。或宏观上、整体上采用 PRINCE2 模式,而具体的小时段采用 PMBOK 模式。

10.5 项目的正式启动

通过对项目启动文档的审核,可以决定是否正式展开项目。展开项目意味着要有足够的资金、人员、资源的保证。在项目启动文档通过后，在项目继续下去以前，需要获得某种形式的正式授权或经费批准。有些公司在正式下达项目前，项目委员会要向公司递交一份同项目启动文档非常相近的文件——项目建议书，可采用以下格式。

- 需求陈述——对需求的一个简短陈述。
- 背景——对需求更详细的描述，以及它为什么重要。
- 推荐的行动方案——针对需求的、在项目前期最适宜的建议或行动，包括描述曾考虑过的其他备选方案，以及它们落选的原因。
- 利益——采取所建议的行动后，与之相关的所有效益。
- 行动风险——采取所建议的行动后，与之相关的所有负面影响。
- 不行动风险——不采取所建议的行动，与之相关的所有负面影响。
- 开支——如果采取所建议的行动，预期开支的范围估算（至少、最多）。
- 收益——如果采取所建议的行动，可收获的一个范围估算（至少、最多）。
- 日程安排——全面完成所推荐的解决方案的日历时间范围估算（最早、最晚）。
- 评价方案——如何评价项目产品的品质，在方案实施过程中，哪些事项将被测量、监控和跟踪。
- 未知和不确定性——对项目有可能有负面影响的问题。
- 假设——项目的前提条件。
- 限制条件——对所推荐的行动，限制或妨碍其成功的任何事物。
- 所需支持——采取所建议的行动所需要的资源。
- 人员结构及分工——项目成功实施所必须涉及的人和组织，以及对他们都有何种期望。
- 对他人的影响——采取所建议的行动后，对其他组织、其他个人、其他程序或行动的影响。
- 必要的保障——公司高层或哪些特定人员的何种行动与支持是成功必需的。
- 成功的关键要素——哪些问题可能严重伤害项目，解决这些问题的要素是什么。

项目正式实施前，需要获得管理层的正式授权。在一些组织，这种授权来自于一个被称为项目章程（project charter）的文件。项目章程在设计上形式多样，它可包括以下内容。

- 项目和项目目标。
- 项目前提与约束。
- 项目预算。
- 团队组织结构。
- 对项目管理给予的授权程度。
- 预期的项目产出。
- 用户和主要干系人。
- 初步计划。
- 正式的管理层签字。

除按上述组织程序启动项目外，还应当组织一次项目团队启动会议。正式的启动会议将宣布团队的成员构成和项目前期需要做的工作。项目启动会议的时间，取决于团队成员何时到位，何时形成一个完整的团队。启动会议可利用适当的时间，开发项目成员之间的相互期待；由管理层成员做报告，对团队进行鼓励，以提升团队的凝聚力。

在项目启动之初，项目负责人必须估量项目周围的生存环境。首先是重要干系人的潜在影响。一旦确认了所有项目的干系人，就应当把这个过程再进一步。确认在项目成功后，谁将获益（或受损）；如果项目不成功，谁将获益（或受损）。理解并重视项目中每个干系人与项目的关系，是非常有价值的。基于上述分析，可以找出谁可能支持项目，谁可能反对项目，当遇到困难时可以向谁求助。项目建设一定要有强有力的项目赞助人，他们往往是同项目有直接利害关系的人，是能够推动项目的人。如果没有强有力的项目赞助人，一定要在项目启动之初就去引入一个。

当项目目标，特别是时间和费用超越了管理层期望时，项目负责人有可能会陷入困境，因为项目负责人可能被迫接受管理层不现实的费用、方案或其他目标。在这种状况下，建议做如下两项选择。

- 以数据资料为基础进行分析，提出项目目标是不现实的。这可能打动管理层。
- 以自己原始的费用和方案目标做一个备份文件，并适时呈送此文件。

第11章 项目收尾

11.1 收尾的目的

项目到了结束时,往往会遇到更多困难,许多甚至是想不到的困难,有人认为是项目的危险期。如果项目的确因为某些原因执行不下去了,要提前结束,怎么向人们交代?怎么保护已有的成果?如果项目完成了既定任务,如何让客户相信目标已经完全达到?如何保留成果?如何评价项目的性价比?如何知道客户和上级是否真正满意?如何应对一个即将解散的团队?项目收尾具有相当的不确定性。

项目收尾作为一个过程,其目的是锁定一个时间点,使项目产物的交付得以执行;实现项目启动最初设定的目标(或获批变更后的目标);或在某个时点,经确认该项目已经无法继续做出贡献。项目收尾包括合同收尾和行政收尾两部分。合同收尾就是按照合同规定,项目团队和建设单位检查合同所要求的内容是否完成,是否可以结束项目,也就是项目验收。合同收尾的依据是合同文档及其支持文档。合同收尾的目的就是向卖方提供正式的书面通知,告知对方合同已经完成,项目经理应当负责把全部的合同记录和支持文档整理备份,建立索引以便于查看和指导新的项目。行政收尾是对于项目团队内部而言的,就是将项目实施过程中的文档进行归档,对外宣布项目结束,转入维护期,将相关的产品说明转到维护人员,同时总结经验教训。一般来说,先进行合同收尾,再进行行政收尾。

本章将介绍项目收尾的流程和方法,讲述收尾时可能遇到的问题和保障收尾成功的一些要点。

11.2 收尾的流程

执行项目收尾的目的有以下几项。
- 使项目产物达到客户接收的标准。
- 确保项目结束后,客户能正常使用和维护项目产品。
- 按原定基准,评审项目建设各方面的表现。
- 评估已经实现的收益,刷新未来收益预测,并编制收益评审计划。
- 对于所有开放性问题和风险,确保都得到了落实,并提出了后续行动建议。

项目的收尾活动应被列入计划,作为项目最后管理阶段的阶段计划的一部分。关闭项目时,需要项目委员会提供指示,以便获得关闭项目的授权。随后项目负责人应通知公司项目已经关闭。在某些状况下(如项目论证不再成立),项目委员会有可能希望项目提前结束。如果项目提前结束,仍然需要执行收尾流程,但需要根据实际的项目环境。对流程进行裁修。在项目结束后，可能针对项目产品还需要采取一些活动，应当把这些后续行动写入正式文件，列出计划和提案。

项目收尾时，项目目标可能完成了（正常收尾），也可能没有完成而提前收尾。一般情况下，不应当为取消一个已经实施的项目而惭愧。至少从减少时间、金钱和资源浪费的角度，一个坏的项目越早结束越好。这就是在项目周期内，为什么要不断地参考项目论证。

图 11-1 列出了项目收尾过程中的主要活动，包括准备正常收尾、准备提前收尾、提交产品、评价项目、提请项目收尾等。

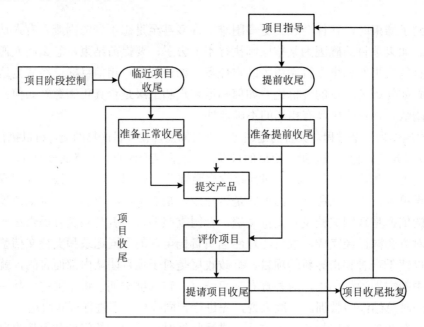

图 11-1　项目收尾过程

1. 准备正常收尾（prepare planned closure）

（1）更新项目计划为最后阶段。
（2）审查产品状态，确认产品达到了产品描述的质量。
（3）告知上级资源即将使用完毕。

2. 准备提前收尾（prepare premature closure）

（1）更新问题登记。
（2）更新项目计划为最后阶段。
（3）审查产品状态，确认项目需要结束。
（4）可能需要增加额外的工作来确保项目产品能够为其他项目所用。
（5）告知上级资源即将使用完毕。

3. 提交产品（hand over products）

（1）提请项目完成之后产品工作的建议。

（2）对照收益检验计划做比较。
（3）确保产品交给了正确的用户，并能够进行正确的操作。
（4）确保产品能够被用户接收。
（5）提请正式的接收记录。
（6）移交产品给用户并更新产品记录。

4. 评价项目（evaluate the project）

（1）对照启动阶段的项目启动文件的目标做比较。
（2）审阅可能的项目变更。
（3）准备项目收尾报告。
① 项目总结。
② 项目结果与项目论证的收益比较。
③ 项目达到的效果和偏差，项目的原始目标。
④ 项目的后续建议。
⑤ 项目提前结束的原因。
（4）项目经验教训报告
① 项目中的正面负面情况，与之相关的项目过程和管理方法。
② 项目的代价。
③ 项目执行的效率。
④ 项目的品质风险等统计。
⑤ 获得的新知识、新技能。

5. 提请项目收尾（recommend project closure）

（1）查看沟通管理中需要知道的关系人。
（2）关闭项目问题登记、风险登记、品质登记、日常记录、经验教训记录。
（3）相关记录全部存档。
（4）为项目委员会准备一个收尾提醒文件，标志项目结束。

11.3 收尾的挑战

在项目末期，浮现出来的许多挑战根植于意识行为的问题，这将考验对项目的领导能力。项目收尾是一种"艺术"。

1. 提早结束的挑战

项目最根本的目标是达成商务上的结果。项目是你的组织所做的一项投资，你期待从它那里获取回报。在现实生活中，有时可能出现坏的投资，同样的事情当然也可能发生在项目上。如果条件改变了，在项目开始后尽早停掉项目，反而会成为赢家。简单地说，若公司不再指望项目带来商务上的好处，则在它上面花钱就不再明智。有太多的项目案例应该提早结束，但却没能结束，发生这种状况至少有以下三种原因。

- 忘记项目论证——在整个项目生命周期中，应当不断测试项目的生存合理性，或经济上的正当性。一些组织此事做得不好，或根本就没做。一旦管理层批准了项目，它就简单地向前直到完成。在今天这种快节奏和不断变化的环境中，一些变化动摇了项目原始商务提案的基础。这就意味着，你需要定期重新考虑每个项目在经济上的生存能力。组织应该终止失去了有潜在商务支撑的项目。
- 害怕失败。在很多人的思维中，项目的提前终止在某种程度上与失败相关联。这远非事实，因为合理的商务原因，提早终止项目，事实上属明智的管理。它只是一个资金重新分配的过程，把资金从相对较差的投资移到相对较好的投资上。
- 执行的惯性。一旦项目开始执行，就有某种惯性产生，因为某个特定项目已经完成了某些工作，考虑到已付出的努力，在这种环境下，几乎肯定将使项目继续下去。其实，这样固执地做下去已经不再明智。

2. *项目团队的挑战*

- 因为一些成员已完成了他们的任务，团队职能丧失。
- 对每天重复性的电子邮件、新闻、摘要工作、记录等诸如此类的任务丧失了兴趣。
- 因团队成员转入了新的项目或其他工作，注意力转移。
- 害怕项目结束后失去工作，因此故意拖后腿。

3. *客户的挑战*

- 协议上承诺过，但还未能解决的问题可能仍然存在。
- 缺乏一个清晰的项目交接方式。
- 在重要交接点，个人职责变更。
- 无法找到关键人物。

11.4 收尾的要点

在项目的收尾阶段，对于项目管理应给予与项目其他任何阶段相同或更多的重视。作为项目经理带领一个项目成功结束，需要密切注意多个不同的管理职能。项目结束时所需的多样的技术、组织和领导技能超过了在项目的其他任何阶段对这些技能的要求。以下是为成功完成项目你必须做好的一些事情。

（1）确保项目将交付已承诺过的东西。虽然这些应在整个执行和控制阶段已经落实，但是你必须不断监控项目可交付物的品质和功能，保护它们不降级。从项目收尾的角度，把此事作为你的目标，避免最后一分钟出现意外。

（2）积极带领项目团队渡过混乱时期。这个时期应使你的视角比从项目开始时的任何时间都大。在项目临近完成时，作为一个职能单位，你的项目团队可能开始解体，沟通将变得更加困难。你可能无法依赖在每周的团队会议上抓到的一些听众,对人和事的组织的困难程度在持续增长。所有的这些问题,需要你抓住全局,保持强有力的领导。

(3)为整个项目生命周期进入下一阶段做好准备。项目所制造的交付物一般会被客户接收和使用,首要职责是确保向客户或用户的交接能顺利完成,即保证项目进入后项目开发期。

(4)确保项目符合完成标准。在项目开始时应当建立了完成的标准。如果到项目结束都一直忽略这个问题,那么在项目范围和品质上的分歧会变得很严重。把一些问题放到项目后期解决,会引起重大返工。

(5)获得客户接收和验证客户满意度。在客户的接收已经落实、客户表示满意时,应当创造一个类似"庆典"的氛围。正如采用一个正式的启动会进行项目前期沟通一样,在确保客户接收和满意后,以正面和积极乐观的方式举行一个正式会议,以标志项目成功完成。

(6)确保项目记录精确地反映了项目。可能包括一个范围很大的记录,它所涵盖的过程包括项目如何被执行的记录和信息,也包括任何的变更,以及反映在项目收尾时真实存在的所有相关文件。这将确保历史资料被保存下来,这对项目团队的未来可能产生极大的价值。项目卷宗应当更新以反映最终实际的开支、工作日程、功能和品质。设计文件和设计说明书应当更新以反映交付物的实际外观和性能。合同及采购记录应当反映在协议或合同外的所有限制性条件。

(7)把在项目中所学到的知识传授给他人。无论做的是一个系统层面的分析,还是匆忙记录下来的一小点提示,对于传授你所积累起来的任何重要信息、你所学到的任何教训都是重要的和有用的,参加学习的任何人都有可能从你最近获得的知识中受益。

(8)感谢贡献者。对帮助你达成项目成功的人要表示感谢,这并不仅是为现在,这也是今后的一块坚强基石,无论对你个人还是对你的组织都有益。如果那些努力工作并做出重要贡献的人的工作得不到认可,他们可能最终会失去动力,这将伤害组织以后的总体效率。从更加个人化的层面来说,如果你获得了这样一个名声,有人做出了业绩,你给予了认可和回报,你就更可能在你未来的项目中获得你所需要的资源。多项研究表明,个人的认可对人们很有意义。虽然经济上的刺激也不错,但知道别人欣赏你的工作就会使你感觉你对别人有价值。

(9)确保项目在有效的管理中结束扫尾工作。这可能包括一个范围很宽的管理事务。包括大量的杂事,例如需要落实的财务上的事务,保证所有未偿付的发票被提交、所有的账单被支付,结束租借或租用合同,以及处理或储存所有剩余物资,等等。

(10)保证"所有的东西"能够按期完成。项目结束时大量的事物要处理,项目经理可以参照以下内容清理所有的事物。

① 客户问题。
- 完成所有的交付物。
- 对交付物进行总装和测试。
- 准备操作手册。
- 准备保养手册。

- 培训客户的员工。
- 就后续支持达成协议。
- 组织客户的正式接收评审。
- 客户满意度验证。

② 组织问题。
- 总结经验教训。
- 准备最终技术报告。
- 评价项目表现。
- 主持最终评审。
- 准备项目的历史卷宗并存档。

③ 员工问题。
- 对团队表现做出认可和奖励。
- 对项目团队的表现做出评价。
- 在项目员工重新安排工作的问题上给予协助。

④ 管理/其他问题。
- 处理剩余的项目物资。
- 关闭临时的工作场地。
- 提交最后的发票。
- 促进最后的支付。
- 关闭项目管理代码和工作通知单。

收尾时，可进行一项冲刺清单制定活动，把每个人的注意力聚焦于完成项目还需要做的特定工作将会很有帮助，如图 11-2 所示。开发一个冲刺清单，要与所有的关键干系人联系并对它进行评审。围绕冲刺清单做一份小计划，是驱动你的项目迅速地、有组织地、成功地结束的一个有效战略。

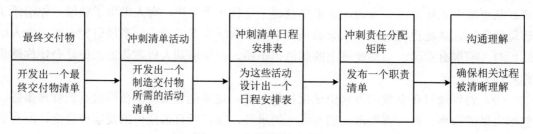

图 11-2 冲刺清单项目管理

11.5 经验教训的学习

支持组织持续改进项目管理方法的路径之一是采取经验教训的学习研究方式。经验教训学习研究的目的，是通过对项目的回顾做系统的评审以获取信息，通过对正面经历和负面经历的理解，让未来的项目避开不利因素，并挖掘出有利因素。在研究中，应当包括关键干系人，通常由项目团队担当主角组织和实施这项研究。经验教训交流会的设计可以有多种形式，但通常可在团队会议的背景下完成，采用类似头脑风暴的方法。对于提出的每个相关问题，可以做如下讨论。

- 问题是什么？它的影响有哪些？对察觉到的问题和其对项目的特定影响都进行描述。
- 什么导致了这个问题的发生？找出问题的根源。如果不知道其根源，需要权衡获取这方面的知识所需要的费用与解决它的潜在利益相比，哪个更大。
- 为什么这个问题没被事先察觉？这涉及对监控、控制或报告方式等可能存在瑕疵的探索。
- 这个问题今后能被消除吗？这是在寻求采取特定步骤的建议，以防止今后再发生。总的来说，并非每个问题都可以被彻底消除，但可以采取这样的战略，以降低问题再发生的概率。
- 如果它不能被消除，有办法让它被事先觉察吗？寻求建议，团队如何改变监控、控制或报告方式，以更早或更可靠地察觉到问题。

团队可能有部分成员的工作已经提前结束，要把每个人都聚到一起存在困难，即使你把他们聚到一起，其执行程度可能不如你的预想，所以不要等到项目末期才来交流。交流时不妨提供匿名提交的机会。这样可以使一些敏感信息和主意能传递给你。对于交流的问题要及时保持最新纪录。

在经验教训学习中，要注意不要把经验教训的学习仅与你的项目的特定背景相联系。一般来说，要确保所表达的经验教训学习总体上是有益于组织的，有益于其他项目的。从经验教训学习中所总结的结论，应采用对广大听众有效的方式进行传播。另外，不要只讲"做好了什么"和"没做好什么"，更需要分析或综合，要给组织内的其他人提供深刻的"经验教训"。为使众人能够受益，他们需要知道如何避免这个问题，或如果问题发生了，如何降低其影响。最后，经验教训学习也应该包括在项目生命周期的前期活动中。传统上对经验教训的学习研究仅被认为是对各项活动的总结，这种单向的视角可能无法保证它们会被未来的项目团队所采用。组织可以通过在项目开始时纳入这个步骤，来使学习问题得到落实，也可作为前期计划的一部分。这种在过程中循环学习的方式，对确保团队实际运用到经验教训会有帮助。

第 12 章　管理的主要过程

12.1　过程的定义

过程（process）是指一系列的有结构的活动，通过执行这些活动，可以提供特定的服务或产品以满足客户的要求。每个过程都有输入和输出，过程可以看成对输入的处理并得到输出的活动，如图 12-1 所示。所谓结构是指活动之间的关系，如依赖或制约关系，在活动的实现上可表现出先后顺序、上级与下属等。项目管理要实现目标，显然需要有过程来支撑，按照项目体系理论，项目管理有相对固定的过程。一般项目工作的步骤可分为识别机会或发现框定问题，识别和确定最佳项目解决方案，识别任务和所需资源，准备控制日程安排表和资源分配计划，估算项目开支，准备一份项目预算，分析风险和建立与干系人的关系，在执行时根据需要保持控制和沟通，有秩序的项目收尾管理。对上述步骤，PMBOK 和 PRINCE2 分别有不同的划分方式。

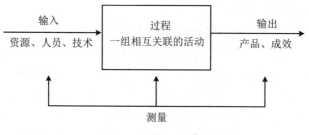

图 12-1　过程示意图

> **案例**
>
> F-35 战斗机项目的软件开发被分成了几大阶段，每个大阶段又分成若干中阶段。如第一阶段的 Block 1A 只管具备基本功能，这些基本功能是不可靠的、不稳定的。Block 1B 在 Block 1A 的基础上新增加了安全功能，修补了 Block 1A 中的一些严重问题。当然，修补的内容仍然不会完整，有的可能会留到下一阶段再做。每个新阶段的作用不外乎增加新功能、改进老功能、修补老问题、发现新问题。每个阶段要制订出计划，确定在本阶段完成哪些任务，把哪些任务放到下一阶段。F-35 战斗机项目原计划分三大阶段，进入每阶段后又分若干子阶段。但后来新发现了许多之前未想到的问题，在三个阶段中无法完成，再加上新技术的使用，于是增加了 Block 4 阶段。各个关键的阶段和子阶段如下。
>
> Block 1A　只包括大约 78%的代码，能够简单地进行训练的配置工作。
>
> Block 1B　提供多重安全保证。
>
> Block 2A　训练功能被增强，大约 86%的相关代码能够正常工作。
>
> Block 2B　具备初级作战能力，大约 87%的相关代码能够正常工作。

Block 3I 增加了硬件接口，大约 89%的相关代码能够正常工作。
Block 3F 具备完全作战能力，100%的相关代码能够正常工作。
Block 4 修补并增强。

从上面各关键子阶段可以看出，F-35 战斗机项目后面阶段的代码量的增长是较慢的。在前面阶段积累的代码量已经很大了，后面阶段发现问题、修补问题的工作量会相对较大，相应的新增功能的工作量相对就小。这也间接说明，前期软件的改动量很大，或者说前期积累的问题很多。

从洛克希德·马丁公司任命的 F-35 战斗机项目负责人来看，开始时都倾向于担任较长时间，而后来都倾向于担任较短时间。这表明了洛克希德·马丁公司的转变，从长期计划变到了短期计划。目前洛克希德·马丁公司大致以两年为一个任期来计划该阶段的主要任务和目标，而不是过去的 12 年制。在确定完任务和目标后，再来选择项目的负责人。所以，不同的阶段有不同的负责人。项目负责人的选择同即将进行的 Block 的目标和内容强烈相关。

本章介绍和比较了 PMBOK 与 PRINCE2 的过程，对 PRINCE2 过程进行了重点描述，本章涉及的过程包括阶段内控制、交付物管理、阶段边界管理和项目指导。

12.2 PMBOK 与 PRINCE2 的过程比较

图 12-2 反映了 PMBOK 体系下的项目管理过程。对于一个 PMBOK 项目，可以划分出以下五个基本的项目过程。

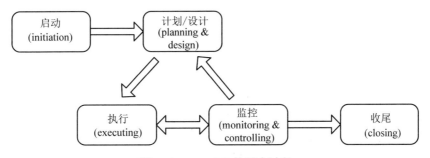

图 12-2 PMBOK 的五大过程

第一个过程是启动阶段。主要是识别需求、确定需求和描述需求。主要的可交付物和需要参与工作的人员被确定下来，团队开始成形。可行性（是否有能力做这个项目？）和正当性（是否应该做这个项目？）被提出来并进行分析论证。

第二个过程是计划/设计阶段。这时项目的解决方案应尽可能包括所有细节，梳理工作从所需做的工作任务到执行它们的顺序逐步展开。过程产物（临时性的可交付物）伴随着制造它们的策略一起被识别出来。需要完成对以下事项的估算：每项工作所需的时间和资源，以及什么时候这些工作能够被完成。可行性和正当性的问题再次被分析，在项目继续进行之前，一般需要有正式的项目批准。

第三个过程是执行阶段。在项目经理的监督和掌控下，执行那些计划出来的工作。过程需要被持续监督,当那些计划出来的工作在原计划的基础上发生变更时,需要适当地调整和记录。在整个项目建设期,项目团队应始终保持聚焦项目产品。

第四个过程是监控阶段。检查项目的执行情况与原计划的差异,如果差异太大,就需要采取措施:要么加强项目的执行,如增加资源等;要么修改原来的计划。监控既是不断记录的过程,也是不断决策的过程。

第五个过程是收尾阶段。重点是验证项目是否让人满意,或满足原定的需求。在理想状态下,项目的结束伴随着从交付物制造到交付物使用的顺利过渡,贯穿整个阶段,项目资源(包括团队成员)逐渐被重新调配,项目最终关闭。

图 12-3 说明了 PRINCE2 体系下的项目管理过程。PRINCE2 把项目的实施分为三个过程,即阶段内控制、交付物管理和阶段边界管理。这三个过程将在本章详细描述。阶段内控制和交付物管理是项目中最基础的环节,大部分工作都在这里完成,大部分成果也在这里体现。交付物管理是在阶段内控制之下完成的,这两个过程是项目计划的具体实施,二者密不可分。PRINCE2 中的项目指导、阶段内控制和阶段边界管理同 PMBOK 中的监控有一定的关系;PRINCE2 中的交付物管理同 PMBOK 中的执行有一定的关系,但不能完全对应。PRINCE2 中的计划不同于 PMBOK,计划在各个层次、各个阶段都在持续地进行,计划跟着项目的发展不断地走。

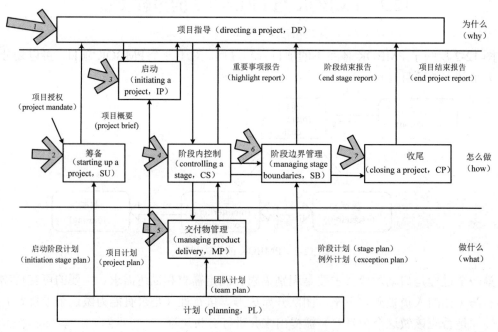

图 12-3 PRINCE2 的八大过程

在 PRINCE2 中一个过程(process)可以包括很多个活动(activity),一个活动又可以包括很多个行动(action)。活动与行动同过程一样,都有输入和输出,也可以安排并行执行。筹备(SU)中的关键活动包括任命项目总裁和项目经理、设计项目管理团队、任命项目管理团队、准备项目概述文件、定义项目方法、启动阶段计划。启动(IP)中的关键活动包括制订品质计划、制定项目整体规划和项目首阶段计划、改进项目论证和风险识别、建立项目控制、建立项目文件、整理项目启动文件。项目指导（DP）中的关键活动包括启动授权、项目授权、阶段或例外计划授权、临时指派任务、确认项目收尾。阶段内控制（CS）中的关键活动包括工作包授权、进展评估、捕获和检查问题、阶段状况评估、重点事项报告、采取纠正性行动、问题逐级汇报、已完成的工作包验收。交付物管理（MP）中的关键活动包括工作包验收、执行工作包、交付工作包。阶段边界管理（SB）中的关键活动包括制订阶段计划、更新项目计划、更新项目论证、更新风险登记、阶段结束报告、制订例外计划。项目收尾（CP）中的关键活动包括解散项目，确定后续活动，项目评价评审。计划（PL）同指导一样贯穿于整个项目的进程中，其中的关键活动包括计划设计、产品定义和分析、活动及其依赖关系确定、各种估算、进度计划制订、风险分析、计划编制等。

PRINCE2 中筹备、启动、项目收尾和项目指导的过程都只有一个，它们分别通过产生多个活动可以完成许多工作。除项目收尾阶段外，每个阶段结束时，都需要完成阶段边界管理的相关工作。PRINCE2 中的阶段内控制和交付物管理过程可能分别只有一个，但也可能有很多个。例如项目分为八个阶段，则有可能产生八个串行的阶段内控制过程，而每个阶段内控制过程又可能有若干个交付物管理过程。对于大型复杂项目，一般都可划分出很多个项目阶段。

与 PMBOK 类似，PRINCE2 也按时间顺序对过程进行了大致分类。PRINCE2 的时间轴上大致有四个时期，分别是预备期、启动期、交付期、最后交付期。

预备期（pre-project）来自于某人的想法或需求。这个想法给项目授权，在这期间的主要任务是确认项目的正当性（是否值得做）和可行性（是否有能力做）。通过筹备过程的工作可以产生项目概要和项目启动阶段计划书。项目委员会审视并认可项目概要后，可以给项目授权，并进入下一个阶段——启动期。

启动期的作用是进行进一步的分析和计划。为了使项目能够达到项目投资人的期望，项目的控制方法要确定，必要的资金资源要落实。这期间会产生一个重要的文档——项目启动文件（PID）。PID 中包括了项目论证，它是一个收益—成本分析报告。在这期间还会触发阶段边界管理过程，为下一阶段做出详细计划。项目委员会审视并认可 PID 后，会正式授权项目的全面实施。PID 会作为一个文档在项目实施过程中持续地被审视，当然，PID 的内容也可能因为各种内部或外部原因而变更。

交付期的主要工作由项目经理来主持。项目委员会把日常工作分阶段地授权给项目经理。项目经理分派任务，确保项目的进度与批准的计划之间的差异在容忍度之内。项目经理通过重要事项报告向项目委员会进行汇报，同时在必要时向项目委员会就相关行动进行请示。项目经理在控制时要使用一系列的文档，如日志记录、教训记录、问题登记、风险登记、品质登记、配置记录等。这一切活动构成了阶段内控制过程。项目经理向团队经理下达工作包，产品交付管理的过程就是团队经理完成工作包并接受检查的过程。当每个阶段结束时，项目经理都要请示是否要进入下一阶段。此时项目经理需要提交本阶段的完成情况、更新后的项目论证、下一阶段的具体计划。项目委员会审视并认可项目的可行性和正当性之后，授权下一阶段的执行。旧阶段与新阶段的交接工作由阶段边界管理过程来完成。

最后交付期是项目行将结束的阶段。若项目委员会确认产品满意并能够用于运营中，就可以进行项目的收尾工作。项目的所有文件记录必须归档，项目所用的资源要归还。另外，还可以做一次项目收益的后评价。

在图 12-4 中，除可以看到过程与项目开展的时间关系外，还可以看到 PRINCE2 管理的三个层次。项目委员会对项目进行指导，项目经理对项目进行管理，团队经理则负责完成具体的产品并交付。PRINCE2 的三层次管理与在 PMBOK 中项目经理的单一领导形成了鲜明的对比。

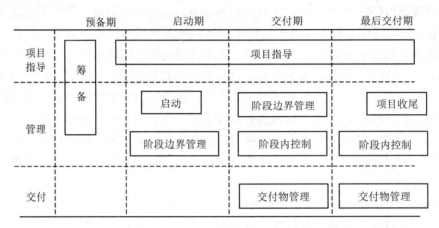

图 12-4　PRINCE2 的项目分段网格

大系统同小系统相比，其复杂程度往往不是线性关系。设 C_n^x 表示在 n 个元素中任选 x 个的组合数量，C_n^x 可以看成 x 个元素构成的一种关系。n 个元素构成的系统的关系的数量为

$$C_n^0 + C_n^1 + C_n^2 + \cdots + C_n^{n-1} + C_n^n = 2^n$$

也就是说，n 个元素之间最多可以构造出 2^n 种关系。它揭示出系统中的关系的复杂度随着元素的增加而呈指数级增长。所以，大系统（n 很大）往往是很复杂的，可能超出人们的掌控能力。技术员多不愿意构建大的复杂系统，而倾向构建小系统。为了构建大系统，软件工程师主张模块化。也就是先构建若干复杂的小系统，然后把这些小系统联结成大系统，这里的联结方式和操作不允许太复杂。软件工程师认为，作为底层的模块主要实现具体的功能，作为高层的模块主要管理底层模块间的关系。每个模块都不允许太大，太大的模块其复杂度可能超出人们的掌控能力。因此，模块化的实质就是分而治之，把每步工作都控制在允许的范围内。从微观上讲，软件工程就是模块的渐进加入和模块的渐进替换，从宏观上看，就是系统的功效在迭代开发的进程中不断地提高。

系统中各个模块的开发有一定的顺序。哪些先开发，哪些后开发，哪些先替换，哪些后替换，要根据项目的具体情况来判断。不确定性、重要性、成本、时间、性价比等都是考虑的因素。一般来说，不确定性大的可以先开发，因为一旦发现其不可操作下去，项目就提前终止，这样的损失最小。基础性的可以先开发，因为基础模块的功能、性能等对上层模块影响很大，以后的开发计划必须以基础模块的等级为参考。在同等情况下，开发时间短的可先开发，因为开发后可以尽快对项目的整体可行性进行预评估。

12.3 敏捷开发模式

敏捷开发模式（agile）是典型的 PRINCE2 开发方式。敏捷开发的过程是迭代式小版本快速开发发布，一般针对非线性的、动态的复杂系统。而传统的瀑布模型则是典型的预见性的方法，严格遵循预先计划。在敏捷开发潜意识中，对复杂系统的准确估计、稳定的计划和预测往往很难在早期达到。因此，在获得有价值的证据之前，过长的前期计划可能会造成很多浪费。在敏捷开发中，每一步工作的交付物都要在实践中经过验证，然后才能够以此为基础前进。瀑布模型针对的往往是可预计性很强的系统，故瀑布模型的计划很重要，实施者只需要严格按计划执行就可以了。所以，PMBOK 的瀑布法可以使用大量的初级实施人员，而高级实施人员并无必要。敏捷开发针对复杂系统，其可预见性不强，不仅仅要分阶段计划和实施，而且在实施中要见招拆招，实施与计划相结合，故需要高级别的实施人员，同时团队合作也很重要，并且团队讲究小而精。PRINCE2 人员要有适应变化的文化，而 PMBOK 人员则要有严守秩序的文化。与瀑布式开发模型相比，采用敏捷或迭代式开发意味着更频繁的发布，每次发布包含的变化少。由于部署经常进行，因此每次部署不会对生产系统造成巨大影响，应用程序会以平滑的速率逐渐生长。图 12-5 比较了敏捷开发与瀑布开发的风险，左边是 PRINCE2 可能的风险，右边是 PMBOK 可能的风险。对于大项目，其中的复杂部分用 PRINCE2 方法完成，对其中的简单部分用 PMBOK 方法完成，或在前期、中期使用 PRINCE2 方法，在确定性已很强的后期使用 PMBOK 方法。

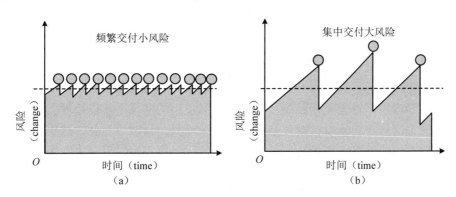

图 12-5　PRINCE2 与 PMBOK 在开发中的风险比较

敏捷开发类的模型很多，Scrum 模型是其中名气很大的一种，如图 12-6 所示。Scrum 的团队小而精干，团队成员不仅能够独当一面，而且能够相互信任、相互配合。产品订单（product backlog）是整个项目的概要文档，要求要完成的工作量分有不同的优先级。Scrum 团队从中选择自己即将要做的任务，形成冲刺订单（sprint backlog）。它是细化了的文档，一般每个小任务的完成时间不多于两天。因为，时间太长的任务往往不确定性因素较多，难以精准掌控。对多数软件开发的情况，一个冲刺的时间不超过 1 个月，在这个冲刺的大周期内，每个小周期都要进行讨论，小周期一般是 1 天。在讨论中，大家汇报各自的进展、对任务完成情况的预期、完成任务的障碍等。任务可能重新分配。任务分配以团队成员的自我认领为主。大周期、小周期的长度随项目的不同而不同。在冲刺的大周期内屏蔽外界的一切干扰，不理会外界的新情况和影响。设置短周期的原因，除考虑长时间的任务难以精准掌控，外界在短期内发生大变化的概率也不大。每次冲刺完成后，大家要开会总结，再根据外部新的形势来判断哪些能做、哪些不能做、哪些代价大、哪些代价小、哪些应该先做、哪些应该后做等，为下次冲刺做准备。冲刺的成果是一个可交付的工作增量，能够完成一定的功能或性能，等等，成果不求大，但求实在。每次冲刺增加一些成果，经过多次冲刺项目就慢慢完成了。冲刺大周期就是一个阶段内控制，冲刺成果用于产品交付，冲刺总结就是阶段边界控制。敏捷开发的模式就好比高等数学中的积分，每一小段线都是直线，但整个线却是曲线。敏捷开发虽然缺乏具体的整体长远规划，但实时进行调整保证了方向的正确性。

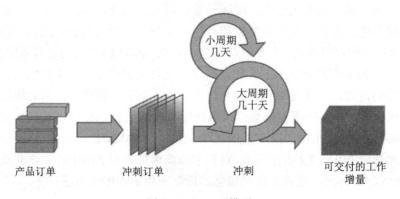

图 12-6　Scrum 模型

如果说敏捷开发的流程是迭代式小版本快速开发发布，那么 DevOps 模式则是版本控制、持续集成、持续交付、持续部署、持续测试、持续运营、协作。DevOps 是开发运行 (development/operations) 的缩写，如图 12-7 所示。图中左边是敏捷开发，右边则是开发后的版本进入实际运用。对于复杂系统，在没有实际使用的情况下难以把握其特性，难以冥想出其真正的关键所在。所以针对复杂系统的复杂项目，只能边设计，边生产，边使用，边观察，根据观察的效果，再设计，再生产，再使用，再观察，反复多次，直到有了满意的结果。反观人类历史，复杂系统的开发使用都需要投入大量的时间。石器时代在人口稀少的岁月经历了百万年，造就了人脑质的飞跃。青铜器时代、铁器时代在大量人口的岁月中也经历了几千年，之后人口规模才有了质的飞跃。蒸汽机时代在人口密度空前的情况下也发展了几百年。人类开发复杂系统经历反复是完全正常的，也是必需的。超越历史规律，想一步设计到位，不可能适用于复杂系统。当然，对于大规模的简单系统，只要有 PMBOK 作为管理的武装，设计、实施大致是可以一步到位的。

在 DevOps 中，开发人员和运维人员全方位地合作，开发人员进入系统的每一个环节。以前的 PMBOK 系统，开发是开发，运维是运维，使用是使用，系统按时段被人为切开了。在 PMBOK 中，使用者被动接受系统，设计者交完钥匙便可走人，运维者熟悉系统的外在功能，但对内部原理并不需要理解，也就是说，内外可以严格地分离。PMBOK 通过割裂

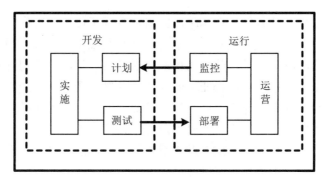

图 12-7 DevOps 模式

人和系统，使得条块分隔、各司其职，很好地解决了效率问题，对简单的大系统是最佳的模式。但对于复杂系统，其开发模式则只能人与系统合一，人不断地去感触、体会、理解系统，每个阶段有重点地去开发系统。PRINCE2 虽然不能够保证效率，却能够保证方向，能够循序渐进地接近目标，如同积分中的小直线最终能够搭建成一条复杂的曲线那样。简单的线可用多个函数（包括直线）去拟合，复杂的线则用积分去拟合，在计算机中，纯粹通过积分也可以很好地拟合出复杂的曲线、面积、体积等。这个数学和计算机上的道理完全可以移到管理上，用 PMBOK 去做大而简单的系统，用 PRINCE2 去做复杂的系统。不同的项目可以选择不同的管理模式，同一系统的不同开发阶段也可以选择不同的管理模式。

> **案例**
>
> F-22 战斗机软件升级项目将开发工作分割成小块，每 12～14 周交付一次。当每个新的软件更新完成编码后，开发人员执行集成测试。2017 年 9 月，作为 F-35 战斗机项目 PEO 副职的 Mathias Winter 少将说，基于敏捷的软件开发将应用于 F-35 战斗机和 F-22 战斗机的未来升级。这是一种根据项目特点而专门定制的敏捷开发模型，被 Winter 称作"可缩放的敏捷框架 SAFe"。

12.4 阶段内控制

阶段内控制的目的是协调和监督具体的工作的完成，处理相关问题，向项目委员会报告项目进程，采取措施确保这个阶段处于计划中的偏差范围内。其目标是确保以下内容实现。

- 聚集于阶段性的产品交付。任何方向上的偏离，以及启动该阶段时确定的目标都必须受控，以避免不可控的变更（如范围蠕变）和焦点丢失。
- 风险和问题保持在受控状态。
- 项目论证持续接受评审，与最新信息同步。
- 达成事先确定的阶段性目标，品质、费用、精力及时间符合预期，支持最终的收益实现。
- 项目管理团队聚集于阶段性产物，使其保持在给定的允许偏差范围内。

阶段内控制的过程是项目经理在本阶段的日常管理工作，此过程同每个交付物管理阶段相联系，如图12-8所示。通常阶段内控制过程在项目委员会对项目授权时开始，但有些大型、复杂项目的启动时间很长，阶段内控制可能延后。阶段内控制过程要做的最重要的工作就是完成一个个工作包（work packages）。工作包被用于定义和控制工作的完成，同时也需要对团队管理设置偏离的允许范围。当项目经理同时担任团队经理时，工作包也被用于明确及控制每个团队成员的工作。此时本过程中指定给团队经理的工作，可被视为指定给各团队成员的工作。项目的最终成功源于对每天的工作的控制，对于整个阶段将形成以下循环，直到最后阶段启用项目收尾过程。

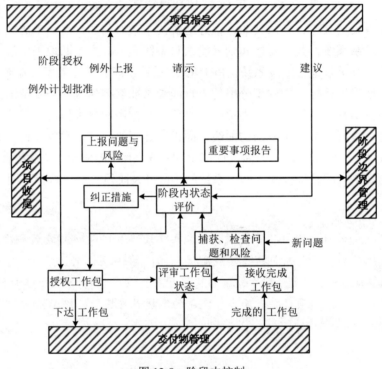

图 12-8　阶段内控制

- 完成已授权工作。
- 监督过程信息，包括对已完成工作包的签字确认。
- 进度评审（包括输出物品质），启动新的工作包。
- 重点事项汇报。
- 发现、评估和处理问题及风险。
- 采取必要的纠正措施

对阶段内各步骤的控制是项目经理的职责，项目经理的任务包括以下三个方面。

1. 工作包的处理

工作包的处理包括对工作包的授权、评估工作包的进展状况、接收已经完成的工作包并进行评审。还可能会生成新的工作包。其中，涉及要修改的文档可能有阶段计划、配置表、配置登记、风险登记、问题登记。

2. 阶段内监控和报告

阶段内监控和报告包括评估本阶段的进展状况、对重大事项进行报告。其中涉及要修改的文档可能有阶段计划、风险登记、问题登记、教训记录、重大事项报告。

3. 问题的处理

问题的处理包括捕捉和检查问题及风险、问题及风险上报、对问题采取必要的纠正措施。其中，涉及要修改的文档可能有阶段计划、风险登记、问题登记、日志文件、配置登记、例外报告、问题报告。

> **案例**
>
> 过程管理强调一定要按照过程一步步进行，不能擅自跨越。大阶段、小阶段都要按顺序完成，要形成可利用的成果。在没有完成全方位验证之前就轻率生产，也是 F-35 战斗机项目的一大败笔，特别是在项目开头阶段。为了赶进度，为了追上国防部的既定目标，F-35 战斗机的一些计算模型都还没有经过飞行测试就被用到了飞机的最终设计中，空军参谋长 Schwartz 听说后大呼："愚昧至极！"

12.5 交付物管理

交付物管理的过程是项目经理与团队经理之间联系的过程。团队经理的角色是协调某一领域内的工作，以完成并交付一件或多件项目产物。交付物管理过程的目标是确保以下内容实现。

- 分配给团队的工作是获得授权的。
- 团队经理、团队成员和供应商都清楚项目在制造什么，需要的时间、费用和精力。
- 列入计划的产品在预期及允许的偏差范围内交付。
- 按预计的频次向项目经理提供精确的项目进展信息，以确保预期目标的实现。

阶段内控制是项目经理的职责，而交付物管理则是团队经理的职责，如图 12-9 所示。团队经理通过以下方式，确保团队的产品创造和交付。

- 从项目经理处接受和检查已授权的工作包。
- 确保工作包识别特征的维护。
- 为工作包编制团队计划（可与项目经理编制阶段计划同时进行）。
- 确保产品按工作包规定的计划开发。
- 按项目产品描述中规定的品质方法，致力于让每件产品都达到其品质标准。
- 按照项目产品描述中所规定的审批标准，获得已完成产品的批准。

如果项目采用了外部供应商，则可把工作包当作双方合同的一部分。团队计划既可以是在工作包的基础上简单地做一个工作日程安排表，也可以按阶段计划的格式做一份完整的方案。如果工作包的完成涉及外部供应商的技术秘密或商业秘密，则提交给项目经理的团队计划是完整的团队计划剔除其相应敏感内容后的缩水版。交付物管理所涉及的活动由团队经理导向，包括接收工作包、执行工作包和交付工作包。

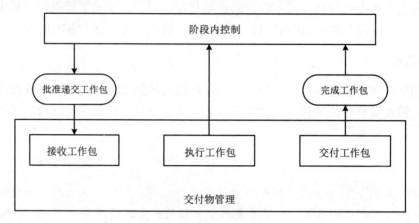

图 12-9　交付物管理

交付物在 PRINCE2 中具有重要意义。在每个阶段都应该有实在的交付物，有可利用的结果，这个阶段才有意义。这其中最有代表性的就是敏捷开发方式在复杂项目中日益普及。图 12-10 是 PMBOK 的方式，经过设计、施工后一次性交给用户，用户在长时间的等待后得到想要的产品。图 12-11 是敏捷方式，分阶段地向用户提供升级的产品，用户对产品不断地评价，产品不断地升级。在敏捷方式中，用户实际上也成了设计者和测试者中的一员。这样，客户方、供应方和项目主办方实质性地融合到了一起。

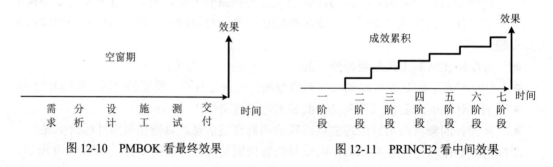

图 12-10　PMBOK 看最终效果　　　　　图 12-11　PRINCE2 看中间效果

12.6　阶段边界管理

阶段边界管理需从项目经理处获得足够的信息，以便评审当前阶段、批准下一阶段计划、审议更新的项目计划、持续性地评价项目的合理性、确认对风险的接受。该过程在一个阶段结束时被触发，如图 12-12 所示。阶段边界管理要达到以下几个目的。

- 确保项目委员会本阶段的产品和任务完成并验证。
- 准备下一阶段的阶段计划。
- 评审可能更新的项目启动文件（PID）。

- 提供项目委员会项目的持续可行性和风险的情况。
- 记录信息和教训备用。
- 申请授权展开下一阶段的工作。
- 有可能准备例外计划。
- 有可能申请用例外计划来修补项目计划或阶段计划。

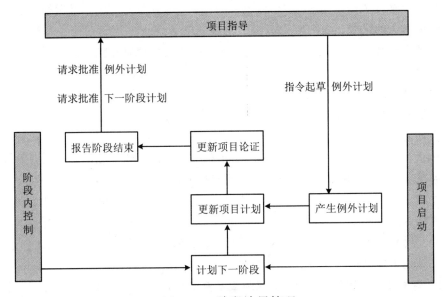

图 12-12　阶段边界管理

通过阶段边界管理可以把项目分成多个管理阶段。项目达到阶段边界时可能继续，可能转向，也可能停止。项目改变的原因可能是项目内部进展，也可能是外部各因素的变化，项目的发展必须适应它们。项目的停止不一定是坏事，对项目委员会提供错误的信息或不完整的信息才是坏事，因为错误的信息会导致错误的决策。阶段边界管理的工作主要由项目经理来完成，包括以下内容。

- 规划下一阶段。
- 更新项目计划。
- 更新项目论证。
- 报告阶段结束。
- 制订例外计划。

阶段边界管理可能更新的文档有项目启动文件（PID）、项目计划、项目论证、收益评估、配置登记、风险登记、问题登记、品质登记，可能创建的文档有下一阶段的阶段计划、下一阶段的产品描述、教训报告、阶段结束报告、未来建议、例外计划、产品描述。

> **知识拓展**
>
> 范围蠕变（scope creep）也称作焦点蠕变（focus creep）、需求蠕变（requirement creep）、功能蠕变（feature creep）等，是指项目的需求变更失控。当项目的范围没有定义清楚、没有文档化和不受控时，就会出现这种现象。

范围蠕变会对项目的完成时间和成本产生显著影响，甚至可能会把一个简单的需求变成一个复杂的需要大量时间的巨无霸。针对不同类型的项目，范围蠕变存在不同的形式和影响，需要区别对待，具体如下。

- 建筑项目：如果开发商需要变更设计，必须事先获得政府部门批准，故很少会在项目建设中途更改需要，通常不会出现范围蠕变。但家庭住宅装修，家庭成员有时可能意见不一致又未充分交流，则会出现范围蠕变。这种范围蠕变会造成时间和成本上的浪费，并可能导致项目所有人和承建方之间的纠纷，应极力避免。
- 研发类项目：大型工业的研发项目，项目建设持续时间可能长达 2~3 年甚至更长。在此期间，可能发生：出现新的性价比高的适用技术；市场环境发生重大变化，由此会导致项目需求变更。此时需要重新评审项目建设目标，重新设定项目范围。如果外部环境变化过分剧烈，则需要提前终止项目。
- 咨询类项目：通常，一个企业所暴露出的问题只是冰山一角，或 A 部门执行不力，根子却在 B 部门。例如，某咨询公司为其客户建设风险控制系统，最初立足于财务风险，后来发现政策风险、技术风险和市场风险对客户也极其重要，必须纳入；先建立风险控制流程，但又涉及人才引进和组织机构变动，使项目范围大幅膨胀到项目成员难以完成的程度。为企业引入一个看似不大的功能，最终却可能导致企业的整体变革。这类项目在立项初期，咨询公司首先需要对企业进行全面诊断，将可能出现的问题讲在前头。
- IT 类项目：范围蠕变是 IT 工程师最反感的问题之一。如某企业资源计划（ERP）项目，最初物料清单（BOM）仅要求产品型号和数量，导入时发现产品存在多个供应商，不同的供应商提供的价格不同，需要增加供应商识别；后来又发现该产品在不断改进过程中，又需要增加物料的版本号识别，使相关工作量成倍增长。
- 研究类项目：项目目标和方法都具有非常大的不确定性，有时初期认为很困难的问题，可能很容易获得解决；初期被忽略的问题，却可能出现难以逾越的障碍；研究得到的结果，可能与最初目标南辕北辙；个别尖端的研究项目，实验中出现的现象甚至需要理论重建。研究类项目极易出现范围蠕变，但与其他类型项目的范围蠕变不同，研究类项目有时会欢迎范围蠕变，它可能意味着重大研究突破。

三边工程、敏捷式开发的初始项目范围未得到准确定义，最容易出现范围蠕变。此时有两个原则需要把握：一是需要将项目范围控制在组织能力范围内，严防项目范围的过度膨胀给组织带来灾难；二是密切关注项目环境，如果项目论证不再成立，则立即中止项目。阶段边界管理为处理好范围蠕变提供了一项有力的工具。

12.7 项目指导

PRINCE2 中项目指导（directing a project）的目的在于使项目委员会能够对项目的成功担负起责任，如关键问题决策、项目经理授权和全方位的监控。项目指导同 PMBOK 中的监控有一些共同的内涵，但存在重大区别。PMBOK 的监控是要使项目的走向与计划完全一致。PRINCE2 中的项目指导是要使项目的走向与总体利益一致。目标不一样，手段自然会有差别。项目指导的目标在于以下几个。

- 授权启动项目。
- 授权交付产品。
- 在项目生命期间进行控制。
- 同公司高层保持联系。
- 授权项目收尾。
- 管理和审议项目完成之后的效益实现计划。

在项目筹备之后，项目启动之时项目指导过程开始。项目指导不是指项目经理的日常活动，而是指项目委员会的活动。项目委员会审议各种报告，通过各个决策点进行控制，它遵循例外管理的原则，如图 12-13 所示。项目经理请示项目委员会异常情况的处理。有关授权和决策过程在事先要明文规定。项目委员会和公司高层的信息交流非常重要，其交流的模式在沟通管理策略中应事先明文规定。项目委员会对项目经理进行指导，当项目委员会内部成员意见不一致时，项目经理遵从项目总裁意见。项目委员会的主要目的是确保项目持续具有合理性。项目指导过程提供了一个机制，使得项目委员会的活动不会干扰项目本身的建设活动。在必要时项目经理应该积极请示项目委员会，而项目委员会也应该给项目经理各种正式的指示或非正式的建议。项目指导是项目委员会所主导的，其主要活动有以下几项。

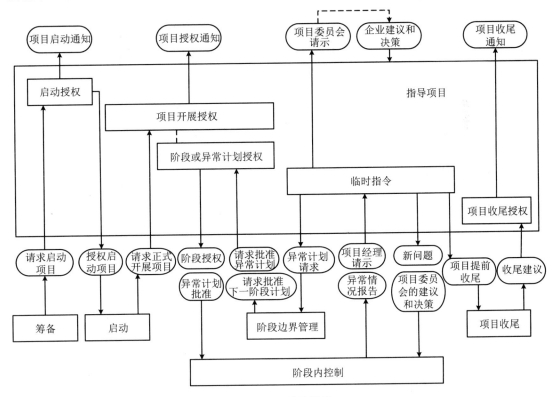

图 12-13 项目指导

1. 授权启动

一般由项目委员会的会议批准启动过程，包括批准项目概要和阶段计划。此时项目委员会还可能安排项目监理审查启动阶段计划。在供应商—客户商业环境中，此时供应商代表可暂时不委任，供应商代表的建议可暂时不考虑。

2. 授权项目开展实施

应项目经理的请示，确定是否继续开展项目，包括批准项目启动文件（PID）、批准收益评估计划。项目如果没有得到批准，则会提前结束。此时也可以安排项目监理审查沟通计划以确保所有干系人都被考虑到。

3. 授权阶段计划或例外计划实施

对下一阶段计划的批准往往在现阶段快结束时，为此项目委员会要审议项目现阶段的情况和下一阶段的计划。如果项目可能偏离原定计划，需要得到审议，但只有项目级偏离和阶段级偏离才需要项目委员会甚至公司高层的审批。对于工作包级的偏离由项目经理批准，属于阶段内控制过程，不属于项目指导。项目委员会可能安排项目监理审查阶段计划。项目委员会的工作可能包括批准以下文件：更新后的PID、阶段结束报告（包括教训报告、今后建议）、下一阶段计划、更新后的收益评估计划。

4. 下达临时任务指令

项目委员会、公司高层可能会下派一些临时任务。这些任务可能干扰项目的正常进度，项目经理可能需要调整计划。如果外界环境发生变化，公司高层下派的任务甚至可能是提前结束项目。

5. 授权项目收尾

有控制的收尾和有控制的开始同样重要。项目委员会此时可能安排项目监理审查项目结束报告。这期间可能批准的文件有项目结束报告（包括教训报告、今后建议）、更新的项目论证、更新的收益评估计划。

第13章 沟通与过程文档

13.1 沟通的定义

沟通就是双方的信息交流。项目沟通是项目成员以及其他项目干系人之间的信息传递。项目沟通和记录在项目的生命周期内无处不在，无时不有，从项目启动到项目收尾，它们在项目工作的进展中发挥着不可替代的作用。许多项目经理80%的时间都消耗在沟通上。良好的沟通机制对于项目的发展和人际关系的改善都有促进作用。沟通和记录是一对天然组合。它们把项目由始至终串起来，构成了一个健全的项目管理的"脊梁"。把有效率的项目经理与没有能力的项目经理区分开的指标之一，就是看他们从项目一开始就做了多少沟通和记录。沟通（communication）过程包括以下五个部分。

- 编码：信息发送者将要传递的信息编译成接收者可以理解的形式。
- 传递信息：信息发送者通过相关沟通渠道传递信息。
- 解码：即信息接收者收到信息并将信息解码成有意义的内容。
- 理解：即信息接收者从信息中准确把握信息发送者的意图和想法。
- 反馈：即信息接收者对信息做出回应，告知发送方信息已收到，并且对发送方的要求做出回应。反馈是必要的，它可以确保沟通的有效性。

传播学的创始人、耶鲁大学教授哈罗德·拉斯韦尔（Harold Dwight Lasswell）首次提出了5W理论，明确了沟通时所应该关注的五个要点，具体如下。

- who（谁去说）。
- say what（说什么）。
- in which channel（通过什么渠道说）。
- to whom（向谁说）。
- with what effect（有什么作用）。

以上五个要点及其不同的组合决定了沟通的最后结果。沟通有大量的技巧，如法国学者加布里埃尔·塔尔德（Gabriel Tarde），提出"合意性和可信性"在沟通中会产生主要效果。

本章将介绍沟通管理中的方式和方法，文档记录也属于一种形式的沟通。这些文档不仅仅在沟通中使用，也贯穿了项目管理的整个过程，是对前面知识的一个小回顾。

13.2 沟通的内容

项目沟通管理是指为完成特定的项目目标，保证项目团队信息沟通顺畅，对项目管理中的信息进行及时正确的提取、收集、传播、存储并最终处置的过程。项目沟通管理具有系统性。项目往往涉及社会经济、政治、文化、环境等诸方面，这就决定了项目管理者要从全局的角度出发，具有大局意识，要运用系统的思想全方位地进行有效的沟通管理。可以从以下几个方面考虑。

- 沟通的对象是谁？
- 与之沟通的目的是什么？
- 对方需要什么信息？
- 我方需要什么信息？
- 哪些信息比较敏感？
- 什么沟通时间、地点比较合适？
- 什么沟通方式比较合适？
- 沟通时需要哪些文件资料？
- 沟通的频率、每次沟通的时间是多少？
- 沟通的哪些内容需要记录？
- 沟通的哪些文档可能将被用于计划变更？

表 13-1 列出了可能需要被划归到项目管理沟通内容中的一些要素，描述你将打算如何"驾驭商务活动"。它是沟通和记录很好的结合，可用作交流工具，对于你将计划如何管理你的项目，向很多干系人提供了丰富的信息。

表 13-1　项目沟通内容

计划——通用方法	项目过程，参与人选，所需文件
计划——范围定义	项目任务，工作包的大小，WBS 词典
计划——时间估算	人力估算，时间估算，意外准备，基本的估算
计划——费用估算	开支方案，预备费用，基本的估算
计划——日程安排表	图表模式，采用软件
执行和控制——进度安排	衡量方法，核查前提，所需文件
执行和控制——变更管理程序	何时报告变更，所需文件，审批权限和程序，出现意外的分布
执行和控制——团队会议准则	频次，希望哪些人参与，基本议程，状态报告的格式
执行和控制——人员安排	角色和职责，沟通的原则，相互期待，审核和批准程序

13.3　沟通方式

在项目实施过程中需要进行大量的沟通，不同的沟通方式、沟通渠道都会在一定程度上影响沟通的效果。有些项目团队偏向于口头沟通，有些项目团队则偏向于书面沟通，虚拟组织则往往通过网络邮件、视频、电话等进行沟通。常用的沟通方法有交互式沟通、推式沟通、拉式沟通。

（1）交互式沟通（interactive communication）：在双方或者多方之间进行多向式的信息交换，这种方法对于确保沟通全员达成一致理解的情况更有效。交互式沟通包括会议、电话沟通、简讯、视频会议等形式。

（2）推式沟通（push communication）：将信息发送给需要的人，只保证信息发送，但不保证信息被接收或者被准确理解。推式沟通包括信件、备忘录、报告、邮件、日志等形式。

（3）拉式沟通（pull communication）：适用于信息数量大、信息接收方数量众多的情况，信息接收方往往需要获得获取信息的途径。这种方法常见的有内部网、网上学习、经验教训数据库、知识库等形式。

无论你选择何种媒介用于沟通，你的方法可能从根本上将影响你的信息被接收和解释的效果。对于传达信息的内容，一次电话交谈、一个短信以及一次个人拜访都是有效的方法。但是，若不选择与个人沟通，将可能改变对这条信息的阐释。在选择最佳沟通媒介以前，你应当考虑什么方法最佳。以下是一些基本的选择。

（1）远程与面对面。面对面的沟通使你能够有机会观察到对方的身体语言或其他不用言词传达的信息。

（2）书面与口头。这两种方法各有其优缺点，书面信息可能被错误阐释，因为语调、变调及感觉很难用文字表达。口头沟通可立刻得到沟通反馈，但因为即兴，随之而来的是存在说了不该说的事或把事说错了的风险。

（3）正式与非正式。正式的沟通被认为缺乏亲近、舒适或友好的气氛。如果你从正式转向非正式，这通常表示你感到你与接收方的关系正在升温。正式的沟通也释放出这样的信号，即信息的内容是官方的——你希望公开地、在桌面上处理问题，不愿意做任何形式的暗箱操作。多数契约的处理都是相对正式的。

（4）提前准备与即兴发言。如果环境需要一个透彻的解释，最好提前做一个安排，使双方对沟通的议题和时间有一个准备。若某人为某事感到意外，可能会做出不适宜的或低质量的反应。不幸的是，提前安排一个沟通会议需要时间。即兴沟通可得到一个更加直率的反应，或提供了一个观察这种反应的机会。

（5）在团体的背景下与一对一。在团体的背景下传递信息有两个好处：一是效率高；二是确保了每个人都以相同的方式获得了相同的信息。当有些信息很敏感，如将对某个团队成员个人构成影响，或当私有信息不适合与众人分享时，在团体背景下传递信息的好处显然就不复存在了。

（6）主持高质量的会议。会议把人们聚到一起，在相对较短的时间内分享大量信息。项目经理应当定期召开会议，会议是沟通的重要方式。不幸的是，很多人不喜欢会议，部分是因为他们感到会议太多，或是很多会议开得很糟糕，这样把大家聚拢起来会费一番精力。开会前可以参考如下建议。

确定是否真正需要一次会议：

- 如果一系列电话就能够解决问题，就不要开会。
- 如果你能够决定或应该决定做某事，就不要开会决定。
- 别因为惯例而必须召开某次例会。
- 如果你没有确定有新的东西要讨论，就不要开会。
- 如果某个团体正在忙于主持某项商务活动，就不要拖延会议。

弄清会议的目标有利于提升效率：
- 过程会议——评估现状、完成情况并设置新的目标。
- 决策会议——确定和达成某项决策。
- 协商会议——提供一个议案以供决策并寻求共同认可。
- 信息发布会议——沟通信息或发布已经做出的决策。
- 征求意见会议——从参与人那里搜集观点和想法。
- 教学会议——提供指导，传授知识或技能。
- 评审会——分析项目的某些方面，如设计。

会议的准备：
- 确定目的或目标。
- 准备引导性意见。
- 为议题准备提纲以供讨论。
- 确定恰当的会议持续时间。
- 邀请恰当的人（为达成目标至少需要的那些人）参会。
- 告诉与会人员，他们需要为会议做哪些准备。
- 及时通知与会人员做会议准备；派发必要的材料。

明确宣布会议开始：
- 阐述会议目标。
- 如有必要回顾会议背景。
- 宣布特定的议题或需要讨论的问题。
- 确保每个人都完全理解议题或问题。

集中注意力，确保参与性：
- 鼓励参与，让每个人都发言。
- 控制争论、拒绝敌意、防止一言堂。
- 保持与项目相关的讨论。
- 使事情向前推动。
- 确保每个参与人完全理解正在进行什么。

会议结束：
- 坚持事先分配的时间。
- 通过强调在会上完成的事情，对会议进行总结。
- 如果未来工作需要，做一份行动计划。
- 清晰地指明接下来所需的行动；若有必要，对意见做汇总。

会后执行：
- 准备并派发一份总结或建议的记录。

如果遵从这些建议，人们可能将更喜欢参加你的会议。如果人们开始忽略会议，特别是团队会议，那将妨碍信息交流和基本的团队沟通，你将不得不花更多的时间去搜集信息和设法采取纠正措施。另外，如果有可能，设法找个同伙，为你提供有关你平日沟通技巧和风格的反馈。

13.4 沟通媒介

　　项目干系人之间传递信息的方法可能会存在很大差异，例如，有些项目团队可能会使用简短会谈的方式沟通，有些项目团队则倾向于详细会议；有些项目团队简单记载项目沟通信息，而有些项目团队倾向于使用多种方式（进度表、数据库、网站等）详细记载信息。沟通的媒介很多，除传统的方式外，还可以使用信息管理系统来管理沟通。信息管理系统可以管理复制文件，包括信件、备忘录、报告等，也可以管理电子通信信息，包括电子邮件、视频、网络会议等。

　　（1）电子邮件：电子邮件的使用在持续上升。有人称电子邮件已经是一种被过度使用（以及有时被不当使用）的媒介。它对大多数人来说当然是很便利的。通常它可以迅速到达广泛分布的远距离受众——尽管不能保证接收者能够马上读到这些信息。它为发送者和收信人提供了一个自动的永久记录（这可能是好事，也可能是坏事）。同样，与任何书面信息一样，电子邮件的信息也可能被误读。若某人工作做得好，发一份祝贺或谢谢的短信，对于加强认识和正面能见度，是一个有力的、有效的且简便的方法。

　　（2）电话：给某人打电话是一个立即互动的沟通方法，但不会产生一份永久的书面记录。电话交谈可让你察觉到对方在声音上的反应，尽管你显然不能看到对方的身体语言，也不可能进行其他的非语言交流。尽管一个热情洋溢的电话会被认为比书面便条更温暖，但它达不到私人拜访或其他的面对面互动方式的相同效果。不经预约的电话具有即兴通信的同样优点或缺点。

　　（3）语音信箱：当没人接电话时，通常你可以依赖语音信箱。如果你不小心，这可能给你带来问题。在你打电话时，你常常希望与人通话。如果你被迫使用语音信箱，你必须立即把你计划中的语言交流转化为独白，而你并非总喜欢这种状况。有时其结果就是与一个并不在线的人进行混乱的"对话"。这样可能导致误解。当你给某人打电话时，要先想好你计划说什么，如果你碰到语音留言该怎样说。

　　（4）书面便条：作为可能最不正式的沟通方法，手写便条是获得正面认可极为优秀的方法。尽管无须花多大精力，它们所传达的"个人感觉"要比口头或正式的备忘录或电子邮件等深厚得多。手写便条的缺点在于，它们会受地理上的局限。

　　（5）打印和邮寄备忘录和信件：随着电子邮件的出现，备忘录和信件仅被用于更加正式或官方的通信。它们是缓慢和单向的，但在需要正式签字或作为永久记录保存时，它们是一个很好的方法。因此，打印、邮寄备忘录和信件常在合同等契约环境下使用。

　　（6）非正式拜访：对于与个体间保持沟通，拜访通常是一个非正式且较亲近的方法。尽管你可能没有带去一项特定的信息，与正式的一对一或团体会议相比，非正式拜访通常是更有价值和成效的沟通工具。在处理机密的、私人的或敏感的课题时，非正式拜访也很适宜。

　　（7）正式报告：在所需传播的信息需要通过解释得到加强时，常常采用正式报告。正式报告常常在团体的背景下完成,以保证每个人获得相同层次的理解。它允许采用让人印象深刻的图表来表达信息,但通常需要做大量准备。在你需要获得理解、寻求支持、推进决策(如上级批准)时,它们是有效的。然而,正式报告可能也是一个挑战或风险,因为你很难控制全局。而且,如果报告做得不好,它们带来的伤害可能大于好处。

(8)通过项目管理软件进行远程更新:这种沟通方法属项目管理所独有的,如微软公司的 Project、普瑞玛公司的 P6(全称是 Primavera 6.0)等。一些项目管理软件的特征是,在不需要召集任何面对面会议的情况下,能够让团队成员向项目经理提供项目的进展情况。对于地理上很分散的团队,这种沟通方法将有所裨益,但软件的生产商并未指出这点。这使得一些项目经理认为,最好坐在办公室内,从团队成员那里获取电子更新的信息,不需要与他们定期会面。

13.5　沟 通 技 巧

选择正确的方法和最佳的媒介是决策的关键所在。但对于沟通这个过程,你究竟该怎样做呢?对于某些人,这个问题有点小题大做,但如果不花时间准备,不遵守一些基本的沟通准则,有时会导致灾难性的结果。常见的沟通准则包括以下内容。

(1)考虑沟通的功能:想一下你的沟通目的。例如,你是想提供信息、提出意见、获取支持,还是推动一项决策?这将影响你如何构建你的沟通方式,以及哪种方法可能最佳。

(2)抓住要点:得花大量时间去把握沟通的核心内容,但表述时要尽量简明。在书面沟通中,要注意错字、语法、句型结构。

(3)避免分散:面面俱到可能分散信息接收者的注意力,影响沟通的效果,要注意减少或避免面面俱到式的沟通方式。要注意选择时间和环境,确保主题不会分散。

(4)考虑长期效果:许多人会认为沟通是立即和短期的。然而,事情并非总是这样。如果你的电子邮件发错了人会怎样?如果在一项重要的沟通中,你未能把某人包括在内会怎样?这类事情会产生长期影响,小事会变成大事。在做沟通计划时,你要考虑到这点。

(5)跟踪记录:对沟通做记录、做跟踪是个好习惯。这个人收到我的信息了吗?他能理解这个信息吗?他有什么反应吗?他还有什么问题吗?

13.6　沟 通 管 理

沟通是一个双向互动的过程,沟通双方的主观因素或者外在的客观因素的影响都会导致沟通的失败。在项目沟通管理中,需要对项目沟通的过程、渠道方式等进行定义,同时还要对沟通进行管控,以及时发现沟通中出现的问题,确定需要进行沟通方面的变更。综合来说,项目沟通管理主要包括三个方面的内容,即沟通管理规划、管理沟通、控制沟通,如图 13-1 所示。沟通管理规划是基于项目干系人的信息需求和可用的组织资产来定义项目沟通方式的过程。管理沟通是以沟通管理计划为依据,对项目信息进行管理的过程,包括产生、收集、传递、储存、检索和最终部署。控制沟通是在整个项目生命周期内对沟通进行监视和控制,以确保项目干系人的信息需求得到满足。

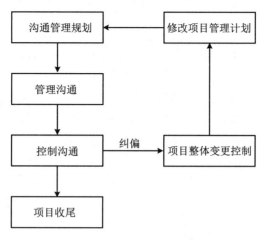

图 13-1　项目沟通管理流程

1. 沟通管理规划

在大多数项目实施中,沟通管理规划进行得比较早,如在项目管理计划制订阶段。在没有准备和经验的情况下,要做好沟通管理规划会遇到让人意外的各种困难。沟通管理规划的主要作用在于识别和记录有效率和有效果的沟通方式。规划项目沟通对于整个项目最终的成功是重要的,不合理的沟通规划可能会导致项目出现各种各样的问题。例如,没有正确识别出项目关键干系人的需求,导致返工;项目团队成员利益协调失效,导致部分成员消极怠工,最终影响这个项目的进度。在沟通规划中,需要考虑信息需求方——谁有权限获得信息;何时需要信息;信息应该储存在何处,以及需要储存什么信息;信息检索方式;沟通中是否要考虑跨文化、语言障碍等因素。表 13-2 为某项目的沟通计划表,读者可在此基础上进一步完善。

表 13-2　某项目的沟通计划表

信息内容	沟通对象	沟通时间	沟通方式	沟通者
里程碑报告	公司高管	两个月一次	E-mail、文件	项目总裁
项目状态报告和会议议程	团队成员和客户	每周一次	E-mail、文件	项目经理
团队状态报告	项目经理和项目办公室	每周一次	E-mail	团队记录员
问题报告	团队成员和客户	每周一次	E-mail	团队记录员
已批准的变更	项目经理和客户	任何时间	E-mail、文件	设计部门
外部绩效	团队成员和客户	两个月一次	会议	项目经理

2. 管理沟通

管理沟通的目的不仅在于传递相关信息,它更关注的是确保信息在项目干系人之间有效地发送、接收、理解。信息发送方选择的发送方式、信息传递的依附载体、信息接收方式不仅会影响沟通的时间、成本,往往还会影响信息被准确接收和理解的程度。同时信息在传递过程中经常会受到各种类型的噪声污染,导致信息失真。管理沟通的主要结果是产生项目沟通,包括项目沟通所需信息的产生、发送、接收、理解和反馈。

3. 控制沟通

控制沟通贯穿于项目整个生命周期,确保项目干系人之间的沟通需求得到有效满足。信息在发送、传递、接收、搜索、储存过程中往往会出现这样或那样的问题,需要通过沟通控制及时发现沟通偏差,分析沟通偏差产生的原因,并及时采取纠偏措施防止产生更大的损失。随着项目的实施,通过沟通控制可以发现沟通管理计划的不当之处,或者信息遗漏的地方,这时就需要对沟通管理计划进行修订,这个过程可能不止进行一次。沟通控制过程需要以项目管理计划为基准,分析沟通工作是否能够满足项目干系人的沟通需求,沟通渠道是否畅通,沟通双方能否准确及时地交流信息。问题日志对于项目沟通控制是重要的,因为它为沟通控制提供了项目沟通问题的全貌。工作绩效数据组织和总结了信息绩效测量基准的相对分析。

案例

沟通管理是项目管理的重要环节,沟通管理不仅涉及了信息的交流,更涉及了怎样去寻找关键人物、使用什么方式去沟通。在 F-35 战斗机项目上,洛克希德·马丁公司明显比老对手波音公司高明得多。波音公司在 F-35 战斗机项目最初竞标时,在某些程度上是因为公司形象受损而败落。在国防部门干了近 30 年的 Darleen A. Druyun 退休才 1 个月后,就出任波音公司导弹防御系统部高管。她在担任国防部的第二号空军采办官员时,曾与波音公司的财务官 Michael Sears 协商她退休后的工作问题。结果 Druyun 和 Sears 均被判有罪,波音公司老总 Phil Condit 辞职。尽管波音事后主动检举揭发,但仍然被罚了 6 亿美元。如果说波音公司关注国防部的重要人物的方式是"传统老旧"的话,洛克希德·马丁公司则另辟蹊径。

洛克希德·马丁公司每年大约支出 1500 万美元的游说公关费用,在 46 个州设有工厂,创造了 12.5 万份工作,同多个盟国有合同。洛克希德·马丁公司涉及了众多人的利益,在项目沟通时很占优势。洛克希德·马丁公司故意把 F-35 战斗机项目分包给多达 1400 个承包商,形成了广泛的联盟,每当自己有困难时,分包商都会帮忙疏通。洛克希德·马丁公司通过分包商、自己的员工、游说者等结交了一批退役的将军、退休的国会议员,在社会上产生了强大的宣传效果。洛克希德·马丁公司在选择分包商时非常讲究策略,特别重视一些地处关键选区的分包商,因为他们的议会选票影响力很强。对于这些分包商,其成本、进度甚至缺陷都不是主要考虑指标,这种现象在 F-35 战斗机项目中特别明显。佛蒙特州(Vermont)的参议员 Sanders 本来对 F-35 战斗机项目没有好感,但在洛克希德·马丁公司在该州提供了 1400 份工作后,特别是该州国民警卫队得到了盼望已久的 F-35 战斗机后,只得改变了态度,支持了项目。F-35 战斗机项目涉及了太多人的利益,尽管国会多次指责其超资,但真正到了投票削减经费时,却无人敢投赞成票。洛克希德·马丁公司的做法属于典型的 PRINCE2 组织方式,这种方式为沟通奠定了坚实的基础。有人戏称其已经到了大而不能倒的地步。

1946 年创立的 FEE（经济教育基金会）在 2021 年 5 月发表的批判文章中说："2001 年，当 F-35 战斗机正式开工时，其被描述成了一个全能的且节约的全新机型。最初预计其在 2006 年能够投入作战任务，然而却一拖再拖。项目到了 2021 年，政府已经为洛克希德·马丁公司直接投进了 1150 亿美元，若把洛克希德·马丁公司的供应商算进去，共投了 4000 亿美元，然而其问题仍然不断。洛克希德·马丁公司赔本了吗？不！事实上，这期间洛克希德·马丁公司的股票涨了 6 倍。国会每次讨论，对 F-35 战斗机项目都不敢有大动作。这是因为 F-35 战斗机项目的供应商遍布 45 个州，包括了 307 个众议院选区，以至于议员们大多不敢过分反对该项目。从股东利益的角度来讲，F-35 战斗机项目不可谓不成功，尽管 F-35 战斗机项目的操作手法已经不再属于自由市场的范畴了。"FEE 提出了一个现实的、具有可操作性的解决方案：让 F-35 战斗机项目继续做，继续烂下去。与此同时，政府另起炉灶，再干一个新的战斗机项目。

洛克希德·马丁公司另外的一个高明之处是它赋予了 F-35 战斗机太多、太高的荣誉，通过荣誉感把干系人紧紧地捆绑在了一起。国防部当初强调的是"廉价"，但公司对外宣称的则总是"第一"。洛克希德·马丁公司开动了其宣传机器对外到处宣传 F-35 战斗机是何等的先进，对内则大肆鼓吹"为创造世界上最先进的战斗机而工作"的自豪感。上自 PEO，下到普通员工，无不把参与 F-35 战斗机项目当成自己的荣耀。看看他们在网上做的简历，无论是 PEO、executive director、EVM、EVP 还是相关人士，无论是现任还是前任，F-35 战斗机项目的经历都被放在显要位置。F-35 战斗机项目被安上了神圣的光环，所有的干系人都以参与 F-35 战斗机项目为荣。若有人想打压 F-35 战斗机项目的话，他们这帮人在精神上还真的伤不起。这也就是无论什么情况下，历任 PEO、历任员工总是尽心尽力维护项目的重要原因。就连被国防部部长撤职的 Heinz 将军也仍然为参与 F-35 战斗机项目而自豪，不仅退役后引以为荣，还让儿子加入了 F-35 战斗机的队伍。洛克希德·马丁公司对项目、对项目成员的包装的确起到了很好的效果。

13.7 主要过程文档

恰当的记录与沟通一样是项目管理的一项重要支撑职能，记录可以看出是一种正式的书面的沟通。在管理过程中有许多必要的、重要的、基本的记录，人们会发现它们很有用。信息化的普及使得文档可以更加细化，能够更准确地反映项目的进展，这也是项目质量提升的重要方式。各个过程、各个要素或领域都有各自的文档。本节将再次回顾贯穿于 PRINCE2 几大过程的一些关键文档（见图 13-2），以及其中的重点内容。

1. **项目授权书**（mandate）

该文档是项目进入筹备阶段的前提。其主要内容有以下几方面。
- 项目的名称。
- 大致的范围。
- 项目的目的。

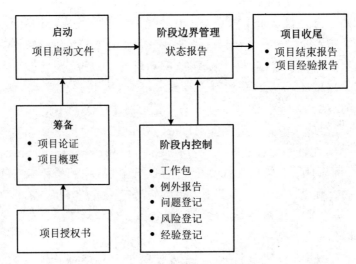

图 13-2　过程中的关键文档

- 项目总裁（executive）。
- 项目的关键约束（如时间、成本等）。

2. 项目论证（business case）

该文档在筹备期间完成。它描述了为什么要发起项目，项目的优势是什么，大致的风险和成本如何。其详细内容参见第 9 章。其主要内容有以下几个方面。

- 背景。
- 大致范围、时间和约束条件。
- 大致风险。
- 成本收益估算。

3. 项目概要（project brief）

该文档在筹备期间完成，是项目启动的输入。它描述了项目论证、项目路线、项目交付物、所需资源和大致计划。其主要内容有以下几个方面。

- 项目论证。
- 主要干系人。
- 项目路线。
- 价值链（主要过程）。
- 产品分解结构。
- 所需资源。
- 大致计划。

4. 项目启动文件（project initiation document）

该文档在启动期间完成，是项目指导、阶段内控制、阶段边界管理、交付物管理和项目收尾的输入。它为项目干系人提供了最基本的信息，如范围、时间、成本、质量，它可以看成项目总裁对项目经理下达的任务。其主要内容有以下几个方面。
- 背景。
- 范围和约束条件。
- 成本收益分析。
- 风险分析。
- 项目路线。
- 价值链。
- 产品分解结构。
- 所需资源。
- 宏观规划。
- 项目人员结构。
- 成本预算。
- 验收标准。
- 技术架构。
- 相关法规标准。
- 沟通计划。
- 质量计划。

5. **工作包**（work package）

该文档在阶段内控制期间完成，是交付物管理的输入。它可以看成项目经理对团队经理交代的任务。其主要内容有以下几个方面。
- 范围。
- 产品分解结构。
- 产品分解结构细节工作包。
- 产品描述。

6. **状态报告**（status report）

该文档在阶段边界管理期间完成。它描述了项目的进展情况，项目经理也可以每几周定期发布一次。其主要内容有以下几个方面。
- 进度与规划（作为对比基线）。
- 成本与预算细节（作为对比基线）。
- 强调与关注。
- 解决措施（当例外出现时）。

7. **项目结束报告**（end project report）

该文档在项目收尾期间完成。它描述了交付物以及为之所做的付出，比较项目的付出和原定的计划，总结项目工作，为以后的工作提出建议。其主要内容有以下几个方面。
- 背景。

- 范围和约束条件。
- 成本收益分析。
- 风险分析。
- 成本与预算细节。
- 强调与关注。
- 例外出现时的措施。
- 项目总结（哪些做到了，哪些没做到）。
- 意见和建议。
- 经验总结（正面和负面）。

8. 例外报告（exceptions report）

该文档在阶段内控制期间完成。它描述了发现的问题和拟采取的措施。对于项目委员会批准的措施，项目经理可能需要调整变更计划。其主要内容有以下几个方面。

- 强调与关注。
- 解决措施。

9. 项目经验报告（lessons report）

该文档在项目收尾期间完成。它描述了与项目相关的经验教训。项目委员会批准后，该文档将存档作为将来使用。其主要内容来自以下几个方面。

- 项目管理。
- 需要分析。
- 范围管理。
- 变更管理。
- 接口管理。
- 工程实现。
- 工程测试。
- 数据转换。
- 完工维护。
- 架构设计。
- 技术手段。

10. 问题登记（issue register）

该文档在阶段内控制期间完成。它描述了出现的问题和新增的需求。其不仅包括问题本身，还包括严重性程度、可能的原因、解决措施、处理优先级等。

11. 风险登记（risk register）

该文档在阶段内控制期间完成。它描述了风险及其影响程度、发生概率、测量方法、解决措施等。

12. 经验登记（lessons learned register）

该文档在阶段内控制期间完成。它描述了发生的事件及其后果、解决方案及其效果。

文档是项目和组织的重要资产，PRINCE2 提倡合作放权，而文档管理能够共享则是必要的前提。文档共享不仅是知识的共享，也是相互沟通的重要环节。要做到文档共享，需要同时做到两点：建立必要的信息管理系统；建立合理的文档管理规范。

> **案例**
>
> 五角大楼的政府官员对知识产权的忽视和软弱也是造成F-35战斗机项目困难的原因之一。洛克希德·马丁公司把本应该由一家公司（或内部小团队）完成的任务，故意转包给了多个分散的分包商。这样做可以培养更多的干系人同伙，造就强大的政府游说团体，但也造成了项目的管理困难。首先，这样做会使得项目开发效率低下、质量难以保证。其次，由于知识产权分散于不同的厂商，造成成果相互使用困难，不得不进行重复开发。不过，洛克希德·马丁公司却掌握着这些分包商的数据和关系，客观上政府不可能有足够的精力和能力去监管与协调众多的分包商，这种为人设事的局面造成了做事难，特别是大项目做事更难。不过，这虽然是洛克希德·马丁公司蓄意为之，但PEO难脱责任。作为项目方向制定者的PEO，在一开始就应该建立一套合理的制度，使得项目的开发文档能够共享。不仅如此，PEO还应该制定相应的标准，如规范的写作格式、标准用语、组织结构的称呼、相关技术的参考文献、设备仪器参数的制式等，使得文档具有可读性、可理解性。文档作为项目和组织的重要资产，是一笔财富。F-35战斗机这样的大项目，对于文档写作和管理，不仅要有专人负责，PEO还应设立质量考核指标。

第 14 章 项目监控

14.1 监控的定义

监控涉及决策，是项目管理的重要环节。新接触项目管理的人，初期会把"控制"这个概念与"权力"这个概念错误地等同起来。在项目管理的世界里，控制很少涉及告诉人们做什么、指导他们的行动和思维，或试图强迫他们按某种方式行动，尽管所有这些都只是对于控制的一种解释。在项目管理中，"控制"的概念更类似于为一艘船掌舵。它需要不断调整航向，脑海里要有一个主要目标：如航行开始时所承诺的那样，把船带到安全的港湾。同样，一个成功的项目航程包括识别特定的目标，仔细规划到达目标的路线，在整个航程中评价你所处的位置，对前方出现的东西保持警惕。项目控制如同驾车，司机不断地注视前方的路线，轻轻地调节方向盘以保持在路线上。如果忘了看路，严重偏离了方向，就不得不猛打方向盘，这样做是非常危险的。所以要注意不断地观察，如果路线有误差，越早调整越好。当然，没有一份可信的、适度详细的计划（路线），在项目期间就不能很好地进行控制。PMBOK 以精密的计划为主导，所以其监控倾向于微观。PRINCE2 认为利益共享是项目一切活动的基础，所以其监控倾向于宏观。本书在 PRINCE2 的各个过程中已经谈到了一些监控的内容，本章将更多涉及监控的手段和具体技巧，另外阐述 PRINCE2 特有的监控模式。项目监控涉及以下三个步骤。

- 测量（measuring）：通过正式或非正式的方法得到项目进展信息。
- 评估（evaluating）：分析项目进展与计划之间的差异及其原因，找出应对措施。
- 纠正（correcting）：采取行动进行改正。

本章将介绍测量、评估和纠正的具体方法，评估的一些方法还可以参考第 20 章。另外，本章还特别讲述了 PRINCE2 的监控模式，以及阶段的划分方法。

14.2 监控的内容

项目控制中要考察的因素很多，但最主要的是时间、成本、范围和品质，如图 14-1 所示。

- 时间：项目是否按时完成？（花了多长时间？）
- 成本：项目的开支是否符合预期？（花了多少钱？）
- 范围：项目交付物具备预期的能力吗？（它们能够做什么？）
- 品质：交付物的表现像承诺的那样好吗？（它们能够做到多好？）

"把项目拖回正轨"几乎总是一个很重要的需要考虑的点。但"保持控制"却是指把结束项目的位置与承诺结束项目的位置之间的距离减到最小。这就意味着整个项目控制需要有一只眼睛盯住现在，另一只眼睛盯住未来。实际上管理高层最关心的是项目可能的最终状况，而不是现在的情况。所以，在向高层汇报时，上级更加关注的是"预计项目完成时超资 10 万元"，而不是"项目现在超资 3 万元"。项目最终的偏差，可能等于项目现在的偏差加上项目今后的估算偏差。总之，项目控制不但要评价现在，更要评估未来。项目需要收集的信息主要有以下几个方面。

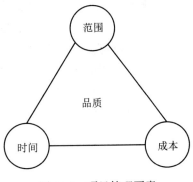

图 14-1　项目管理要素

1. 日程安排

- 每项已完成的活动，日程安排表中确定的开始和结束日期。
- 每项已完成的活动，实际的开始和结束日期。
- 当前在进行的每项活动，预期的开始日期。
- 当前在进行的每项活动，实际的开始日期。
- 当前在进行的每项活动，原日程安排表中确定的完成日期。
- 当前在进行的每项活动，现在估算的完成日期。
- 对当前在进行的每项活动的进展的描述。

2. 费用

- 估算的所有活动的开支（或工时）。
- 每项已完成的活动的实际开支（或列入日志的工时）。
- 当前在进行的每项活动的每日开支（或列入日志的工时）。
- 现在对完成当前在进行的每项活动的估算开支（或需要增加的工时）。

3. 功能范围

- 估算的（最初预期的）最终交付物的能力。
- 当前预测实际将具有的能力。

4. 品质

- 最初估算的最终交付物的功能。
- 目前预测它们的实际功能。

在上面的内容中，时间信息占有相当的篇幅，应该如何衡量时间进展的基准线呢？项目计划实际上就代表了用于衡量的基准线。这包括用于项目控制的日程安排表、项目预算，以及与项目交付物有关的任何设计和性能说明书。包括在这些文件中的估算，构成了测量偏离的基础。然而，以基准线为估算值的事实，对保持控制提出了这样的问题：如果估算错误会怎样？如果基准线的要素很难代表实际完成会怎样？

当遇到一项变化，有时很难知道是估算者的原因，还是任务执行者的原因，这是项目控制的最大困难之一。知道变化的本源是非常重要的。如果能够区分是估算问题还是执行问题，就更有条件采取恰当的纠正措施。然而，除非发现了特定的估算错误，否则都应当假设基准线是合理的和准确无误的，并把它作为测量变化的基础，采取纠正措施。

14.3 收集资料的过程和方法

为了有效地监控，必须在整个项目周期中搜集大量信息，以保持众多事项在轨运行。以下列出了获取信息最常用的几种方法。

1. 团队会议

项目分析由过去、目前和未来各项要素构成。项目团队会议是获取当前信息的重要渠道，如图14-2所示。在整个项目的生命期内，项目团队会议都应当定期举行。过去的信息由活动完成实际结果的记录组成。大多数团队会议的主要焦点是对目前正在进行的每项活动的状况透彻地进行评审和分析。最后应当把注意力放在未来，对每项活动的结果进行预测。大项目的团队会议一般每两周一次。

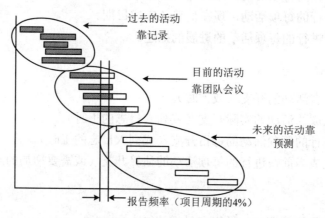

图14-2　项目活动的收集方式

2. 表格和模板

搜集信息有大量的方法，其中最直接和可靠的方法是给团队成员提供只需要填空的表格和模板。如果表格和模板设计恰当，它们将使团队成员的工作更轻松，且确保所获信息的类型符合需要的格式，以有助于保持控制。可以考虑以 WBS 为基础做一个电子数据表，留出空间以供信息输入，如已花费的工时、当前状况、价值预测、议题或问题、周期和费用重估等，也可以给团队成员提供项目日程安排表的副本，以供其适当地做记号，为当前情况提供信息。为团队成员提供信息可使用多种方法，但无论选择哪种方法，都应该让他们使用时更轻松。

3. **走动管理**（management by walking around）

通过四处走动，在第一线看，在第一线听，了解与项目相关的情况，同相关人员及时沟通，对于有效地领导项目是绝对重要的。保持控制通常不仅是记录信息，还包括评定团队成员的主动性、评价或证实信息的真实性和精确性，以及发现在团队背景下还没有浮现出来的问题或议题。有时评价这类事务只能花时间与团队成员个人单独谈。

通过非正式渠道的沟通所获得的信息，往往比通过正式的形式（如团队会议）所获得的信息更有价值。出现这种情况至少有两个原因：首先，一个可能是敏感类型的信息，一些团队成员可能不愿意在整个团队面前透露；其次，项目经理花时间对团队成员单独表示关注，更像是在寻求一种与团队成员之间更健康、更开放的关系。应当致力于给团队成员提供一个与你沟通而并非正式传递信息的机会。花时间或设法花时间与团队成员单独在一起，不时在休息室、食堂或午餐时间加入他们，打电话或找他们出来，只是看看事情的进展，就有可能得到一些令人惊奇的东西。

项目负责人与员工沟通时要注意方式、方法。当员工按适当的流程做事时，即使其结果令人不快，也可以奖励。对于传递真实信息的人，即使是坏消息，也不应该惩罚。当坏消息出现时，首要任务是通力合作，解决问题，而不是花任何时间去追究责任。对于团队成员，不要让他们相互对立，或站在某方批评另一方，这将影响团队的团结。项目负责人要时常展现出自己对承诺的遵守和责任感。

4. **软件和系统支持**

对于信息管理，各组织之间的搜集、记录信息的方式非常不同。有些项目使用笔和纸即可有效地控制记录和管理项目，而另一些项目则可能需要尖端的、覆盖全公司的主机系统。用于项目的软件数量和系统支持将取决于多种因素，例如：

- 项目复杂程度。
- 项目的大小。
- 组织期望。
- 组织支持度（即组织提供什么给你）。

项目管理的软件有两类：一类是公司或行业自主开发的软件，这类软件能够充分反映公司项目管理工作的特点。一般复杂的项目使用这类软件，有技术秘密或商业秘密的项目使用这类软件，一些有一定规模的公司、资金宽裕的公司也使用这类软件。另一类是通用软件，对于广大普通企业，比较节省资源的方式是购买项目管理通用软件。项目管理通用软件有很多，如 Primavera 公司的 P6、Microsoft 公司的 Project、Artemis 公司 Artemis Viewer、NIKU 公司的 Open Workbench、Welcom 公司的 OpenPlan 等。在国内目前使用最多的是微软的 Project 软件和 Primavera 公司的 P6 软件。

要评价项目所处的位置和对项目的控制，简单地收集资料还不够，还需要"高品质的信息"，高品质的信息具有以下特征。

（1）有适宜的形式：信息表达方式可使信息处理相对容易，如结构化的数据。如何确保所获信息的形式适宜？第一，信息应以何种形式呈递，项目管理团队应清楚地予以规定；

第二，如上所述，给团队成员提供表格和模板，他们只需要填一下。

（2）及时：对问题及时做出反应的能力，这取决于得到的信息的"新鲜程度"。因大多数信息来自团队会议，团队会议的频率就是很重要的。如团队会议的时间间隔可以为项目周期的约 4%。换句话说，对于一个 6 个月的项目，合理的频率是每周一次；超过 1 年以上的项目，则通常安排每两周一次。运用走动管理的方式，也可获得最新信息。

（3）精确：信息应当包括特定的时间、地点、期间和费用金额、人员、设备等。"在按日程安排表执行"或"再多做一点就要完成了"，像这样的最新信息，其精确程度显然是不够的。

（4）可信度高：与管理过程和方法相比，得到的信息的可信程度与人性的关联度更近。从团队成员那里获得的信息有效性，常与项目管理者和团队成员的关系好坏相关，特别是当事情不顺利时。

14.4 状态的分析和评估

有了可靠的信息后，接下来就要进行分析决策，如图 14-3 所示。图中的需求是指项目应该达到的状态，PMBOK 中是指计划，PRINCE2 中是指核心目的。分析项目的交付物，特别是它们是否达到了功能和品质目标，有时很困难。很多实际情况表明，在交付物完成前，无法做出全面评价。项目控制的基本任务是避免交付物的性能被降级。造成交付物性能不符的原因可能有以下两个。

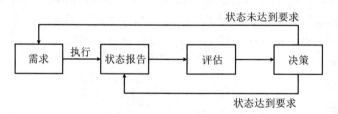

图 14-3　项目监控的流程图

（1）所表现出的性能不符合期望：很可能"按设计或说明书"制造的交付物结果不如预期。也许它们不能按所希望的那样工作，或不能达到计划中的效果。在做一件新东西，需要足够的研究和开发时，出现这种结果就并非特例。在这种形势下，风险管理和沟通将是两个很有用的战略。要确保接收交付物的客户认识到，出现性能问题是完全可能的。为防止在最后一分钟的失望或重做，需要根据设计说明书、模拟、样品制造、随机实验、交付物的代表性样品以及主导特定的设计性能实验，对交付物进行阶段性检查。

（2）在项目期间交付物的性能标准变更：有时在项目期间会做出降低项目交付物性能标准的决定。当认为原先考虑的东西不可完成时，这种情况就会发生。在一些案例中，有降低标准以弥补费用和日程安排上的问题。

从管理上的观点，这两种情形差别巨大。因技术上的挑战无法达到性能标准通常能够被理解，如果处理得当，得到客户的理解和配合，这种情况不会被反映为管理能力问题。

但是，如果项目团队以牺牲交付物的性能为代价，以节省时间或成本，且没有得到客户的允许，那是在自找麻烦。要确保与客户共同评审对性能标准的任何潜在改变，要确保团队成员理解，不能单独做任何决定。

14.5 决策方案的选择

如果一切正常，就无须做太大的反应。除非项目进展不尽如人意，才采取纠正措施。采取纠正措施没有绝对正确的方法。最佳行动方案的选择取决于所面临的形势，必须仔细考虑下面的各种因素。

1. 采取行动的时间

这是纠正措施最困难的方面之一。是否在项目遇到问题的第二天就立即采取行动？可能不是。但要保持你的项目不致偏离轨道太远，早察觉是至关重要的。这是定期召开团队会议如此有价值的原因之一。对项目环境要保持一个锐利和善于观察的眼睛，以确保任务执行者知道项目经理在关注。如果问题被察觉得足够早，有时所需的就是简单地点醒一下就够了，如"别忘了我们希望你在两周内完成"。

2. 立即行动还是事后弥补

当问题发生时，通常都会有立即把它们解决掉的冲动，然而，在很多情况下，这未必是正确的做法。有时可以立即、直接行动以解决问题。但是，很多时候，最佳行动步骤是处理目前能处理的事务，并寻求通过将来的行动来抵消问题造成的影响。如果已选择通过将来的行动来解决问题，那么要确保每个人都知道这个决定，并调整项目计划以反映这项行动。

3. 避免微观管理

除非出现很严重或极端的情况，项目负责人应当避免直接参与问题解决。首先，要亲自解决每一个问题，负责人往往缺乏足够的时间。更重要的是，团队成员会对项目负责人的干预产生愤怒，会让团队成员误以为你不够信任他们。项目负责人的最佳行为方式是提醒他们，问题需要得到纠正，提议一个补救办法，还可把项目经理自己作为一个提供支持的资源。这些将显示对团队的信任，让项目负责人集中精力管理与项目整体相关的事务。

4. 理解折中

正如早些时候所提到的，项目的时间、费用、功能和品质是相互依赖的，这就意味着采取正确的行动可能涉及对一项因素与其他因素进行权衡。例如，增加资源可能缓解时间上的压力，但是可能会增加费用；采用更廉价的材料可节约资金，但将影响项目交付物的功能和品质。若无法保全所有四个要素，应侧重于哪些要素？在项目开始时，这个问题就得向关键干系人，特别是客户那里寻求答案。多数时候，他们都会有一个侧重点。如果干系人表达他们的期望："即使费用超支，我也要求项目按期完成。"或"如果项目需要更多时间，确保把事情做得圆满，那就延长时间。"当然，不是所有的干系人都会这样坦率。然而，只要花时间与他们讨论这个项目，通常就会理解他们侧重于哪些方面。

确定干系人对项目的时间、费用、功能和品质的侧重点有时会很困难。这时采用面谈的方法常常会产生较好的效果。可采用假设性的问句，如"如果项目超支 20 万元，将会怎样？"或"如果我们遇到了问题，将会延迟三周完工，会怎样？"注意他们的答案，以及他们的身体语言。

5. 从问题中学习

在问题发生时，只把它解决掉是不够的，应当养成习惯，停下来反省一下刚遇到的问题。可以自问一下（或问他人）以下这些问题：这样的问题还会重复发生吗？如果会，我们能防范吗？如何防范？如果我们不能防范，我们能减轻它的影响吗？这个问题是否可能也发生在其他人身上？如果可能，我怎样预警？这个问题会对他人造成影响吗？如何影响？我们能做些什么？花时间反省这些问题，可能会帮助项目团队积累经验。

6. 选择最佳的补救策略

要从困难中恢复，设法确保团队达到关键的项目目标，通常可以采取的行动路线有很多种。

（1）力争按原计划行动：在大多数情况下，第一步行动应该是设法维持原计划。换句话说，不要很简单地设想，潜在的变更应当自动地被接受或容纳。有时，对于遇到的某些困难，一个对承诺的坚定提醒，以及提供一份支持可能就足够了。

（2）在后期的任务中弥补：正如以上所提到的，与企图立即解决问题相比，这通常是一个更好的选择，但要确保这项未来的计划在项目日程安排表中得到反映。

（3）增加资源，获取额外的帮助：一定要考虑到项目开支的潜在增长，即当增加资源投入时，回报减少的可能性。在一项活动中投入 3 倍的资源，并不必然意味着，它的完成时间将降为原来的三分之一。针对一些不太复杂的项目，可以通过增加资源来完成，但一些复杂的项目，增加资源可能是毫无意义的。正如图灵奖得主 Fred Brooks 所述，9 个妇女加在一起也不能在 1 个月之内催生出 1 个孩子。他在 *Mythical Man-Month* 中写道："向一个已经延迟的软件项目增加人手，只会使项目变得更慢。"

（4）接受替代物：当有些东西不能获得，或预期将延迟交付，可考虑以类似物品替代。同时，一定要考虑对交付物性能的任何潜在影响。

（5）变换工作方法：有时可能找到一个更加方便、实用的方法以完成工作，然而，工作方法的变更经常会影响费用或日程安排。

（6）接受部分交付：仅收到所需要的部分产品，也许也可以让项目保持正常的建设进度。

（7）给予刺激：提供奖金或其他激励以改善工作表现。这个战略通常对供应商采用。惩罚条款也许具有同样的效果，但属负面的。

（8）重新讨论费用和时间目标：如果能有所帮助，考察一下项目延期或增加预算的可能性。但需要展示问题更有可能缘于估算错误，而不是执行上的原因。

（9）缩减范围：降低项目交付物的品质或性能需求，从而降低所需工作量。一般情况下，这应当是在费用和时间目标至关重要时，必须达到这两项目标所采取的最后行动。在采取这项行动以前，必须事先征得所有干系人同意。

14.6 PRINCE2 的监控模式

上面所讲的内容主要是监控的通用方法和技巧，对 PMBOK 或 PRINCE2 都适用。本节将介绍 PRINCE2 中监控的一些特点。PRINCE2 中过程监控（progress）的目的是比较实际进展与原定计划的区别，预估项目的发展，持续评价项目的可行性，控制任何可能的偏离。每个阶段结束时，或遇到重大情况时，将对项目进行审查，看下一步该怎么走。PRINCE2 有两个监控原则：一个是分阶段管理和持续的项目论证；另一个是例外管理，预先设定偏离容忍度，设定授权的范围。偏离包括各个方面，如时间、成本等。当偏离超过容忍度后，控制权被转移到更上一级。PMBOK 中有许多同 PRINCE2 相同的控制理念，但没有提出这两个原则。

对于偏差的容忍度，PRINCE2 提出了四个级别，层次从高到低分别是项目级、阶段级、工作包级和产品级。公司高层（或项目集组织）拟定若干项目，各个项目委员会分别制订项目的阶段计划，在各个阶段内，项目经理分派出若干个工作包。公司高层决定项目级偏差的容忍度，超过此容忍度则由公司高层处理。项目委员会决定阶段级容忍度，超过此容忍度则由项目委员会来处理。项目经理决定工作包容忍度，超过此容忍度则由项目经理处理。团队经理负责产品的具体完成和交付。表 14-1 为过程控制相关的职责。

表 14-1 过程控制相关的职责

角 色	职 责
组织高层	在项目批准文件中，明确项目允许的偏离量
	当预计会出现项目级的偏离时，对例外计划做出决策
项目总裁	设定各阶段的允许偏离量
	从项目承建方的角度，确保各阶段的建设方向不要偏离项目目标
	当预计会出现阶段级的偏离时，对例外计划做出决策
	如果预见会出现项目级的偏离，向公司高层提出措施建议
客户代表	从客户的角度，确保各阶段的建设方向不要偏离项目目标
供应商代表	从供应商的角度，确保各阶段的建设方向不要偏离项目目标
项目经理	工作包授权
	根据阶段计划进行监控
	编制重要事项报告、阶段结束报告、经验教训总结和项目收尾报告
	当预见会出现阶段级偏离时，编制例外报告提供给项目委员会
	维护项目的登记册和日志
团队经理	与项目经理共同协商工作包
	给项目助理提供完整的品质活动计划
	编制检查点报告
	在预见工作包的偏离可能超过预期范围时，通报项目经理

续表

角色	职责
项目监理	针对外部环境和项目进程,验证项目论证是否持续成立
	对项目计划的变更进行核实,确认是否会影响商务需求或项目论证
	验证阶段和项目进程是否保持在预定的允许范围内
项目助理	协助编制报告
	帮助使用专业工具(如计划的编制和控制工具)
	对问题报告和例外报告编号、记录、保存和派发
	协助项目经理维护问题登记册和风险登记册
	替项目经理维护品质登记册

项目委员会的控制主要有对项目启动的授权、对项目开展实施的授权、对项目阶段开展的授权、对项目收尾的授权。项目委员会的日常监控工作是审议重要事项报告、阶段结束报告、例外报告和问题报告。项目监理会经常与项目成员交流并做相应的检查,在必要时会向项目委员会汇报。只有当情况不尽如人意时,即偏离超出了阶段容忍度,项目委员会才会对项目采取控制措施。项目经理的控制主要体现在阶段内控制,项目经理负责对工作包及其偏差的授权。项目经理的监控工作还包括对团队成员检查点报告的审查,对问题登记、风险登记等各种例外或变化情况的审查。

分阶段管理控制是PRINCE2的重要原则,项目委员会一次只授权一个阶段开展执行。阶段工作将结束时,项目委员会根据当前的情况,再次审议项目论证和项目计划,决定是否开展下一阶段的工作。本文所提到的阶段都是指从管理角度来看的"管理阶段",有别于从技术工程角度看到的"技术阶段",技术阶段一般由技术专家确定。技术阶段的划分与具体的工程技术模型相关,而管理阶段的划分与授权和资源的占有相关。技术阶段可以重叠,而管理阶段不允许重叠。技术阶段的长度与管理阶段的长度可能相同,也可能不同。当技术阶段跨越管理阶段时(见图14-4),PRINCE2建议拆分技术阶段以适应管理阶段。这样做的原因是,专家的方法可能会与客户的要求不一致,从而引起风险。

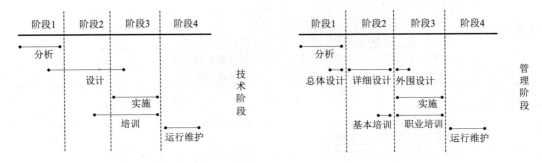

图14-4 分割前的技术阶段和分割后的管理阶段

14.7 阶段的数量和长短

PRINCE2中阶段的数量和阶段的时间长度很灵活,根据具体的情况来进行设置。当风险越大时阶段长度设置越短,不确定性越大时阶段长度设置越短,复杂度越大时阶段长度设置越短,特别是项目的开头或结尾期。当风险较小时,阶段长度可以较长,特别是在项目的中期。当团队比较有经验时,阶段长度可以较长。阶段的长度还与具体的工程技术特征有关。每个项目可划分成多个不同的阶段,但至少要有两个阶段:一个启动阶段作为项目的基础,保证项目各方能够充分理解项目;另一个阶段覆盖项目的剩余部分。在大的阶段中还可以再设置小的阶段,如图14-5所示。项目的阶段数量与以下因素有关。

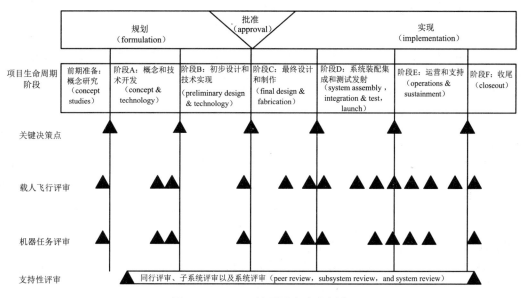

图14-5　NASA的项目大阶段划分

- 项目委员会、项目经理对项目的信心。
- 项目的总长度和可预见的长度。
- 项目进展中关键决策点的数量和分布。
- 项目中风险的情况。
- 太多的短阶段会增加管理的成本,而太长的阶段会降低控制的力度。

PRINCE2有两类监控:事件驱动监控和时间驱动监控。事件驱动监控是当特定事件发生后才采取措施,如阶段结束、例外报告产生等。时间驱动监控是定期进行某些行动,如每月的项目重要事项报告、每周的检查点报告等。一般的检查和汇报使用时间驱动监控方式,而控制决策使用事件驱动监控方式。监控的程度(强度)与计划的粒度有关。如果你想安排每周一次的检查点报告,你应该清楚你每周的期望是什么。在多数企业中,工作汇报的频率大约是1周或2周。监控的基准来自于项目计划、阶段计划、例外计划和工作包计划。有关时间、成本、品质等具体的监控方法,请参考本书各个相关章节。

14.8　PRINCE2中监控所用的文档

(1)日志(daily log):一般的小行动,无论正式还是非正式,都可使用日志记录。它还可以记录一些观察到的情况。

（2）问题登记（issue register）：包括所有正式问题的详细记录。

（3）产品状态报告（product status account）：某时期产品的情况，它属于配置管理的一部分。

（4）品质登记（quality register）：记录所有与品质相关的活动。

（5）风险登记（risk register）：所有识别到的风险。

（6）经验教训登记（lessons log）：管理和技术的过程、方法、产品等各个方面有用的经历。

（7）经验教训总结（lessons report）：不仅仅是经验教训的简单登记，还有总结，包括怎么学习经验，把经验进行推广；怎么发现错误，如何避免错误，改正错误；等等。

（8）检查点报告（checkpoint report）：有关工作包进展的详细情况，由团队经理完成并向项目经理汇报。在下达的工作包中，一般会包括该报告的上报频率。项目经理据此来综合评价当前的阶段工作状态。

（9）重要事项报告（highlight report）：有关项目当前工作中重要事务的报告，由项目经理完成并向项目委员会汇报。项目委员会决定该报告的上报频率，并作为沟通管理策略中的内容。重要事项报告描述了当前项目是否在偏差容忍度之内，是否存在一些问题的苗头，是否需要提早防范，它为项目委员会进行例外管理提供了手段。项目委员会可能会把重要事项报告转交给相关的干系人或公司高层。

（10）阶段结束报告（end stage report）：有关本阶段完成情况和下一阶段计划的报告，由项目经理完成并向项目委员会汇报。

（11）项目结束报告（end project report）：有关本项目完成情况的报告，由项目经理完成并向项目委员会汇报。

（12）工作包级的例外报告（work-package-level exception）：当工作包工作的预计情况超过其容忍度时，团队经理向项目经理发起报告。项目经理考虑采取必要的措施。

（13）阶段级的例外报告（stage-level exception）：如果本阶段的预计情况超过了其容忍度，项目经理向项目委员会发起报告。项目委员会可能会要求项目经理制订一个例外处理计划来解决，也可能修改容忍度。

（14）项目级的例外报告（project-level exception）：如果预计项目超出了其容忍度，项目委员会必须向公司高层（如项目集领导）报告。项目委员会可能会要求项目经理制订一个例外处理计划来解决。

第15章 风险管理

15.1 项目的本质

风险是项目的重要特征，项目存在风险是不可避免的，因为项目就是变革的推动者，而变革会带来不确定性。风险的大小是相对的，看你对信息的掌握程度，如图15-1所示。项目管理要求建立和维护一套有效的风险管理流程，其目的是通过对风险的全面理解——导致风险的原因、可能性、风险的影响、发生风险的时间，以及面对风险的选择，为最佳决策创造条件。风险管理是一项横贯整个项目建设期的持续性工作，有效的风险管理是持续的商务正当性原则的前提。

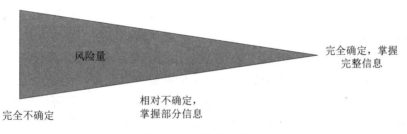

图15-1 风险的定义

风险既是坏事又是好事。站在甲方的立场上看，如果一项任务有利可图，而实现又容易，则会立刻去完成它；如果无利可图，又难以完成，就应该果断放弃它；如果无利可图，但是举手之劳，可以看是否顺便去做它；如果有利可图，但自身难以实现，最好的方式就是把它包装成项目，发布给乙方，如图15-2所示。乙方通过自己的能力完成项目，从甲方得到自己想要的利益。甲方则通过项目的外包转嫁了自身不愿承担的风险，而最后获得了自己的期望值。没有风险，乙方就没有机会。因此，项目的本质就是风险的转移。通过交易，对甲方来说的高风险工作转给了乙方，而对乙方来说工作的相对风险要小于甲方。乙方通过承接项目，用自己的知识和技能把风险降到最低的限度，最后化解了甲方的高风险，从而达到了共赢。无风险，则无项目。

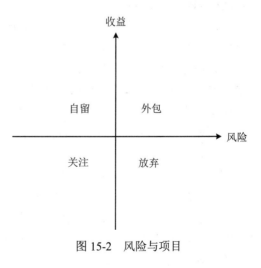

图15-2 风险与项目

本书中所说的风险，较多是针对乙方而言的。作为项目承担者的乙方，其根本任务就是化解甲方交给自己的风险。风险管理是任何一个项目的根本要求,也是项目管理的核心任务。风险管理要从两个角度出发:首先,要从技术层面完成项目的各种事务;其次,要从管理层面让甲方理解和满意。这种理解和满意不仅体现在对项目的结果方面,也体现在对项目的实施方面。甲方的理解、甲方的把控感、甲方的成就感对项目的完成会有重大的影响。

挑战风险是作为项目承担者的乙方应具备的基本素质。多数情况下,风险和回报成正比,要想获得高回报,就得承担高风险。不过,如果风险太大以至于超过了乙方的驾驭能力,则对乙方来说也是灾难。所以,乙方既要知道自己的能力,又要清楚项目的关键,知己知彼,甲、乙双方才能共赢。在成熟的金融市场上有一种现象:若 A、B 两只股票的平均回报率完全一样,A 股票的波动很大(方差大),B 股票的波动很小(方差小),则 B 股票的股价会远远高过 A 股票的股价。即风险越高,利润的期望值也越高,尽管方差大。这种金融市场的现象反映出人们对不确定性的恐惧,对稳定和确定性的追求使得人们需要付出高得多的代价。富有的机构投资者并不着急用钱,时间窗口长,可以承受多年的低谷,总能够等来高潮。普通的工薪投资者,面临医疗、教育、买房等诸多问题,时间窗口短,难以承受长年的低谷,最佳策略就是买入可预期的低风险的股票。所以,工薪投资者难以得到高回报。富者因为自身的承受力强,可享受高风险的回报,最终更富。这种现象就叫"马太效应"(matthew effect)。因此,不敢挑战风险的项目承担者不是合格的项目承担者。

项目承担者既要胆大,也要有高的技艺。如项目风险过大,超出了自己的把控能力,则不应该去承担。如果项目风险过小,远小于自己的驾驭能力,则可能浪费掉自己宝贵的时间和精力。选择项目的原则是:在自己能够承受的前提下,寻找风险最大的项目。项目风险的底线就好比自己的承受力,正好对应风险的极值。自己能够承受风险的程度与多种因素有关,包括自己的能力、判断力、对信息的了解度、家庭背景、生活的环境圈子等。通过不断的学习和实践,提高自己的能力,是大众提升自己的风险承受力的主要途径。选择适当的项目,能够使得项目承担者的能力和素质得到充分的展示。在多数项目管理的书籍中,把对项目的了解、自身的项目完成能力和判断力等都看成"项目信息",项目信息越充分,顺利拿下项目的概率越大。

风险是项目永恒的主题,特别是针对复杂的项目。复杂的项目往往涉及大量不确定因素,参与方多,时间长。在项目的执行过程中,环境在变,技术在改,已存在风险未去,新风险已来,风险会一直伴随项目。"项目信息"不可能绝对充分,能力的提高只能增大项目按预期完成的概率,但不可能完全没有风险。无论是项目创立者、项目承担者,还是项目参与者,都应该有一种风险心态,视存在风险为正常现象。在实际工作中,新增或省略任何一项任务,都要考虑其技术上的可操作性、经济上的成本、对内对外的影响,特别是潜在的风险。对于风险,PMBOK 的策略是采用本章的各种方法,即就事论事法,而 PRINCE2 则不仅要求要论事,还要求从组织机构和过程管理等全方位来应对风险。PRINCE2 的策略提升了项目管理的能力,使得从管理理论上可以应对风险大的复杂项目,不过全方位管理的缺点是增大了管理代价。

风险既是威胁又是机会,关键看能否把握它。项目管理的本质就是风险管理。本书提供了一套量化的方法和流程,来识别、分析、处理、预防风险。本章将介绍常见的风险类型和风险来源，着重讲述风险规划和防控方法。在风险评估中，本章讲述了多个可量化的、实用的方法。

15.2 风险的含义

风险是一件或一组不确定的事件，风险发生时，将对项目目标的达成产生影响。它由机会或威胁的发生概率、对目标的影响程度所构成。

（1）威胁：指可能对目标带来负面影响的不确定的事件。正因为有威胁，甲方才会把项目交给项目建设方去做。

（2）机会：指可能对目标带来正面影响的不确定的事件。正因为有机会，项目建设方才愿意承担项目。

目前学术界和项目管理界对风险还没有一个适用于各个领域的统一的定义。普遍认同的一种定义为，风险是指发生损失的可能性。风险的特性主要有客观存在性、普遍性、潜在性、突发性、多变性、相对性、可测性。人们对于风险的态度一般有三种：风险厌恶、风险喜好和风险中立。经验告诉我们，你将遇到的把事情变坏的因素比把事情变得更好的因素更多。因所有预期的考虑都是充分利用机会的观念，所以你的时间也许将更多地花在应对威胁上。

PRINCE2 要求具备持续的商务可行性，项目才能实施，否则，就要终止项目。在市场初步形成、有三四成把握时，就需要启动项目，项目结束后，可刚好赶上产品旺销、价格上行的卖方市场阶段；如果等到大家对项目形成共识时再上项目，项目投产时，可能刚好碰上产品过剩、价格下跌的买方市场阶段。

> **案例分析**
>
> 多年前，一家生产绝缘薄膜材料的企业计划建一条新的薄膜材料生产线，根据当时的市场价格和银行贷款利率，产品利润无法覆盖银行利息。但该企业领导仍然决定项目上马，原因如下。
> - 当时银行利息处于高位，一年到两年内银行利息将下调。
> - 基于产品利润低、银行利息高的原因，行业内的其他企业不会技改扩能，但市场需求仍在增长，将会出现供不应求、价格上涨的态势。
> - 新线新技术，产品的性能和成本较老线有优势。
>
> 以上三项中，除最后一项可完全确定外，前两项判断都存在风险，且搜集信息的难度大，难以量化，多数企业遇到这种状况会陷入持久的争论之中。但这家企业项目上马很果断，金融环境、市场环境的变化完全符合企业领导的判断，项目完全达到了预期收益。

项目风险就是项目生命周期中发生的风险，即可能导致项目损失的可能性。项目的未来充满风险，一旦发生风险，可能会对项目的质量、成本、进度等产生影响。大型项目的周期长、规模大，风险的种类繁多且数量大，大量风险之间存在错综复杂的联系。

风险管理是指在项目进展过程中，项目管理组织对可能导致项目损失的各种不确定性进行规划、识别、分析、应对以及监控的管理过程。项目风险管理运用观察分析、系统理论以及数理统计工具去研究项目的进度、成本、质量、市场等方面存在的潜在风险,以求最大程度地保障项目顺利实施。有效地管理风险需要以下方法。

(1)识别：找出可能影响目标实现的所有不确定因素,通过书面描述,确保对识别出来的风险取得共识。

(2)评估：对每个风险发生的可能性、影响大小、直接影响还是间接影响进行评级,落实风险对于整个项目的影响层级。

(3)控制：确定应对风险的方法,确定相关工作由谁负责、谁执行、谁监督和控制等。

15.3 风险管理的原则和流程

风险管理分为四个层面。风险管理方法可能涉及所有管理层,但针对具体项目,这个管理流程应进行适当裁修。图 15-3 中展示了组织的各个管理层级。为实现组织的战略目标,在整个组织内应如何实施风险管理？包括组织的风险偏好（组织对于风险的态度,即多大程度的风险可被组织接受）、对风险的容忍度、对风险升级的流程、相关角色和职责。对于具体的项目,管理人员要对各种收益和成本进行科学的分析和严格的估算,通过最经济、最合理的方式把风险带来的损失降到最低,或者将风险带来的收益最大化。项目的不确定性是绝对的,确定性是相对的。在项目实施过程中,只要能达到项目的要求,获得重要干系人的满意,允许项目存在一定的风险。另外,风险管理是一项综合性极强的工作,必须动员各方力量,科学分配风险,建立全方位的风险管理体系。在项目进展过程中,要遵循主动控制、实现控制的管理思想,认真分析不断变化的内外环境,及时采取应对措施。将风险管理实施的过程以档案的形式保存下来,为将来项目的运营提供参考。风险管理通常基于以下原则。

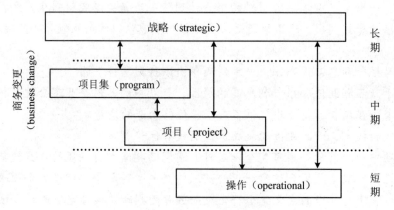

图 15-3　组织的管理层级

- 理解项目背景。
- 让干系人参与。
- 设立清晰的项目目标。

- 制定项目风险管理方法。
- 定期汇报风险。
- 确定角色和职责。
- 创造有利于风险管理的组织机构,培养风险管理的文化氛围。
- 周期性评审,持续改进。

每个项目都应有自己的风险管理策略(从风险识别到风险应对措施的实施,明确项目内的风险管理流程)和风险控制方法,即风险记录。风险管理的流程大多包括识别、评估、计划、实施、沟通这几个步骤,如图15-4所示。前四个步骤是串行的,第五个步骤(沟通)是并行的。在全部行动完成前,前面的任何一个步骤都可能出现沟通需求。当加入新的信息时,所有这些步骤都需要重新审视,通常需要把这些步骤再做一遍以达到最佳结果。风险管理策略与机构对风险的偏好有关。多大级别的风险可以被项目委员会所接受,这项信息通常采用风险容忍度的形式表示。当风险对项目的潜在影响超过了这个限度,将触发一份例外报告,将这一情况报告给项目委员会。

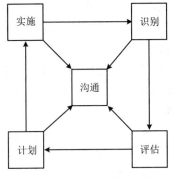

图 15-4 风险管理流程

案例

一家大型电器零售商在销售旺季不允许对其供应体系产生任何干扰。从11月中旬到第二年1月底为销售旺季,在此期间不允许引入任何项目,也不允许对供应体系产生任何变更。在销售旺季的窗口期,风险记录中的任何风险,如果可能引起供应体系的变更,都需要升级到项目委员会。这反映了其风险容忍度。

风险登记的目的是对所有识别出来的与项目相关的威胁和机会,对相关信息进行捕捉和维护。通常PRINCE2中的项目助理负责对风险登记的维护,并对项目经理负责。风险登记中的每项风险都会被分配一个识别码,风险登记的内容一般要求存放在数据库中。登记的内容一般包括以下几个方面。

- 谁提出的这项风险。
- 何时提出的。
- 风险的类别。
- 风险的描述(起因、事件、后果)。
- 发生概率、影响大小以及期望值。
- 紧急程度。
- 风险响应类型。
- 风险响应行动。
- 风险的状态。
- 风险负责人。
- 风险具体行动人。

15.4 识别方法

风险识别是指运用一定的方法判断在项目生命周期内正在发生或将要发生的风险的过程。项目风险的识别不仅仅是项目团队领导者的事情，项目团队中的每个成员的工作都会存在一定程度的风险，这就要求项目团队成员根据自己的项目经历和风险管理经验来识别风险。风险识别首先要确定识别的范围和环境。环境识别的基本目标是获取项目相关信息，加深对存在风险的特定目标的理解，以制定项目的风险管理策略。风险管理策略描述本项目的风险应当如何管理，它需要在项目启动阶段完成编制，并在随后的各个阶段进行评审和刷新。项目风险管理策略应当建立在公司的风险管理制度或规划层的风险管理策略的基础之上。以下事项将对项目的风险管理策略产生影响。

- 客户对品质的期待。
- 所涉及的组织的数量，各组织的相互关系。
- 项目所涉及的干系人的需求。
- 项目的范围、重要性和复杂程度。
- 项目的假设前提。
- 组织的自身环境（法律、法规、政策环境）。
- 在组织的风险管理制度中的风险管理方法。

这些信息可从项目授权文件、项目概要及项目产品总体描述中查找。项目的风险管理策略还应包括对以下事项的决策。

- 风险管理流程。
- 需要采用的工具和技术。
- 应当保存的记录。
- 风险报告制度。
- 风险管理活动的时间安排。
- 风险管理流程所涉及人员的角色和职责。
- 风险事项分级（如可能性、影响、紧急程度等）。
- 风险分类方法（可能采用风险分解结构）。
- 风险响应的分类。
- 早期预警标志。
- 风险的允许偏差范围。
- 是否为风险设立预算，如果设立，如何管控。

对项目环境要素逐层分解，展示潜在的风险源头。对这些要素分解越细，对风险的认识越清晰。有多种方式进行风险结构分解，如将其分解为政治、经济、社会、技术、法律法规、环境等，或按产品分解结构、阶段、收益或目标等进行分解，如表15-1所示。

表 15-1　某工程项目风险分解结构示例

风险来源 （一级指标）	风险因素 （二级指标）	风险变量 （三级指标）
业主方因素 B1	项目建设周期长，市场变化很难把握，业主设计目标不明确 C11	住宅是否设计精装修 C111
		商业建筑各类别面积比例 C112
		公寓户型面积及产品定位 C113
	项目管理团队的素质、经验、责任风险 C12	顾问公司选择不当或顾问间工作界面不清晰 C121
		业主的设计基础资料不准确 C122
		设计单位选择不当 C123
		业主、设计院、顾问之间信息不对称 C124
	为保证项目的高品质，沿用香港特别行政区的做法，较难被当地参与者接受 C13	超高层塔楼设计周期长，边设计边施工 C131
		分期完工及交付使用，超高层塔楼上部施工对购物中心营运的影响 C132
		甲方供材料影响进度 C133
		设计样板（mock up）C134
工程顾问方因素 B2	规划方案与政府规划或规定有冲突 C21	总体规划图修改的灵活性，规划道路调整 C211
		商场的消防超规范设计 C212
		高层住宅结构超限 C213
	方案的技术、经济和社会效益等诸多因素之间的平衡 C22	写字楼 LEED 认证 C221
		商场、塔楼基础及结构选型不合理 C222
		机电设备选型 C223
		楼层高度 C224
	方案与地域、气候、文化的不和谐 C23	外立面设计 C231
		内部交通组织设计及写字楼电梯设置分区方案不合理 C232
		外部交通组织设计及地铁站点与商场的超宽无缝连接设计 C233
	各顾问之间协调 C24	设计变更的影响 C241
设计方因素 B3	设计院审查监督体系不完整 C31	各专业错、漏、碰缺情况严重 C311
		不能按时出图 C312
	设计人员技术水平、职业操守及协调能力 C32	招标图深度不够 C321
		施工图深度不够，节点大样不齐 C322
		设备参数及品牌确定不合理 C323
	服务意识不够 C33	设计交底不充分，使得施工方对设计理解不够深入 C331
客观因素 B4	拍卖土地，设计条件限制过细，灵活性不够，只能被动开发 C41	超高层写字楼顶设观景台对外开放 C411
		拍卖条件对商业开发时限的要求 C412
		设计条件对机动车位配置要求过高 C413

续表

风险来源 （一级指标）	风险因素 （二级指标）	风险变量 （三级指标）
客观因素 B4	建筑设计宏观因素的调整变化 C42	规范的修改、控规的修改、建筑面积计算规则的修改 C421
		设计规范和标准滞后及部分条款不明确造成理解偏差 C422
	不可抗力影响 C43	地震后对超高层建筑的接受程度 C431
		其余未能预见的自然灾害 C432
施工方因素 B5	施工方技术达不到业主要求 C51	土建、机电与装饰工程的配合不好 C511
		装饰工程对设计意图理解不够 C512
	深化设计能力达不到业主要求 C52	玻璃幕墙、机电综合管线图等深化设计不能满足要求 C521
		材料样板达不到设计要求 C522

风险不仅可以通过风险结构逐层分解得到，也可以通过风险之间的潜在关系来获得。各个风险之间的关系可以通过事件链（event chain）来描述。如图15-5所示，一个风险在某种情况下可以诱发另一个风险，某一个风险的发生可能导致一系列风险的发生。事件链往往较为复杂，诱发条件之间的关系可能是"或关系"（单独一个条件就可诱发），也可能是"与关系"（多个条件组合在一起才能诱发）。在风险控制中，只要抓住了事件链前面的风险，后面的风险就能够避免。

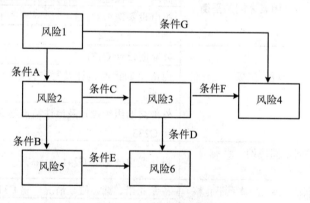

图15-5 风险的事件链

一些早期预警标志可能提示一个甚至多个项目目标可能处于危险之中。早期预警标志可能包括过程进展现状，例如：

- 工作包的已完成、待完成百分比。
- 获得批准、待批准的事项百分比。
- 每周、每月新增问题的数量。
- 待解决的问题比例。
- 每项问题的解决平均需要多少天。
- 每次品质审查时所发现的缺陷数量。

- 与预算的符合程度（如超支的比例）。
- 与项目日程安排表的符合度（已实施多少天，还需要多少天完成）。

有些与项目相关的早期预警标志可能并不包括在项目资料中，如客户满意度、缺勤率、员工流失率等。分析和汇报这些预警指标的趋势，对于警示风险是非常重要的。识别之后应做以下工作。

- 将已经找到的威胁和机会纳入风险登记。
- 确定早期预警指标，以监控项目的关键事项，并提供潜在风险源头的相关信息。
- 从干系人的角度理解特定的风险。

识别风险的一个有效方法是召开风险的专题讨论会。会前，需要针对可能使用到的风险识别技术，安排专人准备相关资料。在专题会上，需要确认项目可能遇到的主要风险，以及相关的风险责任人。对风险的描述必须清晰，不能产生误解或歧义。图15-6为风险的缘由、事件及影响。

图 15-6　风险的缘由、事件及影响

（1）风险缘由：哪些事件或哪种形势下，可能引发风险。它们本身不是风险，但它们会触发风险。风险的触发因素既可能来源于项目内部，也可能来源于项目外部。

（2）风险事件：对威胁或机会、不确定性进行具体描述。

（3）风险的影响：如果风险成为事实，会对哪些项目目标产生影响。

正如前面提到的，不确定性完全源于不能准确知道事情将如何发生。可以采用头脑风暴技术，罗列能列出的所有潜在问题。表15-2列出了项目中常遇到的可能导致风险的问题，在召开团队会议时，可考虑使用这份或类似的检查单。

表 15-2　项目中常遇到的一般问题

项目范围	客户改变了范围或特征，工作不能精确界定，范围被低估，项目目标变更
项目日程安排	项目持续时间被低估，项目结束日期变动，结束日期不可行，项目批准被推迟，管理层评审推迟了项目
市　　场	用户的期望不真实，市场需求变动，售价变动，销量下降，销量上升
材　　料	资源及可获得性、集成性差或不存在集成性，供应商可靠性差，材料可靠性差，质量不合规格，价格过高
设施和设备	可获得性缺乏，可靠性差，不相容，竞争性使用或需与其他项目竞争，所有权限制，弹性或适应性差，位置不合适，缺乏空间，错误型号
资　　源	团队成员变动，资金变动或冻结，费用或开支不确定，不可获得，优先权不重合
组　　织	角色或职责不清晰，糟糕的代表，单位间联系不够，缺乏恰当的协调，潜在的地盘战争，政治局限，缺乏沟通，上下级与幕僚问题，组织重组问题
个　　人	假期或疾病，家庭或其他问题，与兴趣相冲突，外部干扰，伦理问题，道德问题

续表

员工或人际关系	执行力或生产效率，人际冲突，发展和成长，动机和态度差，技能匹配性差，健康和安全问题，多样性问题
外部影响	天气，自然疾病，政府法规，健康、安全、职业安全与卫生条例，专利、版权问题，文化障碍，政治紧张，经济趋势改变，公司形象差，法律地位不理想

15.5 评估模型

评估的目的是，采用可能性和影响程度的指标，估算出项目面临的机会和威胁。风险的紧急程度也属于考量的范畴，它表示如果不采取行动，在多长时间内，风险就会成为事实。评估有多种方法，如故障树、决策树、PERT 分析等。定量评估项目风险总损失常用的计算方法为

$$R_{总损失} = \sum_{i=1}^{n} l_i \times p(i)$$

其中，l_i 表示第 i 个风险的损失；$p(i)$ 表示第 i 个风险的发生概率。

完成对这些问题及它们的影响属性和程度的分析可依赖一些资源，例如：
- 统计资料（偏好，态度等）。
- 历史资料。
- 产品说明书。
- 本领域内的专家判断。
- 模拟、仿真或实验。

风险可以精确定量，也可以简单地进行分级。表 15-3 为某机构的项目风险预估表。

表 15-3 某机构的项目风险预估表

序 号	风 险 源	评 价 指 数	风险接受准则	风 险 等 级
1	地震	6	D 类	低风险
2	发动机着火	12	C 类	中等风险
3	发动机主机故障	22	A 类	最大风险
4	发动机辅机故障	14	C 类	中等风险
5	控制系统故障	15	B 类	高风险
6	测试系统故障	10	C 类	中等风险
7	停电	3	E 类	最小风险
8	断油	2	E 类	最小风险
9	试验技术	13	C 类	中等风险
10	试验设备系统	12	C 类	中等风险

决策树是进行风险量化的有效方法，它把与决策有关的因素进行分解，计算概率和期望值，进而得出每种方案的收益估算并将方案进行排序。决策树具有层次清晰、全面的优点，不仅可以用来解决单阶段的决策问题，还可以用来解决多阶段的决策问题。

案例分析

有一项工程,施工管理人员需要决定下月是否开工。如果开工后天气好,则可创收 10 万元,若开工后天气不好,将造成损失 4 万元,而不开工天气好,将损失 2 万元,不开工天气不好,将损失 1 万元。根据以往的经验和天气预测信息,下月天气好的概率是 0.4,天气不好的概率是 0.6。那么,该工程下个月选择施工的收益为:10×0.4+(-4)×0.6=1.6(万元),选择不施工的收益为-2×0.4+(-1)×0.6=-1.4 万元。显然该施工队最好的选择是下月开工。该工程的开工选择决策树如图 15-7 所示。

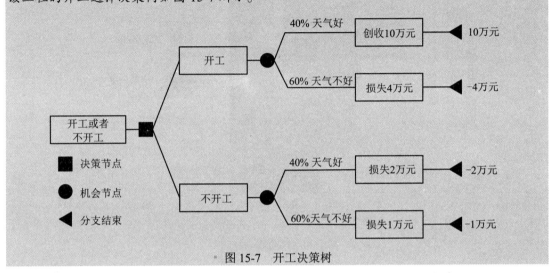

图 15-7 开工决策树

龙卷风图(tornado diagram)相比于决策树简单得多,如图 15-8 所示。当所做业务机会多于威胁时,相应的横条向右靠。反之,当所做业务威胁多于机会时,相应的横条向左靠。龙卷风图可以用作定性的风险分析。

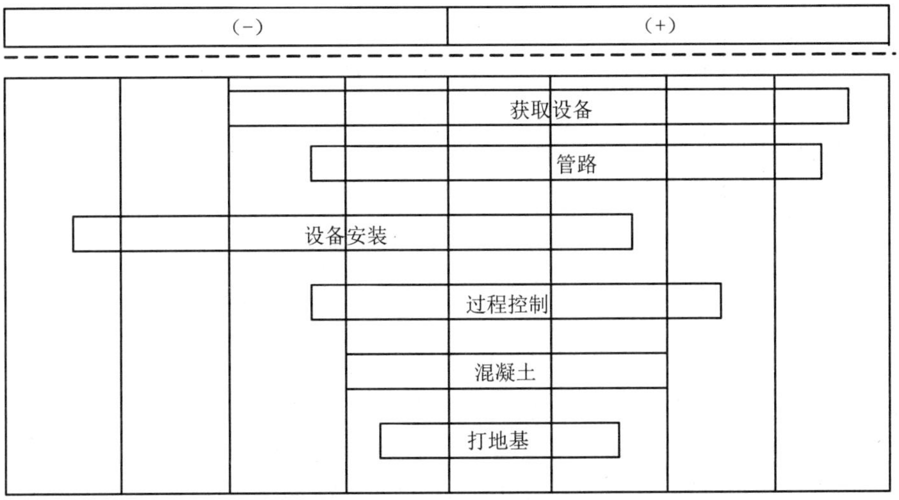

图 15-8 龙卷风图

风险影响矩阵(risk severity matrix)是一种二维结构图,横坐标表示风险造成损失的程度，纵坐标表示风险发生的概率，如图 15-9 所示。显然其左下方事件造成的威胁较小，而右上方造成的威胁较大。要高度重视右上方的风险。风险影响矩阵考虑了风险的概率和损失的大小，采用了分等级的方式，其在实际工作中的使用较多。风险影响矩阵是美国国防部（DoD）在军工项目中重点要求的方法。风险的描述不仅限于概率和损失，还可以考虑更多因素，如风险的发现难易程度、风险的可解决程度等多维度。

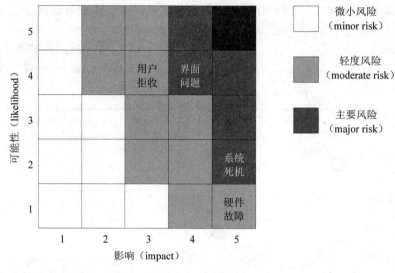

图 15-9 风险影响矩阵

图 15-10 清晰地表明，这个项目的开支超过 111.8 万元的可能性是 50%。这不仅是一个统计学上的判断，当用于预测结果时，它重点强调了范围和可能性的概念。

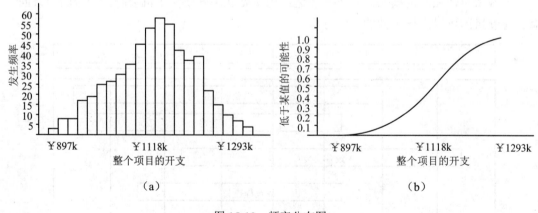

图 15-10 频率分布图

故障树（fault tree）是一种逻辑因果关系图，描述系统中各种事件之间的因果关系。图 15-11 将分析的重大风险作为"顶事件"，"顶事件"的发生是由若干"中间事件"的逻辑组合所导致的，"中间事件"又是由各个"底事件"逻辑组合所导致的。这样自上而下地按照层次进行因果逻辑分析，逐层找出导致风险发生的所有充分必要的原因和原因组合。故障树分析思路清晰、逻辑性强，是一种被广泛应用的定性分析方法。故障树可以有很多层，每个中间事件的诱发因素也可以有很多个。当诱发因素之间的关系为 or 时，表示任意一个因素都可以造成该事件。当诱发因素之间的关系为 and 时，表示所有因素同时发生才能造成该事件。前面提到的风险"事件链"，也可以用故障树的方式来表达。

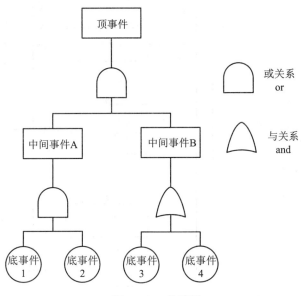

图 15-11 故障树

风险评估表如表 15-4 所示，是把风险事件的主要特征进行描述的表格。它可以直观而详细地表述风险的特征，而且便于比较。在评价潜在问题的可能性和影响时，通常将其分为 5 个等级或 10 个等级。例如，损失在 5 万～10 万元为等级 2，损失在 10 万～20 万元为等级 3。在不同的领域，有不同的等级划分方法。在金融领域，信贷资产风险分类往往与预期损失的比率有关，如 0 为"正常"，2%以内为"关注"，2%～25%为"次级"，25%～90%为"可疑"，90%为"损失"。

表 15-4 风险评估表

风　险 (risk event)	可　能　性 (likelihood)	程　度 (impact)	检测的难易 (detection difficulty)	发 生 时 间 (when)
界面问题	4	4	4	人机对话
系统死机	2	5	5	启动
用户拒收	4	3	3	安装后
硬件故障	1	3	5	安装时

15.6 应 对 策 略

对高威胁风险的处理将消耗资源，所以在选择对多少潜在问题采取进一步行动时必须审慎。完成风险评估后要进行风险排序，排序依赖于上面的各种分析。有各种排序，如按照风险威胁排序、按照风险发现的难易程度排序、按照风险解决的难易程度排序等。图 15-12 为 GJB 5852 风险分析过程。

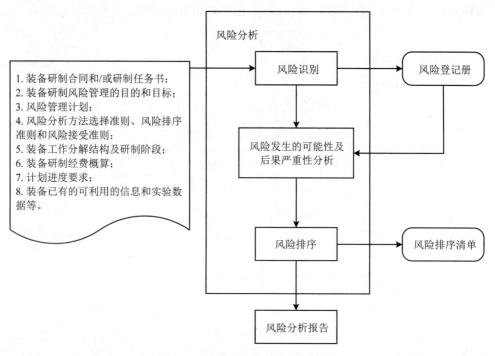

图 15-12　GJB 5852 风险分析过程

GJB 5852 提出的另一种方法是风险因素两两比较法，通过两两比较来进行 AHP（层次分析法）计算。此方法在实践中运用很多，在本书的第 20 章中对 AHP 有详细的介绍。已排序的风险应按照风险接受准则确定其可接受或不可接受，如表 15-5 所示。

表 15-5　风险接受准则

风险指数	风险级别	说　　明
$R \geqslant 20$	最大风险	不可接受风险
$15 \leqslant R < 20$	高风险	不可接受风险
$10 \leqslant R < 15$	中等风险	不可接受风险
$4 \leqslant R < 10$	低风险	可接受风险
$R < 4$	最小风险	可接受风险

对于确定的风险有多种应对方法。项目管理人员需要对它们进行比较和权衡。不过无论做多大努力去识别和排除威胁，都无法识别或没有资源去排除大量环境因素，因为太多的事情发生是无法预知或预见的。这就是为什么可变性会是项目的固有特性。这个固有的可变性是无法管理的。但必须知道它、容纳它。在适宜时，项目管理团队需要对不确定性的存在进行认识、评价、评估和沟通。这个模式提供了对不确定性包容方法的内省，以及伴随着项目的固有可变性的内省。从概率的角度，正面及负面的可变性将被抚平，最终可在估算的目标附近结束项目。

风险分析完成后，下一步就要为每一风险选择相应的应对策略。应对策略既要考虑做事，也要考虑做事的人；既要考虑当下的成本，也要考虑长远的战略。表 15-6 为某 IT 公司的风险应对矩阵，表 15-7 是某项目试验风险措施会签表。常用的应对策略包括以下几类。

表 15-6 某 IT 公司的风险应对矩阵

风　险	应　对	预　案	触发条件	负　责　人
界面问题	减轻	工作直到帮助来援	24 小时仍未解决	张三
系统死机	减轻	重装办公系统	1 小时后仍然死机	李四
用户拒收	减轻	增加用户支持	高管打来电话	王五
硬件故障	转移	订购不同品牌硬件	更换硬件不起作用	刘二

表 15-7 某项目试验风险措施会签表

序号	风险类别	风险名称	风险处置程序或步骤描述	责任人	备注

编制：　　　　　　　　　　校对：　　　　　　　　　　审定：
会签（军方）：　　　　　　会签（委托方）：　　　　　会签：
复审（技术负责人）：　　　批准（总指挥）：　　　　　日期：

1. 负面风险的应对策略

（1）避免。对于避免，你选择的行动是消除你暴露在威胁面前的可能性。这通常意味着你将选择一条与你原始计划完全不同的道路。在"避免"这个方法上，航天飞机项目提供了一个优秀的研究案例。很多次被仔细规划的飞行，因为细微的天气原因而取消了。因为天气的威胁推迟航天飞机的飞行，是避免风险的一个完美范例。

（2）转移。风险转移被广泛引用的范例是我们都非常熟悉的东西——买保险。风险转移不"处理"风险，它只是简单地让另一个团队承担风险的结果。

（3）承担。这意味着你考虑了风险，但选择不采取措施。你同意接受它的结果，或简单地待它发生后再去处理。对于上述低于最低威胁率限值的威胁，采取这种处理方式是可以理解的。在风险的结果与避免风险发生所需付出的努力相比费用更低或痛苦更小的情况下，承担风险同样是一个有效的策略。

（4）预防。预防指的是采取行动降低潜在问题发生的可能性。通常，这是处理高威胁问题的首选方法。预防始于识别发生潜在问题的根本原因。确定了根本原因，使你能够选择预防措施，以减少既定问题发生的可能性。确保修订项目计划已经包括你计划采取的任何预防措施，以便它们不会被忽视或忘记。

（5）减轻影响。其目标是减轻一个事件的消极结果，采取措施的目的在于减轻影响造成的损失。例如，在汽车上安装气囊不能降低事故发生的可能性，但它可大幅降低事故的后果。重要的是，应注意到，如果潜在问题没有发生，减轻策略可能被视为浪费时间、资金和精力。

（6）应急计划。应急计划是在潜在问题发生时所采取的特定行动。尽管只是在问题发生后才按计划处理，但应急计划需提前完成。这将有助于保证一个协调、高效和及时的反应。同样，一些计划可能需要后备资源，这些后备资源需要事先安排。在你已经采取了预防措施，但高威胁问题仍然存在时，就应该做应急计划。可以设定一个特定的触发点或"扳机"——给项目团队一个警报，以启动应急计划的实施。

> **案例**
>
> 某金融公司的应急计划
>
> 1. 总则
>
> 应急计划包括两个层面：预防和处理。原则：统一领导、职责分明、快速有效。
>
> 2. 危机的识别
>
> 危机的3大条件，每个条件有3~8个指标。
>
> 3. 危机的处理
>
> 紧急情况和突发事件的4项判断标准。
>
> 信息收集与汇总的5个方法。
>
> 应急方案的5项措施。
>
> 沟通与公共关系维护的3项行动。
>
> 4. 危机期间的组织分工
>
> 两个层次6个团队各自完成3~4项任务。
>
> 5. 事后处理
>
> 两个方面，每个方面1~3个步骤。

2. 正面风险的应对策略

积极的风险可以给企业带来机遇，如减少资源消耗量、降低成本或者缩短工期等。面对这样的风险，企业可以采取三种应对策略，即开拓、分享和提高。开拓是指项目团队降低积极风险中的不确定性以确保机会肯定会出现。分享是指项目团队把应对风险的部分或全部责任分配给能够抓住该机会的第三方，使多方受益。提高是指采取措施来提高积极风险发生的概率，尽可能抓住机遇。

风险计划的步骤可从以下几个方面考虑。

（1）设想风险情境。假设风险已经发生，设想风险的影响以及应对措施；假设风险未发生，设想风险发生的过程；列出风险发生之前的事件及其状态。

（2）制订风险应对备用方案。每种方案包括目标、约束条件、应对措施。

（3）选择风险应对途经。风险应对将选择几种应对风险的最佳备用方案，可将几种风险应对策略综合为一条应对途经。

（4）制订风险管理计划。风险管理计划详细说明了所选择的风险管理途径，它将所需的资源和批准权力编写为文档。在对风险进行管理时，不仅要考虑风险本身的影响，也要考虑风险应对策略的成本和难易程度。对于实现容易和代价较小的风险应对方案，可考虑在一定条件下优先执行。

（5）确定风险管理模板：风险管理模板包括风险管理的基本程序、风险的量化指标、风险警告的级别、风险的控制标准等。

（6）建立风险数据库：风险数据库应包括对项目风险的全面描述。

风险分析应该形成文件，跟踪并记载风险分析过程所进行的活动和分析结果，编写风险分析报告。风险分析报告应履行审批手续，报告内容应至少包括如下内容。

（1）概述。描述被分析对象的名称、任务要求、工作分解结构中所处的位置、所处的项目阶段等。

（2）风险分析过程。描述进行风险分析的过程及分析方法、风险等级划分准则、风险排序准则和接受准则等。

（3）分析结果。列出风险登记册和风险排序清单，对高风险事件提出处置措施建议。

（4）结论。总结风险分析结果，得出结论和建议。

（5）附件。

风险意识是一种好的心态，容纳不确定性是项目管理者的必备素质。对任何事情的估算都应当把估算结果表达为一个可能的范围，而不是一个特定的数值。例如，准备一项费用估算，可这样报告管理层："确切地说，有95%的可能性这个项目的开支将在100 000～125 000元。"这样的说法可能不受欢迎，但值得这样做，因为这是极有价值的信息。人们通常希望寻找到一个特定数值，但项目的特征就是不确定性。你应当告知人们这种不确定性，用"最佳猜测"，而不是用单个数字把风险隐藏起来。

15.7 计划实施

按照风险计划实施时，首先要明确各个风险事件的负责人和行动人。在项目组织中，不同的角色应担当不同的责任，如表15-8所示。对已经识别出来的风险进行跟踪检测，同时不断地识别出新的潜在风险，修订风险管理计划，评估风险过程的有效性。风险监控主要包括两个方面的工作，即风险监视和风险控制。风险监视需要时刻进行。对于大型复杂项目，风险监视尤为重要。大型项目的实施周期长、规模大、影响项目进展的因素种类繁多且关系复杂，在项目生命周期的各个阶段都会存在多元化的风险。风险控制是为了最大限度地降低风险事件发生的可能性，以及减少风险带来的损失而采取的风险处理技术。

表 15-8　与风险相关的职责

角色	职责
组织	提供公司的风险管理政策和风险管理流程指南（或类似文件）
项目总裁	全面负责风险管理，特别是要确保完成了项目风险管理策略的编制
	确保与项目论证相关的风险都得到识别、评估和控制
	必要时将风险升级到公司上层
客户代表	确保与客户相关的风险被识别、评估和控制（如威胁收益、项目产物的使用及维护等风险）
供应商代表	确保与供应商相关的风险被识别、评估和控制（如涉及项目产物制造的风险）
项目经理	编制风险管理策略；编制和维护风险记录；在整个项目建设期内确保项目风险的识别、评估和控制
团队经理	参与风险的识别、评估和控制

续表

角色	职责
项目监理	评审风险管理工作,以确保项目风险管理策略得到执行
项目助理	协助项目经理维护项目风险记录

项目风险的等级和优先级可能随着项目生命周期而发生变化,需要对风险进行定期的评估和量化。在识别出风险发生的可能性和影响后,风险审计人员在规避、转移或者接受风险时,需要检查和记录风险应对措施的有效性,既可以在例行的项目审查会中进行风险审计,也可以单独召开风险审计会议。如果风险的发生未曾预料到,或者影响程度比预期的大得多,实现制订好的风险应对措施可能不足以很好地管控风险,这种情况下,就需要重新研究应对措施,制订附加风险应对计划。

15.8 风险沟通

沟通的目的在于把风险事件、风险方案、风险执行的情况向项目干系人和项目团队进行报告,使得人人都意识到威胁或机会。新发现的风险以及修改的风险方案一般都需要各个干系人共同协商应对。风险沟通可能涉及多个报告,如风险定期检查报告、项目阶段执行报告、项目教训报告等。在风险监控中造成的计划改变,也是沟通的内容之一。不确定性是项目的重要特征,风险往往要靠多方面的、集体的力量才能有效地把控。

15.9 风险偏好

风险偏好是指为了实现目标,决策者在承担风险的种类、大小等方面的基本态度。风险偏好可分为风险回避、风险追求和风险中立。前面本书讨论了大量的风险分析方法、风险应对措施,但智者千虑,必有一失,要想完全解决风险是不可能的。再者,风险的分析和措施也需要消耗大量的资源、精力和时间,是否采取措施、在多大程度上采取措施需要综合权衡。因此,在风险问题上应该存在一个最优化,即考虑承担多大的风险是最佳的,预防哪些风险是最有效的。不同的组织其能力不同,对风险的关注点和把控的程度也不同,当然,其最优解也就不一样。承担项目的意义之一就是承担风险,承担风险既是挑战,也是机遇。对于创新型组织,其对风险的容忍度可能较大;对于保守型组织,其对风险的容忍度可能较小。

风险与机遇一般成正比。俗话说:秀才造反,三年不成。因为造反成功的概率很低,所以从项目论证的角度来看,秀才是正确的。但另一方面,如果没有承担风险的心态,也可能永远一事无成。清代彭端淑的《为学》中有一则"与其坐而论道,不如起而行之"的故事。

蜀之鄙有二僧:其一贫,其一富。贫者语于富者曰:"吾欲之南海,何如?"

富者曰:"子何恃而往?"

曰："吾一瓶一钵足矣。"

富者曰："吾数年来欲买舟而下，犹未能也，子何恃而往！"

越明年，贫者自南海还，以告富者，富者有惭色。

如果把去南海朝圣视为一个项目，则具有风险管理理念的富和尚显然被仅有坚定信念的穷和尚打败了。在现实生活中，也常见到穷人胆大、富人胆小，所以富不过三代、穷不过三代。这个故事的启示在于以下四个方面：第一，对于创新型的组织，只要风险基本可承受或低于自己设置的阈值，就可勇于承担。第二，风险毕竟是与概率相关的。一次不成，再做一次，大量的次数总可以突破低概率的屏障。"锲而不舍，金石可镂。"项目团队坚韧不拔的意志是克服困难的重要法宝。第三，风险管理与项目管理中的其他方面紧密相关，如团队精神、管理水平等，考虑风险要注意全面分析。第四，识别风险时所划定的识别范围往往有限，范围外的风险总会存在，甚至更大。但不能因为永远考虑不完就永远无法决断。面对风险时，既要用本书众多的风险方法进行分析应对，又要不畏险。谋事在人，成事在天。

第 16 章 原则和手段

16.1 项目管理的任务

项目管理是一个综合性很强的工程,既需要工程方法,也需要人文技巧,并不是每个人都能够做到的。项目管理者需要承担起大量的任务,需要多方面的技能和丰富的知识,如图 16-1 所示。在 PMBOK 中,项目经理的工作难度和强度都是很大的,特别是针对复杂项目。PRINCE2 的改进之处在于把项目总裁和项目经理进行了分离,各司其职。因此,PRINCE2 对管理人才的要求从全能型变为了术业有专攻,组织结构从一强突出变成了多强共治。尽管 PRINCE2 的可靠性和可适应性都得以加强,但必须基于一个前提:利益共享。利益共享本身会给管理工作带来更多的任务,而且并不是所有的人都愿意利益共享,一些人甚至连信息共享都难做到。所以,PRINCE2 的总体管理难度更大。正如本书开始部分所说,PMBOK 适合大而简单的项目,而 PRINCE2 适合复杂的项目。

图 16-1 项目管理的任务

为了对项目进行全面、系统和深入的研究,找寻项目建设的共性和内在规律,提高项目的成功率,PRINCE2 和 PMBOK 分别归纳和提炼了项目的十大知识领域(knowledge area)、七项原则(principle)和七个要素(theme)。特别需要强调,这些知识领域、原则和要素是一个有机整体，它们存在内在联系并相互影响，在项目建设时需要全盘考虑。

本章对 PMBOK 和 PRINCE2 进行了比较，着重讲述 PRINCE2 的原则，这些原则将贯穿于本书的各个章节中，本章在最后将介绍项目成功的判断标准。

16.2 项目管理者常遇到的挑战

项目管理者，特别是 PMBOK 下的项目经理在工作中常常会遇到多方面的挑战，因此需要具备强大的能力去完成任务。这些挑战可用以下几点来归纳。

1. 责任和权力的不匹配

常常听人抱怨："责任无限大，权力无限小。"责任和权力之间的差距大小，部分取决于所在组织的结构。如在职能型组织（更多的时候是一种矩阵式组织）中，项目经理不应期望会得到很多正式的授权。责任和权力之间的鸿沟会很宽。为弥补在正式授权方面的缺失，项目经理必须通过丰富的知识和能力来逐渐获得尊敬，或在工作中以极其优秀的领导风格获得认同；另外，项目经理还需要依赖影响力和说服力。这些都并不容易。

2. 被迫接受不现实的目标

正常情况下，项目目标（费用、日程安排、品质、功能）的确定，应当通过一套由理解客户需求、确定最佳解决方案和正式的计划的系统流程来完成。在这个流程中，对可获得资源、材料的品质、工作过程等应当采用切实可行的假设。对哪些是合理的、能够完成的任务，产生一个可信的估算。如果这个估算不能满足商务目标，还要进行风险—回报分析，直到能够证实，在给定的风险内目标是否能够达成。这是一个应当遵循的流程，然而我们生活在一个现实的世界里，很多时候目标是基于追求一种对那些认为可以完成的任务的模糊感觉，而不是由对商务需求的计算来驱动的。更可怕的是，甚至在不知道什么是项目所必需的东西以前，目标就被设置出来了，以急躁而不是合理的过程驱动对目标的选择。从那时开始，孤注一掷的斗争就开始了，因为团队试图强行把项目塞进事先画定的边界内。这种现象会把项目经理置于一个非常困难的境地，它几乎把他们设定为必然失败。这种现象目前成了一种流行病，它已经成为职业项目经理今天最大的抱怨之一。某著名的大型水电公司在竞标时，曾以几个亿的竞标价格拿下了某工程的建设，然而在这个工程建设中，公司项目组却发现了前所未有的困难，最后工程完工造价达到了几十个亿。在这个项目中，项目管理人付出了大量的心血，不仅要克服工程上的困难，还要说服甲方并从甲方争取到项目的补充资金。

> **知识拓展**
>
> 本位心态（silo mentality）指在考虑问题时，趋向于首先考虑他们个人所在部门的需求、利益和目标。这个概念源于矩阵组织的图谱，通常呈现的是垂直方向的职能部门。团队成员的排外性思维，对于他们自己的职能团队而言，是职能本位思维（垂直的），而非从最好

（即整个项目）的角度思考（水平思维）。

3. 双重职责的困惑

大多数组织由许多职能部门构成。通常在项目团队里，从每个有影响的部门都会来一些代表。团队成员存在内在的倾向，即思维和行动总是从有利于他们自己的学科、技术领域和部门出发。这些现象由三个强有力的因素所激发：首先，项目是临时的，但职能是长期的。一个人通常会把他的职能组织当成家，而项目不过是以匆匆过客的形式存在的。其次，除非经过深思熟虑，有一个正式专业的人不太可能来做项目管理。一个人总会把他的学科或专业领域当作工作重点，这就意味着他将致力于保证在那个领域内的良好发展。最后，多数人趋向于凝聚于他们的薪水之源，谁给他们发工资，他们就服从、服务于谁。那往往是指工作职能部门，而不是项目经理。使团队成员的工作跨越职能边界的最佳办法之一，就是使用项目管理纪律和采用项目管理技术。除本项目的工作之外，不能留给项目成员太多的时间和精力；使团队成员的参照系从职能导向转变为项目导向；必须不厌其烦地促使每个团队成员把焦点放到怎样做才能对项目最有益这个要点上。

项目经理同项目员工一样，也面临着这样的问题。对项目最优却将对你所在的部门有负面影响，有利于你的部门却又会伤害你的项目。如果你做出有利于你的部门的决定，你的风险在于被视为一个差劲的项目经理；如果你选择有利于项目的行动，你就可能引起你的同事或部门领导的不满。一个根本的原则就是：在两个角色中间找出合理分配你的时间和精力的办法，并明确各自的分配比例。

4. 确定性和不确定性的冲突

项目管理和组织管理的很多误解和分歧都可追溯到商务运作的管理需要确定性，而项目工作存在固有的不确定性。一个项目开始时，只有极为有限的信息，存在相当程度的不确定性。在这种情况下，依据管理惯例，在提供费用和估算日程安排时，你最好使用一个数值范围。这个数值范围的跨度将反映你的知识范围和不确定性的程度，例如，把你的项目开支估算为100万~135万元。

16.3 项目管理需要的能力

项目管理是一项不容易的工程，需要多种能力，单一能力难以完成。概括起来，能力有四个方面：过程管理能力、人际关系能力、技术管理能力和相应的个性气质特征。

过程管理能力意味着要能够运用项目管理工具、技术和流程技术等。例如，准备详细的客户需求文件，做网络图，建立一个工作分解结构。没这方面的技能，你将发现工作很难协调；如果你在这个领域内技能不足，你将难以从你的团队成员那里获得应该有的尊重。这些能力有时被称为"硬能力"，这也是本书的重点。"硬能力"在一定程度上是机械的，可通过自学、阅读或提供培训和实践进行学习或开发获得。

人际关系能力通常被称为"软能力"，包括对团队和个人的领导能力、语言和书面表达能力、冲突处理能力、谈判能力、影响能力、托付能力和顾问能力。因为项目管理是通过他人来完成任务，所以人际关系能力具有不可估量的价值。一些"软能力"的最佳提升方式是观察同样情况下别人是怎样做的，模仿并得到反馈，根据反馈再不断提高。

技术管理能力是指与具体项目开发技术相关的业务管理能力，例如项目是软件开发，那么就应该懂得软件开发的管理方式。技术管理能力不仅要求要有普通的管理能力，还要求要有相应领域的专业知识和技能，包括专业核心技术、专业支撑技术、工业知识、准备详细技术说明书的能力、设计能力、产品知识、开发过程知识、智力资产的管理能力、专利知识等。从这个意义上讲，项目管理是件很不容易的事情，既要懂技术，又要懂管理。在现实生活中，多数从事项目管理的人都劳心劳力、压力很大。

个性气质特征往往决定了一个人是否能够胜任或适合做项目管理方向的工作。项目管理要求要具备亲和能力，要能够游说，要学会察言观色，要能够像通才那样思考问题、把握关键。敢于面对不确定性是项目管理者最重要的特质，项目管理的实质就是通过努力把不确定性因素变为确定的结果，不愿或不敢承担风险的人不适合从事项目管理。诚实正直也是项目管理者应当具备的品质，许多研究都表明，公众对管理者最首要的要求是正直诚实。从某种意义上讲，个性气质特征与人的信仰、道德和价值观有关系。

以上几个方面不是孤立的，而是相互联系、相互影响的。斯坦福大学教授 Harold Jack Leavitt 指出，组织结构、工作、人员、技术是组织中最重要且相互关联的四项变量，其中任何一个变量的改变都会引起其他变量的变化，如图 16-2 所示。例如，人员发生了大的调整后，新的人员所掌握的技术也可能变化，新的人员适合的组织架构也可能同原来不一样，造成的工作方式、工作内容也可能发生变化。再如，当技术更新后，可能需要新的人员加入，新人员的加入会带来组织架构的调整、工作内容的变化。项目管理不仅要求懂技术、懂管理方法，还要求把它们同项目的背景、工作的具体环境、人员的组成等相结合。Leavitt 模型说明了整合管理的必要性和项目管理的复杂性。Leavitt 模型产生于 IT 工程项目，但适合于各种复杂项目。由于这类项目的复杂性，在 PRINCE2 中引入了项目总裁和项目经理的二元制，项目总裁更关注组织结构和人员，项目经理更关注技术和工作，模型中四个顶点的协调主要依赖于项目总裁和项目经理两人的密切配合。

图 16-2　Leavitt 模型

管理中有两种方式，即微观管理和宏观管理。PMBOK 侧重于微观管理，而 PRINCE2 侧重于宏观管理。不过由于 PRINCE2 的二元制结构，其在微观上也保持了一些作用力。表 16-1 比较了微观管理和宏观管理的区别，这也从一个侧面反映了 PMBOK 和 PRINCE2 两大体系的区别。

表 16-1　微观管理和宏观管理的比较

	微 观 管 理	宏 观 管 理
特征	实施者严格按照设计者的意志来完成任务	实施者在过程中融入了自己的思想
计划	设计者能够进行全局优化	实施者在自身所及的范围内完成优化

续表

	微观管理	宏观管理
人员结构	设计者、实施者犹如机器上的螺丝钉,可以做到没有冲突	设计者、实施者可能既有配合,又有冲突;冲突的结果可好、可坏
范围	任务边界清晰	任务边界模糊
前提条件	设计者在技术上有成熟的经验,在资源上可以完全操控	在技术上可进一步摸索,在资源上可进一步整合
目的	相似项目再造或放大	创新项目探索
主要手段	严密的监控	利益的内外调整
适合人群	实施者不想承担相应后果	实施者要通过结果来达到自我的利益
效果	现有系统性能发挥到极致	现有系统适应或改变达到新的状态
主要关注	做事	做人

16.4 项目管理的基本原则

无论项目的范围、形式、组织、地理环境或文化存在多大差别,PRINCE2 提供的项目管理方法都同样适用,因为 PRINCE2 建立在七大原则的基础上。PRINCE2 的这些原则源于对各类项目经验教训的第一手资料的总结和提炼。它们为项目相关人员提供了一套架构,以保证项目的正常进行。如果一个项目没有遵守这些原则,那它就不能被称为 PRINCE2 项目,因为这些原则是界定 PRINCE2 项目的基础。七大原则具体如下。

- 持续关注可行性(continued business justification)。
- 从经验中学习(learn from experience)。
- 定义角色和职责(defined roles and responsibilities)。
- 分阶段管理(manage by stages)。
- 例外管理(manage by exception)。
- 关注交付物(focus on products)。
- 裁修以适应项目环境(tailor to suit the project environment)。

一个项目是否采用了 PRINCE2 以是否采用这七大原则为特征,而非仅仅通过是否采用 PRINCE2 的流程和文件来判断。这些原则确保了 PRINCE2 的合理运用,而非过度依赖指定(推荐)的方法,或者徒有其名而无其实。采用 PRINCE2,要能够刚好且足够为项目的成功做出贡献。

16.4.1 持续关注可行性

PRINCE2 认为项目要维持下去,需要有持续的商务正当性。PRINCE2 项目需要具备以下条件。

- 启动项目要有正当理由。
- 执行项目理由的正当性要得以保持。

- 有经批准的正式的项目论证文件。

项目建设期间，需要持续保持项目论证的正当性。如果项目环境发生重大变更，正当理由不再成立，为避免损失扩大，项目可能被迫提前终止。对于 PRINCE2，其商务正当性反映在项目论证文件中。项目无法脱离其商务正当性，它驱使决策流程确保项目与商务目标和组织利益相符。编制项目论证时组织必须严格把关，防止项目所产生的收益微不足道，或项目与公司战略之间的联系仅体现在表面状态，或多个项目指向同一需求。

商务正当性随着时间和环境的变化而发生变化。因此，评价项目及其正当性是否可持续是一项极其重要的工作。如果因某种原因项目不再具备正当性，项目就应当被终止。这种环境下，终止项目对组织具有正面贡献，因为节余下来的资金和资源可被投向更有价值的项目。

项目论证是启动项目的基础。项目论证不充分，可能导致错误地启动项目；项目启动后发现问题再终止，则前期损失无法挽回。对于事关组织前途的大型项目，组织可召集管理层和相关职能部门负责人开会，采用头脑风暴的方式列出组织面临的优势、劣势、机遇和威胁。与项目论证可能相关的文件包括以下几种。

- 项目建议书，这份文件一般包括项目论证的主要内容。
- 董事会议案，摘录项目建议书中的关键内容，有时将项目建议书作为董事会议案的附件，需要在董事会上等到批复。
- 项目立项决定，以董事会批准的议案为基础，为项目配置相应的资源并启动项目。
- 项目的可行性研究报告，一般由组织提供素材，由有资质的专业机构编写，是项目获得批准的重要前提。
- 项目的环境影响评估报告书，由组织提供素材，由有资质的专业机构编写，并报环境保护部门批准。

项目对于组织的意义，所需资金、资源及其可能的来源，可以采用头脑风暴或德尔菲法的方式讨论。组织的决策层常常需要在信息不充分的条件下做出决定（如果片面地等待信息搜集，可能失去投资机会），此时常会出现两种状况：一是草率决策。决策"拍脑袋"，对客户、上级、供应商"拍胸口"打包票，出现障碍和问题时"拍屁股"开溜。二是议而不决，投资机会被白白浪费。此时应当先将已经明确的事项固化下来，暂时不明确的，组建专业团队研究，或找专业咨询公司提供意见。很多企业都曾碰到过这种让人焦灼的状况，人们形象地称之为"上项目是找死，不上项目是等死"。项目论证可能出现的问题，主要有以下几种情况。

1. 未能锁定客户，或客户参与程度不足

案例

在 21 世纪初期，国内一家从事房地产行业的私人企业的老板了解到汽车无级变速器的传动钢带是一个关键部件，于是放弃主业，组建了项目团队，专注于无级变速器的钢带研究。钢带开发成功后，没有在产业链下游找到客户，老板就自己开发自动变速器。在自动变速器样件开发成功后，仍然没能找到客户，老板自己积累的资金已经所剩无几。

老板向政府求助。因当时自动变速器是国家鼓励类项目，政府出资帮助他修建厂房，协助联系汽车企业。但外资企业对其品质管理和技术不放心，且这些企业都有关系紧密的变速器供应商（很多变速器供应商就是其子公司），拒绝其产品搭载机会；国内的企业将自动挡车型视为自己树品牌的产品，也不愿担品质风险。最终，该项目在耗尽现金流后无果而终。

在本案例中，存在以下三个典型的项目管理问题。

其一，对跨行业经营的风险认识不足。这不是致命的，但埋下了隐患。

其二，客户未参与项目论证，未能锁定客户。PRINCE2要求项目管理团队中要有客户代表。与客户相比较，供应商在项目中处于次要地位。某些项目在保密阶段可以暂缓让供应商参与。但客户通常需要在项目筹备阶段参与，若有可能，可让客户参与投资，这不仅可保证项目得到足够的资金支持，也为项目产物的使用创造了条件。对于该项目，这个问题是致命的。

其三，项目的范围失控。在钢带开发成功后未找到供应商，应该终止项目，重操旧业，待条件成熟时再重启该项目。或先与下游客户达成意向，共同开发变速器。在这个关键环节，项目决策者未能吸取教训，再次犯下了"未锁定客户、未让客户参与"的项目管理错误。

2. 漠视政策风险

为促使技术进步、改善人居环境等，对技术突破过分乐观，出台的政策过分激进，可能将机会变成一个陷阱。政策的变动，对组织是不可抗力。对于非国资的组织，应当力戒项目对政府补贴的长期依赖。

案例

2010年，中国光伏电池产量达8000MW，占全球总产量一半以上，有95%以上的产品出口。2010年，组件价格在海外经济升温的刺激下，价格超过1.4美元/W，但此后组件价格一路下跌，至最近1.2美元/瓦，而电池片以及上游的多晶硅均受波及，多晶硅价格从超过100美元/kg跌至2014年的70美元/kg。中国光伏产品的市场主要还是在国外。欧洲为目前全球最主要的光伏市场，其中德国与意大利分别占全球市场的40%和20%左右。很多国家已经开始削减对光伏发电的补贴，这对我国投资高涨的光伏业来说，无疑是沉重的打击。2014年，德国确定了每季度灵活调整定价的政策，以掌控增长过快的市场；意大利也出台了大幅下调光伏补贴政策，并更倾向于补贴大型光伏电站项目。法国、西班牙等欧洲国家也同样下调了补贴，相较于2010年9月份所实施的补贴额，法国对安装在开发区域的系统采取了高达57%的下调率，而小型光伏系统所享受的上网电价补贴也被一次性下调20%，法国还将实行每季度10%的下调政策。中国光伏产业迅速进入寒冬，同时却接连遭受欧美反倾销调查，导致全行业陷入亏损的境地。美国投资机构Maxim Group统计数据显示，中国最大的10家光伏企业的债务累计已高达175亿美元，约合1110亿元人民币，国内整个光伏产业已接近破产边缘。

3. 漠视技术环境变化

案例

铱星系统是美国摩托罗拉公司设计的全球移动通信系统。原先规划是7条轨道，每条轨道上均匀分布11颗卫星，组成一个完整的星座，所以用原子序为77的铱（Iridium）来命名。后经过计算6条轨道就够了，于是卫星总数减少到66颗。这些卫星覆盖全球，用户可用手持话机直接接通卫星进行通信。1998年11月1日，铱星系统正式投入使用，但此时GSM（全球移动通信系统）手机已经完全占领了市场，国际漫游服务愈来愈普遍，这给铱星公司造成极大的竞争压力。虽然铱卫星提供全球性的通信服务，但昂贵的通信费用也造成使用率无法提升。此外，与地面上移动电话相比，笨重、昂贵的卫星手机也让使用者感到不便。铱星公司亏损巨大，连借款利息都偿还不起。铱星的服务于1999年美国东部时间3月17日23点59分终止，同日公司正式宣布破产。

对铱星项目的失败，经济学界有多种解读，但问题的实质只有一个，作为一家传统的资深通信公司，摩托罗拉的科研团队对通信技术的发展方向判断错误，对基站加光纤的传统无线通信模式的降成本潜力估计不足。对于前沿科研项目，难以预料竞争方案的潜力是客观事实。从项目管理的角度，这个项目的问题在于，在项目实施过程中，没有按PRINCE2的要求，对项目论证进行持续的评审和更新。传统手机的通信资费是公开的，这个资费水平接近或低于铱星项目的通信成本时，项目的决策层应当考虑终止该项目，将剩余资源投入传统手机系统的技术开发中。"如果你无法打败它，就加入它"，科技领域内负隅顽抗，结局只能是全军覆没。

4. 漠视行业景气周期规律

案例

2007年造船业最火爆时，某单位曾组织了一个船用柴油机项目的预研。项目所有人的资金实力、技术团队的技术能力是毋庸置疑的。但团队的部分成员仍然对该项目持否定意见，因为造船业是景气周期极为显著的行业，本次景气周期始于2003年，到2007年已近5年，按项目最短完成期限2年计算，2010年左右项目完工，产品投产，可能刚刚赶上造船业萧条的开始——全球造船业的繁荣期最长也就在5~7年。当时没有人估计到2008年的美国金融危机，这场危机导致了造船业景气周期的提前结束。因没能对该项目的前景达成一致，项目的个别成员单位退出，但因项目发起人坚持，项目得以继续下去。该项目按预定时间顺利完工，但后期的经营不得不在痛苦中挣扎。

大到国家甚至全球，小到行业，都受景气周期的支配。在经济规律面前，个人、组织甚至国家都是无能为力的。项目决策者所能做的，只能是顺势而为，不能逆经济规律而动。

5. 方向正确，但漠视技术障碍

案例

2008年，某单位曾组织了一次发动机项目的前期论证。该项目是基于一项发明专利的新型发动机开发。发明人自述，该设计可简化整车设计，并有极佳的降油耗潜力。发明人向一家国内知名汽车企业自荐，并获得了该企业领导的认同。单位安排了专门的团队，对该项发明进行了详细分析和研究，发现按该发明制造的产品，其复杂性可能远超发明人当初的设想，更致命的是，理论上其最终性能也与发明人的推论不符。尽管节油降耗是汽车企业当前的核心目标之一，尽管对此做出负面意见可能有损汽车企业（组织的重要客户）的颜面，但按实事求是的原则，该项目在论证阶段就被否决了。

在激动人心的前景照耀下，项目决策者可能头脑发热做出错误决策。愿望是美好的，但项目决策是一项严肃的事项，不能用感情代替理智。

6. 单纯依靠客户代表识别预期收益的陷阱

根据 PRINCE2，识别项目收益的主要责任者是客户代表。客户代表可通过市场调查发现潜在需求的规模。但这类调查可能出现很大的欺骗性，真实需求被放大。其原因在于客户往往希望有更多的货源可供选择，并非总是持有公正立场，另外，下游各环节会额外加上库存需求，这种现象即"牛鞭效应"，如图 16-3 所示。

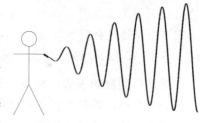

图 16-3　牛鞭效应

知识拓展

"牛鞭效应"是对需求信息扭曲在供应链中传递的一种形象的描述。供应链上各个环节从左到右包括用户、零售商、批发商、分销商和制造商等。在一般的商业活动中，客户的需求总是不稳定的，企业总是需要通过预测客户的需求来优化库存与其他资源的配置。而预测是建立在统计基础上的，一般来说，是不可能完全精确的，所以企业在运营中常常会保留一些额外的库存作为安全库存。在供应链中，从下游到上游，从终端客户到原始供应商，每一个组成部分所需要的安全库存将会越来越多。当供应链上的各节点企业只根据来自其相邻的下级企业的需求信息进行生产或者供应决策时，需求信息的不真实性会沿着供应链逆流而上，产生逐级放大的现象。当信息达到源头的供应商时，其所获得的需求信息和实际消费市场中的顾客需求信息发生了很大的偏差。在供应链上，这种效应越往上游走，变化就越大，距终端客户越远，影响就越大。

客户代表对项目收益的识别，一是需要技术负责人向客户详细解释项目产物可能具备的性能；二是需要项目经理与客户代表对收益进行确认，剔除预期收益高估的部分。对于具有颠覆性的前沿研发项目，客户的意见也往往是不可靠的。苹果公司的乔布斯曾说过，在马车时代，客户无法向你提出对汽车的需求，就是这个道理。

16.4.2　从经验中学习

PRINCE2 项目团队积极从前期的经验中学习，总结和记录经验教训，并将其运用和贯彻到整个项目生命周期。项目是一个临时性组织，要在有限的时间内达成一项特定的商务目标，其基本特征是有独特性，这使它无法采用已有的线型管理方式或职能部门的管理形式进行管理。独特性带给项目的挑战是：临时性团队可能缺乏完成本项目的全部经验。对经验和教训的学习要持之以恒，在项目发展的不同时期都要坚持做到。

项目筹备期：评估前期或类似项目，确定是否存在可资借鉴的经验教训。如果项目对于组织内成员属于"第一次"，那么向他人学习就尤为重要，此时应该考虑寻求外部的经验支持。

项目建设期：需要持续学习。报告、检查应当包括经验及教训的内容，其目标是在整个项目周期内寻找改进机会。

项目收尾期：应当对经验教训进行传授。如果经验教训未能带来改变，那就仅仅是一个识别过程，而非对经验教训的学习。

总结和学习经验教训，是每个项目成员的职责，不能消极等待他人提供这样的学习机会。PMBOK 提到，有效的项目管理要求项目管理团队理解和利用至少五个专业知识领域的知识与技能，即项目管理知识体系，应用领域知识、标准与规章制度，理解项目环境，通用管理知识与技能，处理人际关系技能。无论是 PMBOK 还是 PRINCE2，都属于项目管理知识体系的范畴，其他四个方面的知识如何获得？可回顾组织内已完成的类似项目的经验教训。若是项目属本单位在新的领域内的首个项目，聘用组织外在该领域内有经验的员工，从组织外搜集与项目有关的有效信息和知识，就尤其重要。

- 查阅专业书籍、论文、专业网站、论坛搜集相关信息。
- 参加行业会议，参观专业展览。
- 聘请专业咨询机构进行辅导，包括委托其进行专职调查。
- 聘请科研院校的专家对项目组骨干成员进行培训。
- 从上下游产业链获取信息。

PRINCE2 要求吸纳客户代表和供应商代表进入项目委员会，为从上下游产业链获取信息提供了官方渠道。产业链上游是项目或单位的供应商。从商务的角度看，客户总是占有一定的优势地位，对于重要客户，供应商的一些商业秘密也常会保持开放。多数情况下，客户要获取信息，供应商在不伤害自身利益的前提下均会积极提供，供应商自己不掌握，但有条件获得的信息，也会帮助客户搜集。自己的供应商可能也是同行和竞争对手的供应商，可通过他们获取同行及竞争对手的信息，这个渠道所获得的信息，特别是竞争对手项目进度的信息，具有极高的真实性和准确度。优秀的供应商常常有自己的新产品需要推广，他们非常乐意介绍自己的新产品的技术、性能及成本优势。系统地搜集各个供应商的最新技术研究成果，如果经评估，有适用于本项目的新技术，可考虑适当调整项目范围吸纳，以增加项目产物的吸引力。如果该项技术被评为某级政府的技术成果、获得某级政府的科技进步奖，还可申报国家专项资金支持；同时可要求供应商拿出一部分新产品推广费用用于本项目，减轻项目的财务压力。产业链下游是客户。多数情况下，也是项目竞争对手的客户，通过客户既能有效地搜集到市场信息，也能搜集到竞争对手的信息。在利用上下游产业链搜集项目所需知识和信息的同时，也要防止项目的商业秘密被客户或供应商透露给竞争对手，如果客户或供应商因工作需要接触组织的保密信息，则需要事先签订保密协议。

16.4.3 定义角色和职责

PRINCE2 在组织架构内定义角色和职责，分别代表项目发起人、用户和供应商等干系人利益。项目需要人去完成，如果用错了人，或没能找到合适人选，或项目成员不知道项目对他们有何期待，或项目成员应该对他人有何要求，不管多好的计划和控制都会失去作用。项目具有典型的跨职能特征，可能涉及多个组织，可能既有全职人员，也有兼职人员，项目中各部分的管理是有差异的——存在不同的优先级、不同的目标和不同的利益。简单的管理结构可能并不符合项目工作。为确保项目成功，项目需要一个明晰的项目管理团队结构，包括项目相关人员角色和职责的定义和审批，以及如何保证他们之间的有效沟通。项目通常都涉及以下干系人。

- 商务赞助人（项目发起人）：为项目目标背书，确保项目的投资回报。
- 客户：项目完成后，项目产品可使他们获得预期收益。
- 供应商：提供项目所需资源及专业技能（既可以是外部的，也可以是内部的）。

因此，项目管理团队需要有效代表所有这三方利益，三者缺一不可。如果项目收不抵支，就是一个失败的项目。同样，如果项目产物不能满足客户的需要或运作需求，或所需支持超出了供应商的能力范围，则项目失败不可避免。一个明确的项目管理团队可将项目各方团结起来以完成一个共同的目标。对所有相关人员，项目管理团队都需要回答这个问题——"对我有何期待？"

16.4.4 分阶段管理

PRINCE2 项目的计划、监督和控制建立在分阶段的基础之上。对项目的分阶段管理，为高层管理者提供了项目控制的关键节点。每个阶段结束，需要评估项目状态，回顾项目计划和项目论证，评价项目是否仍然具备可行性，并决定项目是否继续。将项目分解为一系列阶段，高层管理视野中的项目背景可能发生变化，所涉及的商务优先级、风险和复杂程度可能改变。较短的阶段可强化对项目的控制，而较长的阶段可减轻高层管理者的负担。

案例

F-35 战斗机项目从外在需求来看，要把海军、空军、海军陆战队三大独立的军种的机型合而为一，直接面对若干个需求大国。这在过去几十年中尚无先例，无疑是个极为复杂的项目。从内部技术层面来看，飞机构建的基础平台的建设全部换为软件化、信息化新体系，使用了全新的材料，复杂度几乎不可想象。项目不仅是在建造飞机，更主要的工作是在建设平台、构架新体系。从系统论的角度来看，一个全新项目的产品应该越简单越好，并且使用的技术要尽量简化，使用的工具要尽量简化。全新项目的主要工作是探索出一条可行的路径，而不是效率，更不是优化。从系统论的角度来看，F-35 战斗机项目似乎是难以实现的。F-35 战斗机既要廉价（生产的高效性），又要功能全新（兼容三大军种），还要使用全新的建造平台（技术的不确定性），从宏观上讲，其需求目标自身就是矛盾的。然而国防部却同洛克希德·马丁公司一举签下了 12 年合同，并规定了不同时间应该交付的成果。这样做的目的是简化国防部的管理压力，但造成洛克希德·马丁公司在前期不断地赶工，损失颇大。实际上，对于这样的复杂项目，没人具有12年的预见能力。

计划只有做到细节的层次，才是可管理、可预见的。超出可把握的范围做计划，会浪费大量精力。如果把计划的颗粒度定为12个月，则这个计划是不够精确的。短期的团队细节计划加上长期的纲领性计划，才是更加有效的方法。PRINCE2通常包括多个管理阶段：一个启动阶段、一个或更多的管理（实施）阶段。可通过以下方法克服无法制订长期精确计划的问题。

- 将项目分为一系列的管理阶段。
- 有一个粗线条的长期项目计划和一个详细的阶段性计划（针对当前阶段）。
- 以阶段为基准，对项目进行计划、委派、监督和控制。

16.4.5 例外管理

对于每个项目目标，PRINCE2项目要求确定其容许偏差的范围，以建立相应的权限分配。PRINCE2将管理分为三个层次：指导、管理和交付，每个层次都有各自明确的职责。从上一个层级的管理到下一个层级的权力分配，可对以下六个目标预置偏差层级。

- 时间：以预定完成时间为基准，附加一个增减范围。
- 成本：以预算为基准，附加一个成本范围。
- 品质：以品质目标为基准，附加一个增减程度（如一个产品预设质量为400g，允许-5～10g的偏差）。
- 范围：对计划中的产品要素，允许有一定增减（如在已获批的需求的基础上，增加或减少一些有吸引力的需求）。
- 风险：对计划中的潜在风险做出限制（如潜在威胁产生的费用控制在项目预算的10%以内），或对个体成员的风险做出限制（如对运作服务的一项威胁）。
- 收益：在改善目标的基础上增减（如30%～40%的成本变化）。

在执行中如果偏差大于预估，则对事件升级，其相应的处理方案要报上级解决。通过有层次的管理，使每个管理层都能确认管理有效，在管理不失控的前提下，节省高层管理的时间，使相关决策能够在组织的恰当层级完成。

16.4.6 关注交付物

PRINCE2项目聚焦于产品的定义和交付，特别是其品质需求。成功的项目以输出物为导向而非以行为为导向。输出物导向的项目，是先确定项目交付物并达成协议，然后采取行动去制造它们。产品的确认明确了项目的范围，为计划和控制打下了基础。如果不聚焦于产出物，项目可能会面临严重风险，如接收出现争议、返工、不可控的变更、用户不满意以及对接收工作的低估等。

项目的目标是充分满足干系人的期望，即商务正当性，为做到这一点，需要对产品及其品质期待有一个基本理解。如果对产品缺乏清晰的理解，没有一个经批准的标准，则对于项目目标会出现多种解释。项目采用产品说明书以提供产品的目标、组成、派生、格式、品质标准和品质方法。以此为基础，可确定需要付出多少精力，需要多少资源，需要什么样的附属物和日程安排表。聚焦于产出物适用于几乎每个方面：计划、职责、状态报告、品质、变更管理、范围、结构管理、产品交付以及风险管理。

16.4.7 裁修以适应项目环境

PRINCE2 要求对管理组织、管理模式和管理流程裁修以适应项目环境、规模、复杂程度、重要性、能力和风险。裁修是 PRINCE2 的精华之一。PRINCE2 的价值在于，无论项目的形式、组织机构、地理或文化差别有多大，它都适用，因为它提供的方法可根据需求裁修。如果不对 PRINCE2 进行裁修，其项目管理能力及方法就很难适用于所有项目。不加质疑地搬用管理方法，将导致"机器式"的项目管理（严格按章办事），与之相对应的是"英雄式"的项目管理（完全不遵守规章）。

裁修的目的是要确保项目管理与项目环境相适应，即让 PRINCE2 与人力资源、融资、采购等商务流程相符，以确保项目控制能建立在项目范围、复杂性、重要性、能力和风险评估的基础上。对 PRINCE2 裁修，需要项目经理和项目委员会做出决定，如何使用 PRINCE2，提供哪些指导。启动文件应当标明特定项目是如何被裁修的。

16.5 项目管理工作的内容

在大的原则下对项目进行管理，还需要一套手段和方法，PMBOK 和 PRINCE2 分别进行了各自的归纳。在 PRINCE2 中要求从七个方面来管理项目，如表 16-2 所示。而在 PMBOK 中要求从十个方面来管理项目，如图 16-4 所示。实际上两大体系虽有不同，但它们中间的手段也有大量的重叠。有关它们的具体内容和它们之间的关系，本书将在各章中展开详述。通过这些手段和方法可以解决项目管理工作中的大多数问题。

表 16-2 PRINCE2 的七大要素

要素	内容	意义
项目论证（business case）	项目起源于设想，设想应该可实现组织所关注的潜在价值。在整个项目建设期内，管理将持续关注于组织的目标，看是否可取、可行、可达	为什么做
组织（organization）	项目工作可能需要跨越不同职能部门。此要素定义了项目员工的角色和职责	谁来做
品质（quality）	解释如何将品质分解细化，让所有参与者都能理解交付物的品质属性，以及项目管理如何确保这些需求最终被交付	怎么样
计划（plans）	项目的执行基于一系列被批准的计划，此要素描述了开发需求所需要的步骤，以及应采用的计划编制技术。计划将与组织中不同层级的人员相匹配，并体现在整个项目期间的沟通和控制中	如何做 做多少 何时做
风险（risk）	项目都有风险。此要素强调在项目计划中以及项目实施环境中，对不确定性如何管理	怎么办
变更（change）	如何评价项目状态，如何采取行动，以应对那些对项目各方面（计划及交付物）底线构成潜在威胁的问题	影响如何

续表

要　素	内　容	意　义
过程监控 （progress）	计划跟着项目走。此要素描述了批准计划的决策过程和监督执行的方法。如果事态超出了计划，可能需要增加额外工作——例外管理。过程监控最终决定项目是否执行及如何执行	评价当前 预估未来

项目管理（project management）

整合管理（integration management）
1. 制定项目章程（charter development）
2. 制订项目管理计划（management plan development）
3. 指导和管理项目执行（directing and managing project work）
4. 监控项目工作（monitoring and controlling project work）
5. 实施整体变更控制（performing integrated change control）
6. 项目收尾（close project）

范围管理（scope management）
1. 规划范围管理（scope management planning）
2. 干系人需求收集（collecting stakeholder's requirements）
3. 定义范围（scope definition）
4. 项目工作分解结构（creating WBS）
5. 范围审核（scope validation）
6. 范围控制（scope control）

时间管理（time management）
1. 规划进度管理（schedule management plan）
2. 活动定义（activity definition）
3. 活动排序（activity sequencing）
4. 估算活动资源（activity resource estimating）
5. 估算活动时间（activity duration estimating）
6. 编制进度计划（schedule development）
7. 进度计划控制（schedule control）

成本管理（cost management）
1. 项目资源计划（resource planning）
2. 成本估算（cost estimating）
3. 制定预算（cost budgeting）
4. 成本控制（cost control）

品质管理（quality management）
1. 品质规划（quality planning）
2. 品质保证（quality assurance）
3. 品质控制（quality control）

人力资源管理（human resource management）
1. 人力资源管理规划（human resource management planning）
2. 组建项目团队（team acquiring）
3. 建设项目团队（team development）
4. 管理项目团队（team managing）

沟通管理（communications management）
1. 沟通管理规划（communication management planning）
2. 管理沟通（communication management）
3. 控制沟通（communication control）

风险管理（risk management）
1. 规划风险管理（risk management planning）
2. 风险识别（risk identification）
3. 风险分析（risk analysis）
4. 风险应对（risk response）
5. 风险监控（risk control）

采购管理（procurement management）
1. 规划采购管理（procurement management planning）
2. 实施采购（conducting procurement）
3. 管理采购（managing procurement）
4. 结束采购（close procurement）

干系人管理（stakeholder management）
1. 识别干系人（stakeholder identification）
2. 规划干系人管理（stakeholder management planning）
3. 管理干系人参与（managing stakeholder engagement）
4. 控制干系人参与（stakeholder engagement control）

图 16-4　PMBOK 的十大知识领域

16.6　项目成功的判断标准

一个项目是否成功，不仅要看是否满足合同，还有更多的判断因素，包括内部和外部、主观和客观等多个方面。本节从以下四个角度判断。

1. 功能角度——完成项目目标

项目达到了费用、日程安排、产品品质、产品性能和功能等的初始设定的目标。在这个角度上，项目结果与目标的零偏差是最大的成功。它确保组织达到了确定性，这非常重要，但也是最基本的。

2. 性能角度——项目有效性

项目管理得好不好是衡量过程的一个尺度。如果项目达到了它的目标，但客户团体、项目团队或其他人因项目的过程受到负面影响，项目可能不会被认为成功。项目有效性的评价可使用以下标准。

- 对客户日常工作的影响程度。
- 资源使用的效率。
- 团队成员的发展。
- 冲突管理的解决程度。
- 项目管理的开支。

3. 外部角度——客户的效用

项目在多大程度上满足了客户的真正目的。消费者是否满意？是否达到了所追求的商务结果？是否解决了问题？是否开创了机会？满足了需要？如果没有满足真正的内在需求，项目可能被视为失败。有时客户的真实需求不一定会在书面上表达出来，这可能出于各种原因，如不善于表达、不愿意表达，甚至害怕表达。因此，在项目启动之前，一定要挖掘出客户的真实意图。只有真正满足了客户的愿望，项目才算真正达到了目的。

4. 内部角度——组织的进步

组织从项目中学到了、学好了哪些东西。有高度执行力的组织可以从其的成功和失败中学习，用这些知识提升其今后项目的成功率。从一个较长的时段，可以测量出组织的学习能力和因此产生的提升项目成功率的能力。组织的进步需要保持精确的历史活动记录，并在经验教训的学习中广泛运用。

> 案例
>
> **F-35 战斗机项目是否成功了**
>
> 这个项目还未完全结束，我们可以从本书所述的四个角度来观察。

1. 功能角度

F-35 战斗机项目显然没有达到最初设定的目标，甚至可以说相差甚远。计划跟着变化走，反复调整了多次，在大幅超支和严重后延的背景下，总算完成了变化之后的计划。由于时间的拖后，当初的先进性已有所退化，而且国防部的目标也有了新变化。

2. 性能角度

这主要是看项目的投入产出比，投入的资源包括时间、人力、物力和财力等，产出包括经济和社会效益。如果把投入看作分母的话，F-35 战斗机项目投入显然太大。如果把产出看作分子的话，分子的值应该是不算差。F-35 战斗机在当前情况下，其先进性还是得到认可的，毕竟创造了多个第一。当然，这些第一究竟有多少价值、能够持续多久，还需要实战来检验。产品的价值不仅有客观因素的衡量，也有主观心理因素的衡量。如同名酒、名烟一样，F-35 战斗机项目目前的心理价值还是比较高的。

3. 外部角度

这主要看项目是否满足了客户真正的、潜在的目的。F-35 战斗机项目是个大而复杂的万亿美元级别的项目，外部客户很难明确定义，或者说其边界并不很清晰。如果仅仅站在国防部的立场上看，项目的确有许多令人失望之处，毕竟花了太多的钱，拖了太长的时间，无疑是个失败的项目。不过，F-35 战斗机项目标志着美军全方位信息化时代的来临，其"先进性"被政府用来宣传，取得了一定的社会效益，并引来了一些外国的投资。阴谋论者猜测，F-35 战斗机项目是 Donald Henry Rumsfeld 的一条毒计。Rumsfeld 曾间隔几十年两度出任国防部部长，人称"最年轻的国防部部长和最老的国防部部长"。Rumsfeld 毕业于普林斯顿大学，第二次世界大战时其父亲曾在太平洋的抗日航母上服役，子承父业的他曾是海军飞行员。据说 Rumsfeld 精力极为旺盛，为人极为老辣，他参与了 F-35 战斗机项目初期的规划。据称，F-35 战斗机项目的一个重要目标是团结盟国，也打击盟国。通过庞大的投资和复杂的技术来威慑盟国，使其不再建设自己的战斗机，从而摧毁盟国的战斗机工业，还可以使得盟国更加依赖自己。而最初所谓的"廉价"不过是吸引投资的借口。从实际情况来看，也许是歪打正着，这个猜想的手段已取得了很大的效果。从不同的层次来考察 F-35 战斗机项目，可能会得出不同的结论。

4. 内部角度

这主要看项目是否会给开展项目的人带来实实在在的好处，经济效益只是其中的一个方面。F-35 战斗机项目已开展了二十余年，在这期间洛克希德·马丁公司的股票涨了差不多 6 倍。这里面固然有物价上涨、市场投机等的因素，但 F-35 战斗机项目的贡献毋庸置疑，它是洛克希德·马丁公司的拳头产品之首。洛克希德·马丁公司的最大收获可能还不是体现在看得见的经济指标上。实际上，目前洛克希德·马丁公司的市值与卖便宜货的"拼多多"公司差不多，拼多多仅仅是个交易平台，没什么先进技术，也不能生产产品。而洛克希德·马丁公司则号称可以打遍地球无敌手！飞机制造是顶级工业，飞机发动机被称为工业的皇冠，洛克希德·马丁公司战斗机的发动机被世界誉为工业皇冠上的明珠。通过 F-35 战斗机项目，洛克希德·马丁公司战斗机的发动机取得了长足的进步，这种进步是在高分基础上的进步，是很了不得的。这也许归功于国防部对三合一飞机提出的"不着边际"的需求。

F-35战斗机项目对洛克希德·马丁公司的最大贡献应该在于，建立了全新的技术模式和管理模式。许多人都认为 F-35 战斗机不过是 F-22 战斗机的修改版，其实这种想法太简单了。F-22 战斗机的软件代码为 170 万行，而 F-35 战斗机现已接近 3000 万行，根本不是一个数量级。系统的复杂程度往往是代码行的指数函数，F-35 战斗机系统用传统的方法根本无法完成。外行只看到了外在的技术变化、需求变化以及世界背景的变化。其实，F-35 战斗机项目中最具革命性的改变是在底层（或基础）：生产工具大变化、测试工具大变化、生产流程大变化、研发模式大变化、研发人员的专业结构大变化，甚至倒逼国防部的采购方法都发生了变化。从根本上讲，人的思维发生了变化，国会确定了 C2D2 模式的现代项目的开发框架。F-35 战斗机项目本身成功或失败对洛克希德·马丁公司来说已经不太重要了，重要的是洛克希德·马丁公司通过 F-35 战斗机项目建立起了全新的生产模式，F-35 战斗机只不过是这套模式测试和培训的试验品。对于一个百年老厂来说，确立一套生产模式恐怕要比生产一批产品更重要，而这套全新的生产模式将会被用在今后的项目中。在全球信息化的大潮中，顺应时代，积极改造传统的生产方式，不仅是必要的，也是迫切的。从某种意义上讲，F-35 战斗机项目帮助洛克希德·马丁公司实现了凤凰涅槃。

得到好处的显然远不止洛克希德·马丁公司一家。F-35 战斗机项目有 1400 个分包商和合作商，同洛克希德·马丁公司一样，它们的收获可能也远远大于经济层面的合同金额。由于 F-35 战斗机项目是一个透明度很高的项目，其他许多公司，包括洛克希德·马丁公司的竞争对手们也从中得到了大量的启发。例如，最近波音公司的项目就采用了与 F-35 战斗机项目类似的模式，当然波音公司避免了洛克希德·马丁公司当年走的弯路。客观上讲，软件工程的那套模式已被搬到了大量其他工业项目中。

第 17 章 管理模式的裁修

裁修是 PRINCE2 的一大精华。无论项目的范围多大、复杂程度如何、处于哪种地理环境、具有怎样的文化背景，无论项目属规划的一部分，还是一个完全独立的项目，都可采用 PRINCE2 方法。其原因就在于，可以对项目管理模式进行裁修以适应不同的项目背景。裁修（tailoring）是指使项目管理模式适用于任一项目，确保其计划编制、项目控制、管理及指导、流程及要素的运用与项目完全匹配。植入（embedding）则是指对一个组织机构全面采用 PRINCE2 模式。表 17-1 罗列了裁修和植入的差异。

表 17-1 裁修和植入的差异

植　　入	裁　　修
在整个组织内采用 PRINCE2 模式	在特定项目的背景下对管理模式进行适应性调整
重点： ● 各个过程的职责 ● 各个规则的缩放 ● 各个标准（模板、定义） ● 开发和培训 ● 与商务过程的集成 ● 工具 ● 过程监督	重点： ● 通过策略和控制来实现各个要素 ● 规范专业用语 ● 为管理修订产品描述 ● 修订 PRINCE2 的角色描述 ● 为与以上各项相适应调整过程

本章将介绍 PRINCE2 的裁修方法，这也是 PRINCE2 的精华之一。本章从不同的角度来审视项目，并涉及了项目群/集、项目组合等概念。对于不同类型的项目或不同规模的项目，都有不同的裁修方式。

17.1 裁修方法

裁修后的 PRINCE2 是完整的 PRINCE2 中的一部分。裁修并非删掉 PRINCE2 的一些要素。PRINCE2 的各元素并非孤立的，而是一个存在内在联系的整体：要素运用于各个流程中；采用各项技术带给要素以生命；个人担当起项目的各个角色，完成项目的管理、项目产品的制造和交付。如果项目人员忽略掉任何元素，对该项目的管理就将被削弱。裁修是为了让这项管理模式与外部因素和项目自身因素相适应，其目标是让项目管理把握好分寸，不要成为项目的负担，刚好能够在既定环境下对项目保持控制。若不对 PRINCE2 进行裁修，则会导致机器人式的项目管理，每个过程、每项活动都按程序办理，无论是否需要，都编制相应的管理文件。这是模板驱动型项目管理经常存在的问题。裁修有两个影响因素，如图 17-1 所示。环境因素包括多组织机构的参与、外部的客户和供应商、组织标准、组织任务计划、组织成熟度、术语规范、地理环境、组织文化、项目的优先级等。项目因素包括规模、方案的复杂程度、团队成熟度、项目类型以及生命周期等。

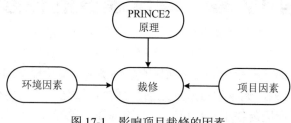

图 17-1　影响项目裁修的因素

17.1.1　采用 PRINCE2 原则

PRINCE2 的七大原则（principles）中具有普适性的，只能采用而不允许裁修。理解了这些原则，项目成员就能理解如何修订各要素以适应环境及项目本身，同时又不丧失各要素的价值。

17.1.2　修订 PRINCE2 要素

修订要素（themes）并不必然意味着修订其中的具体方法。多数情况下，环境及项目要素包括在项目的策略和控制之中。相关的公司或规划层的制度和模式被反映在项目的风险管理策略、品质管理策略、配置管理策略和沟通管理策略中。这些管理文件构成了管理项目的过程，充分体现了公司或规划层的相关要求。控制的程度则将影响监控的形式和频次、项目评审、报告的编制等。

17.1.3　采用组织的词汇和语言

需要调整 PRINCE2 以兼容组织或规划层的专用词汇和语言。例如，如果组织或规划层采用的是"投资论证"而非"项目论证"，可在项目文件中用"投资论证"代替"项目论证"这个词，以增进与组织内部的沟通和理解。

17.1.4　产品描述文件修订

为了使特定目标或特定组件的项目能够运用 PRINCE2 的要素和流程，PRINCE2 提供了项目产品描述概要以管理这些产品。对 PRINCE2 的裁修，也包括对这些文件的修订，可能有必要修改产品描述。涉足项目的每个人，需要熟悉这些管理文件的目的、它们的构成和它们的品质模式。例如，在商业环境中，工作包可能需要包括订单的详细内容、相关的条款和条件。

17.1.5　角色调整

PRINCE2 提供了每个角色的描述概要，但有必要对它们进行修订，以便与个人的实际能力和所获授权相匹配。例如，在规划内的项目，收益评审计划属公司层面的职责，就不能再把这个职责放在项目负责人身上。

17.1.6 过程调整

PRINCE2 的所有过程、所有活动都需要完成，谁来执行这些步骤则可以调整。如果相关角色调整，相关的管理文件可能也需要变更。

17.2 项目群的管理

项目与项目集（群）的显著区别是，项目在制造或改变任务完成后就解散，但项目完成后才开始实现收益。项目集一般用来作为一个临时组织，这个组织的生命周期将覆盖收益兑现的时期，而这一般会持续若干年。图 17-2 和表 17-2 描述了它们的关系。

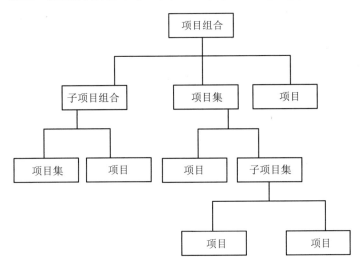

图 17-2　项目、项目集和项目组合的关系

表 17-2　项目与项目集

项　　目	项　目　集
由交付产品来驱动	由结束状态的愿景来驱动
有始有终，路径有限	缺乏预定的路径
有限的一组交付物的实现	商务能力的提升
交付产品	协调项目
通常项目期间没有收益	在项目集期间及之后要实现收益
时间相对较短	时间相对较长

知识拓展

项目集或项目群（program）是一组相互关联的项目，对它们的协调管理可以实现单个

项目分别管理所无法达到的效益。项目集管理中可能包括各单个项目范围之外的相关工作，虽然项目之间的依赖关系是关注的重点。项目集管理可能涉及同样管理结构中的共同问题的解决、资源使用上的冲突。

知识拓展

项目组合（portfolio）是组合在一起的项目、项目集，它们之间不一定有直接的相互关系。组合的目的是便于管理和实现战略目标。项目组合可能通过评审与公司战略的一致程度，来安排项目和项目集的资源分配优先顺序。

在 PMBOK 体系中，对于多项目的管理较为简单，主要由项目管理办公室（project management office，PMO）来进行。PMO 不是传统意义上的权力机构，不能像董事会那样进行决策，也不是负责某一方面的专职业务，而是对所管辖的各项目进行综合协调管理，对项目管理提供支持。PMO 最早出现于 20 世纪 90 年代，当时 PMO 更多的是作为对项目经理进行管制的工具，很少为项目管理提供指导和支持。随着项目在企业运营中的重要性提高，对项目进行统一管理的迫切性越来越明显，PMO 在项目中所承担的功能主要有以下几个方面。

（1）按照项目管理知识体系为组织编制各种项目管理制度，识别出管理项目的最佳实践和方法。

（2）编制各领域的计划，并将它们衔接起来。

（3）提供培训、辅导，为整个项目团队建立起统一的平台进行沟通和思考。

（4）管辖和监督项目全部的共享资源。

（5）跟踪项目工作绩效报告，通过收集、汇总和分析发现项目在实施计划过程中产生的偏差，评估偏差产生的原因以及对项目的影响程度，及时制定纠偏措施。

在 PRINCE2 中，项目集的组织机构为项目集委员会（program board），如图 17-3 所示。在项目集委员会中的成员有项目集总裁（senior responsible owner）、项目集经理（program manager）、商务经理（business change managers）、供应商代表（lead supplier）、项目总裁（project executives）和可能的组织部门代表（representatives of corporate functions）。项目集总裁负责目标和效益的实现，确认对项目总裁的任命。项目集经理负责日常事务，项目集总裁和项目集经理的关系好比项目总裁和项目经理之间的关系。商务经理负责效益的定义和跟踪，以保证项目集的产出能够与组织的期望相符。上述角色之间的关系要分离而不能混淆。项目集内的组织机构有多种形式，例如：

- 项目集经理出任项目集中多个项目的项目总裁。
- 项目集商务经理出任项目集中多个项目的项目总裁。
- 项目集商务经理出任项目集中多个项目的客户代表。
- 项目集中多个项目的项目协理（project support）由项目集委员会统一提供。
- 项目集中可能的设计专员/设计师（design authority）可以充当多个项目的项目监理或变更专员。

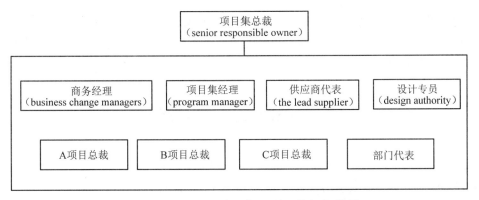

图 17-3　PRINCE2 项目集（群）的组织结构

> **案例**
>
> **F-35 战斗机项目的结构**
>
> 　　F-35 战斗机项目是一个大项目，包含许多子项目，所以它实际上是个项目集（群）。F-35 战斗机项目的原文为 F-35 Program。F-35 战斗机项目太大，子项目下都还有子项目，这样就有了许多管理人员（managers）。其中最高管理层面的 manager 被称为 General Manager of F-35 Program。为了表示 F-35 战斗机项目的重要性，其最高管理层面的人员进入公司高管层面，所以增加了一个头衔称为 Executive Vice President and General Manager of F-35 Program，简称 EVM。
>
> 　　F-35 项目的直接子项目由各个集成产品团队（integrated product teams）来完成。为了各个子项目能够协同运行，F-35 建立了若干功能团队（functional teams）作为公共服务平台。这两类团队都直接向 EVM 负责。在集成产品团队之下是真正负责具体产品研发（detailed product development）的团队。

　　在项目集内的项目建设有很多优势，这种状况下可以裁修 PRINCE2 来适应该环境。项目集可包括一个总的项目论证，各个项目自身的项目论证只包括各自的预算和成效。效益的跟踪和管理可由项目集组织统一进行。各个项目的沟通计划可以是项目集沟通计划的一部分。项目的干系人的分析和管理也可考虑由项目集组织统一进行。项目中品质策略来自项目集中的策略，项目的品质监理（quality assurance）及其工作可能由项目集统一完成。项目集中可有一套监控策略，作为各个项目的模板。项目集中的计划人员可以帮助和协调各个项目的项目经理制订项目计划和阶段计划。在项目集的范围内，各个项目的产出物可以相互借用。各个项目可能有共同的风险。项目的风险策略可以源自于项目集的风险策略，风险的级别可分为项目风险和项目集风险。项目的变更控制可源自于项目集的问题解决策略（issue resolution strategy），它定义了项目级别授权的变更和项目集级别授权的变更。项目集中的信息管理策略将主导项目的配置管理策略。项目集的监控策略会影响项目审查和报告的内容、频次和格式。项目级别的时间容忍度和成本容忍度由项目集来决定。项目集委员会还可能制定管理的层级。项目集下 PRINCE2 最大的变化在于项目的筹备（starting up）。项目筹备的工作可能全部在项目集组织中完成，包括任命项目总裁、任命项目经理、总结教训、设计项目团队，甚至准备好项目概要（project brief）。项目经理仅仅负责准备启动阶段计划。项目集的管理文档和各个项目的管理文档可以分离，也可以统一甚至融合。不过要注意事件的级别（是项目级还是项目集级）和其对应的文档。

17.3 项目规模与管理模式

PRINCE2 适用于各种规模的项目。项目的规模是一个相对的概念，它既与项目本身的大小相关，也与组织的经验相关。如一个预算为 10 亿元的项目，对于某单位可能只是一个简单项目，对于另外一些单位可能就是一个令人生畏的大项目。项目的规模不仅与其大小相关（工期、费用和人员），还与项目的复杂程度、风险和重要程度相关。复杂项目可能存在目标不清晰、解决方案不清晰、任务之间相互关系不清晰、难以识别干系人、项目边界不明确等问题。组织可以考虑对其项目按规模分级，表 17-3 展示了一种简单的项目分级方法，以及针对不同规模的项目裁修 PRINCE2 的方法。

表 17-3 对项目按规模分级的例子

项目规模	特 征	如何运用 PRINCE2
项目集	商务转换	可按 PRINCE2 项目集的方法进行管理
超级项目	极重要，多目标，多个强势方参与，涉及众多规矩，需求模糊，全新技术，涉及多方利益	按多个交付阶段管理，有扩大化的项目委员会，设专职团队经理和团队助理，将项目产品分别管理
常规项目	中等风险，中等开支，重要，有建设方、客户、供应商参与，需求需要进一步展开，有新颖之处	一个或多个交付阶段，有标准的项目委员会，团队经理、团队助理可能是专职的，部分项目产品可合并管理
简单项目	低风险、低成本，参与方很少，规矩少，需求清晰	仅有一个交付阶段，有简单的项目委员会，不设团队经理和项目助理，相关工作由项目经理完成，对项目产品合并管理
任务	开支在日常的预算内，属于对某项指令的响应。负责交付的经理可直接向相关领导汇报	按交付产品的工作包对待。需要用到的包括产品描述、日志/登记册、检查点报告

在小项目中 PRINCE2 必不可少的文件有以下几个。

（1）项目启动文件。

- 项目概要。
- 项目论证。
- 风险策略。
- 品质策略。
- 配置策略。
- 沟通策略。
- 项目计划（包括项目产品总体描述、产品描述）。

- 收益审核计划。

（2）重要事项报告（包括产品状态记述）。

（3）日志记录。
- 问题。
- 风险。
- 教训。
- 计划内和计划外的品质管理活动。

（4）项目收尾报告（包括教训报告）。

对于一个小项目，项目的筹备和项目启动可能被合而为一，此时没有编制完好的项目概要，项目管理团队利用项目批准文件编制了一份简单的项目启动文件，文件包括一份项目计划大纲、一份项目产物描述、各种项目策略、需要实施的控制等。项目经理采用日志的形式，记录风险、问题、经验教训和品质结果。接下来，几个工作包被授权，在管理这些工作包期间，项目经理主持日常检查，并根据检查结果为项目委员会编制重要事项报告。最后阶段，编制项目收尾报告，该报告中同样需要包括经验教训、后续行动提案和收益评估计划等内容。

17.4 商业环境下的项目管理

PRINCE2 模式主要建立在客户、供应商的项目模式设想之上。该商业环境假设有一个客户对一个有吸引力的结果进行细化，可能还愿意为项目出资；另有一个供应商将提供资源和技能，以实现这个结果。在商务环境中，它至少应该有两套项目论证，一个为客户而另一个为供应商。如果任意一家无利可图，项目也注定不能够成功。客户的项目论证中，收益必须大于成本和风险。成本分内部成本和外部成本，风险分项目本身和后续运行风险。供应商的项目论证中可能包括更多的部分，如销售目标、客户规划目标、销售地域目标、市场板块目标等。各方的项目论证都有一部分可能是不公开的，这也与公司文化有关。如果有一个人可以洞察各方，那么往往能够使各方之间达到利益平衡。例如，项目时间的拖延往往对客户方不利，原材料成本的上升对固定价格合同下的供应商不利。通过风险共担或其他方案来化解风险是有必要的。客户的需求往往在项目一开始就确定，而对供应商采购合同往往在后续的过程中确定。如果供应商在后续阶段提价，或客户对供应商的原料不满意，都会严重影响项目的推进。因此，能够找到某种方法来保证双方都愿意承担自己的职责是需要考虑的问题，多种形式的合同是一种参考方式。PRINCE2 推荐项目经理的人选可以来自客户方，而团队经理的人选可以来自供应商。当然，这只是多种考虑中的一种，其目的是要使各方能够达到其商务的合理性。

17.5 多组织管理的项目

以组织为背景的项目正在变得越来越复杂。与简单的，仅涉及客户、供应商两个组织的项目相比，有些项目由多个组织发起，例如合资、联合研究、多部委共同参与的项目，多政府组织的项目（如欧盟），多个机构的项目（如联合国发展规划），联盟协议，联合投标，战略伙伴等。可能存在一个主要的委托人（或一个主要客户），但涉及多个客户，以及多个供应商组织。在大型项目融资时，往往会遇到如何把多个组织通过共赢的方式联合起来的问题。这可能导致项目为多家共有，多个组织参与决策。这种多家共有的局面很容易造成对一些基本事项无法达成共识的局面，这将增加项目风险，增大项目失败的概率。

> **案例**
>
> 某城市拆迁改造项目由多个参与方组成，这些参与方各自都有自己的项目论证。银行方的项目论证如下。
> 项目背景
> 第一部分　授信尽职调查概述
> 一、尽职调查情况
> 二、评审谈判
> 三、外聘专家
> 第二部分　客户评审
> 一、最新信用评级
> 二、重要客户信息
> 三、财务表现评价
> 四、竞争优势与劣势分析
> 第三部分　综合授信情况
> 一、已有授信情况
> 二、拟增授信情况
> 三、综合授信额度核定
> 第四部分　项目评审
> 一、项目概况评审
> 二、筹资评审
> 三、市场评审
> 四、财务评审
> 五、偿债能力评审
> 六、信用结构评审
> 七、风险与收益评审
> 八、评审结论与建议
> 附件

多家共有的项目对 PRINCE2 模式的运用与商业型（客户、供应商）项目类似，然而，多组织项目的人事安排可能极其复杂，项目委员会可能因成员太多而无法做出有效决策，任何一个单一组织均无法支配其他组织，决策需要进行协商，而不是简单地用合同来规定。

大型项目委员会的协商工作极其缓慢，会影响项目的工作节拍。此时可以考虑建立机构式的专门管理组织，进行收益管理和干系人管理。

17.6 不同类型项目的管理

17.6.1 生命周期模式下的项目

在很多行业及专业领域，都针对特定类型的项目开发了生命周期模式，如采用瀑布式开发或敏捷式开发。PRINCE2与这些模型完全兼容，因为它们本身只聚焦于研发和验证项目的特定产物，而PRINCE2则有意回避了这方面的问题。裁修PRINCE2与这些专业的生命周期模式兼容，要注意以下原则。

（1）项目的阶段管理应与生命周期相符，如设计阶段、制造阶段、实验阶段等。

（2）容忍度（允许偏离值）应与开发工作的重点相匹配，如某些敏捷式模型，倾向于锁定项目的开发时间，且只允许品质有稍许偏离，而给予"范围"一个较大的允许偏离值。另一些则倾向于锁定项目的开发成本。

（3）吸纳专家加入项目管理团队。如果生命周期模式中包括了一个技术设计权威，这个角色可以等同于项目经理，也可以等同于团队经理或项目助理。角色需要承担各种职责，重要的不是这个角色的称谓，而是担当该角色的某人在组织内的职责。职责分配必须让项目所涉及的所有人都清晰地理解。

（4）PRINCE2用来进行管理和生成管理文档，专业化的方法用来确定项目的目的、格式、组成和品质模式，二者应该相结合。专业化方法也会提供一些项目管理的文档，需要识别哪些管理文件有助于专业化产品（如技术设计文件）的开发，哪些管理文件有助于项目管理。对于每份项目管理文件，既要避免漏项，也要避免重复。

（5）建立产品交付管理流程与专业的产品开发流程之间的有机联系。

17.6.2 演化类的项目

由英国工程及自然科学研究委员会资助的《对项目管理的再思考》研究表明，今天的研究项目，在筹备时无法预定项目产物的性能，在项目进程中，项目产物的性能才逐渐明晰。进一步讲，在整个项目建设期内，项目产物的预期性能都是有争议的，需要进行开放式探讨。因为项目产物的最终性能由项目本身推动，所以项目的启动无法从一个精确的项目论证开始。

采用PRINCE2处理这种渐进型方式，其项目论证仅代表在项目的生命周期的某一特定时间，"最好的且经一致同意的预测"，在项目从发现到实施期间，项目论证将不断演化。在项目前期（筹备期间），项目论证概要可能存在一个对输出物的宽泛预测（如降低成本30%~80%）。在项目建设中期，当对详细的项目论证进行刷新时，预测范围可收窄（如降低成本35%~40%）。另外，随着项目的演进，项目的产物也可能发生变化，可能不同于初期的设想。渐进型项目论证的价值在于，它使得组织可根据项目的演化做出与预期收益和风险相称的投入承诺。项目论证同时为控制和变更请求带来的影响进行评估提供了基础，其结果就是一个"在整个项目建设期内都是有争议的、可开放式探讨的"现代项目。

新环境下的研发类项目，或灵活的学术研究是典型的演化型项目，它们需要考虑的不是直接的经济利益（仅仅是候选方案），而是产生的负面回报。如果需要优选的话，可对研发项目进行比较，这样就可以对候选方案给出评价。

17.6.3 可行性研究类项目

在某种情况下，需要进行可行性研究，以调查组织所处的环境，确定候选方案。采用 PRINCE2 处理这种研究，可将其视为一个独立的、明确的项目。图 17-4 显示了一个相对简单的可行性研究类项目的生命周期。它仅有一个项目计划、一个项目论证、一组风险和一个项目产物——提案。在费用和时间方面，各候选方案之间可能差异巨大，每个候选方案都有一个不同的项目计划、项目论证和风险，这种可行性研究类项目的最终目标是一个提案。

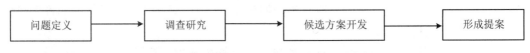

图 17-4　可行性研究项目的生命周期案例

可行性项目有其自身的独特性，重要的是需要认识到，项目的输出仅是一项选择，这个选择可能是研究是否有必要进行下去。判断项目是否成功，不是某个想法是否合理，而是能否在严谨的分析的基础上，做出一个可靠的决策。政策研究类项目与可行性研究类项目类似，其产物不具备直接的价值，随后实施的政策制度才能产生价值，政策研究类项目的某个产品可能就是一个观点而已。项目论证的一些基本属性是常常需要考虑的，如经济效益和社会效益，政策研究类项目的合理性论证也不例外。

> **案例**
>
> 美国国防部先进研究项目局（DARPA）考虑研发一种低成本、更智能、更方便部署的无人空中战斗机平台，以取代昂贵的先进多任务作战飞机编制。DARPA 构想将重型军用运输机（如 C-130 型运输机）改造成空中航母，进行多台小型无人机（unmanned air vehicle, UAV）的部署和回收，既可以利用 UAV 功能灵活、配置多样的特点，又可以借助大型飞行器的巡航能力与速度执行未来的军事任务。
>
> 2014 年 DARPA 向公众开始征集相关的方案。2015 年 DARPA 扩大方案征集的范围。之后，DARPA 设置了三个阶段：第一阶段，证明了无人机空中发射和回收系统的可行性；第二阶段，完成全面技术示范系统的初步设计，以及开发和执行单独系统组件的评估测试；第三阶段，开发一个全面的技术示范系统，同时进行包括空中发射和多个无人机回收的飞行演示。
>
> 2017 年项目第一阶段，洛克希德·马丁公司、General Atomics 公司、Dynetics 公司和 Kratos 公司四家公司入选。2017 年项目第二阶段，General Atomics 公司和 Dynetics 公司两家公司入选。2018 年项目第三阶段，Dynetics 公司研发团队战胜了 General Atomics 公司，

成为唯一入选公司。预计第三阶段将持续 21 个月，耗资 3860 万美元。2018 年 DARPA 官方发布了 Dynetics 公司制作的视频，再次公开征集建议。之后，Dynetics 公司向社会公布自己的工作目标。

2019 年 11 月 "抓回" 测试：在犹他州杜格威试验场举行，从 C-130A 上发射 X-61A "小精灵" 无人机，长达 2 h 的飞行试验一切顺利，但在最后的回收阶段出现失误，导致无人机坠毁。2020 年 10 月 "抓回" 再测试：3 架无人机自主编队飞行了 2 h。运输机试图伸出机械手臂，在空中与无人机对接，进而将其抓回货舱，但接连 9 次都没有成功，尽管每次对接时都只差几英寸的距离。第 3 次抓回测试暂定在 2021 年年底。2021 年年初，DARPA 开始考虑修改计划目标。

2021 年 10 月底，终于首次成功在空中回收了一架 Gremlins 无人机，尽管另一架无人机在测试中损毁。项目负责人 Tim Keeter 说，项目目前面临的问题是如何可靠和高效地重复回收多架无人机，项目要求要在半小时内，回收至少 4 架无人机。项目首席工程师 Brandon Hiller 说："我们离目标尚有差距，系统要做大的改进，包括软硬件。" *Defense News* 评论："以后的难度恐怕会更大。"

17.7 实施裁修

项目自身并不是模式，它们中有极宏伟的，也有极小的；有低风险、极简单的，也有高风险、极其复杂的。想用一种方法计划和控制所有这些项目是完全不合逻辑的，所以不对 PRINCE2 使用裁修，不能称其为项目管理方法。项目本身的巨大差异会带来采用 PRINCE2 的差异。PRINCE2 允许且要求对 PRINCE2 的任何内容都可进行调整，以适应具体的项目需求。PRINCE2 不是一种简单的记录方法，它是工具，是模式。有些对于模式生搬硬套的项目办公室过分注重资料的正规化和文件，以正规化的名义把项目管理推向烦琐的记录中。

在思考如何裁修 PRINCE2 以适应项目时，可查阅整个方法的全部细节，与项目的内部和外部环境相对照，以弄清可剔除哪些部分，也可根据项目的内部和外部环境选择 PRINCE2 手册的相关内容，实现对项目的管理。任何项目的管理都要花费财富和时间，不必要的管理工作必须舍弃；另外，也不能遗漏必要和明智的计划和控制。PRINCE2 具有巨大的灵活性，它可调节以满足不同环境的不同项目。

对于 PRINCE2，灵活性是成功的关键。如果不需要对项目进行认证，就不必一定要让项目模式化，达到项目管理目标即可。在讨论 PRINCE2 的结构时，可把每个 PRINCE2 过程中的步骤当作一份检查单，它可提示你可能要做的每件事，但并不表示你必须做某件事，不必做的事可以跳过。尽管不必完成每个步骤，但最终几乎每个步骤都会或多或少涉及，所以需要确定应把某个步骤做到何种程度。例如，项目主体部分的一个步骤是进度检查，不能把它完全排除掉，但如何规范检查内容和检查频次？这就取决于项目的特点，可以每周两次，带有预见性地进行极详细和彻底的检查，但对于一些小的、简单的项目，也许每两周做一次高层级的检查就够了。PRINCE2 的过程图表有一些箭头指示完成各步骤的秩序，但这不是强制性的，仅仅是一个建议。如果经慎重考虑违背某些箭头的指向，也是完全可行的。步骤间的箭头只是一个建议顺序，不是强制性顺序。

在 PRINCE2 的过程内可以调整各步骤的先后顺序。例如，在启动阶段做项目论证以确定项目的价值，是否值得做出详细的规划，而这也是准备阶段应做的工作。但在启动阶段，很难对项目价值做出精确的评估，而当更详细的工作完成后，项目论证的结果却可能崩溃。对于这类案例，项目经理可能热切盼望项目论证应在准备阶段首先完成，如果项目论证不能成立，就无须在其他的规划工作上浪费时间。如果把它转化为 PRINCE2 的步骤，事实上就改变了 PRINCE2 在手册中设置的顺序。步骤及它们之间的关系表明，只能在完善项目论证后，再做如风险管理策略和项目计划等其他规划。但如果在编制项目论证前，先明确项目可能遇到的主要风险，并进行一定程度的风险敏感性分析，更容易将那些不具备可行性的项目早日终止，避免浪费时间、精力和费用。

有时可以跨过过程调整步骤的完成顺序，在某些环境下，可将一些步骤（或这些步骤的某部分）从一个流程移动到另一个流程。只要合理，就应当去做。例如，在筹备阶段对项目角色的任命。PRINCE2 的惯例是先任命主要的项目委员会成员，先任命项目总裁，后任命项目经理，他们到位后，再设置项目管理团队的其他岗位，并任命各岗位人员。但假设他们没有时间决定其他任命事项，则岗位设置和项目团队成员的任命被挪到后面的阶段。推迟对团队成员的任命也可能出于其他原因，如在项目简介获批前，如果不能确定谁是最佳人选，推迟这种任命是常见的和合理的。

对仓促实施的项目可以并行完成某些步骤。例如，有人说他们需加快工作使项目能够尽早按期完成，所以没有时间去开展项目启动工作，这种争辩显然是苍白的。实际上，如果在项目进程中，那么启动阶段没能完成切合实际的计划和控制是危险的。如果项目真正面临压力，项目经理可加速当前工作的推进，同时发挥 PRINCE2 的效力。可以采用一个很简单的计划让项目运转，例如做项目启动时，可同时开始项目的第一阶段工作。这并非不做项目启动，仅仅表明它可以与项目运转的初始阶段同步进行。当在项目启动阶段结束前做项目启动文件（PID）时，如果项目委员会确定项目不值得做，那前期完成的工作就白费了。这种状况可接受吗？当然可接受。如果在这种极端状况下不这样抉择，就无法管理这个项目。在正常情况下应极力避免出现这样的情况，可以尽量加快启动阶段的进度，采用项目启动文件去判断项目能否被批准，然后迅速转入项目的专项工作阶段。所以，当需要尽量缩短项目周期时，项目启动与首阶段工作同步进行是一种应急措施，不要把它当作常规办法。

某些特定项目，可在没有项目计划、仅有阶段计划的情况下进行项目建设。PRINCE2 设立了一些边界，但如果打破这些边界，可能比严格按官方手册实施的效果更好。PRINCE2 需要三个层次的详细计划：项目计划、阶段计划和团队计划，团队计划是可选的，其他两个计划都必须编制。这个思想意味着很多阶段性计划已经足够详细，团队经理完全可用它来控制分配给他们的工作包。如果管理的是一个小项目，仅有一个交付阶段，那么阶段计划和项目计划就是同一份文件，似乎需要的仅仅是项目计划。这表明必须有一份项目计划，从启动阶段结束直到项目收尾。假如不知道项目的结果，该怎么办？举个极端例子，如果项目经理仅能看到第一个交付阶段，该怎么办？答案是，不要把每个阶段都当成一个独立的项目，这样会带来一大堆事务。以一个研究项目为例，如果项目正在研究某个重要的疾病，项目论证能否说明：何时可找到治愈途径，以便把它列入日程？显然，这是不可能办到的。任何人都无法看得太远，在项目结束前没有人能够知道。很多研究型项目都分阶段，可以为第一阶段的研究列出计划和准备资源，该阶段结束时，情况会更清楚一些，然后可以为下一阶段的研究列出计划和准备资源。所以，PRINCE2的分阶段方法非常适用于研究型项目，但无法为它准备一份项目计划。项目需要一份有效的阶段计划，在每次进入新的阶段前，还需要持续地核实研究工作的合理性。

对于管理模式，建议先严格执行模式条文，待所有人都熟悉并认可模式后，再根据具体情况对模式进行调整。对于项目管理经验极其丰富的人员，则可带着项目管理过程中常见的问题，在PRINCE2中寻找答案，把相关的管理方法融入原有方法中。值得注意的是，如果项目被要求满足PRINCE2模式，则必须按PRINCE2所规定的方法进行裁修，否则，项目不能被称为PRINCE2项目。

> **知识拓展**
>
> 流程优化的基本方法——ESIA
> - 清除（eliminate）：指清除流程中不产生价值的活动。
> - 简化（simplify）：指在清除之后，对剩下的活动操作步骤进行简化，使其连接更合理。
> - 整合（integrate）：指对相互关联的流程进行整合，以使流程顺畅、连贯。
> - 自动化（automate）：指在清除、简化、整合的基础上，通过系统手段或其他工具实现作业流程的自动化。

第18章 采购管理

采购是指从外部组织获得组织所需产品或者服务，以保证企业生产和经营活动正常开展的一项企业经营活动。任何一家企业或者组织的正常运营都必须有一定的资源作为支撑，因而采购是企业管理中的一项关键活动。按照 PMBOK，采购属于项目管理的一部分。PRINCE2 主要通过项目裁修的方式来调节与供应商之间的关系，或通过把供应商方的人员作为项目团队经理的做法来达到"共赢"。

本章将介绍采购管理的各个环节，其中包括常见的采购合同的类型、普通采购与集中采购的流程、采购评审应该注意的问题等。

18.1 采购的内容

按照目的的不同，采购可分为以下几种类型。
- 日用品采购：如一般行政采购，为满足企业行政工作需要，一般采购量不大。
- 生产性采购：采购目的是保障企业的正常生产。
- 商贸性采购：采购的目的不是保障生产，而是将采购来的商品直接销售。商贸性采购与生产性采购的最大不同在于，商贸性采购不对采买回来的商品进行加工。
- 项目采购：为了保障一个项目实施而进行的采购活动。

案例

某公司从事房地产开发业务，公司主要采购的商品为服务类中的广告推广和管理咨询服务。公司专门制定相应的规章制度，规范集中采购的范围，如表18-1所示。

表18-1 某公司的采购范围

序 号	类 别	项 目	具体范围示例	备 注
1	项目服务类	项目策划	包括项目概念规划、概念方案拟订等	不包括公益性建设项目
2		项目分析	包括可行性研究、环境测评、市场调研等	
3		项目检测及测量	包括气体检测、消防检测、环境检测、基础检测、面积测量等（单项合同金额在5万元以下的）	
4	管理咨询类	法律事务	包括法律咨询服务等	其中全过程造价控制咨询，原则上只针对经营性项目
5		评估事务	包括评估咨询服务等	
6		审计事务	包括年报审计、竣工决算审计、技术协作、全过程造价控制、内部审计等咨询服务	

续表

序号	类别	项目	具体范围示例	备注
7	管理咨询类	财务事务	包括税务、财务管理等咨询服务	
8		投融资管理事务	包括投资、融资、股权改制、上市等咨询服务	
9		人力资源管理事务	包括薪酬管理咨询、人力资源发展规划咨询、招聘、猎头服务、员工体检等	
10		其他咨询服务	包括董事会、运营管理、信息化建设等相关事务咨询	
11	品牌、广告、营销、招商类	品牌服务	在集团统一的品牌战略下,根据特殊情况开展。包括聘请品牌建设咨询服务机构、制订品牌生长规划、VI系统建设等	
12		宣传推广	包括宣传手册、DM单、画册、宣传片、宣传网站制作等	
13		广告设计、制作及发布	包括报纸、媒体、车身、站牌、户外、电视电台、杂志、网络等媒体广告	
14		营销代理	聘请营销代理机构	
15		营销活动	包括巡展、展场设计、制作、沙盘模型制作、促销活动以及样板间、客服中心装饰及营销所用物品采购等	
16	物业服务类	办公环境维护	包括办公场所、强弱电、空调、门窗等设备维护,保洁、植物租摆等服务	
17		办公设备维修	包括打印机、复印机、计算机、网络设备等维修服务	
18	信息化建设类	成品软件	包括操作系统软件、数据库软件、第三方业务管理软件等	
19		软件开发	包括单一业务管理软件、综合信息化系统等的开发建设和实施	
20	培训服务类	内部培训	主要指邀请培训机构到公司内部开展的培训活动	
21		外出培训	主要指外出参加的拓展训练、中高端管理培训等活动	

采购在项目管理中是一项重要的环节,主要体现在以下几个方面。

(1)采购费用占据成本的比例很大。项目实施过程中需要耗费大量的物力资源,采购费用通常占据项目成本的一半左右,项目采购的成功与否,直接影响项目的成本控制。公司增加1元钱的销售往往只能够带来2角钱的利润,而减少1元钱的采购成本却能够带来1元钱的利润。

(2)项目采购的工作量较大,往往涉及项目的多个部门,与外部组织的接触和交往频繁,不确定性比较大。

(3)项目采购的产品或者服务的质量、成本直接影响项目目标的完成。

项目采购是在市场机制下的竞争性活动,从物资报价、供应商招标、供应商选择到管理采购过程都要受到许多内外部环境因素的影响。项目采购贯穿于整个项目生命周期，项目采购的不仅仅是货物，还包括雇用承包商来实施项目工程或者咨询专家。

按照采购对象的不同，项目采购可以分为有形采购和无形采购。有形采购分为两种，即货物采购和土建工程采购，无形采购即咨询服务采购。货物采购是指购买项目所需的投入物，不同项目所需的投入物会存在很大的差异，例如，水利工程需要采购钢铁、水泥、水泵等，农业项目需要购买种子、化肥、农机器械等。土建工程采购是指通过招标或者其他商业形式将项目的部分施工任务承包给一个或者多个工程承包商。咨询服务采购主要是聘请咨询服务公司或者咨询专家来为项目的特定项目技术或者决策问题提供咨询服务。

项目采购管理遵循一定的流程，如图 18-1 所示。不同的项目由于项目性质、行业特点、组织等方面的差异，往往在采购管理流程方面有不同的特点，但是总体来说符合以下流程。

项目采购管理（project procurement management）是指在项目实施过程中，根据项目发展的需求，从外部寻求和获得各种项目所需资源的管理过程。项目采购管理包括采购的前期准备工作、选择供应商并签订合同、监控合同的执行状况和变更情况以及项目采购的收尾。图 18-2 为某水电公司工程设备及原材料采购流程。项目采购管理主要包括四个方面的工作：规划采购管理、实施采购、管理采购和结束采购。有效的项目采购管理是项目成功的重要环节，它可以为项目管理带来以下积极影响。

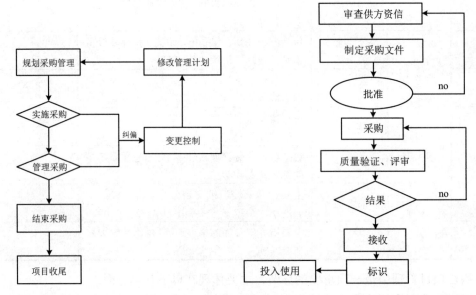

图 18-1　项目采购管理流程　　图 18-2　某水电公司工程设备及原材料采购流程

- 通过招标在众多供应商中选择能够提供高产品质量或者服务的供应商，保障项目可交付成果的质量。
- 建立健全项目采购体系，能够防止采购过程中产生贪污、行贿受贿等一系列腐败问题，这对于大型项目尤为重要。
- 通过项目采购管理确保采购工作经济而有效地进行，降低项目成本，提高项目组织未来的经济效益。

18.2 采购的规划

规划采购管理是指记录项目采购决策、明确采购方法以及识别潜在供应商的过程。规划采购管理回答了这样一些问题:"项目需要购买哪些产品和服务?""如何购买?""谁是潜在的供应商?"等。规划采购管理同时需要整合描述买方需求的采购文件,整合后的文件需要提交给潜在供应商。

> **案例**
> 某公司采购管理细则
> 1. 目的
> 2. 适用范围
> 3. 编制依据
> 4. 采办原则
> 5. 采办计划、策略的制订
> 6. 供应商资格审查
> 7. 招标名单的确定
> 8. 招标书的准备、批准及发送
> 9. 招标过程控制
> 10. 评标及授标推荐
> 11. CFRE 设备、材料的采办
> 12. 订单
> 13. 订单变更
> 14. 催办
> 15. 质量保证/质量控制及供应商检验
> 16. 出厂前验货和建造现场验货
> 17. 付款
> 18. 进口申报及免税
> 19. 集团采办部招标中心招标的项目
> 20. 订单结束报告
> 21. 附则

在项目规划过程中,需要对项目工作进行分析以确定项目组织内部的资源是否满足项目活动的需求,如果不满足,分析是否需要进行自制或者外购。如果一项或者多项资源需要采购,那么项目采购部门需要着手规划采购管理过程,项目经理必须明白采购部门或者采购专家需要什么信息,并提供给他们足够的信息,使之能够开展采购生命周期的工作。

规划采购管理过程需要综合考虑项目执行过程中的各项计划，依据项目范围、成本、风险、组织现状以及市场状况等多方面的因素。规划采购管理主要产生采购管理计划，用来规定如何管理从编制采购文件到采购结束的过程，同时还会产生采购工作说明书、自制或外购决策、采购文件和供方选择标准以及变更请求。

在规划采购管理过程中，项目组织需要对所需资源由自己加工还是从外部购买做出决策，或者对于项目部分工程是否外包做出决定，这项工作叫作自制或外购分析。自制或外购分析中需要重点考虑的一个因素就是产品或者服务的成本，通过比较估算自制或者外购的成本，选择成本最低的策略。进行自制的一个重要原因是降低风险对项目的约束，以下情况更适合自制：所在组织拥有完整的生产产品的设备和工作间，所在组织想要保留制造产品和提供服务的控制权限，这项工作包括商业秘密信息和程序。

通过采购计划，公司可以根据自身生产或经营需要，以及对物料消耗规律的掌握等，对计划期内需采购的商品进行预见性的安排和部署。在制订采购管理计划书前，采购人员必须对市场供应信息有充分的了解。采购管理计划书中应当包括采购物品或服务的价格、供应商的筛选等。买卖双方在采购中的风险分担是由合同类型决定的，不同类型的合同双方所承担的风险不同。PMBOK 将合同类型分为三大类，即总价合同、成本补偿合同和工料合同。

1. 总价合同

总价合同是指为要采购的产品或者服务设定一个总价。总价合同又分为固定总价合同（FFP）、总价加激励费用合同（FPIF）以及总价加经济价格调整合同（FP-EPA）。FFP 是最常用的合同类型，采购价格在一开始就确定，除非工作范围发生变更，否则不允许变更价格。FFP 合同中卖方必须明确要采购的产品或者服务，履行合同中因工作绩效不好所导致的成本增加需要卖方来承担。FPIF 允许有一定的绩效偏差，这给买卖双方都提供了一定的灵活性，对卖方实现目标提供一定的奖励。如果买卖双方的采购业务持续很长的时间，如数年，那么 FP-EPA 可能是最佳选择。

2. 成本补偿合同

成本补偿合同是向卖方支付为完成合同规定工作所产生的全部成本，并且给予一定的费用作为卖方的利润。最常见的成本补偿合同有三种类型，即成本加固定费用合同（CPFF）、成本加激励费用合同（CPIF）、成本加奖励费用合同（CPAF）。CPFF 是指报销卖方在工作中产生的一切合法成本，外加一笔固定费用，固定费用只针对卖方实际完成的工作，不因绩效的差异而有所不同。CPIF 是指报销卖方在工作中产生的一切合法成本，在卖方达到双方规定的绩效目标时，支付卖方事先规定的激励费用。CPAF 是指报销卖方在工作中产生的一切合法成本，但是只有卖方达到了合同中规定的某些主观的绩效目标时，才能向卖方支付大部分费用。

3. 工料合同

工料合同适合在短期内不能制定出完善的工作说明书（statement of work）的情况，它兼备固定总价合同和成本补偿合同的特点。例如，它和成本补偿合同都是开口合同，合同价格因成本变化而变化，合同中确定了一些参数，这点与固定总价合同相似。

合同是保证采购任务完成的重要手段，但在具体执行中却可能存在各种问题。项目与外部环境的联系，一是法律法规政策环境，二是以合同为纽带的市场商务环境。但因各种客观或传统原因，很难通过合同锁定成本或转嫁风险，履约与否会根据市场形势发生变化。下面的案例是一个西方人眼里的中国合同履约。

案例

《参考消息》2014年报道了美国拍卖人—评估师系统公司首席执行官德布·韦登哈默发表于美国《纽约时报》的文章，题目是"合同签了，而谈判却刚开始"。

我们所受的商业训练的最终目标是让委托人在签名栏上签上名字。一旦合同上有了签名，我们作为交易者的任务就完成了。剩下的就只有履行自己在协议中所应承担的义务。就谈判而言，中国的商业环境更为复杂。销售活动中总会提供餐饮，而达成合约需要耗费时间。你的客户希望在与你做生意之前先了解你。这不是指要了解你的公司，而是指了解你本人的嗜好、特征和个性。

想象一下：你千辛万苦与委托人建立了深厚和真诚的关系，而且最后签订了合同。你为即将履行合同条款感到兴奋——然而实际情况却不是这样。相反，还会有更多的谈判，以及条款的修改。生气是自然的反应，甚至可能会大发雷霆。你会情不自禁地吐出某些只有美国人才能流利地说出来的特定词汇。

这里有一个我自己生意上的例子：我们谈妥了拍卖某豪华手表厂的产品的合约。我们的条款是零售商必须允许我们从零售价的80%起拍。我们的业务模式是从低价起拍，让卖家竞争出价，然后再提高价格。这一直是我们在任何合同谈判中最艰难的一点，但也是对每一个委托人都雷打不动的做法。当拍卖目录即将公布时，委托人拿着手表上门来，并说他无法接受之前谈好的起拍价。他改变了主意，希望把起拍价降低到售价的50%。这是完全不可能的。我们已经为这场拍卖做了广告和营销，因此也不可能拂袖而去。

我们没有提醒他已有合同在先——这么做毫无意义。在几次长谈之后，我们提出给他原先协议中没有的条件——我们将把参加拍卖会人员的联系信息给他。我们还会让买主们知道我们将把他们的信息与厂家分享。

最后，这件事情取得了双赢。我们的委托人可以扩大自己的高端顾客群，我们也通过与知名品牌联合而提升了信誉。达成合约的过程远非风平浪静，但我们的态度是稳扎稳打并不断重申自己的立场。最终我们举办了一场十分出色的拍卖会。这位委托人至今仍是公司客户，而且成了我们最卖力的支持者之一。

我的经验教训是：重复谈判不可避免，却是可以管控的。对某人要求修改合约条款感到生气没有意义。深深吸一口气，要知道这不过是整个过程的一部分。要学会在数字上给自己留一些余地，或者保留一些起作用的附加条款——你会需要它们。

客观地讲，对于涉外合同，中国的大多数组织的履约程度还是相对较高的，怕引发跨国纠纷而产生太高的诉讼费用。对于国内合同，履约程度更低，个别合同甚至只是一个大体框架，具体细节要一事一议。没有了可靠的合约做依托和屏蔽，外部环境对项目的影响，很快就会传导到项目内部，迫使项目计划发生变更。"计划没有变化快"，使项目计划无法再成为基准，甚至有很多人认为，做项目计划是多此一举。上述例子说明了采购中两个需要考虑的道理：第一，不能因为合同就完全取消风险管理。第二，项目管理的各个部分绝不是孤立的，不能为完成采购任务而采购，采购与沟通、计划、监控、风险等都有一定的关系。上述例子在中国并不独有，在 PRINCE2 中，通过建立商业环境下的模式（参见第 17 章）把供应商代表纳入项目委员会，就是为了解决上述问题。

大中型企业往往实行集中采购。集中采购是指企业将商品、服务列入企业《集中采购目录》的采购项目或预算总额达到一定金额的采购项目，须通过招标或非招标方式，由集中采购部门统一组织采购的行为，包括自行采购、委托采购等。企业集中采购实行限额管理，各分支机构不得以化整为零或其他方式规避集中采购。项目预算总额达到集中采购限额标准的，一般必须提交集中采购部门进行集中采购；项目预算总额在集中采购限额标准以下的，可由各单位按照本办法和相关规定自行组织采购。图 18-3 为某金融企业的集中采购流程。

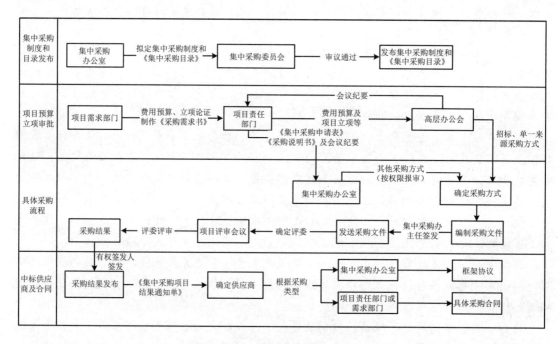

图 18-3　某金融企业的集中采购流程

18.3　采购的实施

实施采购是指取得卖方回应、选择供应商、确定合同的过程。在这个阶段，潜在的供应商需要准备建议书或者投标书，这项工作可能进行数月，项目经理必须把这段时间计入项目进度。

在大多数情况下，采购具有竞争性，可能会有数量众多的卖方能够为项目提供产品或者服务，或者买方邀请多家供应商来参与竞标采购。在一些情况下，项目所需的产品和服务比较特殊，可能只有一家供应商具备资格或者能力提供，这种情况叫作非竞争投标。在竞标过程中，需要公证处根据法律规定来跟踪特定的采购工作，并且通过特定的途径来参与供应商选择工作。

规划采购管理过程产生的结果将会作为实施采购的依据，此外，需要获得合格卖方清单、合作协议、卖方建议书等。在对卖方建议书进行评审之前，有必要组织买方和潜在卖方参加投标人会议，保证所有潜在的卖方对采购有清楚并且一致的理解。投标人会议要确保公正、公开。

对于大型复杂项目的采购，需要根据买方的采购政策和事先确定好的卖方选择标准，规定一个正式的建议书评审流程。评审过程中，采购组织要进行独立估算，或者邀请外部评审专家进行成本估算，估算结果与潜在卖方提供的建议书做比较，若两者存在明显差异，这说明卖方未能准确理解采购工作说明书，或者项目团队制定的采购工作说明书存在不合理的地方。

确定最终供应商后，双方需要签订采购合同，商定采购的详细事项，如交货期限、交货方式、违约条款、争议处理等细节条款。在签订合同之前，双方要进行采购谈判，对合同的结构、要求以及其他条款加以确定，达成一致协议。

一般来说，规模小的公司会在几家供应商中进行选择，通过对比供应商提供商品的质量与价格，决定向哪家供应商进行采购。规模大的企业对供应商都会进行资格审查。表18-2为某公司的采购资格审查表。企业对供应商实行统一的市场准入制度，建立审批程序。所有为企业提供货物和服务的供应商，经审查合格后加入供应商库，在采办中，未经批准，不得使用未入库的供应商。如果供应商涉及国外的厂家，按照竞争性和可获得性原则，厂商名单的选取可不受地域国界的限制，但要严格遵守国家关于进口管控物资的规定。

表 18-2 某公司的采购资格审查表

1	公司概况	8	设计能力
2	公司组织	9	交货能力
3	工厂规模及运输支持	10	人员状况
4	制造能力	11	服务
5	材料储存及来源	12	财务状况
6	试验能力及手段	13	信誉
7	质量保证体系/质量控制人员和程序	14	主要业绩

专家判断通常用来对商务和技术专长进行判断。专家判断不仅适合于项目所需产品或者服务的技术细节，也适合于采购管理的各个方面。国内许多政府部门在采购时，都聘用专家进行评审，但专家判断很容易受一些因素的影响，具体如下。

（1）专家本身的利益：评审结果对专家本人是否有影响或潜在的影响。专家往往希望使自己的个人利益最大化。

（2）专家自身的素质：专家是否具有专业判断资质。许多评审中往往大量存在外行评内行的情况。一般的采购或服务合同，主要涉及工程实践领域，但评审专家往往是理论出身居多，缺乏一线工程的经验和判断能力。

（3）环境对专家判断的影响：不同的环境中专家可能会做出不同的判断。当多个专家和评审主导人员在一起交流时，某些重要人物的观点可能会强烈影响其他专家的判断。

（4）评审材料中信息的泄露：理论上评审材料中不会出现申请公司的名称、地址等信息，但现实材料中往往带有大量的与公司相关的信息，如本地区最大的××企业、本行业第一个参与××的企业、建立了×个××实验室的企业、获得过××奖的企业。这些信息的组合无疑使评审专家很容易联想出某个具体的企业，从而把匿名申请变成了实名申请。

（5）评审材料中某些信息对专家判断的影响：正如美国兰德公司在德尔菲法中的观点，专家很容易屈从于权威或盲目服从于多数。评审材料中出现某些"上级部门"或"大人物"的信息时，往往会使专家"因势利导"地进行判断。

18.4　采购的管理

管理采购是指管理和监督合同执行状况，采取必要的变更和纠正措施的过程。签订完采购合同，并不意味着采购过程的结束。一旦合同被签署，项目团队就必须对采购进行管理，包括确保合同中的需求甚至是不重要的需求得到满足，控制合同并管理变更。随着采购工作结束，项目经理需要思考如下问题："合同中包括什么？不包括什么？""合同意味着什么？"管理采购主要包括以下几个方面的内容。

（1）供货进度跟踪。根据合同中的协议，项目团队要实时跟踪供货商的供货状态，提前催交，以避免延误。如发现可能出现延误，需要及时通知项目相关部门及时调整项目进度。

（2）变更控制。在供货过程中，由于项目变化或者供货商方面的原因需要变更合同条款时，需要进行变更控制。变更要有充分的理由，并且提交相关部门进行审核，经批准的变更才能实施。

（3）采购绩效审查。采购绩效审查的目的在于及时发现合同执行过程中出现的问题，及时进行变更。项目团队需要建立供货绩效报告体系，跟踪和监控供货情况。

（4）处理争议。在采购过程中，如果出现意外事件，买卖双方不能就变更补偿达成一致意见，那么请求的变更就会成为有争议的变更，也叫作索赔或争议。出现这种情况，通常的一种解决方法是进行谈判，按照合同规定对索赔进行监督和管理。

（5）风险控制。在采购的计划、招标、审查、验收等阶段应当配备合理的监督与审查人员，防止采购关键环节的风险。

（6）付款控制。当供应商已经满意地完成了合同所规定的工作，并且经过买方的审核时，买方应当通过支付系统向卖方支付合同所规定的费用。采购方需要做好支付记录，为付款控制提供依据，采购方应当及时支付，维持良好的信誉和诚信的形象，促进双方长期友好合作。

18.5 采购的收尾

当采购工作完成时，此次采购过程就已经到了结束采购阶段。结束采购是指结束单次项目采购的过程。具体来说，结束采购会涉及以下工作。

（1）货物验收。根据合同中所规定的验收标准和流程，对供货方提交的货物进行审核，主要是清点货物种类和数量，检查质量是否合格，核实有关技术文件、维修单等文件是否齐全。验收是为了最终保障采购方的权益。一般情况下，验收工作可由项目组织的技术部门或者使用该货物的部门负责，对于技术含量高、涉及资金巨大的货物或者工程，项目团队可聘请权威的第三方机构进行检验。

（2）合同存档。对采购全过程产生的所有文件进行综合整理，并建立起采购档案，建立索引，以便日后使用。整理过的文件形成组织过程资产的一部分，可用来改进未来项目的采购。

（3）对于采购过程全部未解决的事项、争议或者纠纷，需要通过谈判协商公正地解决，如若谈判协商无法解决，则可以通过调节或者仲裁，或者借助法律手段解决。

第 19 章 项 目 融 资

古人云："兵马未动，粮草先行。"一个项目构想初具雏形后，首先考虑的应当是怎样筹到足够的资金。有了资金才能"调余缺，通有无"，集中人力、物力、财力完成计划的目标。所以，一个项目的计划和开发与项目最初的财务规划有直接关系。项目融资是获得项目和管理项目的前提，在许多企事业单位中，项目融资占有非常重要的地位，项目融资的状况将直接影响项目管理的方式。项目融资主要包括项目的财务分析、融资的渠道、融资的模式等内容。本章中，有关财务分析的内容属于第 9 章项目论证部分的深化，而且它与第 4 章成本管理也有直接的关系。

> **案例**
>
> 1. 某海水淡化和燃气电站项目
> 装机容量：445MW，水处理：1500 万加仑/天。合同金额：7.5 亿美元
> 期限：30 个月建设期 + 180 个月还款期
> 贷款银行：中国国家开发银行、中国银行、渣打银行等
> 2. 博茨瓦纳某燃煤电站项目
> 装机容量：4×150 MW，合同金额：9.7 亿美元
> 期限：42 个月建设期 + 198 个月还款期
> 贷款银行：中国工商银行
> 保险方案：政治风险+商业风险。中国出口信用保险公司承保项目前 15 年的风险，世界银行担保最后 5 年的风险，博茨瓦纳政府提供主权担保
> 3. 菲律宾某项目
> 总装机容量 600MW，总投资 10 亿美元
> 三家项目发起人注入股本金 2.366 亿美元，此外还安排了 4000 万美元的备用股本用来预备建设超支。中国国家开发银行提供 4.93 亿美元的离岸贷款，期限为 38 个月建设期和 11.5 年的还款期。菲律宾 BDO 银行牵头的银团（包括渣打银行）提供 2.27 亿美元在岸贷款，期限为建设期加上 8 年还款期。中国出口信用保险公司为国家开发银行的贷款提供了政治和商业保险。作为项目的主要收入来源，购电安排对项目极其重要，项目与配电商和工业用户共签署了多份长期购电协议，项目与印度尼西亚某公司签署供煤协议，进口量每年为 240 万吨。

从上面的几个例子中可以看到，大型项目参与方很多，这必将导致后期的管理也很复杂，需要使用 PRINCE2 的方法进行裁修。另外，大型项目的项目论证往往由多个参与方分别做出，所关心的范围也可能比本书前面所提的内容更多。项目融资不仅关系项目能否上马，也关系项目在开发过程中 PRINCE2 的裁修方式。本章将更多地站在融资的角度来思考

第 9 章的项目论证。

本章将介绍项目融资的不同含义、项目的财务分析、资金的结构和融资的各种方法。本章最后对融资项目的模式进行了比较。

19.1 项目融资的含义

一般来说，大型项目，特别是土木工程基建项目，需要大量的资金。依靠企业自身能力融资，存在较大的瓶颈。对于动辄上亿元的基础设施项目，项目发起方很难以自身的资金或融资信用在特定的时间内满足项目资金需求。项目融资一般采取无追索权或有限追索权的形式。这种新兴的融资方式改变了传统的以企业自身信用为担保的投融资模式，隔离了项目风险与企业其他业务风险，合理地与融资方分担了投融资风险。在项目投资出现风险或失败时，项目发起方的其他资产不受影响。所以，项目融资能够有效地降低项目发起方的投资风险。

项目融资分为广义的项目融资与狭义的项目融资。广义的项目融资是"为项目而融资"，意思是为一个项目进行的所有的融资活动。狭义的项目融资（project financing）是指在有限追索权或无追索权的前提下，为一个独立的、有预期现金流的项目计划融资，项目的还款来源于项目建成后的经营产生的现金流。

> **案例**
>
> 某水电公司通过融资方式从多方筹集了一笔资金用于开发西部的水电站，工程完工后质量验收合格。但因为环境地质灾害等各种原因，水电站无法正常运行。多个出资方于是要求该水电公司偿还资金，而水电公司却拒绝偿还。
>
> 在这个例子中，水电公司是否应当偿还要看项目融资的形式。如果是狭义的项目融资，项目出资方的收入来自于水电站的运营，即项目完成后的产出，故水电公司无须赔偿。但如果是普通的公司融资，水电公司用自己的资产作担保来筹集资金并承担水电站从开发到营运的所有责权利，水电公司就应该赔偿。

对于普通企业来说，要想筹集到资金开展项目，可以从多个渠道进行融资。企业或项目资金来源一般分为股权性融资和债权性融资。公司可以通过发行股份筹集资金，或者企业的股东愿意出让部分企业所有权，通过引进新股东的方式来融资。由于股权性融资没有还本付息的义务，没有固定的利率约定，在企业高速成长时，理论上收益不设上限，所以收益可能高于债权性融资。但是由于债权在企业解散或破产清算时，偿还顺序在股权之前，所以债权性融资的风险比股权性融资的风险小。从另一方面来看，债权人拿到的是固定的利息，不能享受企业高成长带来的盈利，所以收益可能不如股权性融资。债权性融资是指出资人向企业支付一定的款项或购买企业发行的债务，企业承诺到期后还本付息的一种融资形式。由于债权在企业解散或破产清算时，偿还顺序在股权之前，所以债权性融资的风险比股权性融资的风险小，但是债权人拿到的是固定的利息，不能享受企业高成长带来的盈利，所以收益可能不如股权性融资。在许多项目开发中，特别是公益或半公益项目中，政府会给予一定的补助。在中国每年各个部委都会拿出大量的资金鼓励引导企业去完成一些项目，这些项目要么关系国计民生，要么关系未来的发展。

在做大型项目时，一般存在以下三种融资模式，如图 19-1 所示。

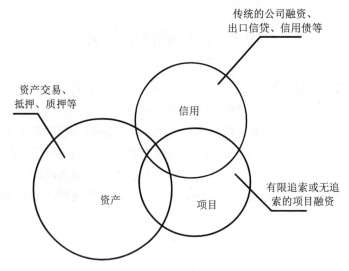

图 19-1　融资来源

- 基于信用（信用是一个具有时间、空间、法律维度的概念）。
- 基于资产（资产必须在一个具有一定交易规模的市场才有其价值）。
- 基于项目（项目必须具有未来稳定的现金流才有其价值）。

大部分融资活动都是同时基于信用、资产和项目的，但是侧重点不同。项目融资的侧重点就是项目（未来现金流）本身。

知识拓展

信用等级（credit rank）是指基于评估对象的信用、品质、偿债能力以及资本等的指标级别，信用评级机构用既定的符号来标识未来偿还债务的能力及偿债意愿的级别结果。国际通行的"4 等 10 级制"信用评级等级，从最好到最差分别为 AAA，AA，A，BBB，BB，B，CCC，CC，C，D。其中，AAA 级信用极好；D 级没有信用、企业已濒临破产。还有的公司在每一个等级上又用"＋、－"符号进行微调，表示属于这个等级的上限或下限。通常把（AAA～BBB）定为投资级，把（BB～C）定为投机级。

19.2　狭义的项目融资

按照追索权的不同，项目融资可分为广义的项目融资与狭义的项目融资。广义的项目融资是指为项目融资，任何为项目筹措资金的手段都可叫作广义项目融资，而狭义的项目融资仅指在有限追索权或无追索权的前提下，为一个独立的、有预期现金流的项目计划融资，项目的还款源自项目建成后的经营性现金流。

在古希腊与古罗马时期，有限追索权融资就应用在了航海上。13 世纪时，英国政府与当时的意大利银行家弗莱斯可巴尔迪家族就 Devon 银矿的开采贷款达成了一系列协议。英国政府与弗莱斯可巴尔迪家族商定，贷款方可以无条件控制银矿一年，利用开采出的银矿偿还其向政府的贷款，这种融资方式类似于今天的项目融资。到 20 世纪初，在天然气管道、石油精炼、电力设施修建、水利工程、船舶码头建造、收费高速公路等大型基建设施的建造上，项目融资被广泛采用。在 1970—1980 年，随着北海油气田的开采，人们又运用高风险的结构性融资。由于各国对公共基础设施工程建设的需求增加，项目融资也得到了长足发展。

19.2.1 狭义项目融资的内涵

狭义的项目融资是指在有限追索权或无追索权的前提下，为一个独立的、有预期现金流的项目计划融资，项目的还款源自项目建成后的经营性现金流。项目融资有别于其他传统的直接融资。在传统的直接融资中，债权人重点考虑融资方整体的资产状况。项目资产与资产产生的现金流被视为整体资产的一部分。

区别项目融资与传统融资是看项目本身是否是一个独立的法人，项目资产、项目合约与项目现金流是否独立于项目发起方，项目贷款的还款来源是否来自于项目建成后的收益。在狭义的项目融资中，项目发起方不承担责任或只承担有限责任，项目债权人对发起方的其他资产没有追索权或只有有限的追索权。

在实践中，如果项目本身产生的预期现金流不足以偿还其本身的债务，或项目不足以为其借款方提供合理的回报率，那么这种融资便不能称为狭义的项目融资。中国国家计划委员会与外汇管理局共同发布的《境外进行项目融资管理暂行办法》（计外资〔1997〕612号）中有这样的定义："项目融资是指以境内建设项目的名义在境外筹措外汇资金，并仅以项目自身预期收入和资产对外承担债务偿还责任的融资方式。"从以上的定义来看，项目融资有以下几大特点：一是以项目的名义筹措资金；二是以项目自身预期收入和资产承担债务偿还责任。所以，项目融资一般是指以特定的项目建设为资金用途，以项目的名义筹集资金，以项目的营业收入为主要还款来源的一种融资形式。

项目融资的核心是独立的资产。这项资产可能是水厂、水电站、收费公路，或其他可能产生现金流入的项目。经过一系列的合同安排，项目的运营产生的收益则应偿还项目融资产生的债务。项目的基础资产必须是独立的。如果一个项目资产只是一项整体资产的一部分，那么它不可能作为项目融资的基础资产。如果在项目运行周期的任何阶段，项目融资的资产必须依靠其他主体的资产，那么项目合同中一定要保证项目在任何情况下，可以无条件地利用其他资产，否则项目资产不具备独立性。

19.2.2 无追索权与有限追索权的项目融资

追索权在法律上属于赔偿请求权，项目融资中的无追索权（non-recourse / without recourse）是指在项目自身资产与收益不能偿还债务的情况下，债权人无权要求以项目之外的资产偿还债务。有限追索权（limited-recourse）是指在项目自身资产与收益不能偿还债务的情况下，债权人有权在一定范围内要求以项目之外的资产偿还债务。追索权范围的设定实质上是就融资的风险范围进行界定。有无追索权是区分广义与狭义项目融资的重要标志。

19.2.3 狭义项目融资与传统融资的区别

传统融资是指公司根据自身的资金需求情况、市场情况、公司战略发展情况，以自身的信用或资产抵质押为信用基础，通过一定的融资渠道，为公司自身或第三方向投资者或债权人（一般为银行或其他金融机构）申请贷款的融资行为。狭义的项目融资与传统融资的不同在于以下几个方面。

1. 融资信用基础不同

传统融资是公司以自身信用或第三方信用为担保，通过一定渠道向银行或其他金融机构申请贷款的行为。公司自身信用或第三方信用一般为公司自身或第三方的现金、金融资产、固定资产、应收账款等。公司项目的规模与预期收益仅仅是借款人融资的一种参考，项目既不是借款主体，也不是还款主体。如果债权人的债权无法得到清偿，债权人可以将借款主体或担保方的资产变现。

狭义的项目融资的还款来源为项目建成后的运营收益，债权人无权（或在有限前提条件下）向第三方追责。这种融资方式便是前文提到的无追索权或有限追索权的融资方式。借款主体主要考虑的是项目建成后的运营收益、项目的资产、项目的特许经营权内容及期限、项目的运营期限等。项目发起人本人的资产则不在债权人的追索范围内。项目贷款人更多考虑项目本身而不是项目发起方的资产状况。

2. 追索的范围不同

传统融资属于完全追索的融资，公司为借款主体，借款人在整个贷款期内承担完全清偿贷款的责任。借款人未按期偿还债务时，被清算的资产范围是借款人的全部资产，即不限于项目本身，可涉及项目外的其他资产。

狭义的项目融资是一种无追索权的融资，债权人对项目发起人没有追索权。如果贷款未按期偿还，债权人仅就项目公司本身的资产与项目收益提出追索，项目收益与项目本身资产是项目唯一的还款来源，债权人无权就项目之外的资产要求追偿。

还有一种有限追索权的项目融资形式，除项目的经营性收益作为还款来源外，债权人可能还要求提供担保。如果项目的收益不能完全覆盖项目借款，债权人有权以担保范围为限向担保人追索。担保人在合同范围内对债务承担连带责任，所以称作有限追索权的项目融资。

3. 融资时间不同

一般性企业融资既有一年内的流动贷款，包括中期贷款，也包括五年以上的长期贷款。而项目融资一般为长期性融资，项目投资大、工期长、偿债期长，一般的项目借款回收期为 10～30 年，资产流动性差，所以与一般性企业融资有显著区别。

19.2.4 狭义项目融资的时间期限

由于项目融资一般都为大型基础建设项目，所以融资期限比较长。特许经营期与项目的偿债期限息息相关。由于项目融资的还款来源全部项目自身的经营收益，所以一般项目的还款期限要短于项目的特许经营期。一般来讲，许多项目的特许经营期集中在21～30年。项目融资的偿债期限一般也由项目合同约定。出于风险控制的考虑，偿债期限一般比特许经营期限短，或与特许经营期限相当。

19.2.5 狭义项目融资的参与方

图19-2描述了项目融资中主要参与方之间的关系。图中的各个参与方大多为项目管理中重要的外部干系人。

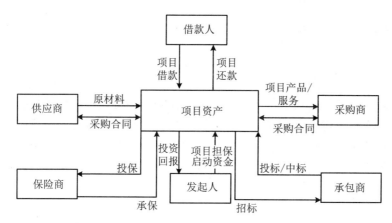

图 19-2 狭义项目融资的参与方

1. 项目发起人

项目发起人一般是与项目有直接利益的机构，可能是政府部门、财团或者大型企业。项目发起人一般为项目公司的权益投资者，由于项目融资所涉项目一般为水厂、电站等大型基础设施建设项目，项目发起人的资质尤为重要，一般为有政府背景、大型基础设施建设经验的大型国有企业。项目发起人制定项目规划，确定融资计划，为项目的启动提供最初的担保，与政府谈判获得特许经营权、确定项目施工承包商等，可以说，项目发起人是项目的核心角色。若项目融资工期长，融资金额巨大，项目公司一般会与有政府背景的项目产品采购商事先签订产品或服务的预期订购协议，以保障项目完工后的收益，减少投资者的投资风险。

2. 项目公司

为了项目的日后建设与建成后的经营行为，项目发起人一般会发起设立项目公司，项目公司直接参与项目投资和项目管理，直接承担项目债务责任和项目风险。项目公司的存在目的就是开发与运营项目。由于项目公司在法律上具有独立的法人资格，故可以作为独立法人承担独立的投融资风险。项目公司可以通过债权性融资或是股权性融资的方式进行资金筹措。

3. 借款人/放贷方

由于项目的工期长，投资巨大，所以项目融资的借款人一般为银行或由几个银行组成的银团贷款。鉴于项目融资属于无追索权或有限追索权的融资，所以不同于传统的融资形式，借款人重点关注的是项目建成后的经营性收入，而不是项目发起人自身的资产。所以，项目发起人与有政府背景的项目产品采购商事先签订产品或服务的预期订购协议显得尤为重要。

4. 承包商

项目承包商一般指工程劳务的提供者，负责项目的设计与建造。承包商需要具备一定的资金、工程技术能力与资质，能够按照业主的要求提供相应的工程劳务。

5. 原材料供应商和采购商

供应商与项目公司签订原材料采购协议，为项目产品/服务提供原材料。由于项目一般工期较长，规模巨大，所以在挑选供应商时应当注意供应商是否有足够的能力提供长期的、足额的原材料。一般项目公司与供应商签订的协议为长期协议，在许多情况下，可能与项目的存续时间一样长。对于采购商，项目公司一般会与有政府背景的项目产品采购商事先签订产品或服务的预期订购协议，以保障项目完工后的收益，减少投资者的投资风险。采购商与原材料供应商在项目融资中通常都会承担较强的付款责任，也有可能作为股东参与到项目中，更加强化履约意愿。

6. 保险商

由于有些项目的资金需求大，风险不确定，需要项目的各方视具体情况对项目投保，以避免不必要的风险。例如前文提到的博茨瓦纳某燃煤电站项目，就由中国出口信用保险公司承保。

19.3 资金结构

从本质上说，企业的融资方式都由两种基本的资本类型组合构成，即权益资本（股权）和债务资本（债权）。本书按照股权与债权的不同组合，将项目资金分为三类，即股权式、债权式和股权与债权的夹层融资。资金结构是在综合考虑资金成本、税务、金融市场等多种客观因素的条件后，做出的资金结构设计。

19.3.1 股权式

股本是指有限责任公司或股份有限公司的股东以出资额为限，对企业享有权利，承担义务，公司以其全部资产对公司的债务承担责任的形式。公司可以通过设立时发行股份筹集资金，也可以通过出让部分企业所有权引进新股东的方式来融资。

股权投资不像债权投资具有投资期限，股权投资没有到期日。一般来说，除非转让股权或公司清算后分配剩余财产，出资人不得随意收回投资。对于发行股票的企业来说，股本是自有资本，不用付息，资金稳定。股权式融资比较容易取得大额资金，也没有还本付息的承诺。但是股权式融资也可能造成股东增多，控制权分散。年末的分红可能导致净资本的减少。股权资本本质上是一种风险投资，在企业财产的分配顺序上，股权资本是排在清算费用、企业应付职工薪酬、企业债务之后最后受偿，所以，股权资本相对于债权资本风险更大。

项目公司必须有自己的权益资本。各国法律都有不同的规定。一般来说，《中华人民共和国公司法》（以下简称《公司法》）规定了实缴的最低注册资本。再加上项目公司，特别是无追索权的项目，项目公司的自有资金是项目的重要保证。由于项目融资在我国属于新兴的融资形式，并无具体权益资本比例的硬性法律要求。但是参考我国房地产项目开发实务操作，一般项目资本应达到项目总资产的35%以上，债务资金才会覆盖剩余的资金缺口。

1. 普通股（ordinary share）

普通股是指在公司的经营管理、分红、清算后剩余财产索取权上都享有一般股东权利的股份。普通权秉承"同股同权"的原则。在参与公司经营管理上，普通股享有表决权、重大经营决策权；在公司的分红过程中，普通股享有股利分配权；在公司的财产清算中，普通股享有剩余财产索取权；在公司新增资本时，股东享有按原先实缴的比例优先认购的权利。表19-1描述了依据《公司法》的普通股各项权利。

表 19-1 普通股的权利

	事 项	权 利
普通股	经营管理	选举权、被选举权
		投票权
		重大经营事项决策权
		提请召开临时股东大会
		查阅账簿权等
	分红	分红权
	剩余财产索取	剩余财产索取权
	优先认股	优先认股权

2. 优先股（preferred share）

优先股是相比普通股来说具有一定优先权的股份。一般来说，优先股在分红顺序上优于普通股，但同时，优先股一般没有投票权。可以说，优先股是股东让渡了自己在公司经营管理上的一些权利而取得的分红上的优先权。公司发行优先股，可不削弱公司控股股东的控制权，不增加公司负债。优先股具有介于债权与股权之间的特性。优先股与债权在某些地方类似，例如，支付固定的股息。优先股的剩余财产索取权排在债权之后、普通股之前。同时优先股也具有股权性质，优先股投资不具有固定期限，不像债权投资那样到期可收回投资。优先股也可在一定情况下转为普通股。

19.3.2 债权式

1. 普通债

债权式融资是指项目公司通过借贷的形式来筹措运营资金。债权人在借款期满之后，有权收回本息。债权式融资包括银行贷款、信托计划、短期融资券、企业债、可转债等。

最常见的借债方式是银行贷款。商业银行不仅可提供贷款融资服务，也可提供财务咨询服务。但是商业银行的资金利率高，受信贷政策影响较大。政策性银行的贷款则宽松得多，利率一般很低。政策性银行是指由政府发起、出资成立，为贯彻和配合政府特定经济政策和意图而进行融资和信用活动的机构。我国的政策性银行有三家，即中国国家开发银行、中国进出口银行、中国农业发展银行。政策性银行的资金一般具有政策性强、低息、贷款期限长等特点。

对于投资人来说，债权式融资比股权式融资风险小。因为债权式融资的利息是提前约定的、固定的，不会因为企业的经营状况而改变。债权式融资的债权人不参与企业经营，也不影响企业的控制权。债权式融资的缺点是，企业融资额有限，一般债权人要求债务人提供担保。债权式融资也会增加企业的资产负债率，增加企业还本付息的负担。债权式融资一般为持续时间为1~3年的短期或中期融资，债权式融资的属性决定了债权融资资金只能解决企业的短期资金问题，大多数不能用于资本项下开支。

2. 次级债

次级债（subordinated debt）偿还顺序优于股权，但次于一般债权。次级债比一般债务承担了更大风险。

3. 含认股权证的次级债

含认股权证的次级债（subordinated debt of warrants）是介于债权与股权之间的混合型融资工具，它具有期权的某些特征，就是证券持有人在特定的时间内，以特定的价格向公司购买股票。证券持有人在特定的时间内，可以选择以特定的价格行权或是不行权，如果公司发展良好，具有可观的盈利预期，那么证券持有人可以选择行权。如果公司发展未达预期，证券持有人可以选择不行权，只收回本金与约定的利息。

4. 可转换次级债

可转换次级债（convertible subordinated debt）是股份有限公司发行的一种特定的债券，在一定条件下，债券持有人可将债券以一定的比例转化为股权。如果公司发展良好，股票回报率上升，那么投资者会选择将债权以一定的比例转换成股权；反之，投资者不会选择行权。可转换次级债与含认股权证的次级债的最大不同在于，认股权证一般与债券是独立的，持有人必须投入现金，而可转换次级债投资人只需要以一定的比例债转股。认股权证增加了公司的净资产而没有减少负债，公司总资产规模增加，而可转换次级债只会增加公司的净资产而减少公司的负债，公司总资产规模并没有增加。

19.3.3 兼具股性与债性的夹层融资

夹层融资（mezzanine financing）如图19-3所示，是一种介于优先债务和股本之间的融资方式，一般包括认股权次级债、可转换次级债、可赎回优先股等混合性金融工具。其收益和风险介于债务资本和股权资本之间，通常夹层融资的利率高于一般债务资本，低于股本的风险与回报率。夹层融资的收益包括现金收益与股权收益两部分。夹层融资不受信贷政策影响，但资金利率苛刻，资金期限较短。发行债券，期限长，利率固定，但条件苛刻，审批烦琐。夹层融资的特点如图19-4所示。不同的资金来源利率、期限等各不相同，项目公司可选择适合自身条件的融资方式，多元化地进行筹资。

图 19-3 夹层融资的内容

典型的夹层融资债务可以利用混合性金融工具，选择将融资金额的一部分转换为融资方的股权，如期权、认股权、转股权或股权投资参与权等权利，在公司高速发展、投资回报率高的情况下，有机会通过资本升值获利。

夹层融资的收益主要有三个部分：一是夹层债务带来的固定的利率；二是夹层融资债转股后，股票本身的资本溢价与股息分红；三是融资人提前还款按合同约定应付的提前终止合同的费用。

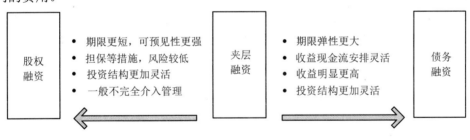

图 19-4 夹层融资的特点

19.3.4 资产负债率与负债权益比率

债务资金相对股权资金来说，利率固定，清偿优先。而股权资金是一个公司实力的基础。设定最优资产负债率、债股比例需要考虑多个因素，例如项目的经营风险，经营风险越大，担保协议主体的信用越高，若项目产品的购买方承诺长期购买项目成品。承诺的效力越低，资产负债率、债股比例也越低。项目借款方可以自行评估，计算出最佳资产负债率。一般来说，项目的资产负债率可达70%以上。

由于项目融资是新兴的融资方式，我国金融监管机构并无法定的资产负债率要求，在这方面可参考房地产企业的操作。一般来说，房地产企业贷款的前提是自有资金不得低于

35%。即使针对非房地产企业,一般权益资金也会占总投资的30%左右。

资产负债率的计算公式为

$$资产负债率 = \frac{负债总额}{资产总额}$$

在计算出项目可承受的资产负债率以及项目发起方能投入的权益资金后,就可算出项目需要举债的规模。举债一般要考虑几个因素:项目对潜在投资者是否具有吸引力;潜在投资者的意愿参与程度;等等。举例来说,项目风险越低,利率越高,对潜在投资者的吸引力越大。负债权益比率是指负债总额与股东权益之间的比值。其计算公式为

$$负债权益比率 = \frac{负债总额}{股东权益}$$

负债权益比率越高,说明负债受股东权益的保护越低,例如,一个项目公司的负债权益比率为230%,说明负债规模是权益规模的2.3倍。一旦工程开工,资金就必须陆续到位。

在实际操作中,资金到位的时间必须与项目施工进程相匹配。资金匹配可以最大限度地减少资金闲置或短期过桥融资(过渡期融资,一般利率较高)。资金出借方一般会要求项目发起方(或非发起方权益投资者)的权益资金先行到位。如果资金出借方没有提出类似要求,那么,借款资金与权益资金一般会按一定的比例到位。这些要求可以保证借款方在项目的起步阶段有一定的启动资金。

19.4 财务分析

财务分析是融资的前奏,只有经财务分析后被确认为有价值的项目才可能得到融资。财务分析的结果将决定是否融资以及融资的规模大小。财务分析不仅要考虑项目本身的收益,还要考虑融资的资金成本。另外,项目经营方的还款能力也是考虑因素之一。

19.4.1 资金成本

1. 借款成本

在不考虑税费、筹资成本的情况下,借款成本等于借款利息。

如果考虑税费,借款资金的利息支出可以在税前列支,所以税后的资金成本用计算公式表示为

$$K = R \times (1 - tax)$$

其中,K 为借款资金实际成本;R 为借款利率;tax 为税率。

[例] 某公司借款100万元,年利率为6%,所得税税率为33%,那么公司的借款成本为

$$K = 6\% \times (1 - 33\%) = 4.02\%$$

如果将筹资成本也算入,那么借款资金的成本用计算公式表示为

$$K = R \times (1 - tax)/(1 - cap)$$

其中，K 为借款资金实际成本；R 为借款利率；tax 为税率；cap 为筹资费用率。

[例] 某公司借款 100 万元，年利率为 6%，所得税税率为 33%，借款手续费为 1%，那么公司借款成本为

$$K = 6\% \times (1-33\%)/(1-1\%) = 4.06\%$$

2. 股权成本

由于公司分红不确定，所以导致股权报酬率不确定，根据股利贴现模型，股权成本的计算公式为

$$K = \frac{D}{P}$$

其中，K 为股权成本；D 为固定股息的支付额；P 为股权发行价格。如果把公司发行股票的筹资费用加入，那么股权成本的计算公式为

$$K = \frac{D}{[P \times (1-\text{cap})] + G}$$

其中，K 为股权成本；D 为股息；P 为股权发行价格；cap 为发行股票的筹资费用率；G 为固定股利增长率。

3. 加权平均资金成本

由于公司筹资渠道众多，所以资金来源及成本并不相同，公司的平均资金成本只能通过各项占总资本额的比重权数，算出加权平均资金成本。其一般计算公式为

$$\text{WACC} = \sum_{i=1}^{m} w_i K_i$$

其中，WACC 为加权平均资金成本；w_i 代表第 i 类资本额占总资本额的比重；K_i 代表第 i 类资金成本。

案例

某公司的长期借款、股本的资料如表 9-2 所示。

表 9-2 某公司的长期借款、股本的资料

资本种类	账面价值/万元	资本成本/%
长期借款	8	5
普通股	25	12
合计	33	

公司的加权平均资金成本为

$$\text{WACC} = 5\% \times \frac{8}{33} + 12\% \times \frac{25}{33} = 10.3\%$$

19.4.2 项目的借款额度与借款利率测算

项目的借款额度受银行贷款政策、项目自身的风险、银行贷款供求市场关系等因素影

响。银行测算项目的借款额度一般有以下两种方法。

（1）测算其所有现金流，并折算出现值。

（2）逐年测算其借款额度。

本书中的额度测算均基于项目本身的特点和融资人的财务数据。一般来说，借款人的意愿借款上限为预期现金流的现值。银行借款很少能超过十年。当然，现实操作中也有例外，例如基建工程项目，这些基建工程项目存续时间长，现金回报稳定，基建工程可以安排十几年的贷款。

在特定的项目财务指标下，贷款的模式决定了项目现金流回款的方式。银行借款的最大额度为项目预计现金流回款的现值。换句话说，净现值不能少于贷款总额。PV 是由现金流决定的。一般来说，项目发起人会预估现金流。

假设，R 为第一年的现金收入，E 为第一年的成本，C 为可用于抵税的非现金成本，tax 为所得税税率，g_r 为现金收入的年增长率，e_r 为现金支出的年增长率，K 为资金成本，i_r 为借款利率，N 为年限。则

在第 t 年的收入为 $R \times (1+g_r)^{t-1}$，第 t 年的现金支出为 $E \times (1+e_r)^{t-1}$

假如每年可用于抵税的非现金成本都一样，那么第 t 年可以用于偿债的现金流为

$$\text{CF}^t = (1-\text{tax}) \times [R \times (1+g_r)^{t-1} - E \times (1+e_r)^{t-1} - C] + C$$

项目投入使用的 N 年内的 NPV 的计算公式为

$$\text{NPV} = \sum_{t=1}^{N} \frac{\text{CF}^t}{(1+i_r)^t}$$

该项目的最大贷款量可以为 NPV/α；其中 α 表示目标现金流覆盖率（target cash flow coverage ratio），即收入与债务的比率，一般要求大于 1。

19.4.3 项目的盈利预期分析

常规投资项目是指在期初的现金流出后，就会有现金流入。换句话说，在期初的投资之后，总现金流一直为正。购买股票与债券便是一个常规投资项目的例子。在投资者购买股票或债券以后（现金流为负），之后的分红与最后的证券交易现金流都为正。

净现值（NPV）是指投资方案所产生的现金净流量以资金成本为贴现率折现之后与原始投资额现值的差额。内部回报率（IRR）是项目的预期回报率，是指项目投资实际可望达到的收益率，或是能使项目的净现值等于零时的折现率。有关 NPV 和 IRR 的详细计算方法，请参照本书第 20 章项目评估常用方法。

现金流折现分析法涉及初始投资金额、计算税后现金流、预估资金成本，然后运用净现值分析法（NPV）与内部回报率法（IRR）来衡量项目回报是否大于项目成本。项目的价值取决于项目产生的现金流，就像股票的价值取决于股票的预期分红一样。如果一个项目比其他项目的收益高，项目的价值也就高。大部分的项目财务分析都要计算项目现金流的内部回报率。如果 IRR 大于资金的机会成本，那么项目就值得投资；如果 IRR 小于资金的机会成本，那么项目就不值得投资。换句话说，IRR 告诉我们一个项目有没有投资价值。

当折现率为 12% 时，净现值为 0，因为内部回报率也为 12%。在图中也显示了当折现

率为 5%、10%、20%时净现值的走向。图 19-5 显示了净现值与内部回报率在独立的、传统的项目中的关系。如果 IRR 小于资金成本，NPV 为负；如果 IRR 大于资金成本，NPV 为正。

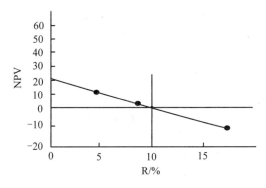

图 19-5 NPV 与资金成本的关系

理论上净现值分析法与内部回报率法的分析结果是一致的，但这种情况只会在独立的、常规的项目中出现。独立的，意味着项目不需要追加投资。如果一个项目需要其他投资，那么它可能只是一个更大的项目的一部分，那么项目不应该单独进行财务分析，而是应当对项目进行整体分析。如果投资一个项目就会放弃另一个项目的投资，或投资另一个项目就会放弃这一个项目的投资，那么这两个项目具有"相互排他性"。

当一个项目大于另一个项目，规模较小的项目通常会有更大的内部回报率，但是净现值更小。举例来说，项目 A 有 30%的内部回报率和 100 万美元的净现值，而项目 B 有 20%的内部回报率和 200 万美元的净现值。当两者发生冲突时，一般来讲，选择净现值高的项目。简而言之，当两个项目出现不一致时，净现值法更多地被采用。在实践中，NPV 假设再投资率与资金成本率相当，相比 IRR 来说要好一些。

案例

某金融机构项目贷款报告

1. 前言
   - 项目由来和简要评估依据
   - 项目可行性分析的主要结论、主要风险和主要指标
   - 项目的竞争优势和劣势
   - 建议为之贷款的金额、期限、利率和贷款条件
2. 借款人评价
   - 项目投资人的总体介绍
   - 项目主要投资人的组织结构
   - 项目主要投资人的领导班子成员及素质
   - 项目主要投资人的经营情况
   - 项目主要投资人的财务情况
   - 项目主要投资人的资信

- 投资人对项目的控制和管理关系
- 其他说明

3. 项目概况分析
- 基本情况
  - 项目是否符合国家产业政策、区域规划
  - 项目是否享受优惠或扶持政策
  - 项目潜在的政策风险
  - 项目的必要性和合理性
  - 项目的竞争优势和劣势、是否达到规模效益
- 建设周期
  - 项目立项审批的情况
  - 项目建设工期、进度安排、资金投入计划
  - 项目已完成部分的实施情况
- 环境影响
  - 项目对周边社会和环境的影响
  - 对不利影响有无防治预案,是否需要相关批准文件

4. 产品及市场分析
- 项目产品(服务)特性分析和说明
- 供应现状分析和预测
- 需求现状分析和预测
- 项目产品价格分析和预测
- 项目产品市场竞争效果预测

5. 投资估算与融资方案评估
- 估算方法
- 固定投资
- 流动资金投入
- 资金筹措
  - 现有资金
  - 未来收益
  - 资产变现
  - 股东追加投资
  - 补偿贸易
  - 长期借款
  - 长期债券
  - 短期负债
  - 其他资金

6. 财务效益分析
- 分析的方法

- 项目的建设周期、经营周期

项目经营期的计算，一般工业项目不宜超过20年，基础产业、基础设施以及公益性项目不宜超过30年。

- 项目的盈利能力分析

项目偿还期的计算，一般工业项目不宜超过5~8年；基础产业、基础设施以及公益性项目不宜超过8年，5亿元以上的基础项目不宜超过10年。

- 项目的利润测算
- 项目的偿还能力分析
- 借款人的偿还能力分析

7. 风险和不确定分析
- 风险因素和风险防范措施
- 担保评估

8. 本机构的相关效益评估
- 可量化的成本测算和贷款产出
- 难以量化的投入测算和贷款产出
- 综合测算

9. 总评价

19.5 资产支持证券化

资产支持证券化（asset-backed securitization，ABS），是指发起人将缺乏流动性，但具有稳定的、可预测收入性质的资产（基础资产）打包出售给特定发行人，或将该基础资产信托给特定的受托人，通过创立一种以该基础资产现金流为支持的金融工具，在资本市场上出售变现的一种结构性融资手段。在美国 ABS 已被大量用于地产业、机票销售、银行资产、租金收取等多个领域。其 ABS 余额、市场规模远大于其国债市场。

从严格意义上说，ABS 不算项目融资，它只算一种金融工具，把流动性不强的，但具有稳定的、可预测收入性质的资产变现。但是，由于 ABS 技术可将流动性不强的资产变现，而项目融资中的基础设施项目大多数流动性差，但收入稳定，所以 ABS 技术成了项目融资改善流动性的有效的金融工具。

对本文讨论的项目来说，有几块资产可以打包，一个是项目建成运营后，项目资产运营产生的稳定的、可预期的现金流。项目发起人可将项目资产注入特殊目的公司（special purpose vehicle，SPV），项目发行方将 SPV 打包成等额的债券，证券投资者通过在公开市场上买入证券获得收益，而项目发起人则得到一次性的现金回报。另一个是信贷资产证券化，银行将项目贷款打包出售，获得一次性现金回报，解决了信贷资金流动性问题，而证券投资者通过在公开市场上买入证券获得本应由银行收取的项目收益。图 19-6 描述了 ABS 的结构。

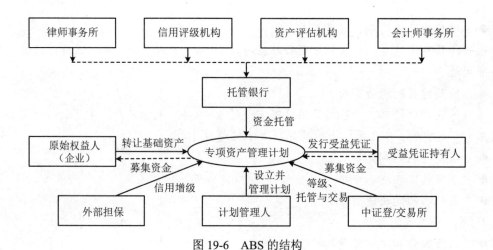

图 19-6　ABS 的结构

基础资产转移至 SPV 的过程是一种金融意义上的资产隔离,项目资产出售方已经从法律上将这块资产让渡出去,在资本市场上出售变现。ABS 的资产也可分为债权类的资产与收益权类的资产,债权类的资产如 BT(建设—转让)的合同债权、其他应收账款等。收益权类的资产包括高速公司收费权、电站发电的收益权等获得政府特许经营权的资产。

ABS 在我国发展时间并不长,2004 年,"国九条"提出"积极探索并开发资产证券化品种"。2005 年 8 月,中国证监会批准第一个资产证券化项目。ABS 在我国也属于创新试用阶段,表 19-3 为部分已发行的资产证券化项目。

表 19-3　2005 年 8 月至 2013 年部分已发行的资产证券化项目产品

专项计划	管理人	基础资产类型
中国联通	中金公司	CDMA 网络租赁收费收益权
莞深收益	广发证券	高速公司收费收益权
中国网通	中金公司	合同收益
澜电收益	招商证券	电力收益权
远东租赁	东方证券	租赁合同债权
浦建收益	国泰君安	BT 回购债权
宁建收益	东海证券	污水处理收益权
天电收益	华泰证券	电力收益权
吴中收益	中信证券	BT 回购债权
远东二期	中信证券	租赁合同债权
宁公控(宁建二期)收益	中信证券	污水处理收益权
侨城收益	中信证券	欢乐谷门票凭证

19.6　融资模式的比较

广义的项目融资是指为特定项目的建设、收购以及债务重组进行的融资活动,即"为项目融资"。从金融学的角度而言,广义的项目融资是指债权人(如银行)对借款人(如项目公司）抵押资产以外资产有 100%追索权的融资活动。从偿债来源而言，广义项目融资的偿债可以来自项目本身，也可以来自借款人（如项目公司、项目发起方）。总之，广义的项目融资为项目而融资，这个项目可能是一个建设规划，也可能是一项收购计划，它的融资信用可能来自项目本身，也可能来自项目的发起人。

> **案例**
>
> 英法海峡隧道长 50km。项目公司 Eurotunnel 由英国的海峡隧道集团、英国银行财团、英国承包商以及法国的 France‐Manehe 公司、法国银行财团、法国承包商等 10 个单位组成。特许权协议政府授予 Eurotunnel 公司 55 年的特许期（含建设期 7 年）建设、拥有并经营隧道，55 年之后隧道由政府收回。项目公司必须持有 20% 的股票。政府保证，不允许在 30 年内建设第二个跨越海峡的连接通道。

对于广义的项目融资，近年来出现了大量的模式。由于项目很大，在这些模式中项目的设计、建造、经营、维护通常分开。另外，出资方在经营一段时间收获利润后，会把项目的成果交给政府。广义的项目融资包括狭义项目融资，下面列出了人们常常见到的一些融资模式的词汇。

常用术语：

1. **外包类**（outsourcing）

- 模块式外包（component outsourcing）
  - 服务协议（service contract）
  - 管理协议（management contract）
- 整体式外包（turnkey）
  - 设计—建造—转让（design-build-transfer）
  - 设计—建造—主要维护（design-build-major maintenance）
  - 经营维护（operation & maintenance）
  - 设计—建造—经营（交钥匙工程）（design-build-operate（super turnkey））
- 捐赠协议（contribution contract）

2. **特许经营类**（concession）

- 建造—拥有—转让（build-own-transfer）
  - 建造—租赁—经营—转让（build-lease-operate-transfer）
  - 建造—拥有—经营—转让（build-own-operate-transfer）
- 转让—经营—转让（transfer-operate-transfer）
  - 购买—更新—经营—转让（purchase-upgrade-operate-transfer）
  - 租赁—更新—经营—转让（lease-upgrade-operate-transfer）
- 设计—建造—转让—经营（design-build-transfer-operate）
- 设计—建造—投资—经营（design-build-finance-operate）
- 建设期补偿模式（subsidize in building-operate-transfer）

- 运营期补偿模式（build-subsidize in operation-transfer）
- 建设—拥有—经营—补贴—转让（build own operate subsidy transfer）
- 修复—经营—维修—转让（rehabilitate operate maintain transfer）

3. *私有化类*（privatization/divestiture）

- 购买—更新—经营（purchase-upgrade-operate）
- 建造—拥有—经营（build-own-operate）
- 购买—建造—经营（buy-build-operate）
- 租赁—开发—经营（lease-develop-operate）

为了融资而进行的企业重组常见的方式有合并（consolidation）、兼并（merger）、收购（acquisition）、接管（takeover）、标购（tender off）、管理层收购（MBO）、职工持股基金（ESOP）、资产/股份剥离（divestiture）、股份分离（spin offs）。

从上面这些术语中可以体会出大型项目的复杂性。为了完成这样的项目，往往需要企业和政府的密切合作，因此就产生了公私合伙制（public private partnerships 或 private sector participation）。外包类项目一般由政府投资，私人部门承包整个项目中的一部分，并通过政府付费实现收益。其合同期一般在5年以内，私人部门承担的风险相对较小。特许经营类项目通过一定的合作机制，私人公司与公共部门共同分担项目风险，共享项目收益，其合同期一般为20~30年。公共部门可能会向特许经营公司收取一定的特许经营费或给予一定的补偿。项目的资产最终归公共部门保留，即存在使用权和所有权的移交过程。私有化类项目中，私人公司负责项目的全部投资，在政府的监管下，通过向用户收费，收回投资并实现利润。由于私有化类项目的所有权永久归私人所有，并且不具备有限追索的特性，因此私人部门在这类项目中承担的风险最大。表19-4列出了公私合作的常见模式。

表 19-4 公私合作的常见模式

	常 见 模 式	内 容	特 点
政府参与，控制度高	政府建设、经营	盈亏都由政府承担	公有制大包大揽，效率低
	BT（建设—转让）	政府招标选择企业建设，完成后转移给政府，政府支付工程款	政府资金压力大，建设企业不关心项目的长期质量。政府风险较大
	PPP（公私合伙制）	政企建立合作伙伴关系，双方参股项目公司，并在协议的基础上共同提供服务	用户付费与政府补贴相结合。发挥政府的监管职能，发挥企业的效率和水平。双方共同承担风险。协商过程复杂
	BOT（建设—运营—转让）	企业建设完成后，通过经营来收回利润。但经营期结束后，移交政府	用户付费为主。政府资金压力小，企业效率高，但经营期价格可能偏高。企业风险较大
私企参与，控制度高	BOO（建设—拥有—运营）	企业建设完成后，长期拥有	私有制，不利于公共服务

美国经济学家马斯格雷夫与罗斯托提出了经济发展阶段论。他们将经济的发展分为早期、中期与成熟阶段。在经济发展的早期，政府（公共部门）的投资相比私人投资占更大比重。政府投资主要投向大型基础设施，如公路、铁路、电站等；在经济发展中期，政府投资只是对私人投资的补充；在经济发达阶段，政府投资主要集中在卫生医疗、教育等公共福利方向。政府的职能之一就是提供公共产品，公共产品是由政府提供的用于满足全社会公共需要的产品。公共产品的特征包括消费的非排他性、市场的非竞争性、效用的不可分性。公共产品按收费标准可分为两类：一类是完全免费的公共产品，例如国防、公安等；另一类是向消费者收取一定费用的准公共产品，如学校、医院、公共交通等。在经济发展的早期和经济发展的成熟期，政府的公共开支会大幅上升。我国正处于社会主义初级阶段。国内经济处于高速增长时期，对基础设施建设的投资要求很高，对公共设施的投资增速也会快于GDP（国内生产总值）的增速，导致财政支出压力加大。

第 20 章　项目评估常用方法

项目管理中许多阶段都涉及项目评估的问题，如对项目的进展如何衡量、对项目的发展如何预测。本章将列出几种在项目管理中常用的方法模型，可以对项目的情况进行定量分析。项目评估就是在可行性研究的基础上，根据项目的计划、设计、技术、资源、市场、经济、社会和财务等情况对项目规划方案进行综合评估，目的是论证方案的可行性或在不同方案中选出最优方案。项目评估是项目管理中一个重要环节，是将复杂问题科学化的一种方法，它为项目决策提供了科学依据。

在本章中将讲述常用的项目评估方法，包括层次分析法、熵值法、模糊综合评价法、灰色关联分析法、净现值法和 TOPSIS 法。本章内容适合那些希望使用量化方法和模型的读者。

20.1　数据的无量纲化

指标体系中指标间量纲的不同往往会带来评价上的差异，影响评价的科学性和客观性，对原始数据进行无量纲化是多指标综合评价的基本要求。例如，在做数据回归分析时，某变量用 t、kg 或 g 等不同单位来表示，其回归结果会完全不同。因此，在进行评价之前先对原始数据进行预处理，去掉因使用不同单位而造成的差异，这一点已经得到共识。常用的数据无量纲化方法有直线型无量纲化方法、折线型无量纲化方法以及曲线型无量纲化方法。通常数据都用表格的形式来表达，n 个数据会在表格中用 n 行来表示；每行有 m 列表示 m 个属性（指标）。如 50 个学生用 50 行来表示，每行有身高、体重、年龄 3 个属性，这张表格中共有 50 行×3 列个数据。数据的无量纲化如无特别说明都是指对某一列的所有数据进行标准化和规范化，如对体重一列的 50 个数据进行无量纲化。

20.1.1　直线型无量纲化方法

直线型无量纲化方法假定指标实际值和不受量纲影响的指标评价值存在一定的线性关系，指标实际值变化会引起指标评价值相应比例的变化。常用的直线型无量纲化方法主要有阈值法、标准化法以及均值化法。

1. 阈值法

阈值法是指将指标实际值 x_i 与该种指标的阈值相对比，将指标实际值转化为无量纲的指标评价值 y_i。阈值法往往采用极值作为阈值，但是也可以使用决策者所规定的满意值、不允许值等确定值作为阈值。采用极值的阈值法主要有以下两种情形。

第一种：指标评价值 y_j 随着指标实际值 x_i 增大而增大。

可以采用的无量纲化公式有以下几个。

（1）$y_j = \dfrac{x_j}{\max x_i}$（$n$ 为指标值的个数或评价对象的个数，$\max x_i$ 为阈值，$1 \leqslant i \leqslant n$）

（2）$y_j = \dfrac{x_j - \min x_i}{x_i}$（$\min x_i$ 为阈值）

（3）$y_j = \dfrac{x_j - \min x_i}{\max x_i - \min x_i}$（$\max x_i - \min x_i$ 为阈值）

（4）$y_j = p \times \dfrac{x_j - \min x_i}{\max x_i - \min x_i} + q$（线性变换，$\max x_i - \min x_i$ 为阈值）

评价值呈递增趋势的几何图形如图 20-1 所示。

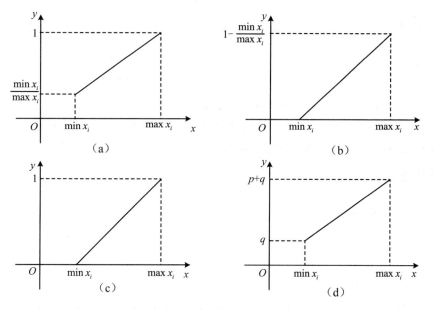

图 20-1　评价值呈递增趋势的几何图形

第二种：指标评价值 y_j 随着指标实际值 x_i 增大而减少。

只需把第一种的公式稍微修改即可，如采用无量纲化公式

$$y_j = \frac{\max x_i - x_j}{\max x_i}\ (\max x_i\ \text{为阈值})$$

评价值呈递减趋势的几何图形如图 20-2 所示。

2. 标准化法

标准化法（z-score）是在实际工作中广泛使用的方法。统计学原理告诉我们，要对多组不同量纲数据进行比较，可以先将它们转化成无量纲的标准化数据。综合评价就是要将多组不同的数据进行综合，因而可以借助于标准化法来消除数据量纲的影响。标准化法的计算公式为

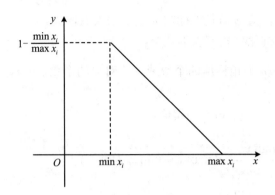

图 20-2 评价值呈递减趋势的几何图形

$$y_i = \frac{x_i - \bar{x}}{s}$$

其中，$\bar{x}$ 是样本各个 x_i 取值的平均值，$\bar{x} = \frac{1}{n}\sum_{i=1}^{n} x_i$，$s^2$ 是样本修正方差（为了保证方法的无偏性，现代统计软件上定义的方差都是修正方差），$s^2 = \frac{1}{n-1}\sum_{i=1}^{n}(x_i - \bar{x})^2$。

标准化法是目前多变量综合评价中使用最多的一种方法，在原始数据近似呈现正态分布时，使用该方法进行数据预处理是较为合理的。该方法使得处理后的所有变量的均值为 0，方差为 1，在消除量纲和数量级的影响的同时，抹杀掉了原始变量离散程度的部分差异。

3. 均值化法

该方法的计算公式为

$$y_i = \frac{x_i}{\bar{x}}$$

其中，$\bar{x}$ 是样本各个 x_i 取值的平均值，$\bar{x} = \frac{1}{n}\sum_{i=1}^{n} x_i$。

每一个变量值除以该变量的平均值，转化后各变量的平均值为 1，标准差为原始变量的变异系数。该方法在消除量纲和数量级影响的同时，保留了各变量取值差异程度上的信息，差异程度越大的变量在综合评价中的影响也就越大。该无量纲化方法在保留原始变量变异程度信息时，不仅仅取决于原始变量的标准差，还取决于原始变量的变异系数，这保证了数据的可比性。

20.1.2 折线型无量纲化方法

很多时候，指标在不同区间内的变化对评价对象的影响程度是不一样的，如指标值小于某点 x_m 时，其变化对综合水平的影响较小，而一旦超过了 x_m，其变化对综合水平的变化影响较大。显然该指标值在不同区间内的变化程度是不同的，因而需要分段进行量化处理。

折线型无量纲化方法考虑到这方面的问题，采用极值化方法做分段无量纲化处理。折线型无量纲化方法采用的计算公式为

$$y_i = \begin{cases} 0 & x_i < 0 \\ \dfrac{x_i}{x_m} y_0 & 0 < y_0 < 1, 0 < x_i \leq x_m \\ y_0 + \dfrac{x_i - x_m}{\max x_i - x_m}(1 - y_0) & x_i > x_m \end{cases}$$

折线型无量纲化公式的几何图形如图 20-3 所示。

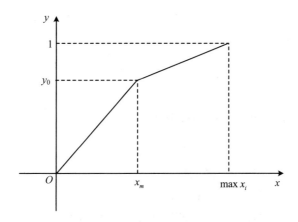

图 20-3　折线型无量纲化公式的几何图形

折线型无量纲化的一个特点是存在一个变化的转折点 x_m，在区间$[0, x_m]$中，x_i 的变化会引起 y_i 的较大变化，在区间$[x_m, \max x_i]$中，x_i 的变化引起 y_i 的变化程度较小。可根据具体情况来决定一段数据最终分为几段，每段用什么方法来处理。

20.1.3　曲线型无量纲化方法

另一种考虑方案是，指标实际值对指标评价值的影响不是等比例的无量纲化方法，而是曲线型无量纲化方法。如果指标实际值 x_i 在变化区间之间不像折线型无量纲化那样仅存在一个转折点，那么可以使用曲线型无量纲化方法。曲线型无量纲化常用的类型有以下两种。

（1）升半 Γ 型分布，其计算公式为

$$y = \begin{cases} 0 & 0 \leq x \leq a \\ 1 - e^{-k(x-a)} & x > a \end{cases}$$

其中，$k > 0$。升半 Γ 型分布的几何图形如图 20-4 所示，其前面部分上升很快，后面部分上升很慢。

（2）升半正态型分布，其计算公式为

$$y = \begin{cases} 0 & 0 \leq x \leq a \\ 1 - e^{-k(x-a)^2} & x > a \end{cases}$$

其中，$k > 0$。升半正态型分布的几何图形如图 20-5 所示，其两端变化缓慢，中间变化很快。

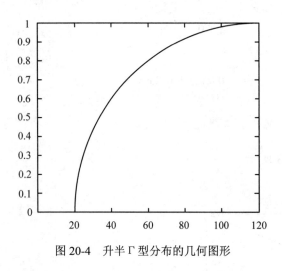
图 20-4 升半 Γ 型分布的几何图形

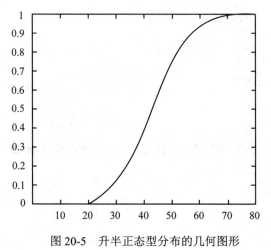
图 20-5 升半正态型分布的几何图形

20.1.4 无量纲化方法的比较分析与选择标准

无量纲化的三种方法在应用上的难易程度不同，从运用上来看，曲线型无量纲化方法比其他两种难度大，不仅体现在公式的选择上，在参数的确定上也比其他两种方法复杂。但是曲线型无量纲化方法也有其他两种方法所不及的优势，即它的精确度，它能够更加准确地揭示出指标实际值与指标评价值之间的关系。严格来说，折线型无量纲化方法是直线型无量纲化方法的一种，它既保持了直线型无量纲化方法的简易性，又在避免曲线型无量纲化公式烦琐的同时提高了精确度。若评价问题是非线性关系，拐点不多且关系变化不多时，折线型无量纲化方法是很好的选择。

无量纲化方法选择的标准：①客观性。无量纲化所选择的转化公式要能够客观地反映指标数实际值与指标评价值之间的对应关系。要做到客观性原则，需要评价专家对被评价对象的历史信息做出深入彻底的分析和比较，找出事物发展变化的转折点，才能够确定合适的无量纲化方法。②可行性。即所选择的无量纲化方法要确保转化的可行性。各种方法各有特点，各有千秋，应用时应当加以注意。③可操作性。即要确保所选方法具有简便易用的特点，并不是所有的非线型无量纲化方法都比线型无量纲化方法更加精确。评价不是绝对的度量，在不影响被评价对象在评价中的影响程度的前提下，可以使用更为简便的线型无量纲化方法代替曲线关系。

20.2 层次分析法

层次分析法（analytical hierarchy process，AHP）是美国运筹学家托马斯·L.萨蒂（Thomas L. Saaty）于 20 世纪 70 年代提出的。层次分析法是将与项目评价问题有关的元素分解成目标、准则、方案等层次，并在此基础上进行定性和定量分析的评价方法。该方法的特点是在对复杂评价问题的本质进行深入分析的基础上，将评价的思维过程进行定量化，从而为解决多目标、多准则或无结构的复杂问题提供简便的评价方法。层次分析法的分析过程体现了人进行决策判断的思维方式，即分解—判断—综合，同时它将人的主观判断进行量化处理,在一定程度上大大提高了项目评价的准确性和可靠性。

20.2.1 层次分析法的步骤

层次分析法的步骤大致是,首先根据要评价问题的性质及其要实现的目标将复杂的评价问题层次化,也就是将其分成不同的组成元素,并按元素之间的隶属度和关联度进行分组,这样将所有元素分层,各个层次不相交,并且相邻的上下层之间形成支配与被支配关系。其次,构造评判矩阵,也就是通过进行成对比较将不同方案在某一准则下的相对重要度进行量化。再次,通过单准则排序计算方法可获得方案在该准则下的优先度排序结果。最后,通过层次结构关系准则本身也可以对更高层的元素的相对重要性赋值,直到获得不同方案对最高目标的总排序结果。

层次分析法对方案的分析、判断及综合的过程符合人的思维分析过程,因而具有简单、便捷、适应性强等特点,受到人们的欢迎。层次分析法一般通过软件来实现,在不复杂的情况下,也可以人工计算。运用层次分析法进行决策的具体步骤如下。

(1) 通过对待评价项目进行深入分析,确定评价目标。

(2) 从目标、评判准则和方案上分析项目中各个因素之间的关系,构造一个递阶层次结构模型。最高层只包括一个元素,是问题的预定目标或理想结果,它评价各个方案的综合性能指标值,被称为目标层。中间层包括若干层元素,它包括为实现目标所涉及的中间环节、所需要考虑的准则,被称为准则层。最低层包括为实现决策目标的可供选择的各种措施和决策方案等,被称为方案层。

在对项目进行评价时,首先要确定项目评价的目标、构成因素以及各因素之间的关系,然后按照因素之间的关系和各个因素的性质进行分组。进行项目分析评价时,确定了最高层(项目最高目标)、中间层(评判准则)和最低层(项目实施方案),就构造出了该项目的一个递阶层次结构模型,如图 20-6 所示。

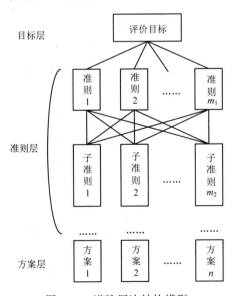

图 20-6 递阶层次结构模型

递阶层次结构模型的层次数与项目评价的复杂程度以及项目需要分析的详尽程度有关，一般来讲，层数不受限制，但每一层次中各元素所支配的元素一般不超过 9 个。

递阶层次结构的构造过程一般是自上而下的，即从最高层（目标）开始，通过中间层（准则），到最低层（方案）结束，整个过程的关键是评价人员对准则层的确定。下面以选拔干部为例来阐述递阶层次结构的构造过程。

某单位准备从工作人员中选拔一名干部，经过初步的分析筛选，有 4 人符合条件，这 4 人作为候选人进行最后的评选。选拔干部需要考虑的因素有品德、能力、资历、年龄和群众关系。将选拔干部作为一个项目，把项目进行分解并建立递阶层次结构模型。递阶层次结构模型的目标层是选出一名合适的干部，准则层就是 5 个选拔标准，方案层是 4 个候选人，整个项目需要根据 5 个选拔标准选出一位最合适的干部。干部选拔的递阶层次结构模型如图 20-7 所示。

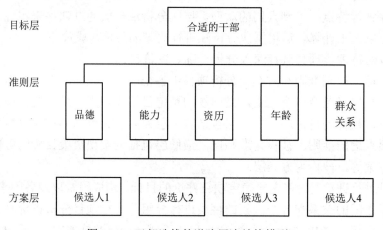

图 20-7　干部选拔的递阶层次结构模型

（3）通过将同一层次的各元素与邻近上一层次中某一准则的重要性进行两两比较，直到最高层为止，建立所有判断矩阵。

涉及社会、经济、人文等因素的决策问题的主要困难在于，问题所涉及的因素有些有系统的量纲，在数量上是可比的，但更多的因素不易定量地测量和比较，人们凭自己的经验和知识进行判断，受到相当大的主观因素的影响，当因素较多时给出的结果往往是不全面和不准确的。Saaty 等人提出的成对比较法，可以提高诸因素比较的准确程度，即不把所有因素放在一起比较，而是两两相互对比，对比时采用相对尺度，以尽可能减少性质不同的诸因素相互比较的困难。

各准则在目标衡量中的重要程度并不一定相同，通过两两成对比较可以判断同一层次元素相对同一准则的重要程度，同时根据相对重要性的比例标度表（见表 20-1）为重要性比较赋值。实际上，经过 $\dfrac{n(n-1)}{2}$ 次比较判断就可以确立判断矩阵

$$A = (a_{ij})_{n \times n} (i = 1, 2, \cdots, n; j = 1, 2, \cdots, n)$$

其中，$a_{ij} > 0$，$a_{ji} = \dfrac{1}{a_{ij}}$，$a_{ii} = 1$。

表 20-1　相对重要性的比例标度表

a_{ij} 的取值	意　义
1	风险 i 和风险 j 一样重要
3	风险 i 比风险 j 稍微重要
5	风险 i 比风险 j 重要
7	风险 i 比风险 j 重要得多
9	风险 i 比风险 j 绝对重要
倒数	若风险 i 比风险 j 的相对重要程度为 a_{ij}，那么风险 j 比风险 i 的相对重要程度为 $a_{ji}=1/a_{ij}$

注：也可用 2、4、6、8 表示上述相对重要程度的中间值。

判断矩阵 A 的一般形式如图 20-8 所示。

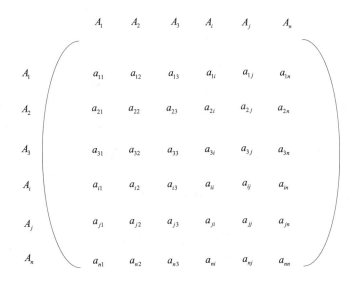

图 20-8　判断矩阵 A 的一般形式

判断矩阵 A 是一个正互反矩阵，即满足 $a_{ij}>0$，$a_{ji}=\dfrac{1}{a_{ij}}$，$a_{ii}=1(i=1,2,\cdots,n; j=1,2,\cdots,n)$。在理想情况下，通过两两比较，得出的相对比较数应该满足 $a_{ik}=a_{ij}\cdot a_{jk}(i,j,k=1,2,\cdots,n)$，此时称判断矩阵为一致性矩阵。

n 阶一致的正互反矩阵 A 具有如下性质。

① A 的秩为 1。
② A 的转置矩阵 A^T 也是一致的。
③ A 的最大特征根 $\lambda_{\max}=n$，其余的特征根全为 0。
④ A 的任一列向量都是对应于特征根 n 的特征向量。
⑤ 若 A 的 $\lambda_{\max}$ 对应的特征向量 $\vec{\omega}=(\omega_1,\omega_2,\cdots,\omega_n)^T$，则判断矩阵的元素 $a_{ij}=\omega_i/\omega_j$

为了说明一致性矩阵的性质，考虑一个简单的问题。设想把一块单位重量的大石头砸成 n 块小石头 $A_1,A_2,\cdots,A_n$，各块小石头的重量分别为 $(\omega_1,\omega_2,\cdots,\omega_n)$，那么每块小石头的重量在大石头中所占的比重可用其重量排序,即$\vec{\omega}=(\omega_1,\omega_2,\cdots,\omega_n)^T$,并且$\sum_{i=1}^{n}\omega_i=1$。得到的判断矩阵为

$$A=\begin{pmatrix} \frac{\omega_1}{\omega_1} & \frac{\omega_1}{\omega_2} & \cdots & \frac{\omega_1}{\omega_n} \\ \frac{\omega_2}{\omega_1} & \frac{\omega_2}{\omega_2} & \cdots & \frac{\omega_2}{\omega_n} \\ \vdots & \vdots & \vdots & \vdots \\ \frac{\omega_n}{\omega_1} & \frac{\omega_n}{\omega_2} & \cdots & \frac{\omega_n}{\omega_n} \end{pmatrix}=\begin{pmatrix} \omega_1 \\ \omega_2 \\ \vdots \\ \omega_n \end{pmatrix}\begin{pmatrix} \frac{1}{\omega_1} & \frac{1}{\omega_2} & \cdots & \frac{1}{\omega_n} \end{pmatrix}$$

用向量$\vec{\omega}=(\omega_1,\omega_2,\cdots,\omega_n)^T$右乘矩阵$A$,乘积的结果为$n\vec{\omega}$,在此$n$是$A$的一个特征根,又由于$A$是秩为1的矩阵,因此矩阵$A$的其他$n-1$个特征根均为0,即可得到$A$的最大特征根为$n$。又因为$A\vec{\omega}=n\vec{\omega}$,所以$\vec{\omega}=(\omega_1,\omega_2,\cdots,\omega_n)^T$是最大特征根$\lambda_{\max}$的特征向量。

如果得到的成对比较矩阵A是一致矩阵,取对应于特征根n的、归一化的特征向量为权向量,表示诸因素对于上一层因素的权重。如果得到的成对比较矩阵A不是一致矩阵,即$\lambda_{\max}\neq n$,但在不一致的容许范围内,Saaty等人建议用对应于A的最大特征根的特征向量作为权向量,即$A\vec{\omega}=\lambda_{\max}\vec{\omega}$。对于社会的经济问题,评判时不一致性是普遍存在的,只不过程度有所差别。

(4)由判断矩阵计算被比较元素对于该准则的相对权重,并进行层次单排序和一致性检验。

计算判断矩阵中各项元素的相对权重,本质是计算权向量,进行一致性检验,首先要计算判断矩阵的最大特征值$\lambda_{\max}=\frac{1}{n}\sum_{i=1}^{n}\frac{(A\omega)_i}{\omega_i}$,然后为了考察一致性,可以建立一个一致性指标,在层次分析法中,引入判断矩阵A的最大特征根$\lambda_{\max}$和n的差与$n-1$的比值作为度量判断矩阵偏离一致性的指标,即$CI=\frac{(\lambda_{\max}-n)}{(n-1)}$。

一般情况下,判断一致性的难度随着判断矩阵的阶数的增加而增加,为了度量不同阶数的判断矩阵是否具有可接受的一致性,我们引入相对一致性的概念,用RI表示平均随机一致性指标,如表20-2所示。

表20-2 平均随机一致性指标 RI 表

阶数	1	2	3	4	5	6	7	8	9	10	11	12	13	14	15
RI	0	0	0.52	0.89	1.11	1.25	1.35	1.40	1.45	1.49	1.52	1.54	1.56	1.58	1.59

判断矩阵的一致性指标CI与该阶数的平均随机一致性指标RI的比值为随机一致性比率,记为CR,$CR=\frac{CI}{RI}$。一般情况下,当CR小于0.1时,认为具有满意的一致性,如果CR大于0.1,则不满足一致性要求,需要对判断矩阵进行修正。

(5)计算各层次元素对系统目标的合成权重,进行层次总排序和一次性检验。

假定已经算出第 $k-1$ 层 m 个元素相对于总目标的权重 $w^{(k-1)} = \left(w_1^{(k-1)}, w_2^{(k-1)}, \cdots, w_m^{(k-1)}\right)^T$，第 k 层 n 个元素对于上一层第 j 个元素的单排序权重是 $p_i^{(k)} = \left(p_{1j}^{(k)}, p_{2j}^{(k)}, \cdots, p_{nj}^{(k)}\right)^T$ ($j=1,2,\cdots,m$)，其中不受 j 支配的元素的权重为零。令 $p^{(k)} = \left(p_1^{(k)}, p_2^{(k)}, \cdots, p_n^{(k)}\right)$ 表示第 k 层元素对第 $k-1$ 层 m 个元素的排序，则第 k 层元素对于总目标的总排序为 $w^{(k)} = p^{(k)} \cdot w^{(k-1)}$。

层次总排序也要进行一致性检验。假定已经算出针对第 $k-1$ 层 m 个元素中第 j 个元素的 $\text{CI}_j^{(k)}$、$\text{RI}_j^{(k)}$ 和 $\text{CR}_j^{(k)}$，$j=1,2,\cdots,m$，则第 $k-1$ 层的综合检验指标 $\text{CI}^{(k)} = \left(\text{CI}_1^{(k)}, \text{CI}_2^{(k)}, \cdots, \text{CI}_m^{(k)}\right) w^{(k-1)}$，$\text{RI}^{(k)} = \left(\text{RI}_1^{(k)}, \text{RI}_2^{(k)}, \cdots, \text{RI}_m^{(k)}\right) w^{(k-1)}$，$\text{CR}^{(k)} = \dfrac{\text{CI}^{(k)}}{\text{RI}^{(k)}}$，当 $\text{CR}^{(k)} < 0.1$ 时，判断矩阵具有整体的满意一致性。

（6）根据分析结果，采纳更合适的方案。

20.2.2 层次分析法权重向量的计算方法

常用的权重向量计算方法有方根法、和积法。

1. 方根法

方根法也叫作几何平均法，是一种近似排序方法，它的计算步骤如下。

（1）计算判断矩阵每行元素的乘积，即 $p_i = \sum\limits_{j=1}^{n} a_{ij}, i=1,2,\cdots,n$。

（2）将上一步骤的每行元素乘积开 n 次方根，即求它们的几何平均值：$\overline{\omega}_i = \sqrt[n]{p_i}$，可得向量 $\overline{\boldsymbol{\omega}} = (\overline{\omega}_1, \overline{\omega}_2, \cdots, \overline{\omega}_n)^T$。

（3）将所有向量进行规范化，即 $\omega_i = \dfrac{\overline{\omega}_i}{\sum\limits_{i=1}^{n} \overline{\omega}_i}$，得到权重向量 $\boldsymbol{\omega} = (\omega_1, \omega_2, \cdots, \omega_n)^T$。

（4）计算判断矩阵 A 的最大特征根 $\lambda_{\max} = \dfrac{1}{n} \sum\limits_{i=1}^{n} \dfrac{(A\omega)_i}{\omega_i}$，其中 $(A\omega)_i$ 为向量 $A\omega$ 的第 i 个元素。

2. 和积法

和积法又叫作规范列平均法，因为判断矩阵的每一列都近似地反映了权值的分配情况，因而可采用全部列向量的算术平均值来衡量权向量，其计算步骤如下。

（1）将判断矩阵的每一列进行规范化处理，即 $b_{ij} = \dfrac{a_{ij}}{\sum\limits_{i=1}^{n} a_{ij}}$。

（2）规范化后，按行求和，即 $c_i = \sum\limits_{j=1}^{n} b_{ij}$，可得向量 $\boldsymbol{c} = (c_1, c_2, \cdots, c_n)^T$。

（3）再进行规范化处理，即 $s_i = \dfrac{c_i}{\sum_{i=1}^{n} c_i}$，得到权重向量 $\boldsymbol{s} = (s_1, s_2, \cdots, s_n)^T$。

（4）计算判断矩阵 $\boldsymbol{A}$ 的最大特征根 $\lambda_{\max} = \dfrac{1}{n}\sum_{i=1}^{n}\dfrac{(A\omega)_i}{\omega_i}$，其中 $(A\omega)_i$ 为向量 $\boldsymbol{A\omega}$ 的第 i 个元素。

20.2.3 应用举例

某市政府门户网站统一平台建设项目涉及相关硬件、网站管理辅助软件的购买及定制软件的开发工作等，项目建设采用招标的方式，经过前期的筛选后剩下甲、乙两家企业，为使选择更准确，采用层次分析法进行分析。

第一步，层次化、条理化问题，根据电子政务的特点建立递阶层次结构模型，如图 20-9 所示。

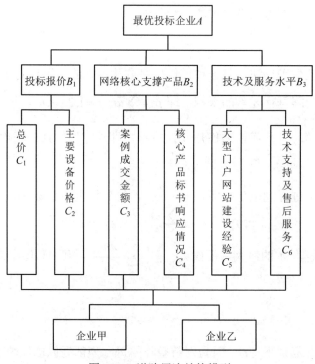

图 20-9　递阶层次结构模型

第二步，将同一层元素基于邻近上层某一准则的重要性程度进行两两成对比较，构建判断矩阵，根据相对重要性的比例标度表（见表 20-1），对判断矩阵进行赋值，构建判断矩阵，如图 20-10 所示。

A	B_1	B_2	B_3
B_1	1	1/3	1/3
B_2	3	1	1
B_3	3	1	1

B_1	C_1	C_2
C_1	1	1
C_2	1	1

B_2	C_3	C_4
C_3	1	3
C_4	1/3	1

B_3	C_5	C_6
C_5	1	3
C_6	1/3	1

C_1	甲	乙
甲	1	5
乙	1/5	1

C_2	甲	乙
甲	1	3
乙	1/3	1

C_3	甲	乙
甲	1	1/5
乙	5	1

C_4	甲	乙
甲	1	7
乙	1/7	1

C_5	甲	乙
甲	1	1/5
乙	5	1

C_6	甲	乙
甲	1	1/3
乙	3	1

图 20-10 判断矩阵

第三步，采用方根法计算这些指标的权重，进行层次单排序和一致性检验。以 B_1、B_2、B_3 的计算为例，首先，计算判断矩阵每一行的乘积。

$$p_1 = 1 \times \frac{1}{3} \times \frac{1}{3} = \frac{1}{9}$$
$$p_2 = 3 \times 1 \times 1 = 3$$
$$p_3 = 3 \times 1 \times 1 = 3$$

然后对每行乘积开 3 次方根。

$$\overline{\omega}_1 = \sqrt[3]{p_1} = 0.480\,75$$
$$\overline{\omega}_2 = \sqrt[3]{p_2} = 1.442\,25$$
$$\overline{\omega}_3 = \sqrt[3]{p_3} = 1.442\,25$$

进行规范化处理，得到权重向量 $\boldsymbol{\omega} = (\omega_1, \omega_2, \omega_3)^\mathrm{T}$。计算 $\boldsymbol{A}$ 的最大特征根 $\lambda_{\max}$，因为

$$\omega_1 = \frac{\overline{\omega}_1}{\sum_{i=1}^{3} \overline{\omega}_i} = 0.142\,9$$

$$\omega_2 = \frac{\overline{\omega}_2}{\sum_{i=1}^{3} \overline{\omega}_i} = 0.428\,6$$

$$\omega_3 = \frac{\overline{\omega}_3}{\sum_{i=1}^{3} \overline{\omega}_i} = 0.428\ 6$$

计算 A 的最大特征根 $\lambda_{\max}$，因为 $A\omega = \begin{pmatrix} 1 & \frac{1}{3} & \frac{1}{3} \\ 3 & 1 & 1 \\ 3 & 1 & 1 \end{pmatrix} \begin{pmatrix} 0.142\ 9 \\ 0.428\ 6 \\ 0.428\ 6 \end{pmatrix}$。

$(A\omega)_1 = 1 \times 0.142\ 9 + \frac{1}{3} \times 0.428\ 6 \frac{1}{3} \times 0.428\ 6 = 0.428\ 6$

$(A\omega)_2 = 3 \times 0.142\ 9 + 1 \times 0.428\ 6 + 1 \times 0.428\ 6 = 1.285\ 9$

$(A\omega)_3 = 3 \times 0.142\ 9 + 1 \times 0.428\ 6 + 1 \times 0.428\ 6 = 1.285\ 9$

$$\lambda \max = \frac{1}{3} \sum_{i=1}^{3} \frac{(A\omega)_i}{\omega_i} = 2.999\ 92$$

$$CI = \frac{(\lambda_{\max} - 3)}{(3-1)} = 0.000\ 04$$

所以，CR=CI/RI = 0.000 04 / 0.52<0.1，满足一致性要求。以此类推，其他判断矩阵权向量的计算和一致性检验结果如图 20-11 所示。

A	权重
B_1	0.142 6
B_2	0.428 6
B_3	0.428 6
CR	0

B_1	权重
C_1	0.500 0
C_2	0.500 0
CR	0

B_2	权重
C_3	0.750 0
C_4	0.250 0
CR	0

B_3	权重
C_5	0.7500
C_6	0.2500
CR	0

C_1	权重
甲	0.833 3
乙	0.166 7
CR	0

C_2	权重
甲	0.750 0
乙	0.250 0
CR	0

C_3	权重
甲	0.166 7
乙	0.833 3
CR	0

C_4	权重
甲	0.8750
乙	0.1250
CR	0

C_5	权重
甲	0.166 7
乙	0.833 3
CR	0

C_6	权重
甲	0.250 0
乙	0.750 0
CR	0

表 20-11　权向量和一致性检验结果

第四步，进行层次总排序和一次性检验。

用各个 B_i 的权值同其下属的 C_j 权值相乘，可得到 C 层次的各个权值，如表 20-3 所示。

$$C_1=0.1429\times0.5=0.071\ 5,\quad C_3=0.4286\times0.75=0.321\ 5,$$

表 20-3　C 层次总排序和检验结果

C_1	C_2	C_3	C_4	C_5	C_6	CR
0.071 5	0.071 5	0.032 14	0.107 1	0.321 4	0.107 1	0

根据 C 层次的各个权值，可以算出甲、乙在各个 C_j 下的值，相加之后就得到了方案层的总排序和一致性检验结果，如表 20-4 所示。

甲 $=0.833\ 3C_1+0.75C_2+0.166\ 7C_3+0.875C_4+0.166\ 7C_5+0.25C_6=0.340\ 8$

乙 $=0.166\ 7C_1+0.25C_2+0.833\ 3C_3+0.125C_4+0.833\ 3C_5+0.75C_6=0.659\ 2$

表 20-4　方案层的总排序和检验结果

甲	乙	CR
0.340 8	0.659 2	0

第五步，分析结果，选择方案。

从最终的评价结果可知，企业乙的综合评价最好，为 0.6592，高于企业甲，所以企业乙是最合适的企业。

20.2.4　层次分析法的特点及注意事项

由上可知，AHP 的实质是把两两比较的数值通过计算变成全局范围内的权重。这对因素较多的情况是非常有用的。设想有许多因素，如果直接给这些因素打分，主观判断每个因素的百分比权重，显然是很武断的和不准确的。直接给所有因素百分比权重不可靠，但只针对两个因素进行判断谁重要、谁不重要，相对来说更可行些。所以 AHP 中两两比较的可信度要大于直接对所有因素进行赋权。AHP 的计算过程就是把两两比较的结果变成全局比较的结果。

1. 优点

（1）系统化的分析方法。层次分析法的分析过程运用系统的思想，把要分析的问题看成一个系统，层次分析法中每一层的权重设置都会直接或间接地影响结果，且影响程度都是量化的，一目了然。

（2）简洁实用的分析方法。层次分析法将复杂问题的分析进行层次化、条理化，使分析过程清楚明了，同时按照人的思维过程将问题数学化、系统化，且计算过程简单，使该方法容易被决策者掌握。

2. 缺点

（1）主观因素较多，客观因素较少，结果不能令人信服。

首先，指标因素相对重要性的确定主要取决于专家们的经验判断，没有一个定量的标准,不同的专家对同一问题的判断结果也不尽相同。其次,有些因素基于目标的相对重要性不好确定。还有具体指标因素的选取也没有一个严格的标准,这将影响分析结果的准确性。

(2)指标因素过多时,数据统计量大,权重难以确定。

当指标因素过多时,进行因素相对重要性两两比较时,就很难确定重要性程度的大小,同时过多的因素给权重的确定也带来了很大困难。

3. 注意事项

在进行项目评价时,如果所选择的因素不合理、含义不清楚、因素之间的关系不正确等,都将会造成分析结果的不正确,甚至导致项目评价失败。因此,在运用层次分析法分析问题时应注意以下两点。

第一,在对项目进行层次分解时,要把握问题的主要因素,做到不多不少。

第二,强度关系相差悬殊的因素不能在同一层次进行比较。

20.3 熵值法

熵(entropy)是德国物理学家 Rudolf Clausius 在 1850 年提出的一个术语,用来表示一种能量在空间中分布的均匀程度。它是热力学的一个物理概念,是体系混乱度或无序度的量度。在系统论中,熵越大说明系统越无规律可循,携带的信息越少;熵越小说明系统越有序,携带的信息越多。因此,熵可以表示指标的离散程度,指标越离散,熵值就越大;反之,则越小。

20.3.1 熵值法的基本原理

熵值法是一种客观赋权方法,它通过计算指标的信息熵,根据其变化的程度来决定指标的权重,相对变化程度大的具有较大的权重。因此,该方法可以用于项目评价等领域中。

20.3.2 熵值法的计算方法及步骤

第一步,原始数据的搜集和整理。

假定某一项目有 n 个待评方案、m 个评价指标,这样便可形成系统评价的初始矩阵 $\boldsymbol{X}=(x_{ij})_{n\times m}(i=1,2,\cdots,n;j=1,2,\cdots,m)$,$x_{ij}$ 表示第 i 个方案的第 j 项评价指标的数值。

第二步,指标正向化、无量纲化处理。

由于各个评价指标的含义和计算单位不同,且量级相差悬殊,为了便于统计比较,在进行综合评价之前必须除去不同指标间的量纲差异以及个别极端值对评价结果的影响,将这些评价指标标准化、同质化,放在某一无量纲区间。

由于正向指标和负向指标代表的含义不同(正向指标数值越高越好,负向指标数值越低越好),为使指标能够正确反映出客观的评价结果,需要对指标进行定性的处理,将其一致化、正向化。无量纲化处理的详细方法参见 20.1 节。在某些情况下,可以省略无量纲化处理；在某些情况下，无量纲化处理还要结合一些约束条件或权重设置。

（1）对于正向指标的处理方法可以是

$$x_{ij} = \frac{x_{ij} - \min x_{ij}}{\max x_{ij} - \min x_{ij}} (0 \leqslant x_{ij} \leqslant 1)$$

这里 $\min x_{ij}$ 为第 j 项指标的最小值，而 $\max x_{ij}$ 为第 j 项指标的最大值。

（2）对于负向指标的处理方法可以是

$$x_{ij} = \frac{\max x_{ij} - x_{ij}}{\max x_{ij} - \min x_{ij}} (0 \leqslant x_{ij} \leqslant 1)$$

第三步，计算第 j 项指标下，第 i 个方案占该指标的比重为

$$p_{ij} = \frac{x_{ij}}{\sum_{i=1}^{n} x_{ij}} (i=1,2,\cdots,n,\ j=1,2,\cdots,m)$$

第四步，计算第 j 项指标的熵值 e_j，$e_j = -k \sum_{i=1}^{n} p_{ij} \ln p_{ij}$，其中 $k>0$，$\ln$ 为自然对数，$e_j \geqslant 0$。

如果 x_{ij} 对于给定的 j 全部相等，即 $p_{ij} = \frac{x_{ij}}{\sum_{i=1}^{n} x_{ij}} = \frac{1}{n}$，此时，$e_j = -k \sum_{i=1}^{n} \frac{1}{n} \ln \frac{1}{n} = k \ln n$，若设 $k = \frac{1}{\ln n}$，则有 $0 \leqslant e_j \leqslant 1$，$e_j = e_{\max} = 1$。熵值越大，说明各种因素的可能性都有，且差不多，无法准确判断，即不确定性大。熵值越小，说明各种因素存在的可能性差别很大，某些因素占主导地位，即相对来说其不确定性小些。

第五步，计算第 j 项指标的差异系数，对于给定的 j，x_{ij} 的差异性越小，e_j 就越大。当 x_{ij} 全部相等时，该项指标对于方案的比较没有任何作用；当各方案的指标值 x_{ij} 相差越大，e_j 就越小，该项指标对方案比较所起的作用越大。定义差异系数 g_j，$g_j = 1 - e_j$，当 g_j 越大时，指标越重要。

第六步，计算权值

$$\omega_j = \frac{g_j}{\sum_{j=1}^{m} g_j} (0 \leqslant g_j \leqslant 1)$$

第七步，计算综合评价值

$$s_j = \sum_{j=1}^{m} \omega_j p_{ij}$$

20.3.3 应用实例

这里以家庭买车为例。一项网络调查显示，家庭买车主要考虑的因素有价格、油耗、性能、售后和外观，表 20-5 是调查得出的九款车型关于这五项指标的得分情况，下面运用熵值法进行相关评价。

表 20-5　九款车型各项指标统计表（单项满分均为 20）

车型	指标				
	价格	油耗	性能	售后	外观
A	10	16	16	15	15
B	12	14	14	17	17
C	15	15	15	15	16
D	17	11	14	15	15
E	12	15	16	15	16
F	15	14	16	15	15
G	12	11	16	16	17
H	12	12	16	15	17
I	15	12	15	15	17

若这些数据在同一量纲下，则无须进行量纲化处理，建立如下矩阵。

$$A = \begin{pmatrix} 10 & 16 & 16 & 15 & 15 \\ 12 & 14 & 14 & 17 & 17 \\ 15 & 15 & 15 & 15 & 16 \\ 17 & 11 & 14 & 15 & 15 \\ 12 & 15 & 16 & 15 & 16 \\ 15 & 14 & 16 & 15 & 15 \\ 12 & 11 & 16 & 16 & 17 \\ 12 & 12 & 16 & 15 & 17 \\ 15 & 12 & 15 & 15 & 17 \end{pmatrix}$$

第一，对矩阵进行归一化处理

$$p_{ij} = \frac{a_{ij}}{\sum_{i=1}^{9} a_{ij}}$$

得到下面的矩阵 P。

$$P = \begin{pmatrix} 0.0833 & 0.1333 & 0.1159 & 0.1087 & 0.1034 \\ 0.1000 & 0.1167 & 0.1014 & 0.1232 & 0.1172 \\ 0.1250 & 0.1250 & 0.1087 & 0.1087 & 0.1103 \\ 0.1417 & 0.0917 & 0.1014 & 0.1087 & 0.1034 \\ 0.1000 & 0.1250 & 0.1159 & 0.1087 & 0.1103 \\ 0.1250 & 0.1167 & 0.1159 & 0.1087 & 0.1034 \\ 0.1000 & 0.1000 & 0.1159 & 0.1159 & 0.1172 \\ 0.1000 & 0.1000 & 0.1159 & 0.1087 & 0.1172 \\ 0.1250 & 0.1000 & 0.1087 & 0.1087 & 0.1172 \end{pmatrix}$$

第二，计算第 j 项指标的熵值 $e_j = -k \sum_{i=1}^{9} p_{ij} \ln p_{ij}$。为了计算方便，这里取 $k = \frac{1}{9}$，则

$0 \leqslant e_j \leqslant 1$,所得熵值如表 20-6 所示。

表 20-6 所得熵值

e_1	e_2	e_3	e_4	e_5
0.242 8	0.243 2	0.244 0	0.244 0	0.244 0

第三,计算第 j 项指标的差异系数 $g_j = 1 - e_j$,所得差异系数如表 20-7 所示。

表 20-7 所得差异系数

g_1	g_2	g_3	g_4	g_5
0.757 2	0.756 8	0.756 0	0.756 0	0.756 0

第四,计算权重 $\omega_j = \dfrac{g_j}{\sum\limits_{j=1}^{5} g_j}$,所得权重如表 20-8 所示。

表 20-8 所得权重

w_1	w_2	w_3	w_4	w_5
0.200 2	0.200 1	0.199 9	0.199 9	0.199 9

第五,计算综合评价值 $s_i = \sum\limits_{j=1}^{5} \omega_j p_{ij}$,结果如表 20-9 所示。

表 20-9 所得综合评价值

s_1	s_2	s_3	s_4	s_5	s_6	s_7	s_8	s_9
0.108 9	0.111 7	0.115 5	0.109 4	0.112 0	0.113 9	0.108 1	0.124 0	0.112 0

通过分析结果,我们可以得出对家庭买车影响最大的因素是价格,其次是油耗、性能、售后、外观;同时 C、F、H 三款车型在家庭购买车型中排在前三位。通过熵值法对车型进行了综合评价,同时也获得了购车的主要影响因素。

20.3.4 熵值法的特点

熵值法是一种客观赋权方法,能够反映出指标信息熵的效用价值,从而确定权重,由它得出的主观权重值比主观赋权法具有较高的精确度和可信度。但是熵值法缺乏各指标间的横向比较,而且各指标随样本的变化而变化,权数依赖于样本,在应用上受到限制。

20.4 模糊综合评价法

20.4.1 模糊数学的产生与发展

在客观世界中,很多事物由于其属性的多样性、结构的复杂性,难以用精确的语言进行描述或评价，如人们对颜色、气味、滋味、声音、容貌、冷暖、深浅等的认识都是模糊的，这促使模糊数学产生并发展。模糊数学试图用数学工具解决模糊事物方面的问题。1965年，美国伯克利加利福尼亚大学电机工程与计算机科学系教授、自动控制专家查德（L.A. Zadeh）提出了用"模糊集合"描述模糊事物的数学模型，从而宣告了模糊数学的诞生。它的理论和方法从20世纪70年代开始受到重视并得到迅速发展，在综合评估与决策、模糊规划、模糊可靠性分析、模糊控制等领域得到了广泛的应用并取得了不少成果。但需要注意的是，模糊数学仅适用于有模糊概念而又可以量化的场合。

20.4.2 模糊综合评价法的基本原理

模糊综合评价法是借助模糊数学的一些概念，对实际的综合评价问题提供一些评价的方法。具体地说，模糊综合评价法就是以模糊数学为基础，应用模糊关系合成的原理，将一些边界不清、不易定量的因素定量化，从多个因素对被评价事物隶属等级状况进行综合性评价的一种方法。它具有结果清晰、系统性强的特点，适合于解决各种非确定性问题。

模糊综合评价法的基本原理：首先，确定被评价对象的因素集、评语集；其次，分别确定各个因素的权重及它们的隶属度向量，获得模糊评判矩阵；最后，把模糊评判矩阵与因素的权向量进行模糊运算并进行归一化，得到模糊综合评价结果。

这种评价方法的特点在于评判逐对进行，对被评价对象有唯一的评价值，不受被评价对象所处对象集合的影响。由于综合评价的目的是要从对象集中选出优胜对象，所以还需要将所有对象的综合评价结果进行排序。

20.4.3 模糊综合评价法的主要步骤和有关概念

1. 确定因素集 U 和评语集 V

因素集代表综合评判中各评判因素所组成的集合，用 U 表示，一般有 $U=\{u_1, u_2, \cdots, u_n\}$，其中 n 表示因素子集个数。

评语集或评判集代表综合评判中评语所组成的集合，用 V 表示，一般有 $V=\{v_1, v_2, \cdots, v_m\}$，其中 m 表示评语等级个数，每等级可对应一个模糊子集。评语集的实质是对被评价事物变化区间的一个划分，如好、较好、一般、较差、差等评语。

2. 确定各因素的隶属度向量，并建立模糊关系矩阵 R

在构造了等级模糊子集后，要逐个对被评事物从每个因素 $u_i (i=1,2,\cdots,n)$ 上进行量化，即建立一个从 U 到 $F(V)$ 的模糊映射

$$f: U \to F(V), \forall u_i \in U$$

$$u_i \to f(u_i) = \frac{r_{i1}}{V_1} + \frac{r_{i2}}{V_2} + \cdots + \frac{r_{im}}{V_m}$$

$$\left(\sum_{j=1}^{m} r_{ij} = 1, 0 \leqslant r_{ij} \leqslant 1, 0 \leqslant i \leqslant n, 1 \leqslant j \leqslant m \right)$$

由 f 可诱导出模糊关系 R，得到单因素评判矩阵

$$R = \begin{pmatrix} r_{11} & r_{12} & \cdots & r_{1n} \\ r_{21} & r_{22} & \cdots & r_{2n} \\ \vdots & \vdots & \vdots & \vdots \\ r_{m1} & r_{m2} & \cdots & r_{mn} \end{pmatrix}$$

其中，矩阵 R 中第 i 行第 j 列元素 r_{ij} 表示某个被评事物从因素 u_i 来看，对 v_i 等级模糊子集的隶属度。

3. 确定评价因素的模糊权向量

为了反映各因素的重要程度，需要对每个因素赋予不同的权重，它可表示为 U 上的一个模糊子集 $A=\{a_1, a_2, \cdots, a_n\}$，通常要求 a_i 满足 $\sum_{i=1}^{n} a_i = 1, a_i > 0$。

4. 计算多因素模糊综合评价向量

利用合适的合成算子将 A 与模糊关系矩阵 R 合成，即可得到各被评价对象的模糊综合评价结果向量 B，然后进行归一化处理。模糊综合评价的模型为

$$B = A \circ B = (a_1, a_2, \cdots, a_n) \circ \begin{pmatrix} r_{11} & r_{12} & \cdots & r_{1n} \\ r_{21} & r_{22} & \cdots & r_{2n} \\ \vdots & \vdots & \ddots & \vdots \\ r_{m1} & r_{m2} & \cdots & r_{mn} \end{pmatrix} = (b_1, b_2, \cdots, b_n)$$

其中 $\circ$ 为模糊算子；$b_j (j=1, 2, \cdots, n)$ 是由 A 与 R 的第 j 列运算得到的，表示被评级对象从整体上看对 v_j 等级模糊子集的隶属程度。

常用的模糊合成算子有两种：主因素决定性和主因素突出性。

1）$M(\wedge, \vee)$ 算子——主因素决定性

$$b_j = \bigvee_{i=1}^{m}(a_i \wedge r_{ij}) = \max_{1 \leq i \leq m}\{\min(a_i, r_{ij})\}, j = 1, 2, \cdots, n$$

其中，$\wedge$ 表示两数取小运算；$\vee$ 表示两数取大运算。该算子的决策结果主要由数值最大的因素所决定，其他因素的数值在一个范围内变化并不影响评价结果。

2）$M(\bullet, \vee)$ 算子——主因素突出性

$$bj = \bigvee_{i=1}^{m}(a_i \bullet r_{ij}) = \max_{1 \leq i \leq m}\{a_i r_{ij}\}, j = 1, 2, \cdots, n$$

其中，$\bullet$ 是普通乘法；$\vee$ 表示取大运算。

该算子与主因素决定性算子接近，区别在于比主因素决定性算子更精细一些，得到的决策结果可以在一定程度上反映非主要指标。

5. 按照某种运算法则对模糊综合评价结果进行分析

处理模糊综合评价向量常用的方法有两种：最大隶属度原则、加权平均原则。

1）最大隶属度原则

若模糊综合评价结果向量 $B=(b_1, b_2, \cdots, b_n)$ 中的 $b_r = \max_{1 \leq j \leq n}\{b_j\}$，则被评价对象总体上来

讲隶属于第 r 等级，即为最大隶属原则。

2）加权平均原则

加权平均原则就是将等级看作一种相对位置，使其连续化。为了能定量处理，不妨用"1, 2, 3, …, m"表示各等级 j，并称其为各等级的秩。然后用 **B** 中对应分量将各等级的秩加权求和，从而得到被评价对象的相对位置，其中，k 表示待定系数，用来控制较大分量所起的作用，当 $k \to \infty$ 时，加权平均原则就是最大隶属原则。其表达方式为

$$A = \frac{\sum_{j=1}^{n} b_j \cdot j}{\sum_{j=1}^{n} b_j^k}$$

20.4.4 应用举例

下面以某企业对新引进的人力资源管理系统综合评定为例来说明其应用。$R_1 =$ (0.2, 0.5, 0.2, 0.1)

（1）取因素集 $U=\{$功能全面性 u_1，信息处理能力 u_2，系统可靠性 u_3，系统兼容性 u_4，系统安全性 $u_5\}$。

（2）取评语集 $V=\{$优 v_1，良 v_2，中 v_3，差 $v_4\}$。

（3）确定各个因素的权重：A=(0.15, 0.35, 0.1, 0.1, 0.3)；

（4）确定模糊综合判断矩阵：对每个因素 u_i 做出评价。

① u_1, u_2, u_3 由系统用户来确定。

$$R_1=(0.2, 0.5, 0.2, 0.1)$$
$$R_2=(0.3, 0.4, 0.2, 0.1)$$
$$R_3=(0.2, 0.5, 0.3, 0)$$

式子 R_1 表示参与打分的系统用户中，有 20%的用户对功能全面性评价为"优"，50%的用户对功能全面性评价为"良"，20%的用户对功能全面性评价为"中"，10%的用户对功能全面性评价为"差"。同理，因素 R_2, R_3 分别是对因素 u_2, u_3 的评价。

② u_4, u_5 由网络管理部门的员工打分来确定。

$$R_4=(0.3, 0.25, 0.25, 0.2)$$
$$R_5=(0.4, 0.3, 0.2, 0.1)$$

以 R_i 为 i 行构成评价矩阵

$$R = \begin{pmatrix} 0.2 & 0.5 & 0.2 & 0.1 \\ 0.3 & 0.4 & 0.2 & 0.1 \\ 0.2 & 0.5 & 0.3 & 0 \\ 0.3 & 0.25 & 0.25 & 0.2 \\ 0.4 & 0.3 & 0.2 & 0.1 \end{pmatrix}$$

R 是从因素集 U 到评语集 V 的一个模糊关系矩阵。

(5) 模糊综合评判。运用最大隶属度原则对模糊关系矩阵进行运算

$$B = A \circ R = (0.15, 0.35, 0.1, 0.1, 0.3) \begin{pmatrix} 0.2 & 0.5 & 0.2 & 0.1 \\ 0.3 & 0.4 & 0.2 & 0.1 \\ 0.2 & 0.5 & 0.3 & 0 \\ 0.3 & 0.25 & 0.25 & 0.2 \\ 0.4 & 0.3 & 0.2 & 0.1 \end{pmatrix} =$$

$[(0.15 \wedge 0.2) \vee (0.35 \wedge 0.3) \vee (0.1 \wedge 0.2) \vee (0.1 \wedge 0.3) \vee (0.3 \wedge 0.4), (0.15 \wedge 0.5) \vee (0.35 \wedge 0.4) \vee (0.1 \wedge 0.5) \vee (0.1 \wedge 0.25) \vee (0.3 \wedge 0.3), (0.15 \wedge 0.2) \vee (0.35 \wedge 0.2) \vee (0.1 \wedge 0.3) \vee (0.1 \wedge 0.25) \vee (0.3 \wedge 0.2), (0.15 \wedge 0.1) \vee (0.35 \wedge 0.1) \vee (0.1 \wedge 0) \vee (0.1 \wedge 0.2) \vee (0.3 \wedge 0.1)] = (0.3, 0.35, 0.2, 0.1)$

对结果进行归一化处理得

$$B = \left(\frac{0.3}{0.95}, \frac{0.35}{0.95}, \frac{0.2}{0.95}, \frac{0.1}{0.95} \right) = (0.32, 0.37, 0.21, 0.1)$$

评判结果表明，对引进的人力资源管理系统的综合评定认为"优"的占32%，认为"良"的占37%，认为"中"的占21%，认为"差"的占10%。根据最大隶属原则，则评判结果为"良"。

20.4.5 模糊综合评价法的特点

1. 模糊综合评价法的优点

（1）模糊综合评价法通过精确的数字手段处理模糊的评价对象，能对蕴藏信息呈现模糊性的资料做出比较科学、合理、贴近实际的量化评价。

（2）评价结果是一个向量，而不是一个点值，包含的信息比较丰富，既可以比较准确地刻画被评价对象，又可以进一步加工，得到参考信息。

（3）模糊综合评价法的适用性强，它既可用于主观因素的综合评价，又可用于客观因素的综合评价。

2. 模糊综合评价法的缺点

（1）计算复杂，对指标权重向量的确定主观性较强。

（2）在模糊综合评价过程中，不能解决评价因素间的相关性所造成的评价信息重复的问题。

（3）当指标集 U 较大，在权向量和为1的条件约束下，相对隶属度权系数往往偏小，权向量与模糊矩阵 R 不匹配，结果会出现超模糊现象，分辨率很差，无法区分谁的隶属度更高，甚至造成评判失败。

20.5 灰色关联分析法

20.5.1 灰色系统理论的产生与发展

灰色系统理论是我国学者邓聚龙教授于 19 世纪 80 年代初创立并发展的理论。是一套把一般系统论、信息论和控制论的观点和方法延伸到社会、经济、生态等抽象系统，结合运用数学方法发展的解决具有不确定性的关联系统中存在问题的理论和方法。多年来，灰色系统理论得到了较深入的研究，并在工业、农业、社会、经济等众多领域广泛应用，解决了生产生活和科学研究中的大量实际问题。由于人们对综合评价对象的认识具有模糊性，因而可以借助灰色系统的相关理论来研究综合评价问题。

20.5.2 灰色关联分析法的基本原理

灰色关联分析是灰色系统理论的重要组成部分，是挖掘数据内部规律的有效方法。灰色关联是指事物之间的不确定性关联，或者系统因子与主行为之间的不确定性关联。灰色关联分析基于灰关联度，以行为因子序列或数据序列的几何接近度分析并确定因子之间的影响程度。灰色关联分析的基本思想是对数据序列几何关系和曲线几何形状的相似程度进行比较分析，以曲线间相似程度的大小作为关联程度的衡量尺度。曲线越接近，相应序列之间的关联度越大；反之则越小。

下面以一个例子直观地阐述灰色关联分析的原理。如有下列四个因素的比较数据序列，并根据其数据序列作图，如图 20-12 所示。

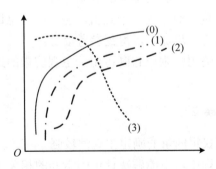

图 20-12　数据序列几何形状对比

$$X^{(0)} = \left(X_1^{(0)}, X_2^{(0)}, \cdots, X_n^{(0)}\right)$$
$$X^{(1)} = \left(X_1^{(1)}, X_2^{(1)}, \cdots, X_n^{(1)}\right)$$
$$X^{(2)} = \left(X_1^{(2)}, X_2^{(2)}, \cdots, X_n^{(2)}\right)$$
$$X^{(3)} = \left(X_1^{(3)}, X_2^{(3)}, \cdots, X_n^{(3)}\right)$$

其中，$X^{(0)}$ 是主因素或参考序列，$X^{(1)}$、$X^{(2)}$、$X^{(3)}$ 是比较因素或比较序列。

从直观上来看，曲线(0)与曲线(1)比较相近，即几何形状最接近，在灰色关联意义下，认为 $X^{(0)}$ 和 $X^{(1)}$ 灰色关联度最大，将其灰色关联度记为 R_1；曲线(0)与曲线(2)几何形状差异较大，则认为 $X^{(0)}$ 和 $X^{(2)}$ 的灰色关联度 R_2 较小；而曲线(0)与曲线(3)差异最大，则认为 R_3 最小。此时灰色关联度的排序为 $R_1>R_2>R_3$。这种因素分析实际上是一种数据曲线几何形状或者态势变化上的分析比较，数据曲线几何形状越接近，相应序列之间的关联度越大；反之，则越小。

20.5.3 灰色关联分析法的主要步骤和有关概念

1. 确定分析数列

做关联分析时，首先要确定反映系统行为特征的参考数列和影响系统行为的比较数列。假设评价对象有 m 个，评价指标有 n 个，则

参考数列为
$$X_0 = \{X_0(k) \mid k=1,2,\cdots,n\} = (X_0(1), X_0(2), \cdots, X_0(n))$$

比较数列为
$$X_i = \{X_i(k) \mid k=1,2,\cdots,n\} = (X_i(1), X_i(2), \cdots, X_i(n)), i=1,2,\cdots,m$$

其中，$x_i(k)$ 表示因素 x_i 关于第 k 个指标的值。

2. 变量的无量纲化

由于原始数据可能因量纲不同，不便于比较或在比较时难以得到正确的结论，因此在进行灰色关联度分析时，一般都要进行数据的无量纲化处理。

3. 计算关联系数

设参考数列 X_0 和比较数列 X_i 在第 k 个指标上的关联系数为 $\xi_i(k)$，则有

$$\xi_i(k) = \frac{\min\limits_{i=1}^{m}\min\limits_{k=1}^{n}|x_0(k)-x_i(k)| + \rho\max\limits_{i=1}^{m}\max\limits_{k=1}^{n}|x_0(k)-x_i(k)|}{|x_0(k)-x_i(k)| + \rho\max\limits_{i=1}^{m}\max\limits_{k=1}^{n}|x_0(k)-x_i(k)|}$$

记 $\Delta_i(k) = |x_0(k)-x_i(k)|$，则有

$$\xi_i(k) = \frac{\min\limits_{i=1}^{m}\min\limits_{k=1}^{n}\Delta_i(k) + \rho\min\limits_{i=1}^{m}\min\limits_{k=1}^{n}\Delta_i(k)}{\Delta_i(k) + \rho\max\limits_{i=1}^{m}\max\limits_{k=1}^{n}\Delta_i(k)}$$

其中，$\max\limits_{i=1}^{m}\max\limits_{k=1}^{n}\Delta_i(k)$ 为两级最小差；$\max\limits_{i=1}^{m}\max\limits_{k=1}^{n}\Delta_i(k)$ 为两级最大差；$\rho \in (0,1)$ 为分辨系数，用来削弱因两级最大差过大而使关联系数失真的影响，人为引入这个系数是为了提高关联系数之间的差异显著性。

4. 计算灰色关联度

因为关联系数是比较数列与参考数列在各个时刻（即曲线中的各点）的关联程度值，所以它的数不止一个，且信息过于分散不便于进行整体性比较。因此，有必要将各个时刻

的关联系数集中为一个值,即求其平均值,作为参考数列与比较数列之间关联程度的数量表示,关联度 r_i 的计算公式为

$$r_i = \frac{1}{n}\sum_{k=1}^{n}\xi_i(k), k=1,2,\cdots,n$$

5. 关联度排序

根据灰色关联度的大小,对各评价对象进行排序,可建立评价对象的关联序。关联度越大,其评价结果越好。如关联度按大小排序的结果为 $r_1 < r_2$,则参考数列 X_0 与比较数列 X_2 更相似。

20.5.4 应用举例

利用灰色关联分析法对 6 所高校的综合实力进行综合评价,6 所高校分别用编号 1、2、3、4、5、6 表示,具体的评价过程如下。

(1)评价指标包括学校声誉、师资力量、教学设施、科研效率、学术水平、人才培养、招生规模。

(2)对原始数据经无量纲化处理后得到的数值如表 20-10 所示。

表 20-10 无量纲化处理后的数据

编号	学校声誉	师资力量	教学设施	科研效率	学术水平	人才培养	招生规模
1	8	9	8	7	5	2	9
2	7	8	7	5	7	3	8
3	9	7	9	6	6	4	7
4	6	8	8	8	4	3	6
5	8	6	6	9	8	3	8
6	8	9	5	7	6	4	8

(3)确定参考数据列。

$$\{x_0\}=\{9,9,9,9,8,9,9\}$$

(4)计算 $|x_0(k)-x_i(k)|$,具体计算结果如表 20-11 所示:

表 20-11 $\Delta_i(k)$ 的计算结果

编号	学校声誉	师资力量	教学设施	科研效率	学术水平	人才培养	招生规模
1	1	0	1	2	3	7	0
2	2	1	2	4	1	6	1
3	0	2	0	3	2	5	2
4	3	1	1	1	4	6	3
5	1	3	3	0	0	6	1
6	1	0	4	2	2	5	1

(5) 求两级最小值和两级最大值。

$$\min_{i=1}^{m} \min_{k=1}^{n} |x_0(k) - x_i(k)| = \min(0,1,0,1,0,0) = 0$$

$$\max_{i=1}^{m} \max_{k=1}^{n} |x_0(k) - x_i(k)| = \max(7,6,5,6,6,5) = 7$$

(6) 取 $\rho = 0.5$,计算每所高校与各评价指标的关联系数。第一所为

$$\zeta_1(1) = \frac{0 + 0.5 \times 7}{1 + 0.5 \times 7} = 0.778, \quad \zeta_1(2) = \frac{0 + 0.5 \times 7}{1 + 0.5 \times 7} = 1$$

$$\zeta_1(3) = 0.778, \ \zeta_1(4) = 0.636, \ \zeta_1(5) = 0.467$$

$$\zeta_1(6) = 0.333, \ \zeta_1(7) = 1$$

同理得出其他 5 所高校与各评价指标的关联系数,具体结果如表 20-12 所示。

表 20-12 关联系数计算结果

编号	$\zeta_i(1)$	$\zeta_i(2)$	$\zeta_i(3)$	$\zeta_i(4)$	$\zeta_i(5)$	$\zeta_i(6)$	$\zeta_i(7)$
1	0.778	1.000	0.778	0.636	0.467	0.333	1.000
2	0.636	0.778	0.636	0.467	0.636	0.368	0.778
3	1.000	0.636	1.000	0.538	0.538	0.412	0.636
4	0.538	0.778	0.778	0.778	0.412	0.368	0.538
5	0.778	0.538	0.538	1.000	0.778	0.368	0.778
6	0.778	1.000	0.467	0.636	0.538	0.412	0.778

(7) 分别计算每所高校的关联度值。

$$r_{01} = \frac{0.778 + 1.000 + 0.778 + 0.636 + 0.467 + 0.333 + 1.000}{7} = 0.713$$

$$r_{02} = 0.614, \ r_{03} = 0.680, \ r_{04} = 0.599, \ r_{05} = 0.683, \ r_{06} = 0.658$$

(8) 通过对上述关联度值大小进行比较可知,$r_{01} > r_{05} > r_{03} > r_{06} > r_{02} > r_{04}$,则如果不考虑各指标权重(认为各指标同等重要),对 6 所高校综合实力评价由好到劣依次为 1 号、5 号、3 号、6 号、2 号、4 号。

20.5.5 灰色关联分析法的特点

1. 灰色关联分析法的优点

(1) 灰色关联分析法计算简单,通俗易懂,数据不必进行归一化处理,可用原始数据进行直接计算。

(2) 灰色关联分析法不需要大量样本,也不需要经典的分布规律,只要有代表性的少量样本即可,计算简便。

2. 灰色关联分析法的缺点

(1) 现在常用的灰色关联度量化模型所求出的关联度总为正值,这不能全面反映事物之间的关系,因为事物之间既可以存在正相关关系,也可以存在负相关关系。

(2) 目前建立各种灰色关联度量化模型的理论基础很狭隘,单纯从比较曲线形状的角

度来确定因素之间的关联程度是不合适的。

(3) 该方法不能解决评价指标间相关造成的评价信息重复问题，因而指标的选择对评判结果影响很大。

20.6 净现值法

20.6.1 净现值法的概念

净现值（net present value，NPV）是指在项目计算期内，按行业基准折现率或其他设定的折现率计算的各年净现金流量现值的代数和。其中，折现率是指将未来有限期预期收益折算成现值的比率。净现值的计算公式为

$$NPV = \sum_{t=1}^{n}(CI-CO)_t(1+IR)^{-t}$$

式中：n——项目计算期，包括项目建设期和生产经营期；

　　　IR——基准折现率，指机会成本，通常相当于借款利率，或资金的年（月）回报率

　　　CO——现金流入量；

　　　CI——现金流出量；

　　　$(CI-CO)_t$——第 t 时的净现金流量。

利用净现值法决策的基本原则是：NPV≥0，项目可行；NPV<0，项目不可行。当多方案比较时，NPV 大者为优。在 Excel 中可使用 NPV 函数进行计算。若上式中其他项确定，当设置 NPV=0 时，我们也可以计算出 IR 的值作为项目的回报率，这种计算叫作内部回报率（inner rate of return，IRR）分析法。

$$\sum_{t=1}^{n}(CI-CO)_t(1+IRR)^{-t}=0$$

求解出上式的 IRR，只有当 IRR 大于当前的市场标准利率时，从财务角度讲，开展项目才是有意义的。在 Excel 中可使用 IRR 函数进行计算。

20.6.2 净现值的特点及使用时应注意的问题

1. 净现值法的优点

（1）考虑了资金时间价值，增强了投资经济性的评价。

（2）考虑了全过程的净现金流量，体现了流动性与收益性的统一。

（3）考虑了投资风险，风险大则采用高折现率，风险小则采用低折现率。

2. 净现值法的局限性

（1）必须先确定一个符合经济现实的基准收益率，而基准收益率的确定往往比较复杂。

（2）净现金流量的测量和折现率较难确定。

（3）在互斥方案评价时，净现值必须慎重考虑互斥方案的寿命，如果互斥方案寿命不等，必须构造一个相同的研究期，才能进行各个方案之间的比选。

（4）净现值不能反映项目投资中单位投资的使用效率，不能直接说明在项目运营期间各年的经营成果。

3. 使用净现值法应注意的问题

（1）折现率的确定：净现值法虽考虑了资金的时间价值，可以说明投资方案高于或低于某一特定的投资的报酬率，但没有揭示方案本身可以达到的具体报酬率是多少，折现率的确定直接影响项目的选择。

（2）用净现值法评价一个项目的多个投资机会，虽反映了投资结果，但只适用于年限相等的互斥方案的评价。

（3）净现值法是假定前后各期净现金流量均按最低报酬率（基准报酬率）取得的。

（4）若投资项目存在不同的阶段有不同的危险的情形，那么最好分阶段采用不同的折现率进行折现。

20.6.3 应用举例

某企业一个投资项目有 A、B 两个方案，有关数据如表 20-13 所示，其中方案 A、方案 B 的基准折现率分别为 10%、12%，用净现值法选择一个最优的方案。

表 20-13 方案 A 和方案 B 的投资收益表

项目	A 方案	B 方案
投资/万元	15	6
年净收益/万元	3.2	1.5
寿命/年	8	8
残值/万元	2.5	1.2

1. 绘制现金流量图

方案 A 和方案 B 的现金流量分别如图 20-13 和图 20-14 所示。

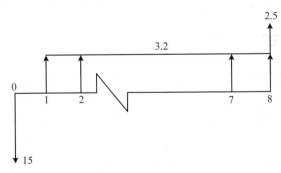

图 20-13 方案 A 的现金流量图

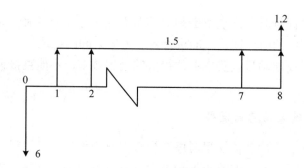

图 20-14　方案 B 的现金流量图

2. 计算净现金值并比较

对于方案 A：

$$\text{NPV}_A = -15 + \sum_{i=1}^{8} \frac{3.2}{(1+10\%)^i} + \frac{2.5}{(1+10\%)^8} = 3.24（万元）$$

对于方案 B：

$$\text{NPV}_B = -6 + \sum_{i=1}^{8} \frac{1.5}{(1+12\%)^i} + \frac{1.2}{(1+12\%)^8} = 1.94（万元）$$

因为 $\text{NPV}_A > \text{NPV}_B$，所以 A 方案优于 B 方案。

20.7　TOPSIS 法

TOPSIS（technique for order preference by similarity to an ideal solution）法，也被称为逼近理想解排序法或理想解法，是 C.L.Hwang 和 K.Yoon 于 1981 年首次提出的。它是根据有限个评价对象与理想化目标的接近程度进行排序的方法，是在现有的对象中进行相对优劣的评价。

TOPSIS 法是一种有效的多指标评价方法，主要通过构造评价问题的正理想解和负理想解（即各指标的最优解和最劣解），计算每个方法到理想方案的相对贴近度（即靠近正理想解和远离负理想解的程度），来对方案进行排序，从而选出最优方案。

20.7.1　TOPSIS 法的基本思路

基本思路是定义决策问题的正理想解和负理想解，用最优向量和最劣向量表示，然后在可行方案中找到一个方案，使其距正理想解的距离最近，而距负理想解的距离最远。正理想解一般是设想最好的方案，它所对应的各个属性至少达到各个方案中的最好值；负理想解是假定最坏的方案，其对应的各个属性至少不优于各个方案中的最劣值。决策原则是通过检测评价对象与最优解、最劣解的距离来进行排序，若评价对象最靠近最优解的同时，又最远离最劣解，则为最好；否则不是最优。其中最优解的各指标值都达到各评价指标的最优值，最劣解的各指标值都达到各评价指标的最差值。

20.7.2 TOPSIS 法的计算方法和步骤

第一步，构造规范化决策矩阵 A。假定一多属性决策问题有 m 个备选方案，同时有 n 个决策指标，其决策矩阵为

$$A = (a_{ij})_{m \times n}, (i=1,2,\cdots,m; j=1,2,\cdots,n)$$

其中，a_{ij} 表示第 i 个备选方案的第 j 个评价指标值。然后对矩阵 A 进行规范化处理，得到矩阵 $R = (r_{ij})_{m \times n}$，其中 $r_{ij} = \dfrac{a_{ij}}{CNUM_j}(i=1,2,\cdots,m; j=1,2,\cdots,n)$。这里 $CNUM_j$ 可以是第 j 个决策指标的最大可能值，但常取 $\sqrt{\sum_{i=1}^{m} a_{ij}^2}$。

第二步，计算加权规范化矩阵 $V=(v_{ij})_{m \times n}$，其中，$v_{ij} = \omega_j \cdot r_{ij}$，$\omega_j$ 为第 j 个指标的权重，$\sum_{j=1}^{n} \omega_j = 1$。权值的设置可能会带有一定的主观性。

第三步，确定正理想解 A^+ 和负理想解 A^-

$$A^+ = \{v_1^+, v_2^+, \cdots, v_n^+\} = \left(\max_{1 \leq i \leq m} v_{ij} \mid j \in I\right) \text{或} \left(\min_{1 \leq i \leq m} v_{ij} \mid j \in J\right)$$

$$A^- = \{v_1^-, v_2^-, \cdots, v_n^-\} = \left(\min_{1 \leq i \leq m} v_{ij} \mid j \in I\right) \text{或} \left(\max_{1 \leq i \leq m} v_{ij} \mid j \in J\right)$$

其中，I 为收益型属性；J 为成本型属性。

第四步，计算某个方案到正理想解和负理想解之间的距离 d_i^+ 和 d_i^-。

$$d_i^+ = \sqrt{\sum_{j=1}^{n} (v_{ij} - v_j^+)^2}, j=1,2,\cdots,n$$

$$d_i^- = \sqrt{\sum_{j=1}^{n} (v_{ij} - v_j^-)^2}, j=1,2,\cdots,n$$

第五步，计算每个方案与正理想解的相对接近度。

$$c_i^* = \frac{d_i^+}{d_i^+ + d_i^-}, i=1,2,\cdots,m$$

第六步，根据 c_i^*，由大到小对备选方案进行排序。

20.7.3 应用举例

有一家庭欲购置一台家用轿车，经初步调查后，确定了四个备选车型：X_1、X_2、X_3、X_4。选择时，购买者需要考虑六个因素：油耗（B_1）、功率（B_2）、价格（B_3）、安全性（B_4）、维护性（B_5）、操纵性（B_6）。

其各项指标的相关数据如表 20-14 所示。

表 20-14 购买轿车的各项指标

	B_1	B_2	B_3	B_4	B_5	B_6
X_1	5	1.4	6	差（0.3）	中（0.5）	好（0.7）

	B_1	B_2	B_3	B_4	B_5	B_6
X_2	9	2	30	好（0.7）	中（0.5）	很好（0.9）
X_3	8	1.8	11	中（0.5）	高（0.7）	中（0.5）
X_4	12	2.5	18	好（0.7）	中（0.5）	中（0.5）
权重	0.1	0.1	0.3	0.2	0.2	0.1

第一步，构造决策矩阵。

$$P = \begin{pmatrix} 5 & 1.4 & 6 & 0.3 & 0.5 & 0.7 \\ 9 & 2 & 30 & 0.7 & 0.5 & 0.9 \\ 8 & 1.8 & 11 & 0.5 & 0.7 & 0.5 \\ 12 & 2.5 & 18 & 0.7 & 0.5 & 0.5 \end{pmatrix}$$

第二步，构造规范化决策矩阵。

$$Q = \begin{pmatrix} 0.2822 & 0.3562 & 0.1615 & 0.2611 & 0.4490 & 0.5217 \\ 0.5079 & 0.5088 & 0.8037 & 0.6039 & 0.4490 & 0.6708 \\ 0.4515 & 0.4579 & 0.2960 & 0.4352 & 0.6286 & 0.0373 \\ 0.6772 & 0.6360 & 0.4844 & 0.6090 & 0.4490 & 0.3727 \end{pmatrix}$$

第三步，计算加权规范决策矩阵。

$$M = \begin{pmatrix} 0.0282 & 0.0356 & 0.0484 & 0.0522 & 0.0898 & 0.0522 \\ 0.0508 & 0.0509 & 0.2422 & 0.1219 & 0.0898 & 0.0671 \\ 0.0452 & 0.0458 & 0.0888 & 0.0870 & 0.1257 & 0.0373 \\ 0.0677 & 0.0636 & 0.1453 & 0.1219 & 0.0898 & 0.0373 \end{pmatrix}$$

第四步，B_2, B_4, B_5, B_6 是收益型指标；B_1, B_3 是成本型指标。

正理想解 $A^+ = (0.0282, 0.0636, 0.0484, 0.1219, 0.1257, 0.0671)$

负理想解 $A^- = (0.0677, 0.0356, 0.2422, 0.0522, 0.0898, 0.0373)$

第五步，计算方案与理想解之间的距离。

$$d_1^+ = 0.0846 \quad d_2^+ = 0.1987 \quad d_3^+ = 0.0658 \quad d_4^+ = 0.1146$$

$$d_1^- = 0.1983 \quad d_2^- = 0.0791 \quad d_3^- = 0.1632 \quad d_4^- = 0.1225$$

第六步，计算方案与正理想解的相对接近度。

$$c_1^* = 0.7011 \quad c_2^* = 0.2847 \quad c_3^* = 0.7126 \quad c_4^* = 0.5168$$

根据 $c_3^* > c_1^* > c_4^* > c_2^*$，选择车型为 A_3。

20.7.4 TOPSIS 法的特点

TOPSIS 法的优点有：① 对样本资料无特殊要求；② 比较充分地利用了原有数据信息，与实际情况较为吻合；③ 可以对每个评价对象的优劣进行排序。TOPSIS 法的缺点有：① 当两个评价对象的指标值关于最优方案和最劣方案的连线对称时，无法得出准确的结果；② 只能对每个评价对象的优劣进行排序，不能分档管理，灵敏度不高。

参 考 文 献

[1] 郝海，踪家峰. 系统分析与评价方法[M]. 北京：经济科学出版社，2007.

[2] 王灏，PPP 的定义和分类探讨[J]. 都市快轨交通，2004，17（5）：23-27.

[3] Project Management Institute. A Guide to the Project Management Body of Knowledge [M]. 5th edition. Project Management Institute, 2013.

[4] AXELOS. Managing Successful Projects with PRINCE2 [M]. 6th edition. Stationery office, 2017.

[5] HEERKENS G R. Project Management [M]. McGraw-Hill, 2002.

[6] BOEHM B. A Spiral Model of Software Development and Enhancement[J]. ACM SIGSOFT Software Engineering Notes, 1986, 11(4):14-24.

[7] ROYCE W. Managing the Development of Large Software Systems[C]. Proceedings of IEEE WESCON August, 1970(8): 1-9.

[8] OBENG E. The Project Leader's Secret Handbook–All Change! [M]. London: Pitman Publishing, 1994.

[9] FRIGENTI E, COMNINOS D. The practice of Project Management [M]. Kogan Page Limited, 2002.

[10] YOUNG T L. The handbook of Project Management[M]. Kogan Page Limited, 2007.

[11] FORSBERG K, MOOZ H. The Relationship of System Engineering to the Project Cycle[J]. Proceedings of the First Annual Symposium of National Council on System Engineering, 1991(10): 57-65.

[12] LARMAN C, BASILI V. Iterative and Incremental Development: A Brief History [J]. IEEE Computer, 2003(6): 47-56.

[13] KIM H. Project Management Professional Study Guide[M]. Hoboken, New Jersey: Wiley Publishing Inc., 2005.